U0504194

全 世 界 无 产 者 ， 联 合 起 来 ！

乔石文集

人民出版社

出　版　说　明

　　《乔石文集》收入的是乔石同志在一九八五年五月十三日至一九九八年二月十一日这段时间内的重要著作，共有报告、讲话、谈话、文章、批示、题词等一百一十八篇，部分是第一次公开发表。

　　曾经公开发表过的著作，这次编入本书时，又作了少量的文字订正，有些作了节选。为了便于读者阅读，编辑时作了必要的注释，附在篇末。

中共中央文献编辑委员会

二〇二五年一月

目　　录

在中国建设符合实际情况的
社会主义 *

（一九八五年五月十三日）

　　我们党几十年的经验证明，必须坚持独立自主的立场。当然要根据马克思主义的基本原理，要将马克思主义的基本原理与本国的实践结合起来，必须用自己的头脑思考。我们党对印共（马）非常尊重，就是因为你们注意用自己的头脑思考问题。过去很长一段时间，不管是恢复关系前或恢复关系后，我们对你们的情况都很关注。当然，我们党与你们党之间要不断发展关系，交换意见，交流情况。但是，怎样革命，怎样做，要自己解决。中国过去所进行的斗争以及取得的胜利都是这样做的。现在看来，我们新中国成立后进行三十六年斗争的过程，就是严格坚持独立自主解决自己问题的过程。但是，我们不能与世界分割开来，我们必须与世界各国进行经济和文化的交流。然而，怎样在中国建设符合实际情况的社会主义呢？这就要靠中国自己解决。我们现在的党中央特别强调这一点。按照邓小平同志的说法，就是建设具

---

　　* 这是乔石同志会见印度共产党（马克思主义）中央委员、喀拉拉邦党委书记阿楚塔南丹一行时谈话的一部分。乔石同志当时任中共中央书记处候补书记，兼任中共中央组织部部长。

有中国特色的社会主义。

我们进行的经济体制改革最初是从农村开始的，叫作农村家庭联产承包责任制。去年党的十二届三中全会决定进行城市经济体制改革。这是在农村经济改革提供了有利形势和物质基础的情况下进行的。过去几年农村的情况相当好，这也许你们是知道的，说不上很富裕，但是很好。一九八三年和去年农业都获得了全面丰收，达到了历史上从未有过的水平。如果没有这个条件，城市的经济体制改革是不可能的。有了这个条件，城市进行相应的经济体制改革不但需要，而且迫切。城市的改革涉及很多方面，比如价格体制改革，这是整个体制改革的关键，也是非常复杂的一步。现在正在进行这一步，要花几年的时间基本完成价格体制的改革。简单地说，就是对价格进行必要的调整，使它能够更好地反映价值，使各种产品的比价更为合理。

过去理解物价稳定就是几年不动。例如，煤和粮在改革体制前几十年都未动过，为了维持这个价格不动，国家每年要给予大量补贴，都是依靠国家财政支出补贴的。房租也是这样，我们现在收的房租连用来维修房子都不够，根本不可能对建新房进行投资。连简单再生产都不够，别说扩大再生产了。价格体制的改革不是因为人民币发多了，造成了通货膨胀和物价上涨，而是使各种产品之间有个合理的比价。总的来说，就是在国家计划总的控制下，允许一定范围的市场调节。

本月十日起，北京、天津把肉类和副食品的价格放开了，标志着全国范围内肉类和副食品价格放开了。此后，猪肉的价格与基本副食品的价格会有些上升，与此同时对每个城市居民给予物价补贴，这样就不会影响人民的生活。物价放开后，农民的积极性提高了，养猪、鱼、鸭、鸡的积极性提高了。农民是根据销售情况计算其生产量的。价格太低，他就没有积极性了。去年在南方一些城市把副食品和蔬菜的价格放开了，到本月十日，北京、天津也放开了。大体上形成了规律，价格放开的初期，物价上涨、波动，过一段时间后，物价稳定下来。由于农民积极性提高了，产品不断增加，物价逐渐稳定，当然不是过去概念上的稳定，而是大体上根据供求关系，市场调节，产品质量有个比价。你们去广州看看就会知道。广州是一个南方城市，副食品价格放开得早，开头几天有的产品的价格成倍增长，这一下子刺激了农民的积极性，市场供应量很快增长了，物价自然而然地就下来了，逐渐达到适应供求关系，而不是采取国家统购包销的办法。根据广州、武汉等南方城市副食品调价后的情况看，物价上涨了百分之十至百分之二十，但是产品质量提高多了，老百姓觉得，比买不到东西和买质量差的东西，要更好些。当然这个工作是个非常细致的工作，做起来不像我说的那么简单。现在看起来，这一步工作的效果是好的。

我们准备将价格体制的改革一步步做下去。如煤的价格几十年没动，不合理，有些煤矿赔本，工人与企业的积极性调动不起来。但是要逐渐调整，不可能一下子做好。还有工资制度的改革，今年下半年进行工资制度的改革，工资制度好多年没有动，有很多不合理的方面。现在工资改革的方案已经酝酿得差不多了。要想一改就成功不可能，十全十美也是做不到的。这次国家拿出几十个亿改革工资，先打下基础，为更加合理化创造条件。中小学教师的工资改革提前半年，因为他们的工资过于偏低。

我们的价格改革是进行调整，而不是因为货币发多了而引起物价上涨。我们的基本生活是有保证的。国家搞部分调节是为了活跃经济。国家手中掌握大批物资，对物价起着稳定的作用。对于货币的发行量，党中央、国务院都很注意，不允许随便发行。去年有段时间发多了些，后来改正了。如果在外国，这点发行量也算不了什么。我们发现了，及时指出并加以改正了。

不管是整个经济体制的改革，还是价格改革、工资改革，都是为了不断调动人民群众的生产积极性，发展生产，在发展生产的基础上不断提高人民的生活水平。我们所搞的经济改革，一切都离不开这个方针。

你们到广州可以看看我们的对外开放政策。我们吸收外国资本、侨资，国外华人投资或中外合资经营。在广东的特区还采取特殊政策，目的是希望加快我们国家的社会主义现代化建设。光靠我们自己建设，资金是不够的。但是引进的外资在整个国民经济中所占的比重很少，不可能影响整个社会主义经济性质。利用外国资本，引进外国先进技术和适合我国的管理经验，这样做有好处，可以加快我国的现代化建设。在全国来讲，这种外资所占的比重很少，我们希望再增加一点。外国投资者还不太放心，怕中国的政策将来会改变，还怕在中国投资不能赚钱。我们说我们的政策不会改变，外国投资者的合法利益我们都保证，主要目的是为了发展社会生产力。欢迎你们在实际中多看看，比光谈印象要深。

总结经验，努力把特区
办得比过去更好*

（一九八五年十月二十七日）

一、坚持对内搞活、对外开放政策

你们特区的建设情况中央是知道的，你们目前的困难也只是暂时的。我们国家对内搞活、对外开放的政策是基本国策，是不会变的。邓小平同志说"珠海经济特区好"[1]，就是好嘛！虽然有些困难，但还是好嘛，而且还会搞得更好！有点困难也有好处，能使大家冷静一点，从全局来考虑，回顾一下过去几年的工作，想一想怎样才能把工作搞得更好一点，使特区更健康地、更好地向前发展。这样做，对特区建设还是有利的。你们要坚信，开放城市的政策不会变，特区的基本政策不会变。对特区的工作，该总结的就要及时总结，需要改进的就要改进，好的要保留，不足的要克服，努力把特区办得比过去更好。希望大家不要失去信心，不要有怀疑。你们存在的一些实际问题，我相信中央还是会想办法解决的。对于外界的一些议论，你们要进行分析。你就是搞

---

* 这是乔石同志在广东省珠海市考察工作时讲话的一部分。乔石同志当时任中共中央政治局委员、中共中央书记处书记、中共中央政法委员会书记。

得很好，也会有人议论，有些小小的变化他也可能说得很大。这种情况在我们内部有没有？不能说一点也没有。有的人这样说，有的人那样说。反正有一条，凡是对的就听，这对改进工作有利嘛！对减少一些盲目性也有好处。在搞特区过程中有没有盲目性？一点也没有？恐怕是有一点的。有的人说的话只要是为了我们好，不管他的话好听不好听，我们都要听，他也是为了执行好开放政策，希望把特区办好嘛！当然也有些说法是不对的，包括一些闲话。我们要按党的十一届三中全会、十二大的方针政策来分析，原来是对的，现在看来还是对的，就要坚持。有了缺点，不管有没有人说，都得改进。总之有一条，特区还要继续办，而且要办好。

二、特区企业要把产品打进国际市场

特区经济的发展，不管叫不叫外向型，都要注意一点，就是大量引进先进技术、设备、外资以后，要使经济持久发展下去，最主要的是使每一个企业的产品能够打进国际市场。你们这里有些产品如果拿到国内市场去，我看是可以赚钱的，因为这些东西国内市场比较少。但外汇不能平衡，因为你赚来赚去都是中国人的钱，而借的却是外汇。所以，不管办什么企业，无论如何都要把产品打进国际市场。这样，企业就能稳固地发展下去。至于一个企业的产品外销多少、内销多少，可以看具体情况来定。争取尽量多些外销，多打开一些国际市场，这应该是我们主要的努力目标。搞特区不能忘记这一点，忘记了困难就大了，就不容易搞好。总之，特区要在中央给的特殊政策指引下，争取把经济搞上去，这是首要的。暂时有点困难，我相信在党中央、国务院的支持帮助下，依靠你们自己的努力，是完全可以解决的。

三、特区要特别注意加强精神文明建设

特区在抓好经济建设的同时，要特别注意加强精神文明建设。如果说过去几年我们比较多地集中精力把经济搞上去，这是必要的，当然没有什么错。那么，今后在加强经济建设的同时，希望多注意加强精神文明建设。在这次党的全国代表会议和党的十二届四中全会、五中全会上，中央政治局常委会的几位领导同志的讲话，都比较突出地讲了加强精神文明建设的问题，所以，希望你们今后在重视物质文明建设时，同样重视精神文明建设。如果过去在这方面不太顾得过来，有时候稍微放松了一点，那么，今后就应该加强；如果过去本来就比较注意，那就更好了，就要在原有的基础上进一步发展。特区与港澳不同，港澳实行的是资本主义制度，特区实行的是社会主义制度。澳门问题怎么解决？还没有谈，大体上不会超越解决香港问题的方式。澳门实行的也是资本主义制度。我们实行"一国两制"，还是允许资本主义制度在一定时期内存在。我们内地的特区不能办成像香港、澳门那样。我们还是要坚持四项基本原则，还是要加强社会主义精神文明建设。在这方面，希望大家通过这次学习党的全国代表会议文件，把思想认识搞得更明确一些，有关这方面的工作能够更加强一些。

最近，中央发了一个文件，专门讲加强青少年教育问题。可不能让青少年一代沾染上资本主义腐朽的东西。我们

上一代的老革命家搞社会主义奋斗了一生，我们现在这一代
也是在为社会主义而奋斗，不是为了个人挣钱，不是为了儿
女、孙子，如果为这个那就错了。我们希望青少年一代，也
就是到二十一世纪还坚持社会主义道路。我们对这一点应该
坚定不移。如果不加强对青少年的教育，让一些青少年犯罪
继续发展下去，对我们是非常不利的。广而言之，它涉及到
我们社会主义国家的前途问题，决不是一件小事，而是一件
非常大的事情。加强对青少年的教育要与社会、家庭、学校
配合起来，通过教育来预防青少年犯罪。青少年犯了罪后，
如果是轻的，不是很严重的，主要是进行教育和挽救；如果
是严重的，当然要依法处理，但这种情况希望少一点，逐年
减少。青少年犯罪不是一件小事，在国际上都是一个很头痛
的问题。为了下一代，为了我们的社会主义前途，我们需要
创造一个有利于社会主义发展、有利于青少年成长的社会环
境。对这一点，无论如何不能含糊，我们搞特区的同志无论
如何不能忘记。当然不是要我们天天去喊社会主义口号，更
不是天天去跟那些外商、外国资本家去宣传社会主义，这个
宣传没有用。但我们思想上要明确，内部教育管理不能
放松。

注　释

〔1〕见邓小平《办好经济特区，增加对外开放城市》（《邓小平文选》第3
卷，人民出版社1993年版，第51页）。

下大决心严厉打击严重
经济犯罪活动[*]

（一九八六年二月二十二日）

严厉打击严重经济犯罪活动，对于促进党风和社会风气的好转，对于保障经济改革、开放、搞活的顺利进行，都具有十分重要的意义。

前一段时间经济犯罪活动的突出特点：一是案件数量多，二是作案数额大，三是内外勾结、集团犯罪多。对经济犯罪案件的查处，虽已逐步引起重视并有所进展，但总的表现是手软，打击不力。这种状况必须大力扭转。

第一，经济犯罪活动对经济建设危害大，对党风腐蚀大，必须引起高度重视。早在一九八二年邓小平同志就指出："如果我们党不严重注意，不坚决刹住这股风，那末，我们的党和国家确实要发生会不会'改变面貌'的问题。这不是危言耸听。"〔1〕打击经济犯罪活动比打击刑事犯罪活动更为复杂，必须由各级党委统一领导，发动和组织各部门协同配合，共同来抓好这项工作。

第二，各级公安、检察、法院等部门都要把打击经济犯罪活动作为重要任务之一。经济犯罪活动不管牵涉谁，

＊　这是乔石同志在全国政法工作会议上讲话的一部分。

只要触犯了刑律，都应当依法查处。要做到有法必依、执法必严、违法必究。对于应该追究刑事责任的，不能以经济处罚代替刑事处罚，不能以党纪、政纪、军纪处分代替依法惩处，不能把查实的渎职犯罪当作官僚主义处理。

第三，抓紧查处一批经济犯罪的大案要案，争取用一年左右的时间把经济犯罪分子的嚣张气焰打下去。凡是大案要案都要冲破阻力，一查到底，查个水落石出，依法严惩。不抓住大案要案，不严惩一批严重经济犯罪分子，就不足以引起震动，也不足以刹住歪风。通过公开宣判、报道和内部通报，用典型案例宣传法制，教育广大党员、干部和群众。

第四，对经济犯罪案件多的部门，要统一组织力量，采取抓系统、系统抓的方法，一个部门一个部门认真地解决问题。在纠正不正之风中，在财务、税收、物价大检查中，在清理党政军机关经商和各种"公司""中心"中，要结合查清经济犯罪案件，决不能把经济犯罪分子放过去。有严重经济犯罪活动而不认真追查的单位，发现后要追究单位领导人的责任。

第五，加强经济检察和经济审判工作。公安、检察、法院等部门要密切配合，并主动与各级党的纪检部门和财政、税务、工商、海关、审计等部门加强联系，协同行动。由于对外开放、对内搞活经济的时间还不长，改革正在继续进行的过程中，经济立法还不健全，经济管理工作一时还跟不上，因而，处理经济犯罪案件是一项政策性很强的工作。我们必须注重调查、研究、分析，严格区分罪与非罪、违法犯罪与工作失误的界限。在办案过程中，一要坚决，二要慎重，务必搞准，经得起历史检验。

注　　释

〔1〕见邓小平《坚决打击经济犯罪活动》(《邓小平文选》第 2 卷，人民出版社 1994 年版，第 403 页)。

全面落实社会治安综合治理的
各项措施*

（一九八六年二月二十二日）

要有效地预防和减少犯罪现象，必须全面落实社会治安综合治理的各项措施。现在，全党上下都在抓精神文明建设，抓党风和社会风气的好转，我们一定要把握这个有利时机，使社会治安的综合治理有一个新的突破和大的进展。

近几年的实践证明，社会治安综合治理，实质上就是一项教育人、挽救人、改造人的系统工程。要做好这项工作，根本的方法是走群众路线。不能只靠哪一个部门，而是要靠全党全社会；不能只用哪一种方法，而是要用千百种方法；不能只抓一阵子，而是要长期坚持抓下去。

第一，各级党委和政府要进一步加强对社会治安综合治理的统一领导，把它列为加强精神文明建设的重要内容之一。现在，全国县以上党委、政府都相继建立了社会治安综合治理领导小组或联席会议，实行了"条块结合，以块为主"的领导体制。各省、自治区党委要通过重点抓好三十万人口以上城市的社会风气和社会秩序，把全省、全自治区的社会治安综合治理全面带动起来。根据胡耀邦[1]同志关于

---

* 这是乔石同志在全国政法工作会议上讲话的一部分。

抓一批好坏典型、总结正反两方面经验的指示，各地都总结了一些县、一些乡和一些单位由于综合治理抓得好、很少发生案件的经验，要抓紧认真加以推广。

第二，各条战线、各个部门要积极参与社会治安综合治理，明确自己的职责和任务，认真加以贯彻落实，真正形成齐抓共管的局面。教育部门和共青团要把青少年教育工作抓好；工会和妇联要把职工教育、家庭教育抓好；宣传文化部门要多出好的精神产品，制止坏产品的生产、进口和流传；各系统、各部门、各单位都要首先把本系统、本部门、本单位内部的治安秩序搞好，以促进社会的安定。

第三，政法各部门要充分发挥自己的职能作用，在社会治安综合治理中当好党委、政府的参谋和助手，做好自己应该做的工作。主要是：

——针对目前青少年犯罪多的状况，要特别重视加强对轻微违法犯罪青少年的帮教工作，大力挽救失足者。生长在新社会的青少年，有少数人因受坏人、坏思想的引诱而走上违法犯罪的道路，家长、学校、社会都有一定的责任。因此，要遵照《中共中央关于进一步加强青少年教育预防青少年违法犯罪的通知》的精神，发动全社会都来关心青少年的成长。政法部门对青少年失足者，一定要满腔热情地拉他们一把，尽力把他们教育挽救过来。公安部门要与单位、街道、家长密切配合，一个一个落实帮教小组和帮教措施，建立帮教工作责任制，把帮教工作抓得更切实、更有成效。

——针对民间纠纷激化为恶性案件增多的状况，要大力加强调解工作，及时化解各种纠纷。要贯彻"调防结合，以防为主"的方针，依法调解，分辨是非，保障合法权益。基层调解组织调解不了的纠纷，基层党政组织和司法机关要出面帮助做工作。推广对民间纠纷调处情况进行定期检查的制度，摸清哪些纠纷悬而未决，哪些纠纷有进一步激化的迹象，及时组织力量，抓紧化解，主动防止矛盾激化。

——针对聚众闹事增多的状况，要加强对群众情绪和社会动向的了解，争取把教育疏导工作做在前头。前一段的实践证明，坚持教育疏导的方针是正确的、有效的。政法部门，特别是处在第一线的公安部门，有责任及时掌握信息，主动向党政领导和有关部门反映情况，及时消除各种不安定因素，避免在酿成事件后再被动处置。在闹事过程中，应当由有关部门出面做工作，公安部门负责维护好社会秩序，但不要对参与的群众随便动用专政手段。对混在群众中的极少数坏人，对有明显反动政治目的的非法组织和团体，要通过调查研究，摸清情况，在掌握确凿证据后，适时予以揭露、打击和取缔。

——针对单位内部被盗严重的情况，要积极提出司法建议，堵塞内部安全保卫和经营管理上的漏洞。对司法建议麻木不仁、阳奉阴违，造成严重后果的单位，要追查领导人的责任。要进一步加强对枪支弹药、易爆易燃物品和剧毒农药的管理，建立严格的责任制。对丢失枪支或把枪支擅自借人的，必须及时追查，造成严重后果的要依法追究刑事责任。

第四，加强基层组织建设，提高基层组织的战斗力，是使社会治安综合治理各项措施落实到底的关键所在。首先要通过基层整党和加强政权建设，充分发挥基层党、政组织在社会治安综合治理中的作用。其次要通过推行治安承包责任制和安全保卫责任制，给基层治保、调解组织注入新的活力。已经推行治安承包责任制的乡村，一般都较好地解决了治保、调解人员的经济报酬问题，改变了职责不清、赏罚不明的"吃大锅饭"现象，充分调动了他们的积极性，迅速改变了当地的治安面貌，受到广大群众的欢迎。各地可以根据群众自愿的原则，因地制宜，采取多种形式，经过试验，逐步推广。但不要一哄而起，不搞"一刀切"。已经推行安全保卫责任制的厂矿企业，一般都把它纳入经济承包责任制，既加强了全体干部职工的责任，又调动了保卫部门的积极性，做到生产、安全一起抓。各地可在认真总结经验的基础上普遍加以推广。

第五，积极加强和改革治安管理。目前正处在变革时期，治安管理面临前所未有的复杂情况，光靠过去老的一套办法已经不能适应新的情况，必须采取一些新的措施。

——要进一步明确管理就是服务的思想，治安管理必须保护合法的、正当的东西，制止非法的、不正当的东西，坚定地为经济改革、开放、搞活服务。既要防止重复过去"一管就死"的教训，又不能把搞活片面理解为可以放松治安管理，甚至可以撒手不管。正相反，经济搞得越活，治安管理越要加强。

——要实行"谁主管谁负责"的原则，改变过去治安管理由公安部门一家包下来的做法，发动各部门、各单位共同负责管理。一切企业事业单位和文化娱乐场所、体育场所、旅游场所、商贸市场以及其他公共场所秩序的管理，都要分别由各主管部门的行政领导负主要责任。公安部门要集中力量搞好重要场所和重大活动的安全保卫工作，对一般场所和单位负责业务指导和检查督促，处理治安案件和刑事犯罪案件。并在实践中不断总结经验，逐步加以完善。

　　——要对特种行业、特殊情况采取特殊管理的办法。对旅店业、废品收购业、刻字业的管理，对舞厅、音乐茶座的管理，对流动人口、暂住人口的管理，对现金的管理，对个体商贩的管理，等等，都要同各有关部门抓紧研究制定出一套适应新情况的新办法。为了加强流动人口、暂住人口的管理，有必要在大中城市加快发放居民证工作，进一步严密户口管理。

　　——要认真清理过去治安管理的各项条例和规章制度，适应新的情况，该立则立，该改则改，该废则废，并采取先立后废的做法，避免工作脱节。

　　　　注　　释

　　〔1〕胡耀邦（一九一五——一九八九），湖南浏阳人。当时任中共中央总书记。

进一步提高加强社会主义
法制建设的自觉性[*]

（一九八六年二月二十二日）

邓小平同志关于搞四个现代化必须"一手抓建设，一手抓法制"[1]的战略指导思想，是社会主义历史经验的高度概括和科学总结，把法制建设提到了一个新的高度。我们必须深刻理解建设与法制的辩证统一关系，充分认识健全法制对保障两个文明建设、保障国家长治久安的重大作用，进一步提高加强法制建设的自觉性。

要坚持在马克思列宁主义、毛泽东思想的指引下，从我国的实际情况出发，认真摸索和总结自己的经验，建设有中国特色的社会主义法制。邓小平同志在党的十二大开幕词中说过："我们的现代化建设，必须从中国的实际出发。无论是革命还是建设，都要注意学习和借鉴外国经验。但是，照抄照搬别国经验、别国模式，从来不能得到成功。这方面我们有过不少教训。把马克思主义的普遍真理同我国的具体实际结合起来，走自己的道路，建设有中国特色的社会主义，这就是我们总结长期历史经验得出的基本结论。"[2]走自己的道路，也是我们加强法制建设所必须遵循的原则。

---

* 这是乔石同志在全国政法工作会议上讲话的一部分。

　　要从当前的实际需要出发，有重点地加强立法工作。中央关于制定"七五"计划的建议中指出："国家对企业的管理逐步由直接控制为主转向间接控制为主，主要运用经济手段和法律手段，并采取必要的行政手段，来控制和调节经济运行。"[3] 因此，要特别重视和加强经济立法工作，尽快改变其与经济建设和经济改革不相适应的状况。要逐步制定必要的经济法规和暂行条例，使各项经济活动有章可循、有法可依，保护人民群众的合法权益，保护全民、集体和个体企业的合法权益，制止和打击各种违法犯罪活动。律师工作和公证工作，要不断探索和创造新的经验，逐步适应各项经济活动的需要。

　　要采取各项有效措施，增强干部群众的法制观念，做到有法必依。法制观念薄弱、有法不依，仍然是目前的一个突出问题。胡耀邦[4]同志在最近的一则批示中指出："增强干部群众的法制观念是健全法制的一个紧迫任务。""如果法院的经济裁决案件，许多地方都行不通，不算数，不顶用，国家法制怎么能维护？"各级干部特别是各级领导干部一定要带头遵守宪法和法律。党的十二大通过的新党章关于党必须在宪法和法律的范围内活动的规定，是一项极为重要的原则。党领导人民制定的宪法和法律，全党必须严格遵守，从中央到基层，一切党组织和党员的活动都不能同国家的宪法和法律相抵触，不能说违宪违法的话，不能做违宪违法的事，不能以言代法、以权代法，不能越权干涉政法机关依法进行的司法活动，以免损害党的威信和法律的尊严。同时要紧密联系实际，抓好在公民中普及法律常识的工作，引导人们认真学法、知法，自觉守法、用法，养成依法办事的习惯。党中央、全国人大常委会、国务院对此十分重视，分别发了通知，作了决议。各地要认真制订具体规划和实施方案，狠抓落实，讲求实效。

要加强法律监督，维护法律的尊严，坚持法律面前人人平等，做到执法必严，违法必究。在打击严重刑事犯罪和经济犯罪的斗争中，一定要像邓小平同志指出的那样："越是高级干部子弟，越是高级干部，越是名人，他们的违法事件越要抓紧查处，因为这些人影响大，犯罪危害大。抓住典型，处理了，效果也大，表明我们下决心克服一切阻力抓法制建设和精神文明建设。""高级干部在对待家属、子女违法犯罪的问题上必须有坚决、明确、毫不含糊的态度，坚决支持查办部门。不管牵涉到谁，都要按照党纪、国法查处。"[5]在目前和今后相当长的一段时间内，"死刑不能废除，有些罪犯就是要判死刑"，"当然，杀人要慎重，但总得要杀一些"。[6]只有惩处极少数人，才能教育和挽救一大批人。所有政法干警都必须铁面无私，刚正不阿，执法如山，不得为犯罪分子说情，不得搞伪证为犯罪分子开脱罪责，不得徇私枉法、贪赃卖法。如有违犯者，一经发现，必须严肃查处。

注　释

〔1〕见邓小平《在中央政治局常委会上的讲话》（《邓小平文选》第3卷，人民出版社1993年版，第154页）。

〔2〕见邓小平《中国共产党第十二次全国代表大会开幕词》（《邓小平文选》第3卷，人民出版社1993年版，第2—3页）。

〔3〕见《中共中央关于制定国民经济和社会发展第七个五年计划的建议》（《十二大以来重要文献选编》（中），中央文献出版社 2011 年版，第 274 页）。

〔4〕见本书《全面落实社会治安综合治理的各项措施》注〔1〕。

〔5〕见邓小平《在中央政治局常委会上的讲话》（《邓小平文选》第 3 卷，人民出版社 1993 年版，第 152 页）。

〔6〕见邓小平《在中央政治局常委会上的讲话》（《邓小平文选》第 3 卷，人民出版社 1993 年版，第 152、153 页）。

努力提高政法队伍的素质 *

（一九八六年二月二十二日）

要坚持人民民主专政，开创政法工作的新局面，争取社会治安的稳定好转，关键在于提高整个政法队伍的素质。全国现有政法干警二百万人。今后几年队伍建设的着重点应该放在提高素质上。

几年来的实践证明，各级政法部门是有战斗力的，广大干警的绝大多数是好的和比较好的，能够坚定地履行自己的职责，努力完成党和国家交给的各项任务，并积极为人民群众多办好事。有的干警还因公负伤，甚至献出了生命。对整个政法队伍的主流，必须作充分的肯定；对广大干警的积极性和吃苦耐劳精神，必须热情地予以保护。同时，应当看到，我们这支队伍由于长期以来缺乏严格的训练，也还存在不少弱点和不足，政治素质、业务素质与客观形势的要求还不相适应。因此，必须针对存在的问题，采取积极有效的措施，努力提高政法队伍的素质。

第一，大力加强思想政治工作，使广大干警成为有理想、有道德、有文化、有纪律的人。要使广大干警懂得政法工作在两个文明建设中的重要地位和作用，认清肩负的历史

---

* 这是乔石同志在全国政法工作会议上讲话的一部分。

使命，进一步增强光荣感、责任感，振奋革命精神，锐意改革创新，跟上时代步伐。要使广大干警懂得政法机关必须坚持人民民主专政，全面发挥"保护人民，打击敌人，惩治犯罪，服务四化"的职能作用。在新的历史条件下，对破坏分子的专政只能加强，不能削弱；同时还要十分重视加强保护人民的观念，加强保障社会生产力发展的观念。政法部门要通过正确执行法律、政策，打击敌人、惩治犯罪来保护人民，还要通过预防犯罪、教育挽救失足者，以及通过治安管理、法律服务、调解纠纷、拥军优属、扶贫解忧、抢险救灾、社会福利等各个方面的工作来保护人民，为人民服务。政法部门要自觉地围绕发展社会生产力去进行工作，积极去做有利于保障和促进社会生产力发展的事。因此，一个好的政法工作者，特别是政法部门的领导干部，不仅要有敌情观念，还要有全心全意为人民服务的思想，不仅要精通政法业务，还要努力学习经济知识和科学技术知识。

　　第二，坚持从严治警的原则，进一步整顿纪律和作风。政法部门在端正党风中，要认真解决特权思想和对待群众"冷、硬、横"的错误态度，坚决纠正以权谋私、徇私枉法、刑讯逼供等违法乱纪行为，切实做到文明执勤，礼貌待人，秉公执法。现在干警中违法乱纪的事还不少，一定要及时发现，抓紧处理，决不能护短。有的同志有些怨气，认为对政法干警的违法乱纪问题，比其他部门处理得多、处理得重。这种想法不对。政法干警是执法者，是人民的卫士，必须模范地遵纪守法。知法犯法，执法犯法，理应从严惩处。不这样，就不能保持政法队伍的纯洁性，就不能树立政法干警的高大形象。当然，政法各部门也涌现了大量的好人好事。近几年立功受奖的干警就有几万人。各级政法机关要认真总结一批先进人物的先进事迹，通过内部通报、登报表彰、巡回讲演等方法，广泛宣传推广，充分发挥先进榜样的作用。

第三，抓好领导班子的建设。各级政法部门的领导班子，要按照革命化、年轻化、知识化、专业化的要求，进一步调整配备好。要坚持德才兼备，有一定的专业知识和实践经验，不能光考虑年龄和学历，不能层层压低年龄杠杠。要注意充分发挥五十岁上下的领导骨干的作用。要选调政治上强、身体较好的干部，充实和加强法院、检察院系统的领导班子。领导班子经过调整以后，要相对稳定一段时间。对领导班子的建设，一是要强调以身作则，凡是要广大干警做到的，领导班子首先要做到，以自己的模范行动带动和团结全体干警形成良好的风气。二是要加强对马克思主义基本理论的学习，加强对实际情况的深入调查研究，不断提高统管全局和驾驭全局的本领。无论是观察分析形势，还是具体办案子，都要有正确的思想方法和工作作风。不懂得唯物主义，不懂得辩证法，不懂得正确的认识是从哪里来的，是不可能把工作做好的。对政法工作有关的基本理论、历史经验和国际经验，诸如我国现阶段人民民主专政的实质、内容，社会主义国家产生犯罪的根源，以及在开放条件下社会治安的一些规律性问题等，要有计划地组织广大理论工作者和实际工作者进行探索和研究。

第四，下决心争取用五年左右的时间，把全体干警轮训一遍。要充分发挥现有正规院校的潜力，并调动中央和地方各级政法部门的积极性，大力发展电化教育、函授教育，举办各种文化补习班和专业训练班。中央和省、自治区、直辖市政法各部门都要作出全面规划,有计划、有步骤地实施。所需经费,中央和地方财政应大力支持,给予保证。各政法院校都要认真进行教学改革,理论紧密联系实际,努力提高教学质量,培养出合格的人才。

第五,有重点地加快技术装备的现代化。现在,公安、国家安全、检察、法院、司法、民政部门的技术装备和业务建设,越来越不适应复杂的社会情况和繁重的治安任务。中央和地方两级财政都要专列计划,每年多拨一点款,多投一点资,保证政法部门的业务费用,支持政法部门把现代化装备和手段逐步搞起来。这几年,中央一再说过,计划要专列,经费要专拨,保证实际需要,但是落实情况很差。这要请国家计委、财政部和各级党委、政府认真抓一下,尽快予以解决。各级政法部门要从实际出发,分清轻重缓急,先把重点地段、要害部位装备好,积累经验,培训干警,逐步扩展。并在逐步实现业务建设现代化的过程中,相应地进行机构改革和建立高效率的指挥系统。

各级党委、政府要进一步加强对政法工作的领导,支持政法部门的工作,切实帮助政法部门解决工作中的实际困难。各级政法部门也要更加自觉地置于党委的领导之下。

我们是伟大的社会主义国家,有许多西方国家和其他国家所无法比拟的优越条件。我们应该有这样的雄心壮志,逐步使我们的国家成为世界上社会秩序最好、社会治安最稳定的国家。一九八六年,对政法工作来说是很关键的一年。两年看头年,今年能不能确保社会治安的稳定好转,对于促进党风、社会风气的好转,对于加强两个文明建设,都至关重要。我们政法战线的全体干警，一定要响应党中央的号召，以高度的自觉，以崭新的风貌，以实际的行动，齐心协力地把今年的工作做好。

加强党对政法工作的领导 *

（一九八六年三月四日）

各级党委要进一步加强对政法工作的领导，各级政法部门要自觉地置于党委的领导之下。

在目前的新形势下，为什么要进一步强调加强党对政法工作的领导呢？这是因为：

第一，目前政法部门所承担的许多重大任务，像加强法制建设，开展严厉打击严重刑事犯罪和经济犯罪的斗争，以及社会治安综合治理等，都需要党委和政府的统一领导、统一部署，动员全党和各个部门共同来完成。

第二，政法工作有很强的政策性，特别是打击经济犯罪，法律、政策界限不易掌握，需要在党委领导下，会同各有关部门共同研究。不少经济犯罪案件涉及党内，涉及党政干部和干部子弟，涉及一些部门和单位，如果不是党委亲自来抓，有的就查不下去。

这里需要再一次强调的是，经济案件情况很复杂，有的是违背了党纪、政纪、军纪，有的是违背了行政管理法规，有的是触犯了刑律。因此，查处经济案件不宜由政法部门来牵头，必须由各级党委来统一领导，组织各有关部门协同配

＊ 这是乔石同志在全国政法工作会议结束时讲话的一部分。

合。政法部门只能管触犯刑律的那一部分经济犯罪案件。任何部门发现和查到了已经触犯刑律的那一部分经济犯罪案件，都要及时主动将案件送交政法部门依法查处。

第三，政法部门要严格依法办事，秉公办案，必须得到党委的支持。政法部门要解决办案力量、办案经费，解决人、财、物方面的实际困难，改善物质条件和技术装备，也需要依靠各级党委、政府来统筹安排，妥善解决。

各级党委和政府要加强对政法工作的领导，就必须正确认识政法工作在全局中的地位和作用。邓小平同志不是说要一手抓建设，一手抓法制吗？我们各级党委和政府都要坚决按照邓小平同志说的去做，不能只抓一手，而是要抓两手。同时，各级党委、政府特别是主要领导干部，要进一步增强法制建设观念。只有领导干部增强了法制观念，带头学法、懂法、守法，不以言代法、以权代法，才能真正重视法制建设，切实加强对政法工作的领导，解决政法工作中存在的实际困难。

同时，从我们各级政法部门来说，越是在全党重视加强法制建设，强调依法办事的时候，越是要自觉地置于党委的领导之下，重要情况要及时向党委汇报，重大问题要及时向党委请示。

从小养成遵纪守法的习惯[*]

（一九八六年四月九日）

《中国少年报》开辟法纪教育专栏，对同学们进行法制教育，是一件很有意义的事情。

我希望全国的少年朋友们，从小就懂得一点法律常识，养成遵纪守法的良好习惯，懂得什么样的事能做，什么样的事不能做，这对你们的健康成长和将来成为有用之材，很有好处。

现在有的青少年为什么会走上犯罪的道路呢？其中一个重要原因，就是因为他们不懂法律常识。往往违了法还不知违法，犯了罪还不知犯罪。你们一定要吸取这个教训，认真学习法律常识，使自己成为知法、守法的人。

我希望学校、共青团、家长和全社会都来重视对孩子们进行法制的启蒙教育，并把这种教育与理想、品德教育密切结合起来。要从孩子们的理解能力出发，适应孩子们的特点，把法制教育搞得更加生动活泼。让我们共同来创造这方面的经验吧！

---

* 这是乔石同志为《中国少年报》开辟法纪教育专栏所作。

坚持理论密切联系实际，
繁荣法学研究 *

（一九八六年五月二十一日）

中国法学会召开第二次会员代表会，我代表党中央、国务院向这次会议表示祝贺，向参加会议的全体代表和全国的法学工作者、法律工作者，致以亲切的问候！中国法学会作为一个全国性的群众性的法学学术团体，在开展国内、国际法学学术交流等方面，做了很多工作，起了积极的作用。目前，我国正处在新的历史发展时期，我们在建设具有中国特色的社会主义的过程中，正如邓小平同志所说的那样，要一手抓建设，一手抓法制。中国法学会和各地法学会在坚持四项基本原则，发扬社会主义民主和健全社会主义法制方面，承担着重要的任务，工作还要继续加强。各级政法委员会、司法行政部门和政法各部门，以及其他各有关方面，要大力支持、切实帮助法学会开展工作。

如何进一步开展法学研究，第一届理事会的工作报告中提出了一些建议和设想，经过你们这次代表会审议，集思广益，我相信一定可以搞得比较完善。这方面我就不多讲了，我想着重就法学研究理论联系实际的问题，谈几点个人的

---

* 这是乔石同志在中国法学会第二次会员代表会上的讲话。

想法。

第一，理论密切联系实际，过去是、今后仍然是搞好法学研究的一个具有现实意义的问题。

理论来源于实践，又反过来指导和推动实践的发展。胡耀邦[1]同志指出：理论工作的根本方向，就是要理论联系实际，同实际密切结合。当前，我国的社会主义现代化建设面临着大量的理论问题和实际问题，需要我们的科学工作者，包括社会科学工作者，运用马克思主义的立场、观点、方法来加以探讨、研究、解释和解决。法学是一门政治性很强的科学。开展社会主义法学研究，对于加强我们社会主义法制有着十分重要的意义。特别是像我们这样一个法制建设尚不完善的国家，现正处在对外开放、对内搞活和经济体制全面深刻改革的过程中，法学工作者就特别需要适应形势的发展，深入实际，不断研究、总结实际生活中提出的问题和出现的新鲜经验，为我国现代化建设，为发展马克思主义法学作出自己的贡献。

对于理论联系实际的必要性和重要性，法学界的许多同志从自己研究工作的实践中已经有了体会。听说有不少同志正在以当前迫切需要解决的问题，作为自己的研究课题，这是一个很好的现象。它表明这些同志有着理论联系实际的强烈愿望。当然，在有些同志中，某种程度上也还存在理论联系实际不够的情况。我们希望法学界的同志们进一步提高理论联系实际的自觉性，把法学研究工作做得更好。

第二，政法工作各部门，要牢固树立重视理论、重视科学的思想，自觉地支持法学研究工作。

在我们这样一个封建历史很长，经济、社会、文化还比较落后的大国，发展社会主义民主，健全社会主义法制，是一项相当艰巨繁重的任务。在这方面，没有现成的经验和模式可以照搬照抄，必须在坚持马克思主义基本原理的前提下，解放思想，勇于探索，勤于实践，善于总结。这就需要政法部门做实际工作的同志，特别重视同法学界及其他有关社会科学部门加强联系，紧密合作，共同努力。

现在有一个矛盾的现象：一方面，政法实际工作部门每天都面临着许多新情况、新问题，迫切需要进行深入系统的调查研究，寻求科学的答案和切实可行的解决办法，但是，他们往往由于实际工作繁忙，挤不出更多的时间来进行研究和探讨；另一方面，一些具有真才实学，愿意为实际工作服务，愿意进行科学研究的法学工作者，却由于缺少接触实际的机会，而有点有劲使不上。这种相互脱节的状况不利于社会主义民主和法制建设的更好开展，必须很好地加以解决。

彭真[2]同志在全国民法通则（草案）座谈会上说："制定重要法律，请专家和实际工作者来参加，不是简单的技术问题。""理论和实际不能很好结合，这是我们工作中一个带根本性的缺点。"[3]他指出，要克服这个缺点，就必须"在制定法律过程中，把各方面专家和从事实际工作的同志请来，大家一起讨论，共同审议修改"[4]，使理论和实际密切结合。立法工作是这样，政法的其他各方面工作也都应该贯彻这一原则。这就要求我们政法部门做实际工作的同志，特别是领导同志，必须按照党的十一届三中全会以来党中央一再强调的精神，增强重视理论、尊重科学的自觉性。要重视知识，充分发挥知识分子的作用，在实际工作中为法学研究提供方便条件，支持和帮助法学界同志进行理论联系实际的科学研究；同时善于吸收和运用他们的研究成果，使他们成为实际工作的智囊和参谋。

第三，希望中国法学会和各地法学会充分发挥自己的桥梁和纽带作用，积极沟通实际工作部门同法学界之间的联系，更好地组织、推动理论联系实际的法学研究。法学会是由法学工作者和法律工作者这两部分会员组成的，它的领导班子中，既有法学界的专家、学者，又有过去或现在在政法部门担任领导职务的同志，这种组织情况有利于发挥这方面的作用。

第四，讲一讲坚持马克思主义基本原理和实事求是的思想路线，以及贯彻"百花齐放、百家争鸣"方针的问题。

我们的法学研究必须是马克思主义的，必须是具有中国特色、符合中国实际的。这就要求我们必须坚持马克思主义的基本原理，坚持从中国的实际情况出发。外国的有益经验要借鉴，但绝不能盲目地照搬照抄。当然，马克思主义是发展的，需要我们在不断实践的过程中，进行创造性的研究和探索，而绝不能拘泥于已被证明不符合变化了的实际情况的个别论断。

为了法学研究的繁荣发展，要鼓励和支持大胆创新，必须进一步贯彻"百花齐放、百家争鸣"的方针。法学研究和国家的现行法律以及现实的政治生活关系非常密切，要在坚持四项基本原则，坚持维护宪法、法律的前提下，提倡实事求是、独立思考，提倡不同观点的讨论。通过充分说理的、切实的学术讨论，共同研究，取长补短，坚持真理，修正错误，促进法学研究的繁荣和社会主义法制建设的健康发展。国家制定的法律、法规，大家都必须遵守，如果还有不同意见，可通过适当方式，在内部进行讨论，但不宜在公开的报刊上传播反对意见。这样，既可以在法学研究领域内充分地贯彻执行"双百"方针，又不至于干扰现行法律、法规的贯彻实施。

我今天讲的这些问题，归纳成一句话就是：坚持理论密切联系实际的方针，积极开展马克思主义的法学研究工作，促进具有中国特色的社会主义法制建设。这是我对中国法学会和法学界同志们的一点希望。

预祝你们这次会员代表会取得圆满成功！预祝我们的法学队伍更加壮大，法学研究工作更加繁荣！

注　　释

〔1〕见本书《全面落实社会治安综合治理的各项措施》注〔1〕。

〔2〕彭真（一九〇二——一九九七），山西曲沃人。当时任中共中央政治局委员、全国人民代表大会常务委员会委员长。

〔3〕见《彭真年谱（1902—1997）》第5卷，中央文献出版社2012年版，第347—348页。

〔4〕见《彭真年谱（1902—1997）》第5卷，中央文献出版社2012年版，第348页。

为建设有中国特色的社会主义
律师制度而努力 *

（一九八六年七月五日）

　　全国第一次律师代表大会的召开，标志着我国律师制度进入了新的发展阶段。我们党和国家对律师工作是非常重视和十分关怀的。我代表党中央和国务院向大会表示热烈的祝贺，并通过你们向全国律师工作者致以亲切的问候！

　　党的十一届三中全会以来，我国的律师工作得到了迅速的恢复和发展。现在已经有了一支两万多人的律师队伍，在许多地方建立了律师事务所和法律咨询机构。几年来，广大律师在维护社会主义民主和社会主义法制方面，在促进改革、开放、搞活和经济建设方面，在保障公民的合法权益、依法严厉打击严重刑事犯罪和严重经济犯罪方面，都起着越来越重要的作用。实践证明，在我国健全法律制度，发展律师队伍，加强律师工作，是十分必需的。特别是在改革、开放、搞活的新形势下，要贯彻落实邓小平同志关于"一手抓建设，一手抓法制"[1] 的思想，大力加强律师工作是尤为迫切的。没有健全的律师制度，也就不可能很好地健

---

　　* 这是乔石同志在全国第一次律师代表大会上讲话的主要部分。

全法制。

邓小平同志在党的十二大开幕词中指出："我们的现代化建设，必须从中国的实际出发。无论是革命还是建设，都要注意学习和借鉴外国经验。但是，照抄照搬别国经验、别国模式，从来不能得到成功。这方面我们有过不少教训。把马克思主义的普遍真理同我国的具体实际结合起来，走自己的道路，建设有中国特色的社会主义，这就是我们总结长期历史经验得出的基本结论。"[2] 我们的律师制度，也必须是符合中国国情、具有中国特色的社会主义的律师制度。在这方面没有现成的模式可循，只能在实践中不断探索、研究、总结，逐步加以完善和发展。

第一，我国的律师是国家的法律工作者。律师工作必须忠实地为党、国家和人民的根本利益服务，为发展社会主义民主和健全社会主义法制服务，为两个文明建设服务。

第二，我国的律师工作必须坚持社会主义道路，坚持人民民主专政，坚持共产党的领导，坚持马克思列宁主义、毛泽东思想。要把坚持四项基本原则，作为我国律师工作的根本指导思想。只有这样，才能使律师工作始终保持正确的政治方向，不断地提高律师的政治素质和业务素质，增强为党、为国家工作和为人民服务的本领。

第三，我国的律师制度是社会主义法制的有机组成部分。从根本上来说，律师工作与公、检、法的工作不是对立的，而是统一的。因为大家的目标是一致的，都是要以事实为根据，以法律为准绳，严格依法办事，维护宪法和法律的尊严，维护社会主义法制的尊严。在这个前提下，起着相互配合、相互补充、相互制约的作用。

第四，我国的律师必须刚正不阿，廉洁奉公，全心全意为人民服务，以党、国家和人民利益为重，坚持真理，随时修正错误。决不能为了代表当事人，而损害国家、集体的利益，损害法律的尊严；也决不能屈服于某些人的权势，不敢实事求是，据理力争。要秉公直言，维护国家、集体和公民的合法利益。

通过这次代表大会即将成立的全国律师协会是团结广大律师工作者的群众团体。希望律师协会能够为培养律师人才、提高律师素质，为摸索和探讨有中国特色的律师制度而作出不懈的努力。

目前，我国的律师工作虽然有了一定的发展，但基本上还处于创建阶段，需要得到各方面的普遍关心和大力支持。各级党委、政府，各级政法部门要充分认识律师工作在健全社会主义法制中的重要地位和作用，进一步重视律师工作，支持律师工作。要坚决制止和处理阻挠、干扰律师依法执业甚至打击迫害律师的违法行为，切实保障律师的权利。要给律师工作者创造必要的工作条件，解决他们在工作中和生活上的各种实际困难。同时，我也诚恳地希望全国广大律师工作者，深刻地认识到做一个人民律师是无上光荣的，一定要热爱律师工作，刻苦地学习马克思主义、毛泽东思想，刻苦地钻研党的政策和国家的各项法律，努力提高知识水平和业务能力，充分发挥积极性和创造性，大胆探索创新，不断开拓前进，在工作中作出更优异的成绩，进一步赢得全社会的信赖和尊敬。

注　　释

〔1〕见邓小平《在中央政治局常委会上的讲话》(《邓小平文选》第3卷，人民出版社1993年版，第154页)。

〔2〕见邓小平《中国共产党第十二次全国代表大会开幕词》(《邓小平文选》第3卷，人民出版社1993年版，第2—3页)。

加强对乡镇企业发展的引导[*]

（一九八六年七月七日）

　　江苏的乡镇企业近几年发展迅速，在全省经济中占有越来越重要的地位。全省现有八万多个乡镇企业，六百多万职工。绝大多数是集体经营的，或通过横向联系同国有企业合营的。去年乡镇工业的总产值达到三百八十三亿元，占全省工农业总产值的百分之三十点二；上缴税金十九亿九千三百万元，占全省财政收入的百分之二十；实现销售收入三百零七亿二千万元，出口创汇三亿美元；实现利润总额二十八亿三千多万元。目前乡镇企业虽面临资金短缺、原材料和能源紧张、税收优惠减少等不利因素，但仍保持着继续发展的势头。正如当地干部所说："年年有困难，年年有发展。"

　　乡镇企业的发展，有效地解决了农村剩余劳动力的出路，极大地繁荣了农村经济，促进了部分地方先富起来，并支援了农业向专业化、现代化方向发展，推进了农村交通、教育、文化和社会福利事业的发展。以无锡市所辖的三个县为例，去年乡镇工业产值达到九十八亿元，占工农业总产值的百分之九十，农民人均年收入达到六百六十七元，并为集体积累资金二十四亿五千万元，用于补农、建农资金和举办

　　＊　这是乔石同志在江苏省考察后向中共中央书记处、国务院汇报的一部分。

集体福利事业的资金有十二亿元之多。

我们了解情况的过程中，主要表示：一要继续积极地扶持乡镇企业的发展；二要注意加强引导。从目前情况看，需要注意正确处理好积累与消费的关系，注意适当扩大资金积累、控制消费水平。这是由于：

（一）在乡镇企业比较发达的地方，一般已占用农村劳力的百分之七十左右，如果没有一定的积累，就难以应对可能遇到的暂时困难，会造成农民收入的波动。（二）目前的乡镇企业一般设备和技术条件比较落后，如果不扩大积累，聚集资金，加紧进行技术改造，不断提高产品质量，提高经济效益，就难以在取消税收等优惠条件下与大企业竞争。（三）在乡镇企业比较发达的地方，近几年农民的收入增加很快，几乎每年以一百元以上的速度向上增长，有百分之八十至百分之九十的农民盖了新房，衣、食、住、行逐渐富裕，这种劳动致富的景象，看了确实令人振奋。只是如不加以正确引导，如不适当控制工资福利和消费水平，就会使乡镇企业失去廉价劳动力这个最大优势。（四）目前某些乡镇有竞相搞楼堂馆所等非生产性建设的趋势，宾馆、办公楼、接待室等搞得相当讲究，这方面集资、花钱过多，势必大大增加乡镇企业的负担，影响企业技术改造和扩大再生产的能力，减弱它的活力。

端正党风要与经济改革
相辅相成*

（一九八六年七月七日）

　　江苏对贯彻中央关于整党和端正党风的一系列指示，态度是严肃认真的，工作抓得比较紧，已取得较明显的成效。表现在：查处大案要案进展较快；中央文件中指出的几股不正之风基本上刹住了；领导作风开始有了转变，省级机关组织了六百多名干部到苏北基层帮助工作，各级机关也组织了大批干部深入基层，为基层服务。

　　他们在整党和端正党风中，强调从各级、各部门、各单位的实际情况出发，正确处理好这几方面的关系：一是重点查处大案要案与纠正各种不正之风相配合。二是祛邪与扶正相结合，既运用反面典型教育党员干部，又树立和发扬党风好的正面典型，扶持正气，以正压邪。三是端正党风与健全必要的规章制度相结合，把端正党风的成果切实巩固下来，防止风头一过旧病复发。

　　他们在整党和端正党风中，还比较注意掌握政策，保护干部、群众对改革和搞活经济的积极性。如对乡镇企业的整党和端正党风，他们就持特别慎重的态度，对法律、政策界

---

　　* 这是乔石同志在江苏省考察后向中共中央书记处、国务院汇报的一部分。

限明确的问题（如贪污、盗窃等）就先处理；对法律、政策界限不明确的就放一放，待明确后再处理。最近，他们在认真调查研究的基础上，提出了乡镇企业整党中若干政策界限的初步意见，要求从乡镇企业供产销大部分无国家计划安排的实际情况出发，进一步划清这样一些界限：（一）划清企业在经济活动中，与其他单位组织双边或多边的物资串换和协作，低来低去，高来高去，与就地投机贩卖生产资料的界限；（二）划清在业务交往中进行必要的应酬和招待，与大吃大喝、挥霍浪费的界限；（三）划清为发展横向联系，进行技术合作，给予一定的合理报酬，与行贿受贿的界限；（四）划清企业在依法纳税和保证集体积累的前提下合理发放奖金，与滥发奖金、实物、补贴的界限；（五）划清企业的党员干部按照经营承包合同取得合理的承包收入，与以权压价，或以承包为名，采取其他不正当手段谋取私利的界限；（六）划清改革中因缺乏经验而造成某些失误，与工作渎职，或者蓄意营私舞弊的界限。他们正在广泛地征求意见，并拟同上海、浙江等乡镇企业比较发达的省、市共同商议后，再贯彻实施。

正因为他们坚持了积极而又稳妥的方针，扎扎实实地解决党风方面存在的问题，所以较好地解决了党员干部中存在的两个疑虑：一个是信心。原来有些党员干部对端正党风信心不太足，现在看到了实际的成果，信心就增强了。但有一个担心。担心搞活了的经济又搞死了，疏通了的渠道又堵塞了，特别是乡镇企业要"五求人"（原材料、能源、技术、资金、产品销售都要求人），担心把业务联系整断了，什么事都不好办。现在看到既"清除蛀虫"，又"保护支柱"，这种担心也就逐渐消除了。

我和地方同志交谈中，强调了端正党风的任务还很艰巨，需要继续抓紧，坚持下去，决不能有丝毫的松懈。端正党风与经济改革是相辅相成的。党风端正了，能推动和促进改革；改革搞好了，也能进一步促进党风的好转。对端正党风中涉及乡镇企业的问题，同意省里提出的采取特别慎重态度的意见。

贯彻落实中央端正党风工作指示需要解决的几个认识问题*

（一九八六年九月八日）

贯彻落实中央政治局常委会关于端正党风工作的指示，需要进一步明确和解决几个认识问题。

一、关于"严肃认真抓两年"

最近，在少数单位，端正党风的工作出现了一些松劲情绪。有的同志认为，中办、国办《关于解决当前机关作风中几个严重问题的通知》指出的六个方面不正之风[1]刹住了，端正党风的工作任务就完成了。有的党委放松了对端正党风工作的指导。这与中央的要求是不相符合的。中央关于"严肃认真抓两年"的方针，是在客观分析党风状况的基础上提出来的。胡耀邦[2]同志在八千人大会[3]上对领导机关端正党风提了四条要求[4]，王兆国[5]同志讲了着重要抓好四个方面的工作[6]。这些任务还远远没有完成。

党风建设是一项长期的任务。从总体来说，我们的党风

---

* 这是乔石同志在各省、自治区、直辖市党委负责同志端正党风工作座谈会上讲话的一部分。

是好的，特别是自党的十一届三中全会以来，中央对于端正党风一直很重视，抓得很紧，党风也是越来越好的。但是，也必须看到，纠正和克服党内目前存在的一些严重的消极现象，不是一朝一夕能做到的。即使是现有的问题解决了，以后随着形势的发展还会产生新的问题。我们的党风建设在许多方面同社会主义现代化建设，同改革、开放、搞活的形势还不相适应。继承与发扬我们党的优良传统和作风，建设一个同改革、开放、搞活相适应的好的党风，是摆在我们面前的重要任务。越是改革、开放、搞活，越要从严治党，严肃党纪。要充分认识党风建设的艰巨性和长期性，既要有紧迫感，又要克服"抓一阵子就差不多了"的思想。

邓小平同志指出，端正党风，我们说抓两年，两年以后实际上还是要继续干这件事。他说，"开放、搞活政策延续多久，端正党风的工作就得干多久，纠正不正之风、打击犯罪活动就得干多久"[7]。各级党委都应该按照中央确定的方针，从本地区、本单位的实际出发，经常研究新情况，解决新问题，把党风建设推向前进。

最近，有些同志提出来，中央搞不搞一个党风根本好转的统一标准？可不可以率先宣布实现了党风根本好转？我们领导小组有这样的意见，关于端正党风要解决的主要问题，在党的十二大报告中以及在《中共中央关于整党的决定》中和八千人大会上几位中央领导同志的讲话中，已经作了明确阐述，各地可以根据上述文件精神，提出具体要求，认真组织落实。希望各地各部门坚决按照中央的要求和"严肃认真抓两年"的方针，加强具体指导和督促、检查，扎扎实实地做工作，不搞形式主义，要注重实效。

二、关于端正党风与改革、
经济建设"两手抓"

端正党风与改革的关系，中央的指导思想是很明确的。全面改革迫切需要好的党风，加强和改善党的领导，充分发挥党员的先锋模范作用。好的党风是改革的强大动力。党的十一届三中全会以来，通过拨乱反正和全面整党，在恢复和发扬党的三大优良作风方面，取得了显著成效，从而促进了改革和四化建设。好的党风又是改革健康顺利发展的保证。我们的现代化建设，我们的改革，都是在社会主义基础上进行的，是坚持社会主义方向的。在党内和社会上反对不正之风，打击严重经济犯罪，能够有力地抵制资本主义和封建主义腐朽思想的侵蚀，清除破坏改革、危害经济建设的蛀虫。端正党风，将为改革、开放、搞活清除障碍；同时，通过改革又有利于促进党风和社会风气的好转。

有的同志担心端正党风会影响改革：有的担心"党风上去了，生产下来了"；有的担心加强党纪和法制，"环境就不宽松了"；也有的一听到要保护改革，该查的案子也"等等看"，不敢查了。这里有必要再次明确：第一，要坚决支持改革。改革是一个探索的过程，允许成功，也允许失误。出现失误，重要的是帮助总结经验，完善改革措施，支持继续改革。端正党风工作的成效，要看是否促进了改革和经济建设。第二，对违法乱纪的，要区别情况，严肃对待，按照法律和政策认真查处，这也是保护改革。第三，一切从实际出发，是掌握政策的总原则。必须正确区分违纪与失误、罪与非罪的界限。坚持有法必依，执法必严，违法必究，在法律面前人人平等。处理案件要充分考虑到当时当地的实际情况，不要把属于工作失误、违反党纪政纪的问题当成违法犯罪来处理。对有的案件，如各方面意见有重大分歧，应进一步核对事实，统一认识。对一时搞不清、拿不准的事，不要急忙处理。

端正党风的工作，要有创新精神。不能用老眼光来观察和研究新情况，不能机械地搬用老办法来解决和处理新问题。最近，纪检机关、司法等部门的领导同志要求本系统的干部了解改革，熟悉改革，保护改革。这是值得提倡的。当然，搞经济工作的同志，也要进一步了解和熟悉党纪和法律，提高遵纪守法的自觉性。只有这两方面都注意到了，才有利于做到端正党风与改革、经济建设"两手抓"，扎扎实实地去夺取精神文明建设和物质文明建设的新成果。

三、关于纪检机关和行政、司法部门的分工合作

邓小平同志指出："党要管党内纪律的问题，法律范围的问题应该由国家和政府管。""现在从党的工作来说，重点是端正党风，但从全局来说，是加强法制。""纠正不正之风中属于法律范围、社会范围的问题，应当靠加强法制和社会教育来解决。"[8]这不仅讲清了党风、不正之风、违法犯罪之间的区别，而且进一步明确了加强法制是当前在端正党风工作中必须重视的一个重要问题。

不正之风、违法犯罪，与党风问题是有区别的。其中有的有联系，有的没有联系，不能都说成是党风问题。作为执政党，我们的党要管这些事。但要通过国家和政府去管，要靠法制和社会教育去解决。这样分工，有利于党的纪检机关集中精力管好党内纪律问题，加强党风建设；也有利于在全体人民中，包括党员干部中，树立法制观念。

党的纪检机关和行政、司法部门既要分工，又要加强合作。我们党的纪检机关享有很高的威信，许多人习惯于向纪检机关揭发党员干部的违法犯罪活动。前一段工作中，纪检机关发现属于触犯法律的问题，及时交司法部门查处，司法部门发现涉及党风党纪的问题，也及时向纪检机关通报情况。这样做是很好的，希望坚持下去。在目前情况下，对一些大案要案采取协同办案的方式还是需要的，进行必要的协调便于统一思想认识，加快办案的进度。但必须明确：凡属党纪、政纪案件，应由纪检机关或有关政府部门负责，按规定办理；凡需要法办的案件，则应由司法部门按司法程序审理。

为了搞好各部门的分工合作，各省、自治区、直辖市端正党风领导小组应在地方同级党委领导下，做一些协调工作。地方各部门需要请示的问题，凡是涉及党纪的，请示中央纪委；凡是涉及违法犯罪的，请示最高人民法院、最高人民检察院。凡同时涉及党纪、国法，或涉及若干省、自治区、直辖市，由一家解决有困难的案件和问题，需要中央协调、解决的，中央机关端正党风领导小组在书记处的领导下予以协调或处理。

注　释

〔1〕六个方面不正之风，指争相购买和更换进口小轿车的不正之风，滥派人员出国的不正之风，党政干部挥霍公款到处旅游的不正之风，铺张浪费、请客送礼的不正之风，党政干部在工资和机关集体福利以外获取不正当收入的不正之风，党政机关、领导干部及其子女、配偶利用职权和各种方便违反规定经商牟利的不正之风。

〔2〕见本书《全面落实社会治安综合治理的各项措施》注〔1〕。

〔3〕八千人大会，指一九八六年一月六日和九日中共中央书记处在北京召开的中央机关干部大会。大会号召中央党政军机关的全体党员、干部在端正党风中作全国的表率，为实现全党风气和社会风气的根本好转，为把以城市为重点的整个经济体制改革逐步引向胜利，为完成"七五"计划、建设有中国特色的社会主义而奋斗。

〔4〕四条要求，指提高效率、努力学习、严肃纪律、增强党性。

〔5〕王兆国，一九四一年生，河北丰润人。当时任中共中央书记处书记。

〔6〕四个方面的工作，指加强思想教育、健全制度和整顿纪律、严肃查处大案要案、健全党内生活。

〔7〕见邓小平《在全体人民中树立法制观念》(《邓小平文选》第3卷，人民出版社1993年版，第164页)。

〔8〕见邓小平《在全体人民中树立法制观念》(《邓小平文选》第3卷，人民出版社1993年版，第163页)。

扶贫扶优工作要
脚踏实地、讲求实效[*]

（一九八六年十一月十八日）

党的十一届三中全会以来，随着农村经济体制改革的深入和经济的发展，农民生活不断改善和提高，有一部分人已经开始富裕起来，我国农村呈现出一派兴旺发达的喜人局面。同时也应该看到，由于我国地域辽阔，各地区的自然条件、工作基础不同，发展不平衡，有一部分地区经济发展不快，农民生活改善不大，甚至一部分农民的温饱问题还没有完全解决。高度重视这种状况，千方百计地帮助贫困地区和贫困户解决困难，是我们党和政府的一项极重要的职责和任务。

在我国财政经济状况不断好转的同时，党中央、国务院及时强调了在大好形势下，必须关心、帮助解决一部分贫困地区和贫困户的问题，并对双扶工作的方针、政策作出重要的指示。各级党委和政府以及党政各部门、社会各方面，特别是主管这项工作的民政部门，积极开展了扶贫扶优工作，大力扶持生产、生活有困难的农民，根据当地条件，因地制

＊ 这是乔石同志在全国扶贫扶优工作经验交流暨表彰大会上讲话的主要部分。

宜发展生产，走上从根本上摆脱贫困的道路。这是双扶工作的一项重大改革。经过几年的努力，随着经济建设和改革的发展，扶贫扶优工作已经在全国各地广泛开展起来，使上千万贫困户和优抚对象得到了扶持，其中半数以上的农户初步摆脱了贫困。这是一个很好的开端。

这次大会表彰六百一十六个先进集体和先进个人。你们在双扶工作中付出了辛勤的劳动，取得了优异的成绩，不愧为带领群众治穷致富、走共同富裕道路的表率。你们全心全意为人民服务的思想，满腔热情地扶贫济困的品德，是值得大家学习和发扬的。

扶贫扶优工作是一项具有重大政治意义和经济意义的工作，是社会主义物质文明和精神文明建设的不可缺少的组成部分。邓小平同志在一九八五年全国科技工作会议上指出："社会主义的目的就是要全国人民共同富裕，不是两极分化。""我们提倡一部分地区先富裕起来，是为了激励和带动其他地区也富裕起来，并且使先富裕起来的地区帮助落后的地区更好地发展。提倡人民中有一部分人先富裕起来，也是同样的道理。""一个公有制占主体，一个共同富裕，这是我们所必须坚持的社会主义的根本原则。"[1] 邓小平同志这段论述非常重要。鼓励一部分人先富与扶持贫困户治穷致富是党的富民政策的两个方面。只有在鼓励一部分人先富起来的同时，积极扶持贫困户和优抚对象发展生产，脱贫致富，才能促进农村经济的全面发展，才能实现共同富裕的伟大目标，充分显示社会主义制度的优越性。同时，双扶工作又是人民群众互助友爱、扶贫济困的一种具体形式，有助于建立和发展社会主义新型的人际关系，促进社会主义精神文明建设。所以，我们一定要不断增强扶贫扶优工作的紧迫感和责任感，不断提高扶贫扶优工作的自觉性和主动性。

　　为了把双扶工作搞得更好，希望各级党委和政府一定要按党中央和国务院所要求的那样，加强领导，把双扶工作纳入当地经济和社会发展规划中去，列入重要议事日程。各地都要从实际出发，充分发动和依靠群众，建立起双扶责任制，把双扶工作真正落到实处。要有布置、有措施、有检查。要制定严格的考核和奖罚办法，把双扶成绩作为考核部门和干部政绩的内容之一。要监督各有关部门认真贯彻落实党中央、国务院规定的各项扶贫优惠政策。要动员、组织各有关部门，根据自己的条件，积极地从资金、物资、人才、技术等方面予以支持和帮助。要加强社会主义道德教育，大力提倡扶贫济困的社会风尚，结合开展建立文明乡、村、户的活动，广泛发动和组织社会各方面的力量，自觉自愿地以富帮贫，以强带弱，团结互助，走共同富裕的道路。党政各部门特别是民政部门要同各方面社会力量配合协作，在双扶工作中继续发挥积极作用。

　　双扶工作是一项艰巨复杂的任务。我们的希望是既要脱贫，又能较快地走上致富的道路。如果一时难以同时做到，首先要力争尽快脱贫。也就是要坚决按"七五"计划的要求，使贫困地区和贫困户，在政府和各种社会力量的扶持下，依靠群众自己的努力奋斗，在三五年内解决温饱问题。这个要求是不高的，经过努力是能够达到的。当然，要做到这一点也并不容易，需要进行大量艰苦细致的工作，要脚踏实地、一步一个脚印地去做。必须有埋头苦干、深入实际、不图虚名、讲求实效的精神，逐县、逐乡、逐村、逐户地进行具体调查，制订切实可行的扶贫措施，一项一项地付诸实施，务求达到预期的效果。在这过程中，来不得半点虚假，也不能有任何形式主义。这次来参加会议的先进单位和先进个人，最可贵的正是这种为群众办实事的精神。

注　　释

〔1〕见邓小平《一靠理想二靠纪律才能团结起来》(《邓小平文选》第 3 卷，人民出版社 1993 年版，第 110—111 页)。

关于设立中华人民共和国
监察部议案的说明 *

（一九八六年十一月二十七日）

我受国务院委托，现就设立中华人民共和国监察部的议案，作一简要说明。

一、设立国家行政监察机关的必要性

《中华人民共和国宪法》第八十九条第八项规定，国务院"领导和管理民政、公安、司法行政和监察等工作"。根据宪法的规定，在今年六届全国人大四次会议上，安徽省代表团提出议案，还有全国人民代表大会一些代表和中国人民政治协商会议部分委员，也多次提出建议，在国务院和县以上地方各级人民政府，设立国家行政监察机关。

全国人大代表和政协委员关于设立国家行政监察机关的建议，反映了社会主义现代化建设的客观需要。目前，违反党纪者，有党的纪律检查委员会管；违反国法者，有公安、检察、法院等政法部门管；违反政纪者，却没有一个机关专

司监察职能。这在依据宪法健全国家行政体制、充分发挥国家效能方面，是一个缺陷。近几年来，在各项改革过程中，有的国家行政机关未能严格遵守和执行国家政策和法律法规，有的国家行政机关工作人员、国家行政机关任命的国营企事业单位的领导干部，违反国家政策和法律法规，违反政纪，人民对此很有意见。为保证国家机关工作人员清正廉明地工作，更好地为全面改革和四化建设服务，我国政府系统迫切需要设立监察机关，对国家行政机关及其工作人员、国家行政机关任命的国营企事业单位的领导干部，就其执行国家政策和法律法规的情况，违反政纪的行为，进行监察，以改善和加强行政管理，提高行政效能，保障社会主义建设事业健康发展。为此作出了《设立国家行政监察机关的方案》。

二、《设立国家行政监察机关的方案》对国家行政监察制度的新发展

　　新中国成立初期，政务院曾设有人民监察委员会。一九五四年九月，人民监察委员会改为中华人民共和国监察部。人民监察委员会和监察部在贯彻国家政策法令，维护国家纪律，保护国家财产，监督国家行政机关、国营企业、公私合营企业、合作社方面，做了许多卓有成效的工作，取得了良好的效果。一九五九年四月，由于种种原因，撤销了监察部。

　　二十七年过去了。目前，我国的政治、经济形势发生了重大变化。为适应形势发展的需要，按照《设立国家行政监

察机关的方案》组建的国家行政监察机关，与五十年代的国家行政监察机关相比，有三方面的新发展：

（一）监察对象。原国家行政监察机关的监察对象除了国家行政机关及其工作人员外，还包括国营企业及其工作人员。方案在监察对象中，根据形势发展，减少了公私合营、合作社及其工作人员。把对国营企业及其工作人员的监察，仅限于国家行政机关任命的领导干部。同时，监察对象中新增加了国家行政机关任命的国营事业单位的领导干部。

（二）领导体制。国家行政监察机关实行双重领导体制，地方各级监察机关既受所在人民政府领导，又受上级国家行政监察机关领导。方案规定地方各级监察机关的主要领导干部的任免，必须征求上级监察机关的意见。这样规定，主要是为了保证地方各级监察机关在实际工作中能摆脱各种干扰，切实有效地行使监察权，真正起到监察作用。

（三）权限。原国家行政监察机关具有检查权、调查权和建议权。方案除保留了以上三项权力外，根据实际工作需要，还规定国家行政监察机关具有一定的行政处分权，可以对国家行政机关工作人员和国家行政机关任命的国营企事业单位的领导干部，处以记大过以下的行政处分。同时，还规定国家行政监察机关，在其依据建议权提出的建议不被采纳时，可以向上级监察机关或者国务院申告。

三、关于国家行政监察机关的任务

国家行政监察机关的工作是社会主义法制建设的重要组成部分。为了适应改革、开放、搞活的需要，方案规定其任务是：检查监察对象贯彻实施国家政策和法律法规的情况；监督处理监察对象违反国家政策、法律法规和违反政纪的行为；受理个人或单位对监察对象违反国家政策和法律法规，以及违反政纪行为的检举、控告；受理监察对象不服纪律处分的申诉；按照行政序列分别审议经国务院任命的人员和经地方人民政府任命的人员的纪律处分事项。

监察机关履行上述任务，对保障全面改革和四化建设的顺利进行，将会起到重要的作用。

为了提高国家行政机关工作人员的法制观念，需要继续搞好法律的普及教育。同时，拟选调一批原则性强、作风正派、政策和业务水平高的干部做监察工作，尽快把国家监察部组建起来。

人人养成守法的习惯[*]

（一九八六年十二月二十日）

中央宣传部、司法部联合召开的第二次全国法制宣传教育工作会议，对于进一步深入开展普及法律常识的工作具有重要意义。我代表党中央、国务院，向大会表示热烈的祝贺，并向在全国法制宣传教育战线上辛勤工作的全体同志致以亲切的问候！

从一九八六年起，用五年左右的时间在全体公民中基本普及法律常识，是党中央、全国人大常委会和国务院决定的一项重大措施，是加强我国社会主义法制建设的具有深远意义的重要工作。中央领导同志对加强法制宣传教育作过许多重要指示，中央书记处还专门抽出时间请法律专家给中央领导同志上法制课，这些都体现了中央对这项工作的高度重视。一年来，在各级党委、人大、政府的领导下，经过宣传部门、司法行政部门的大力推进和各条战线的通力合作，普及法律常识工作取得了比较显著的成绩，并初步摸索和创造了一些好的做法和经验。全国上下有几千万干部职工、几百万解放军、一亿多农民、近两亿学生投入了大规模的学法用法活动，掀起了普及法律常识的热潮。这是新中国成立以来

---

[*] 这是乔石同志在第二次全国法制宣传教育工作会议上的讲话。

没有过的。由此可以看到我国亿万人民对加强社会主义法制建设有着迫切的要求，看到我国完全能够逐步建设成为高度民主与法制健全的社会主义国家。特别值得提出的是，一年来已有约百分之七十的干部，包括从中央到地方的各级党政军领导干部，开始带头学习法律知识。这对于带动广大群众学法、守法、用法，对于加强党的建设、提高干部的民主观念和法制观念，使各级干部的知识结构适应社会主义现代化建设的需要，都将产生积极的深远的影响。

在我国这样一个人口众多的大国，下决心用五年左右的时间基本普及法律常识，是一个历史性的创举，是一项宏大的社会工程。目前，这项工程虽已有了一个良好的开端，但要达到既定的目标还任重而道远。我们要认清形势，振奋精神，既坚定不移，又精心指导，把这项工作扎扎实实地抓下去。

第一，要进一步充分认识普及法律常识的重大意义。加强法制宣传教育，普及法律常识，增强全民族的法律意识和法制观念，使人人养成遵纪守法的习惯，是发扬社会主义民主、健全社会主义法制、保证国家长治久安的需要，是加快现代化建设、促进社会主义精神文明建设的需要。这项工作抓好了，将大大有助于我国经济体制改革和政治体制改革的顺利进行，大大有助于社会主义建设事业的发展。对在十亿人口的大国中普及法律常识，国内外的舆论普遍反映很好。一年来的实践也充分证明，进行这项工作，不仅极为必要，而且效果也是显著的。我们要继续把这项工作作为大事来抓。

第二，要把普及法律常识工作作为加强社会主义精神文明建设的一个重要组成部分。党的十二届六中全会的决议指出："加强社会主义民主和法制的建设，根本问题是教育人"，"要在全体人民中坚持不懈地普及法律常识，增强社会主义的公民意识，使人们懂得公民的基本权利和义务，懂得与自己工作和生活直接有关的法律和纪律，养成守法遵纪的良好习惯"。[1] 没有法律常识的普及，没有法制观念和公民意识的提高，就不可能建设高度的社会主义精神文明，就无法培养和造就出有理想、有道德、有文化、有纪律的一代新人。因此，一定要把普及法律常识的工作纳入到各地区、各部门、各单位精神文明建设的具体规划中去，一起部署，一起检查，一起落实。

第三，要把普及法律常识的工作作为社会治安综合治理的一项重要措施。社会治安能否持续稳定地好转，取决于打击犯罪、改造罪犯和预防犯罪的成效，而最根本的是教育人，使人人懂法、守法、用法，人人都依法办事，自觉地用法律来规范和约束自己的行为，用法律来保护自己的合法权利和利益，从而有效地预防和减少违法犯罪。实践证明，哪个地方普及法律常识工作开展得好，那里的违法犯罪现象就少，社会治安秩序就好。因此，普及法律常识的工作，也是预防犯罪、减少犯罪、维护社会治安、保障社会安定的根本措施之一。

第四，普及法律常识的工作一定要做得扎扎实实，讲究实效，不做表面文章，不搞形式主义，不走过场。普及法律常识的根本目的，在于增强法律意识和法制观念，不仅要增强公民的守法观念，而且要增强公民意识，用法律来保护自己当家作主的权利，来保护自己的合法权益；不仅要增强党员、干部带头守法和严格执法的观念，在宪法和法律范围内活动，尊重和保护公民的合法权利和利益，而且要使党员、干部学会用法律手段来管理经济和其他各项事业。普及法律常识的工作，不能满足于简单地宣传一点法律条文，而必须紧密联系实际，针对不同对象和当地存在的有法不依、执法不严、违法不究等方面的问题，采取就案论法、就案讲法等形式多样、生动活泼、深入浅出的宣传教育方法，不断提高人们学习法律的兴趣，增强人们学习法律的自觉性。

第五，要进一步加强对普及法律常识工作的统一领导和精心指导。普及法律常识工作，不只是宣传部门和司法行政部门的事，而且是全党和各个方面、各个部门的共同任务。必须实行由各级党委、人大、政府统一领导，由各级宣传部门和司法行政部门主管，由各条战线、各个部门共同负责的原则。随着这项工作的逐步深入，要分地区分层次地加强具体指导和帮助。各级政府还要切实保证开展这项工作所必需的经费，使这项任务能够按期完成。

通过这次大会，我们要认真总结、交流经验，再加一把劲，争取在今后几年中作出更大的成绩。

注　　释

〔**1**〕见《中共中央关于社会主义精神文明建设指导方针的决议》（《十二大以来重要文献选编》（下），中央文献出版社 2011 年版，第 130 页）。

正确理解加强党的领导与
严格依法办事的关系[*]

（一九八七年四月一日）

政法工作在以经济建设为中心的社会主义建设中，处于重要的地位。邓小平同志提出要一手抓建设，一手抓法制，指出"中国要实现四个现代化，摆脱落后状态，必须有一个安定团结的政治局面，必须有领导有秩序地进行建设"[1]。今年《政府工作报告》提出："社会主义法制是社会主义民主的保障，是社会主义物质文明建设和精神文明建设的保障。我们要进一步健全和完善社会主义的法律体系，并且真正做到有法必依，执法必严，违法必究，坚定不移地执行法律面前人人平等的原则，切实保证全面改革和各项工作的正常进行，保证国家的长治久安，保证公民的合法权益不受侵犯。"[2]这就清楚地说明了新时期政法工作所处的重要地位和所担负的重大责任。党对政法工作的领导不但不能削弱，相反，必须大大加强。各级党委不能因为"严打"[3]战役告一段落，社会治安有了明显好转，就认为可以少过问政法工作的事；也不能因为强调了严格依法办事，以为党委就不便管和不好管政法工作，而放松和削弱党对政法工作的领导。

＊ 这是乔石同志在全国政法工作座谈会结束时讲话的一部分。

　　这里确有一个正确理解加强党的领导与严格依法办事的关系问题。党的领导主要是政治思想的领导和方针、政策的领导，把政法部门的思想统一到党的十一届三中全会以来的路线、方针、政策上来，监督和支持政法部门依法正确行使自己的职权。这样做不但不会妨碍依法办事，而且能够更好地保证宪法、法律的正确实施。我们强调依法办事，决不影响各级政法部门主动加强对重大问题的请示汇报，争取党委的领导，自觉地置于党的领导之下。有些重大的、有争议的、疑难的案件，涉及面广，问题比较复杂，光靠政法各部门自己去办有一定困难，需要党委帮助统一思想，排除干扰，依法正确地进行处理。过去是这样做的，今后也还要这样做。对有些具体案件有不同的看法，这是正常的现象，可以通过互相沟通情况，充分交换意见，力求按照事实和法律取得一致的认识。个别案件实在无法取得一致意见时，可以按照司法程序去审理，以免久拖不决。

　　各级政法委员会是各级党委领导政法工作的助手、参谋。人虽不多，但在"严打"战役中做了有效的工作，出了不少力，各级党委是比较满意的。我们要继续加强各级政法委员会的工作，在各级党委的领导下，坚定地贯彻党的路线、方针、政策，统一政法各部门的思想，协调政法各部门之间的关系，加强政法队伍的建设，多做调查研究，推动理论研究和政策、法律的研究，使各项工作做得更有成效。

注　　释

〔1〕见邓小平《中国只能走社会主义道路》(《邓小平文选》第3卷，人民出版社1993年版，第208页)。

〔2〕见《十二大以来重要文献选编》(下)，中央文献出版社2011年版，第272页。

〔3〕"严打"，指严厉打击刑事犯罪活动。一九八三年八月二十五日，中共中央作出《关于严厉打击刑事犯罪活动的决定》，要求以三年为期，组织一次、两次、三次战役，按照依法"从重从快，一网打尽"的精神，对刑事犯罪分子予以坚决打击。"严打"斗争，打击了刑事犯罪分子的嚣张气焰，社会治安状况有了明显好转，人民群众普遍有了安全感。

学会运用法律手段
管理经济和社会活动 *

（一九八七年四月二十九日）

党的十一届三中全会以来，法制建设取得了很大成绩，制定了一大批重要的法律、法规，基本上改变了无法可依的局面，通过法律的宣传教育和贯彻实施，维护了人民的民主权利，保障了安定团结的政治局面，保证了各项改革和四化建设的顺利进行。总的来讲，法制战线的工作是令人满意的。政府法制工作在机构不健全、任务重、人手少和经验不足的情况下，同志们克服了种种困难，埋头苦干，忘我工作，付出了心血，较好地完成了任务。

现在，我想就大家讨论和关心的几个问题讲点意见。

第一点，讲讲为什么要开这个会。召开全国政府法制工作会议，这是新中国成立三十多年来的第一次。为什么现在要开这样一个会议专门讨论政府法制工作呢？这是由于我们的国家进入了一个新的历史时期，政治经济形势发生了一系列深刻变化，向政府提出了新的任务。

大家知道，党的十一届三中全会决定把全党的工作重点转移到社会主义现代化建设上来，我国进入了一个新的历史

---

* 这是乔石同志在全国政府法制工作会议上讲话的主要部分。

时期。在这个新的历史时期，我们的奋斗目标就是要逐步实现四个现代化，建设具有高度文明和高度民主的社会主义国家。为实现四化，我们党制定了"对内搞活经济、对外实行开放"的总方针，提出了发展社会主义有计划的商品经济的改革方向。经过八年来的改革，我国经济体制的格局发生了一系列显著的变化：一是改变了企业的单一公有制和高度集中的经营方式，企业的活力明显提高了。农村实行了联产承包责任制，发展了多种经营和商品经济。二是大幅度减少了国家直接计划管理的产品，扩大了市场调节的范围和比重，市场机制开始发挥越来越重要的作用。三是金融体制的改革，使得金融手段开始在调节社会总需求、促进生产建设方面起着重要作用。四是引进外资和国外先进技术逐步增加，我国由封闭式经济开始向开放型经济转变。这些改革虽然是初步的，但已经显示出威力，有力地促进了国民经济协调、持续、稳定的发展，国家经济实力增强，人民生活逐步得到改善。在"七五"期间，还要进一步改革，使企业真正成为自主经营、自负盈亏的法人，还要改革价格体系和投资体制，完善市场机制。一句话，就是要在坚持社会主义基本制度的前提下，大力发展有计划的商品经济，促进社会化大生产，促进经济结构的合理调整和经济的稳定增长。

经济体制的改革，要求政府转变管理经济的职能，由过去那种主要采取行政手段直接管理经济活动转变为主要运用经济手段和法律手段来间接控制和调节经济的运行，把宏观控制和微观搞活结合起来。

法律是发展商品经济的一个重要调节手段。我们要学会通过制定法律、法规和加强法律监督来管理经济和社会活动。法制工作的加强是和政府职能的转变结合在一起的。新旧体制的交替有一个过程，政府职能转变的程度取决于宏观控制的能力，其中包括法制工作。我们要充分认识加强法制工作的重要性。我们有些部门和地方的领导同志，看不清经济体制已经发生和将要发生的巨大变化，认识不足，法制观念不强，有的甚至有法不依，习惯于用行政手段直接干预经济活动，这种做法不改变，就会为改革设置障碍，影响改革的顺利进行。

转变政府管理职能，是政治体制改革的一个重要内容。邓小平同志最近一个时期多次讲到政治体制必须改革，提出要实行党政分开[1]，权力下放，精简机构，消除官僚主义，提高工作效率，发扬社会主义民主，调动基层和广大人民的积极性，为社会主义现代化建设创造一个长期、持续、稳定发展的条件。党的十三大将提出政治体制改革的总体设想。加上科技、教育的体制改革等等，都需要制定一系列法律、法规来推动和保障改革的顺利进行。

我们已经制定了一批重要的法律、法规，但还不健全，特别是经济管理和行政管理方面的法规很不健全。国务院最近批准了"七五"立法规划，今后重点要立什么法，上面都有了。我讲这段话的意思，是说我们政府法制工作面临着一个新的形势和新的任务。我们召开这次政府法制工作会议，就是要在这种新形势下统一思想，提高对加强政府法制工作重要性的认识，进一步推动政府法制工作，把法制建设提高到一个新水平。

第二点，讲讲加强法制建设需要各方面的通力协作。邓小平同志最近在讲话中多次强调要加强法制，指出：搞四个现代化一定要有两手，即一手抓建设，一手抓法制，"现在从党的工作来说，重点是端正党风，但从全局来说，是加强法制"[2]。邓小平同志从战略的高度，把加强法制的重要性讲得非常清楚，我们一定要深刻领会讲话的精神，坚决照办。大家要注意，邓小平同志讲的"法制"，含义是全面的，包括立法、执法、司法、守法、法律监督和法制宣传教育等各个方面。这是一个有机整体，必须全面加强，缺一不可。也就是党的十一届三中全会上提出的，要做到"有法可依，有法必依，执法必严，违法必究"。

　　加强法制建设，是个长期的任务，要动员各方面的力量密切联系和协作，才能做好。比如立法工作，许多法规涉及面很广，问题很复杂，仅仅依靠一两个部门的力量是难以搞好的，要注意发扬民主，走群众路线，广泛听取各方面的意见，不仅要听取政府有关部门和地方的意见，还要注意听取有关的社会团体、大专院校、研究机构、专家学者的意见，集思广益，才能把法立好。必要时，可以邀请有关方面的专家直接参加法规的起草、修改工作。有的事情，中央立法条件不成熟，可以先制定地方性法规，实践一段，积累经验，经过总结提高，为下一步制定全国性的法律、法规打好基础。这就要加强中央和地方的联系与合作。在执法和司法工作中，不仅公、检、法、司这几家要密切联系，互相配合，政府的各个部门之间都要注意加强联系与协作，有矛盾和问题要很好地商量解决，通力合作，共同做好工作。至于法制宣传教育、普及法律常识的工作，更是要广泛动员和依靠社会各方面的力量，采取多种渠道、多种形式，才能做好。今天开的是政府法制工作会议，讨论的是政府法制工作，但不要认为仅仅靠政府部门的力量就能把法制工作做好。要对法制建设有一个全面的理解，要懂得政府法制工作是整个法制建设的一个组成部分，要注意加强同国家权力机关、司法机关和社会各方面力量的联系与合作，同心协力，为健全社会主义法制这个总目标共同奋斗。

第三点，讲讲各级政府要加强对法制工作的领导，健全法制工作机构，大力培养法制人才。搞好政府法制工作，关键在于领导。国务院各部门和各省、自治区、直辖市人民政府要充分认识法制工作的重要性，增强法制建设的自觉性和紧迫感，把法制工作列入重要议事日程，加强对法制工作的领导。要指定一位领导同志分工抓法制工作，要像抓经济建设那样，把法制工作抓紧抓好。

做好政府法制工作，要依靠政府的各个业务部门，还要依靠法制工作机构，要建立一支素质较高的政府法制工作队伍。法学是一门科学，不经过专门训练或刻苦学习是掌握不了的。法律、法规数量很多，也很复杂，要做到精通和善于运用，很不容易。同国外打交道，制定涉外的法律、法规，还要懂得国际法和外国的法律。所以，要做好法制工作，没有一个专门的法制工作机构和一支专业队伍是不行的。目前，国务院不少部门和省、自治区、直辖市人民政府已经建立了法制工作机构，但还不健全，力量薄弱。这次会议上，同志们提出要建立健全法制工作机构，充实力量，我表示赞成和支持。

我们的各级政府，总的来说，机构庞大，人浮于事，办事拖拉，效率不高。中央已经决定，要在转变政府职能的基础上，下决心精简机构，但也不是"一刀切"。要精简、合并那些直接管理企业的专业管理机构，适当加强综合部门、监督机构和法制机构。在不突破现有总编制的前提下，法制机构要切实加强和充实，人员要适当增加。至于机构的名称、规格、编制人数，要根据所承担的任务确定。有的同志担心，国务院不作统一规定，加强法制机构就要落空。这个问题的关键，在于各地区、各部门的领导同志对发展有计划的商品经济、转变政府管理职能、充分发挥法律手段的作用的认识程度如何，只要认识提高了，就会自觉地狠抓法制工作，就会切实加强法制机构。这一点，我们应该有信心。

　　有了法制机构还不够，还要大力培养法制人才。万里[3]同志说："万事俱备，只欠东风。东风是什么呢？就是人才。"搞法制建设，没有精通法律的专门人才不行。作为一个法制工作者，要有多方面的知识和才能，不仅要懂法律，而且要懂政策，要有经济的或其他方面的专业知识，还要有一定的实际工作经验和较强的文字表达能力。这就有一个加强人才培养的问题。我们要有计划地分期分批进行培训，努力提高人员的素质。要采取多种形式进行培训。要同设有法律系或法律专业的大专院校和法学研究机构合作培训人才，充分发挥现有的法学专家的作用。国务院法制局打算在五年内把国务院各部门和各省、自治区、直辖市人民政府的法制工作机构的骨干轮训一遍。这个很好，一定要做到。此外，各种法学团体都要积极开展活动，研究法制建设中的理论问题和实际问题，交流经验，还要开展同国外的学术交流，不断提高我们的法学水平。

　　法制工作机构，是政府的一个职能部门，是政府领导同志在法制工作上的参谋、助手。领导同志不仅要从组织上加强它，还要在工作上善于使用它，充分发挥法制工作者的作用。对他们工作中的困难，要帮助解决。法制机构的同志们要努力工作，真正成为领导得力的助手和参谋。

注　　释

〔1〕党政分开，是当时进行的一种探索。二〇一八年二月二十八日，习近平同志在中共十九届三中全会第二次全体会议上指出："改革开放以后，我们曾经讨论过党政分开问题，目的是解决效率不高、机构臃肿、人浮于事、作风拖拉等问题。应该说，在这个问题上，当时我们的理论认识和实践经验都不够，对如何解决好我们面临的国家治理体系和治理能力问题是探索性的。改革开放以来，无论我们对党政关系进行了怎样的调整，但有一条是不变的，就是邓小平同志所说的：'我们要坚持党的领导，不能放弃这一条，但是党要善于领导'。""处理好党政关系，首先要坚持党的领导，在这个大前提下才是各有分工"，"不能简单讲党政分开或党政合一，而是要适应不同领域特点和基础条件，不断改进和完善党的领导方式和执政方式"。

〔2〕见邓小平《在全体人民中树立法制观念》（《邓小平文选》第3卷，人民出版社1993年版，第163页）。

〔3〕万里（一九一六——二〇一五），山东东平人。当时任中共中央政治局委员、中共中央书记处书记、国务院副总理。

在坚持改革、开放、搞活的过程中加强监督检查工作[*]

（一九八七年十月十日）

　　监察部成立后，第一次召开这样的会，我来参加会议是表示支持监察部的工作，支持你们建立一支好的监察队伍，支持大家把当前清查对外经济合同的工作做好。讲四点希望。

　　第一点，希望把监察队伍建设好。党中央、国务院对建立监察部，恢复国家行政监察体制，建立一支好的监察队伍，非常重视。希望你们结合工作实践，把监察机关、监察队伍建设好，首先要把各级领导班子建设起来。监察部的编制，国务院很支持。许多部门特别是一些专业经济部门，正在酝酿精简机构，在这个时候决定成立监察部，确定它的编制，同时还要加强行政的、司法的、经济的监察部门，就是为了在坚持改革、开放、搞活的过程中，加强监督检查工作，不然，我们的改革、开放、搞活就会受到干扰甚至破坏。希望你们在比较短的时间内，把行政监察队伍在全国建立起来。我相信在党中央、国务院的关心和领导下，监察

---

　　* 这是乔石同志在监察部召开的清查对外经济合同工作座谈会上讲话的主要部分。

部、监察队伍是可以建设好的。

第二点，希望监察队伍首先是监察部，从一开始就要有好的作风。没有一个好的作风，监察部、监察队伍是树立不起权威来的。好的作风就是实事求是，秉公执法，以法律、法规为准绳，以事实为根据，一切从实际出发，一切按党纪国法和政纪办事。在战争年代，我们的党风是好的，革命队伍的风气是好的，同群众的关系是好的。那时候，我们的军队、政府都非常清廉，真正为人民服务，为人民办好事，不侵犯人民群众的利益，发现问题就及时严肃处理，毫不含糊。什么道理呢？因为只有依靠群众，得到群众的信任和支持，我们才能取得战争的胜利。现在我们党处于执政的地位，有极少数党员做了官，思想就起了变化，有的同志对上级的意见很重视，而对群众的意见，往往就不当一回事，对老百姓的疾苦不太关心。共产党员应当牢牢记住，全心全意为人民服务是我们党的宗旨。我们党有很好的传统，应该保持、继承和发扬。同时，我们处在改革、开放、搞活的新时期，还应该有新的好作风。

第三点，认真搞好对外经济合同的清查工作。监察部门一边筹建，一边开展工作，先从清查对外经济合同着手，把监察工作逐步搞起来，今年内要查处一些案子。不是说对外经济合同都有问题，可能多数合同没有问题，或者没有大问题，但是有的合同确实有问题，有的还很严重。有的光就合同书看，不一定能看出问题来，但把经济合同产生、执行过程有关的各方面情况以及造成的后果联系起来看，就会发现问题。因此，清查对外经济合同一要态度坚决，二要讲究方法，善于发现线索，这样，才能把问题查出来。对于新建的监察部来讲，这个任务是比较重的。因为很多同志对于对外经济交往和经济业务不那么熟悉，有关外事方面的法律法规也不那么熟悉，工作的难度比较大。但世界上怕就怕"认真"二字，只要我们认真去查，肯定能够把有问题的切实查出来。因为在对外经济交往中，确实有那么很少数的人抵挡不住外来的腐蚀，出了问题。对这些人不认真进行查处，就会影响对外开放的正常进行。

要做好这项工作，首先，监察部门的同志自己要正，要秉公执法，要坚持原则。其次，对关系网、说情风等等的干扰要顶得住，如果顶不住，那就一件案子也办不了。从清查对外经济合同着手，就是要从中发现各种不正常的现象，发现各种问题，把它查清楚，并且根据不同情况实事求是地作出处理。如果查的结果确实是因为缺乏经验，上当受骗，又是首次发生的一般性问题，那就总结经验教训，提出改进工作的建议，防止再发生问题；如果上当受骗给国家造成重大损失，就得适当地进行处理；如果受贿，甚至索贿，那就得严肃地按党纪政纪和国法处理。总之，希望有清查对外经济合同任务的地方、部门和单位，一定要把这一工作搞好。

第四点，希望各单位的领导同志重视清查对外经济合同的工作，切实加强领导。清查小组发现重要情况，应当及时向领导汇报，争取领导的支持和指导。目前，清查工作队伍不大，办法也不多，希望各部门的领导要给予更多的关注。一定要抱着对党对国家对人民负责的态度，把需要查清的问题查个水落石出。在工作中，监察部门要注意取得纪检、政法等部门的支持与配合。

增强全党纪律观念，经受长期
执政和改革开放的考验[*]

（一九八八年三月二十日）

　　我们党从来是一个有伟大理想和严明纪律的党。党的纪律，是实现党的路线、方针、政策的可靠保证，是维护党的团结、统一的有力武器，是保持党的先进性和纯洁性的重要条件。在我们党的中心任务、活动方式和所处的社会环境发生重大变化的时候，加强党的纪律尤为必要。在新民主主义革命取得全国胜利前夕的重大历史转折关头，党中央突出地抓了党的纪律，采取了一系列加强统一纪律的措施。毛泽东同志当时曾鲜明地提出："军队向前进，生产长一寸，加强纪律性，革命无不胜。"[1]这样把增强党的纪律观念作为关系大局的问题提到全党的面前，有力地保证了党顺利实现由各根据地被分割、独立作战的状况到领导全国政权的伟大历史转变。党的十一届三中全会以来，我们党进入了一个新的历史发展时期。目前，党已经拥有四千六百多万党员，领导着十亿人口的大国，正从事改革开放和社会主义现代化建设

---

　　* 这是乔石同志在中共第十三届中央纪律检查委员会第二次全体会议上所作报告的一部分。乔石同志当时任中共中央政治局常委、中共中央书记处书记、中共中央纪律检查委员会书记。

空前伟大而艰巨的事业。在这种新的历史条件下，党中央多次向全党提出增强党的纪律观念的问题，是具有特殊重要意义的。

增强纪律观念，当前说来就是要求党的各级组织和全体党员，在政治上同党的十一届三中全会以来的路线保持高度的一致，坚决贯彻党的十三大精神，坚决执行党在社会主义初级阶段的基本路线，坚持"一个中心、两个基本点"。这是党的政治纪律对各级党组织和全体党员的根本要求。没有严格的纪律作保证，再好的路线也不可能得到正确的贯彻执行。党在政治上高度一致，组织上紧密团结，工作方法各具特点，这样我们就能克服各种困难，继续沿着党的十一届三中全会以来的马克思主义路线胜利前进。

增强纪律观念，就是要求广大党员时刻牢记自己是个共产党员，一切按共产党员的标准要求自己，一切以党纪国法为准绳。作为一个执政党，我们已经经受了三十多年执政的考验，还将继续长期地经受这种考验。特别是当前我们党正领导着改革开放，又面临着改革开放这种新的严峻考验。毫无疑问，改革开放已经并将继续给我们党的建设增添新的生机和活力。但是，随着对外开放的扩大，商品经济的活跃，资本主义腐朽思想和封建残余思想对我们党的队伍的腐蚀和影响会有所增加；社会上一些原来已经绝迹的丑恶现象沉渣泛起，也会侵蚀党的肌体。在这种情况下，必须加强党内外的监督，加强党的纪律约束，使广大党员增强反腐蚀能力，从而胜利地经受执政和改革开放的考验。

增强纪律观念，就是要求广大党员带头维护和发展安定团结的政治局面。在改革开放这场深刻的社会变革过程中，由于新旧体制的交替，各种利益的调整，再加上政策不配套、法制不完善、管理工作跟不上，出现这样那样的不协调、矛盾和乱子，是难以完全避免的。在这种情况下，加强党的纪律，坚持民主集中制原则，使全党意志统一，步调一致，极大地增强各级党组织的战斗力，扶正压邪，使我们党进一步成为具有强大凝聚力的政治领导核心，才能引导整个社会生气勃勃地前进。

党的纪律，是对党员在自觉基础上带有约束性的行为规范。这些行为规范的具体内容和要求，当然要随着实践的发展，随着经济体制改革和政治体制改革的深入，而不断地有所发展。墨守成规是不对的，以为改革开放就可以放松纪律更是不对的。一切为建设有中国特色的社会主义而勇于探索的同志，都应把创新精神同纪律观念统一起来，坚决地、创造性地执行党的路线、方针和政策。

注　　释

〔1〕见毛泽东《再有一年左右时间即可从根本上打倒国民党》（《毛泽东文集》第 5 卷，人民出版社 1996 年版，第 194 页）。

纪检工作必须保证党的
基本路线贯彻实施[*]

（一九八八年三月二十日）

新时期党的纪律检查工作，必须保证党的基本路线的贯彻实施，坚持四项基本原则，促进改革开放。陈云同志指出："党的纪律检查部门，要从纪检工作上保证、促进社会主义经济体制、政治体制改革的健康发展。"[1] 这个重要指导思想，要进一步体现到各级纪检机关的工作中去。改革开放是我们的总方针总政策。纪检工作必须立足于支持和保护改革，促进改革开放和社会主义现代化建设的健康发展。

党的纪律检查委员会的一个基本任务是维护党规党法。纪检机关应该依照党章规定继续发挥以下职能：保护党员的民主权利，使之不受侵犯；惩处违反党纪的党员，清除党内腐败分子；监督党的各级组织特别是领导机关、领导干部执行党的路线、方针、政策、决议和贯彻民主集中制的情况；教育党员遵纪守法，履行义务，发扬党的优良作风，增强反腐蚀的能力。上面所说的保护、惩处、监督、教育等方面的工作，是纪检机关经常性的工作，都应该抓紧做好。

---

* 这是乔石同志在中共第十三届中央纪律检查委员会第二次全体会议上所作报告的一部分。

　　纪检工作必须根据党章规定，切实保护党员应享受的各种民主权利。这是维护和发扬党内民主，保证广大党员的积极性、主动性和创造性得以充分发挥的一个极为重要的条件。随着经济体制改革的深化和政治体制改革的展开，健全党内民主生活，保护党员的民主权利，将具有更加重要的意义。必须重申，侵犯党员的民主权利，就是违反党的纪律，应该受到严肃处理。各级纪委要把保护和支持党员正确行使民主权利作为一项经常性的重要工作摆在自己的议事日程上，认真做好。即使对那些犯了错误的同志，在严肃检查、处理其错误的同时，仍应依照党章保护他们应享有的民主权利，而决不能有所忽略。

　　认真查处党内违纪案件，是严肃党纪的中心环节。查处违纪案件，要按照干部管理权限，采取分级负责的办法，一级管好一级。当前查处案件应着重注意以下几个方面：利用职权谋取私利，侵犯群众利益，严重官僚主义，奢侈浪费和挥霍国家、集体的财物，破坏党的民主集中制，侵犯党员民主权利等。特别是对那些弄权勒索、贪污盗窃、出卖国家利益等严重违法乱纪的腐败分子，应坚决清除，决不能心慈手软，姑息养奸。查处违纪案件必须坚持原则，严格按照党规党法办事，敢于顶住说情风，不受任何干扰，务必做到党员在党章和党纪面前人人平等。对于纵容、包庇党内违纪行为的人，要追究其责任。邓小平同志早就指出："谁也不能违反党章党纪，不管谁违反，都要受到纪律处分，也不许任何人干扰党纪的执行，不许任何违反党纪的人逍遥于纪律制裁之外。"[2]我们要提高纪检工作的开放程度，鼓励广大党员和人民群众对纪检工作进行监督。在立案、调查、审理和处分的过程中，要始终本着对组织、对当事人高度负责的精神，严肃认真地进行工作。对于群众反映和揭发的违纪问题，要认真对待。经调查属实的，要按党纪严肃处理；确属不实的，要及时予以澄清。

多年来，在查处违纪案件过程中，中央和地方各级纪委积累了不少好的经验。特别是坚持实事求是的原则，严格按照事实清楚、证据确凿、定性准确、处理恰当、手续完备的要求办案，使案件的处理扎实可靠，经得起历史的检验。我们准备在调查研究和总结各地区各部门经验的基础上，制定纪检工作条例和量纪标准，切实做到立案有程序、量纪有标准，逐步实现纪检工作的规范化。

注　　释

〔1〕见陈云《要使纪检工作成为保证和促进改革的重要力量》（《陈云文集》第3卷，中央文献出版社2005年版，第547页）。

〔2〕见邓小平《党和国家领导制度的改革》（《邓小平文选》第2卷，人民出版社1994年版，第332页）。

在新的历史时期搞好党风建设*

（一九八八年三月二十日）

陈云同志曾一再指出：执政党的党风问题是有关党的生死存亡的问题。我们应该从这样的高度来对待党风问题，搞好党风建设。

纪委的一项重要任务是协助党委管好党风。去年十二月，中央书记处召开了两次党风建设座谈会。会议提出，要把党风问题放在科学的基础上进行分析，从改革、制度建设和从严治党入手加强党风建设。这对纪委做好这方面的工作具有重要的指导作用。

我们党历来重视党风建设。在长期的革命斗争实践中形成了理论联系实际、密切联系群众、批评和自我批评这三大优良作风。党的十一届三中全会以来，在新的历史条件下，我们党恢复了三大作风，在不少方面有新的发展。我们党坚持马克思主义的思想路线，实事求是，科学地总结了新中国成立以来的历史经验，尊重群众的实践经验和首创精神，制定了建设有中国特色的社会主义的路线、方针和政策。这代表了广大人民群众的根本利益，推动了生产力的发展，是深

---

* 这是乔石同志在中共第十三届中央纪律检查委员会第二次全体会议上所作报告的一部分。

得人心的。在逐步实现那种又有集中又有民主，又有纪律又有自由，又有统一意志又有个人心情舒畅、生动活泼的政治局面的努力中，我们党也取得了进展。大多数党员积极地、忠实地为人民服务，在两个文明建设中表现了很大的实干和创新精神。近几年来，在改革开放中，出现了一批思想解放、勇于探索、廉洁奉公、不计较个人得失的优秀党员；在保卫祖国、抢险救灾、维护国家统一、保障社会安定团结的斗争中，涌现出很多富有理想、英勇奋斗、先人后己、不怕牺牲的模范党员。所有这些，是我们党风的基本方面。

同时，我们也应该清醒地看到，确有少数党员，包括一些党员领导干部，经不起执政和改革开放的考验。有的以权谋私，假公济私；有的讲排场、摆阔气，奢侈浪费；有的弄虚作假，报喜不报忧；有的敷衍塞责，玩忽职守；有的任人唯亲，搞关系网；有的压制民主，打击报复；有的甚至敲诈勒索，索贿受贿，贪污盗窃，道德败坏。所有这些，都危害了国家、集体和群众的利益，干扰了改革开放，损害了党的形象。对这些群众议论多、意见大的突出问题，我们必须引起足够的重视。邓小平同志两年多以前就强调指出："经济建设这一手我们搞得相当有成绩，形势喜人，这是我们国家的成功。但风气如果坏下去，经济搞成功又有什么意义？会在另一方面变质，反过来影响整个经济变质，发展下去会形成贪污、盗窃、贿赂横行的世界。"[1] 我们对这个问题决不能掉以轻心，必须采取有力措施予以解决。

搞好党风建设，一方面要靠加快和深化改革，建立、健全各种制度，逐步减少产生不正之风的土壤；另一方面要靠从严治党，严肃党的纪律。两者要紧密结合起来，相互促进。从改革和制度建设入手解决党风问题，党的十三届二中全会已经作了一些安排和部署。例如：抓紧建立国家公务员制度，制定和实施《企业法》，推行住房制度改革等。这些措施都有助于从制度上防止和克服不正之风。在从严治党方面，全会也提出了重要的意见和措施。

从严治党，除了严格执行党的纪律、坚决清除腐败分子外，必须着重加强党内教育，提高党员素质。必须明确，在社会主义初级阶段，决不能降低党员标准，放松对党员的要求。共产党员必须认真履行党章规定的义务，当前要特别强调做到：克己奉公，不谋私利，密切联系群众，全心全意为人民服务；解放思想，勇于探索，致力于改革开放；艰苦创业，清正廉洁，勤俭建国，勤俭办一切事业；坚持原则，公道正派，敢于同违法乱纪行为作斗争。

搞好党风建设是全党的任务，关键在于领导。各级党委要按照党的十三届二中全会的要求把党风建设放到重要的议事日程上来，从上到下，认真抓，坚持抓，形成全党抓党风的局面。领导干部首先要以身作则，严于律己，带头遵守《中国共产党章程》和《关于党内政治生活的若干准则》等党规党法，自觉接受党内外群众的监督，欢迎来自群众的批评和建议。凡是要求下面做到的，领导必须自己首先做到。领导干部只有这样做了，才能理直气壮、旗帜鲜明地反对和抵制一切不正之风，带动全党建设起好的党风。

纪检机关要在党委的统一领导下，配合做好加强党员教育的工作。要注意表彰模范遵守党纪，勇于同违法乱纪行为作斗争的先进个人和集体。要结合具有典型意义的案例，进行党纪教育，增强党员的纪律观念。同时，要协助党委健全党内监督制度。上级纪委应视情况派人参加下级党组织的民主生活会。地方纪委对同级党委的监督，主要是监督其执行党的路线、方针、政策和贯彻民主集中制的情况，以及党员领导干部思想作风方面的情况。

　　党风建设是一项长期而艰巨的任务，需要全党进行坚持不懈的努力。纠正不正之风要贯穿改革、开放的全过程。各地区、各部门应从自己的实际情况出发，有什么问题解决什么问题。应在调查研究的基础上，在一个时期内，抓住危害严重的倾向性问题，集中力量认真加以解决。党风建设必须持之以恒，作为经常工作，不采取搞运动、搞突击的办法。

注　　释

　　〔1〕见邓小平《在中央政治局常委会上的讲话》（《邓小平文选》第3卷，人民出版社1993年版，第154页）。

社会主义初级阶段对党员、
干部必须有更高更严的要求[*]

（一九八八年五月六日——十七日）

在社会主义初级阶段，对党员、党的干部必须有更高更严格的要求。党的十三大提出社会主义初级阶段理论后，有人说，在社会主义初级阶段对党员的要求，对党员素质的要求，对党员领导干部的要求可以低一点。这是完全不对的。我们回忆一下，从一九二一年建党，搞民主革命，到一九四九年取得全国革命胜利，这一时期我们对党员的要求低吗？我们用二十八年的时间，在中国这个几亿人口的大国里推翻了三座大山，开辟了中国建设社会主义的道路，这个斗争是非常艰巨、复杂的。实际斗争对党员提出的要求是很高的，有多少人牺牲了嘛！毛泽东同志说过，为有牺牲多壮志，敢教日月换新天。广大党员英勇奋斗，不怕牺牲，百折不挠地为夺取中国革命胜利进行各种各样的斗争，没有这么高的觉悟，中国革命怎么能胜利？所以，在社会主义初级阶段，对党员的要求，对党员素质的要求，对党员领导干部的要求，不仅不能降低，相反应该更高。从我们国家目前情况来看，还有很多困难，以后的道路也是充满困难和险阻的。这就要

---

* 这是乔石同志在安徽省考察工作期间讲话的一部分。

求共产党员多做自我牺牲，带头艰苦奋斗，勤俭建国。只有这样，我们才能经得住"两个考验"[1]，才能不断发展社会主义事业，最终实现共产主义。

我们地委、市委、县委的领导骨干，更需要有过硬的思想作风。所谓过硬，就是要经受得住"两个考验"；就是必须忠诚地为党的十一届三中全会以来和十三大的路线、方针、政策而努力奋斗；必须勇于探索、开创和改革；必须一切从实际出发，坚持实践是检验真理的唯一标准；必须经常地深入基层，联系群众，真正为人民群众办实事；必须有长期的艰苦奋斗、勤俭建国的思想；等等。我去年元旦以前去过广西，春节以前又到湖南、四川等地跑过一趟，有一个感想，就是从省级领导到地、市、县的领导，跟以前相比，有很大的变化。这个变化大体上可以说是从一九八二年机构改革开始的，具体体现在干部"四化"上，特别是年轻化，我看了感到很高兴。我接触到的很多同志，与过去比，有比较明显的优点，如比较年轻，活力大得多，文化程度一般比较高一些，接受新鲜事物，接受改革、开放、搞活的思想都比较容易些，老框框少一些。有些同志相当不错，以身作则，艰苦奋斗，深入基层，密切联系群众，等等。总之，一九八二年以后，我们干部队伍有相当大的变化，成绩是很突出的，这对于我们党的事业是非常重要的。这也证明邓小平同志当年提出干部"四化"确实非常正确和重要。另一个感想，就是如何使我们这些新上来的年轻干部能够更快、更好、更健康地成长起来。这要从两个方面加以注意：一是要加强马克思主义理论的学习，包括毛泽东思想，党的十一届三中全会以来党的路线、方针、政策（这是马克思主义和当前中国革命实际相结合的产物）。这方面的底子还要再打得扎实一点，深厚一点，越扎实、越深厚越好。二是要带出一个好的作风，扎扎实实地为人民服务。现在各方面条件都比较好，做一个"官"也难也不难。如果马马虎虎，混那么两年、三年是不难的，你说没有政绩，好像又有一点，大的形势总是好的，群众的积极性也是高的。但要真正扎扎实实地深入基层，为人民群众办好事，不管在什么岗位上，都扎扎实实地搞出成绩来，这个是不容易的，是比较艰苦的。做共产党的干部，还是应当选择比较艰苦的道路走。挑轻便的担子，或者根本不想费劲，甚至于吃吃喝喝、混日子过，这是不行的，是不能建设社会主义的。希望从省委开始，带出一个好的、过硬的作风来。

注　　释

〔1〕"两个考验"，是中共十三大报告《沿着有中国特色的社会主义道路前进》中提出的。即：我们党处于执政地位，必须经得起执政的考验；我们党正在领导改革开放，也必须经得起改革开放的考验。

社会主义新西藏的光明前途
谁也阻挡不住 *

（一九八八年六月二十九日）

我这次在西藏半个月，看了一些工厂、农村、学校、寺庙和驻藏人民解放军的一些单位，听了干部、工人、农民、教师和僧人的反映和意见，尽管时间紧促，但是，得到的印象却是深刻的，也是美好的。广大农牧民对我们党有很深的感情，他们真心拥护党的十一届三中全会以来的路线、方针和政策，拥护党对西藏工作的各项现行政策，珍惜来之不易的好生活和安定团结的局面，思想安定，生产积极性高，旗帜鲜明地反对分裂祖国的活动，反对骚乱闹事，维护祖国统一，维护民族团结。这是西藏政治形势好的决定性因素，是我们分析西藏形势的基本立足点。

这里我就当前的几个问题提几点希望。

第一，自治区上上下下，各个方面，要自觉地、主动地切实搞好团结。

西藏有很大的特殊性，情况比较复杂，当前反对分裂祖国的斗争很尖锐，加强内部各方面的团结，是做好各项工作，发展各项建设事业，取得反分裂斗争胜利的基本保证。

---

* 这是乔石同志在西藏拉萨地区地师级以上干部会议上讲话的主要部分。

维护祖国统一，建设有中国特色的社会主义，是我们团结的共同政治基础，也是我们团结的目的。我们的思想和行动，都要服从这个大目标，在这个大目标下加强各方面的团结。

加强汉藏民族之间的团结是十分重要的，是各方面团结的中心环节。汉藏两个民族在长期的历史发展中早就形成了不可分离的亲密关系，现在大家的根本利益完全一致，应该更加紧密地团结起来。汉族离不开藏族和其他少数民族，藏族和其他少数民族也离不开汉族，这"两个离不开"，不仅过去是这样，现在是这样，将来还是这样。加强汉藏民族团结的关键在于汉藏干部之间的团结。汉族干部和藏族干部要互相尊重，互相学习，互相帮助，互相照顾，互相支持，共同进步，共同做好工作。工作中有不同意见，不同想法，是完全正常的，应当多讨论，多交换意见，达到沟通思想，互相理解，增强团结。

在西藏加强军民团结有着特殊重要的意义。人民解放军驻藏部队在保卫国防、建设新西藏的各项事业中，发扬我军的优良传统，建立了不朽的功勋，这是大家公认的事实。在新的历史时期，新的情况下，加强军民、军政团结更加重要。在军民、军政关系中，有时在个别事情上出现一些问题也是难免的。只要从大局出发，不断主动加强军民、军政关系，就可以共同为建设西藏作出更大的贡献。

加强爱国统一战线内部民族、宗教上层人士之间的团结，是整个团结工作的一个重要方面。西藏的民族、宗教爱国人士在过去三十多年的革命和建设工作中，同我们党合作共事，经受了种种考验，是可以信赖的重要依靠力量。当前，在维护祖国统一，反对分裂，发展各项建设事业中，他们继续发挥着应有的积极作用。我们应当坚定不移地团结他们，同时要注意促进他们之间的团结，要及时提醒他们，防止极少数分裂主义分子在他们之间挑拨离间，破坏统一战线内部的团结。

西藏和平解放三十多年的历史经验证明，只要我们内部团结是巩固的，一致的，就有力量去克服各种困难，排除一切障碍和干扰，把工作推向前进。今天在座的同志们都是党政工作部门的领导骨干，希望大家都成为加强团结的骨干，以身作则，作团结的表率，自觉地维护各方面的团结，带头做好团结工作。凡是要求下面做到的，自己首先做到，使自己成为促进团结的模范。做到了这一点，我们在西藏的各项事业一定会顺利发展，我们反对分裂的斗争就会立于不败之地，并不断取得胜利。

第二，贯彻党的十三大精神，从西藏实际出发，以发展社会生产力为根本出发点和落脚点，做好经济建设工作。

西藏要稳定，要发展，要把各项工作推向前进，根本一环是要从发展社会生产力出发，扎扎实实地抓好经济建设工作。目前西藏的社会生产力水平还很低，商品经济很不发达。党的十三大提出的社会主义建设的根本任务就是发展生产力的指导思想，完全符合西藏实际。西藏的经济建设工作，应当认真地贯彻这个根本指导思想。西藏的经济就其主体农牧业经济来说，仍然是以自给自足为基本特征的自然经济，经不起自然灾害的摧残，加上交通不便、信息闭塞等因素，这种自然经济本身就具有明显的脆弱性、封闭性和依赖性。因此，在西藏搞经济建设，就必须分析这种自然经济的特点，摸索出一条在自然经济基础上发展生产力的路子，决不能照搬先进地区的经验。希望大家认真总结过去正反两方面的经验，在促使西藏经济由封闭型向开放型、由供给型向经营型、由自然经济向商品经济转变方面，创造出新的经验。

第三，实事求是地抓紧处理好落实政策问题。

党的十一届三中全会以后，我们党在各个方面的工作中进行拨乱反正，其重要内容之一就是落实政策，到现在已经十年了。就全国来说，这项工作已经结束了。由于西藏情况特殊，落实政策还有不少工作要做，应当抓紧处理好。我们落实政策，从根本上来说，是我们党自己纠正自己过去工作中的错误和失误，调整党同各有关方面的关系，调动各方面的积极因素，巩固和发展安定团结的政治局面，使大家团结起来搞建设，绝对不是否定我们过去的一切。拿西藏来说，中央决定人民解放军进军西藏，随后又签订了十七条协议[1]，是完全正确的。西藏和平解放后，我们党领导西藏人民维护祖国统一，平息武装叛乱[2]，实行民主改革，推翻封建农奴制度，农奴得到翻身解放；实行民族区域自治，西藏人民行使当家作主的自治权利，建设社会主义新西藏等，取得了翻天覆地的伟大胜利。这是中国共产党和人民解放军对西藏人民作出的历史性的贡献，是谁也否定不了的。当然，我们也承认自己工作中存在一些缺点和失误，并且坚决地予以纠正，所以就要落实政策。落实政策，绝不是也绝不能否定我们所取得的伟大成绩，这是一条根本的原则，丝毫不能动摇。必须明确，我们落实政策的目的和着眼点是要有利于团结广大藏族人民，绝不是为了任何个人的需要，也不是为落实政策而落实政策。我们落实宗教寺庙的政策，就是为了尊重和照顾广大藏族群众宗教信仰的需要，而不是为了其他。落实政策要坚持实事求是，着重从政治上解决问题。过去确实搞错了的，要改正，但要坚持宜粗不宜细、宜简不宜繁，不能算细账，不能没完没了，也不能再拖了。总之，要尽快把这件事处理了结，大家团结起来向前看，把精力集中到搞好经济建设上来。

第四，切实加强基层党组织建设和基层政权建设。

我们是社会主义国家，社会主义事业是亿万人民群众的事业。我们的一切工作都要通过基层党组织和基层政权，为亿万人民群众所了解，所掌握，变成亿万群众自觉的行动，这样才能取得真正的实际效果。因此，必须认真地加强基层党组织和基层政权的建设，这也是人民民主专政的基础，无论如何不能放松，必须抓紧把它做好。现在经常在群众中做工作、每时每刻同群众接触的是基层党支部和基层政权，如果党支部不健全、基层政权不健全，就不可能率领群众贯彻党的方针、政策。那么党的方针、政策再好，也不可能在实际工作中产生应有的作用。希望自治区党委和政府，各级党政领导同志把这件事作为基础工作的关键一环，认真抓起来，切实做好。

第五，各级党政领导干部应当经常深入实际，密切联系群众，了解他们的意见和要求，帮助他们解决实际问题和各种困难。

密切联系群众，是我们党的三大作风之一，是我们党之所以能够领导我国各族人民从胜利走向胜利的基本条件之一。这一点在西藏有着更加重要的意义。西藏的社会主义脱胎于封建农奴制社会，在封建农奴制社会里，作为社会主体的农奴和奴隶，连起码的人身自由也没有，当然根本谈不上任何政治权利。现在他们的民主意识还处在成长过程中，对党和政府工作人员的民主监督能力还较弱。这种客观条件要求我们的党政干部特别是领导干部更要注意经常地深入基层，主动去联系群众，倾听他们的意见和呼声，关心他们的生产生活，解决他们的实际困难，帮助他们搞好生产，发展经济。同时，有意识地培养他们的民主意识。在西藏的特殊条件下，我们的党政领导干部坚持这样去做，不仅是做好当前工作所必需的，同时也是培养和提高广大群众的民主意识的需要，希望每个党政领导干部把这件事列入自己的工作日程，坚持不懈地做下去，做出实际效果来。

第六，各级党政领导干部应当清醒地认识到，同达赖[3]集团和国内外极少数分裂主义分子鼓吹所谓"西藏独立"所进行的斗争，关系到祖国的统一，关系到全国人民的根本利益和西藏人民的根本利益。从去年九月达赖在美国众议院人权小组委员会上的演讲中抛出关于所谓"西藏问题"的"五点计划"以来，拉萨市区内连续发生了由极少数分裂主义分子蓄意制造的多次骚乱事件。他们的目的，是妄想把西藏从祖国分裂出去，搞所谓"西藏独立"。他们梦寐以求的是恢复西藏的旧制度，重新把广大藏族人民推进苦难的深渊。我们必须向西藏的广大人民群众彻底揭穿达赖集团和国内外分裂主义分子的这个阴谋。我们要理直气壮地告诉西藏广大人民群众，西藏的天是变不了的，达赖集团和分裂主义分子分裂祖国的迷梦是永远实现不了的。西藏离不开中国共产党的领导，也离不开中国人民解放军。对这一点，我们每个共产党员都要有清醒的认识，都要旗帜鲜明地同分裂主义进行坚决的斗争。在这个根本原则问题上，绝不能有半点含糊，绝不能有丝毫退缩。我们还要明确指出，极少数国内外分裂主义分子，绝对不能代表广大的藏族人民，他们分裂祖国的罪恶活动，归根到底是破坏包括藏族人民在内的西藏各族人民的根本利益。他们和他们的国外反华势力支持者，谁也没有本事能够把西藏从伟大的中华人民共和国分裂出去。西藏是中华人民共和国不可分割的一部分，这个历史事实谁也改变不了。西藏只有在中华人民共和国民族大家庭中才能成为繁荣兴旺、发展进步的社会主义新西藏，这个光明前途，谁也阻挡不住。

注　　释

〔1〕十七条协议，指一九五一年五月二十三日签订的《中央人民政府和西藏地方政府关于和平解放西藏办法的协议》。协议共十七条，主要内容是：驱逐帝国主义势力出西藏，西藏人民回到祖国大家庭中来；西藏地方政府积极协助人民解放军进入西藏，巩固国防；在中央人民政府统一领导下实行民族区域自治；西藏的各项改革事宜，中央不加强迫，西藏地方政府应自动进行改革，人民提出改革要求时，得采取与西藏领导人员协商的方法解决；等等。

〔2〕一九五九年三月十日，西藏上层反动集团在外国势力支持下，蓄意破坏关于和平解放西藏办法的协议的实行，公开宣布"西藏独立"。十七日，达赖逃亡印度。十九日，叛乱分子发动对人民解放军驻拉萨部队和中央代表机关的全面进攻。人民解放军驻藏部队于二十日对拉萨叛乱武装实施反击，并相继平息了其他地区的武装叛乱。

〔3〕达赖，指达赖喇嘛·丹增嘉措。原西藏地方宗教和政治领袖之一。一九三五年生，青海西宁祁家川（今属青海平安）人。一九四〇年二月五日，经国民党政府批准为第十四世达赖喇嘛。一九五一年西藏和平解放后，曾任全国人民代表大会常务委员会副委员长、西藏自治区筹备委员会主任委员等职。一九五九年三月十日，西藏上层反动集团发动武装叛乱；十七日，达赖逃亡印度。

把为政廉洁作为从严治警的
重要内容[*]

（一九八八年七月二十三日）

　　各级政法机关要把为政廉洁作为从严治警的重要内容，养成公正、廉洁的好风气。经济要繁荣，党政机关要廉洁，政法部门更应该如此。执法者首先要自己奉公守法，不徇私情，严格依法办事，杜绝走后门、说情风，更不能以权谋私，敲诈勒索，白吃白拿，贪赃枉法。政法机关特别是基层公安局、派出所，基层法院、检察院、公证律师机构等，天天与群众打交道，风气不正就会直接影响党与群众的联系，影响政府的形象。在改革开放和发展社会主义商品经济的复杂环境中，政法部门更应该从严治理，严格要求，严格纪律，不能让不正之风、腐败现象侵蚀到政法队伍内部来。各级政法领导机关一定要把整顿作风和加强基层建设作为一件大事来抓，严密各种制度，经常地反复地向广大干警进行廉洁奉公、遵纪守法的教育，把反腐败斗争寓于各项工作之中，并每年认真抓几次纪律作风的检查。发现干警中的违法乱纪行为，必须查清，严肃处理，决不护短，决不养痈遗

---

　　* 这是乔石同志在辽宁、吉林、黑龙江三省主管政法工作的负责同志座谈会上讲话的一部分。

患。"己不正焉能正人"。从严治警的关键，在于各级政法领导干部以身作则，带头作表率，凡是要求广大干警做到的，首先各级领导干部必须做到。同时，政法各部门还要从制度上加强自身监督、群众监督、社会监督和舆论监督，健全互相制约机制，从各方面采取措施，保证政法队伍的纯洁性。

党的建设要适应社会主义
商品经济新秩序的需要*

（一九八八年八月五日——十一日）

我想着重讲讲关于党的建设的问题。

第一，要提高对党的建设重要性的认识。最近，中央决定成立党建工作小组。现在确实需要把党的建设放在一个重要的议事日程上来，放在一个重要的地位上。因为我们这个党是十亿人民的核心领导力量，如果党不建设好，怎么能实现率领全国人民完成四化建设的繁重任务呢？怎么能实现带领人民完成改革开放的事业，把改革开放搞好呢？关键还是要靠党本身。这不仅因为我们四项基本原则第一条就是要坚持党的领导，而且现在在整个改革事业中迫切需要加强党的领导，加强党在群众中的核心领导作用，以及监督作用，只有这样，才能真正保证全党的政治路线有步骤地实施，取得社会主义建设新的成就。在改革的关键时刻尤其需要提高对加强党的建设的重要性的认识。改革靠谁呢？不能够光靠中央作决定、中央下决心，也不能光靠方案，要靠我们全党集中力量从各个方面围绕建立社会主义商品经济新秩序这个中心，把工作做好。我相信只要把这点做到了，下一步改革就

---

* 这是乔石同志在山西省考察工作期间讲话的一部分。

可以取得胜利。我觉得现在应该有这个信心。同时在改革的过程中，党经受新的锻炼和考验，能够真正在加快深入改革中发挥更大的作用。党的十一届三中全会以来，中央一些主要领导同志，如邓小平同志、陈云同志等，一直对党的建设问题不放松，一有机会就讲。在党的十三大报告中也讲了要加强党的建设、从严治党问题。党的十一届三中全会后的十年来，相对地讲，我们对经济方面的工作研究多一点，这是完全应该的，今后还应该这样，或者更多一点。但相比之下，关于党的建设，至少是不够系统、抓得不够有力。很多同志，特别是老同志对党的建设事业很关心，考虑我们这个党将来怎么办？会变得怎样？大家都关心这个事。

第二，党的建设要适应新的转变。我们党历史上有过好多次转变。先是大革命时期，按照当时的经验，主要到工人中去活动；到大革命后期，有一部分党员搞农民运动，还有一部分搞武装斗争，总的讲，以城市为主。大革命失败，国民党一屠杀、一镇压，城市待不下去了，就逐渐转到以农村为重点，以农村包围城市。这个转变非常大，很长时间，很多同志在思想上和实际工作上转不过来，还是城市中心的思想。周恩来总理在世的时候，还讲起过这个问题。毛主席上了井冈山，逐渐形成农村包围城市、最后夺取城市的道路。这条道路是中国革命夺取胜利的一条道路，在历史上是有过伟大贡献的，是符合中国实际的。我看不能否认，否认了，我们这些人就没有今天了。这也不是我个人意见。在起草《关于建国以来党的若干历史问题的决议》时，邓小平同志讲过，如果没有毛主席的领导，没有毛泽东思想，说不定我们现在还在黑暗中摸索。在黑暗中摸索，就是革命还没有胜利。我们是独立地靠自己取得了胜利。这个转变的过程是很痛苦的，付出的代价也是很大的，在中国革命历史上起了很重要的作用。二十世纪三十年代后期，发生全民族抗日战争，民族矛盾上升为主要矛盾。在毛主席的领导之下，实现抗日民族统一战线。没有这个转变，就没有抗日战争的胜利。这个转变，当时也是很大的。不要说别的了，就是摘掉红军军帽上那个红星，换成国民党的青天白日帽徽，在当时有人可是骂得厉害呀！思想就是不通，就是不愿意，这些同志都是好同志，是非常忠诚的，在土地革命战争中作出了贡献的，英勇奋斗的。一九四九年，我们取得了全国胜利，又是一个大的转变，集中反映在党的七届二中全会上毛主席的讲话中，就是党的领导中心由农村转到城市，以城市为中心，领导全国。进入城市以后怎么办？工商业怎么办？工业生产怎么办？怎么依靠工人阶级？党的十一届三中全会以后，党的建设处在一个新的巨大的转折时期，从中央一直到基层党组织，都要在思想上、组织上、实际工作上，适应新的情况。这个转变，对于我们现在这一代人也是相当大的。

党的建设如果只依靠老一套的办法来搞，那是不行的。需要在改革开放中，在进一步健全社会主义民主，加强法制和制度建设中搞好党的建设。过去几十年来我们积累了党建方面许多的好经验、好传统，这些好经验、好传统应该继承下来。但是光守住这些经验，不注意把过去优良的传统和经验同社会主义新的条件结合起来，就不能适应当前特别是今后工作的需要。这个问题是非常现实的问题，光议论不行。党经历这么巨大的变化，党的建设也要跟上去。正因为这样，党自己本身也要改造。我们不是提改造思想政治工作吗？过去，思想政治工作形成一个习惯，就是我讲你听；打通思想，就是我打你通。现在讲社会主义民主，协商对话就是民主对话，这是党的思想政治工作的一个好方法。我说了，你同意就接受，不同意可以提出来，我们再讨论。思想政治工作再不改造，它就不起作用了。我前一段和一些三四十岁左右的同志聊天，他们都觉得现在二十岁左右的年轻人不一样了，二十多岁的同志觉得三十多岁的同志老框框多了。我们不改造怎么能适应这个需要呢？所以，要随着建立社会主义商品经济新秩序，搞好党的建设，要使党适应建立社会主义商品经济新秩序的需要，使党能够不断走在群众的前面，保证搞好改革开放。真正建立起社会主义商品经济新秩序，不加强党的建设是做不到的。

第三，要加强党的建设，就需要在全党进行比较系统的马克思主义教育。马克思主义的教育，重点是要进行党的十一届三中全会以来的路线、方针、政策教育，党的十三大关于社会主义初级阶段和基本路线的教育。我们党在民主革命时期，每到一个转折关头，党内思想工作是搞得好的。比如，一九四二年的整风运动，主要强调整顿"三风"。理论联系实际，克服了过去存在的主观主义、教条主义、宗派主义，统一了全党思想。用毛泽东思想统一全党，主要是在整风运动以后，在高级干部中首先统一起来，发挥了巨大作用，不但取得了抗日战争的胜利，而且取得了解放战争的胜利。党的十一届三中全会后，又发生了巨大的变化。在这样的巨大变化中，我们党员的思想五花八门，什么想法都有，这是不稀奇的。但有一条，我们系统地对他们的教育和帮助是不够的。马克思主义是应当学习的，但马克思主义著作量非常大，叫他们坐下来一年二年三年啃这些书，现在也有困难。应该把马克思主义最精华的东西、我们现在迫切需要的东西，与党的十一届三中全会以来的路线、邓小平同志的著作结合起来学习，进行一次系统的教育，使党员的思想水平提高一步，而且，也使全党对于党的路线、方针、政策进一步地统一认识。现在不是说思想很活跃吗？一个因素是思想认识并不是很一致。如果进行这样一次教育，则有利于党内思想上的一致，也有利于党完成以后的任务。在党员教育中，要根据不同的情况，如城市的党员，工厂的党员，街道的党员，还有农村的党员，有针对性地进行教育。党员教育不要老是单向作报告。我作报告你听，然后学习讨论，要有来有回，搞双向的方式，同时方式方法可以灵活多样。这样的教育在农村党员中间非常需要，教育本身非改造不可。不讲效果的教育算什么教育，严格说这是一种教条主义的教育。上海江泽民[1]同志讲思想政治工作有三条，其中第二条说摒弃过时的教条主义和已经不适应现时的教育方法。

　　第四，加强各级领导班子的建设。一九八三年机构改革以后，各省、市领导班子变化相当大，地、市、县的变化更大，主流是好的。这是邓小平同志非常了不起的贡献。他从自己开始，先讲废除干部领导职务终身制，然后自己带头作出了榜样。他提出干部队伍要"四化"，抓年轻化抓得很紧。当然，他也明确指出，对老同志一定要安排好，这方面他也讲了不少。所以，领导班子建设，从机构改革以来，主流是非常好的。另一方面也要看到，新上来的领导干部过去基本上搞专业的多，搞技术的多，在基层的比较多。现在干部变动的周期加快了，这些同志就比较快地上来了。主要方面是比较好的，但也有些不足之处。比如说，对党的历史不是太了解，政治锻炼少一点，政治领导、组织领导、思想领导这方面的经验少一点，包括搞政府工作的，领导经验也比较少一点，锻炼的时间比较短，还来不及积累更多的经验。正因为有这些弱点，除了党内有组织有计划地对这些干部进行教育帮助外，这些干部自己也要加强学习，在工作岗位上抽出业余时间加强学习，特别是学习党的十一届三中全会以来的路线、方针、政策，并联系自己的实际工作学习，真正融会贯通。同时，有必要在这些干部中进一步发扬好的党风。

在我们党的历史上，毛主席概括过，理论联系实际，密切联系群众，批评与自我批评的三大作风，这不但在过去适用，在新的历史条件下，也是需要的。当然需要补充新的内容、新的做法，要有新的理解。比如说理论联系实际，学马克思主义的基本原理，学党的十一届三中全会以来的基本路线，学社会主义初级阶段理论，还有中央的指示、文件，就要跟本省、市，本地区的工作密切结合起来。如果不能密切结合起来，这算什么理论联系实际？照抄照搬，有时连研究都没很好研究，念一遍就算完了，这样怎么能提高呢？再比如说，密切联系群众，我们中央，特别是老一辈领导同志，那是作出了榜样的。农村家庭联产承包责任制搞得很成功，是从实践中解决问题，总结了群众创造的经验。党的十二届三中全会通过了城市经济体制改革的决定，现在又提出了加快加深改革。这些都是集中了群众中的智慧，从群众的一些实践经验中提出来的。我们省、地、市、县的同志也需要多注意联系群众，尤其是地、市、县的同志要多注意深入基层，联系群众，倾听群众的呼声，这一点非常重要。你不进行调查研究，不深入基层，怎么知道中央的方针、政策，或者市委、地委的办法是符合实际的呢？是不是切实可行呢？那你还不是光在上面发号施令，这样工作能做好吗？所以要有这个作风。这个作风现在应该大大地提倡。我们现在应该说做得很不够。现在当一个地委书记、市委书记、县委书记，也好当，也难当。好当是说反正一年到头送往迎来，反正会议很多，反正有秘书给你写稿子，东去讲个话，西上一个电视，一个月就晃过去了，这不是也好当吗？不但是一个月晃过去了，几年就这样晃来晃去，又有了资历，还说我当了三年县委书记，当了五年、六年县委书记，觉得我是个老书记了，没提拔还觉得是领导对我有看法。严格说起来，这是不行的。这不符合我们对党员领导干部的要求。特别是这一层干部，你不深入基层，不调查研究，不联系群众，工作经验从哪里来呢？什么叫实践是检验真理的唯一标准呢？就是看我们的政策是不是符合群众利益，是不是能够进一步解放群众思想，解放生产力。如果是相反的，那就不对了。刚才我说的是那种送往迎来的干部，还有只会发表演说的干部。因为现在干部文化水平都比较高了，东讲讲，西讲讲，他还容易对付。跟过去农村干部、土地革命战争时期的干部不一样。他们的讲话还能适应新的一套名词，报纸上面看看翻翻，也很容易吸收进来，有这方面的优势。但光靠这个怎么行呀？还是要做艰苦的工作，深入到群众中去，要培养这种作风。工作要讲实际成绩，不是看作了多少次报告，发了多少文件，开了多少次会议，而是看你在这个地区搞了几年，面貌有什么改变，有什么真正被群众公认的成绩。这才算是工作的实绩嘛。工作要讲实绩就是这个实绩。所以，密切联系群众的作风在新的历史时期，还是非常需要提倡的。再比如批评与自我批评，当然是需要的。现在我们党内，批评与自我批评的风气不算太浓，特别是批评，好像是批评不得。自己比较浮浅地说自己两句还可以，要别人说两句，就觉得你对我有成见了。这个不行。批评与自我批评，不仅要在党内开展，而且要在群众中开展，请群众监督。群众有权批评领导干部，只要批评得对，话说得重些也要听嘛。这有利于改进工作，这是共产党的作风。否则还算什么共产党呢？

除这些外，还有些需要在新的时期提倡，需要坚持的。比如说自力更生的精神，艰苦奋斗的精神，我们在社会主义初级阶段始终是要坚持的。改革开放、引进外资这是完全必要的和正确的。但是总的讲，十多亿中国人，这么大的国家主要靠自力更生，在自力更生的前提下，尽一切可能和外面合作，这不是更有益吗？更可以加快我们的建设步伐吗？没有自力更生的精神是不行的。就上级下级关系来说也有这个问题，不要一级一级地往上伸手要。要把着眼点放在自己本县、本地区、本市、本省的条件上，发挥这个潜力，把工作做好，做出成绩来。艰苦奋斗也是很必要的，我们在座同志的衣服都穿得不算太好，但总不是长征时期的吧，不是延安时期的吧。你看看照片，我们有些解放初期的同志穿什么衣服，就都清楚了。当然现在讲的艰苦奋斗，不光是这个。现在的艰苦奋斗就是不追求个人的享受，不要光关心自己或自己鼻子下的事，这种精神要长期坚持下来。有人说，社会主义初级阶段，大家要求低一点算了。我说不对。社会主义初级阶段要求应更高点，更要艰苦一点，更要自力更生。条件困难嘛，我们底子差，更需要这种精神。这个也有先例，在民主革命时期，没有人说反正是民主革命，我们要求低点。那样的话，民主革命根本没有胜利的可能。还是要按共产党员的要求，自力更生，艰苦奋斗，兢兢业业工作，都有高度的自我牺牲精神，现在叫奉献精神。像这样的一些作风，要提倡，要树立，该坚持的要坚持，有所忽略的要改正。这也是党风建设，是党的建设的一个重要方面。

经济要繁荣，党政机关要廉洁。党政机关不能经商办企业已发了文件。党政机关要廉洁，这个是毫无疑问的。光廉洁够不够呢？不够。不够应该怎么办？比如我刚才说的好多都是廉洁以外的事情，那你共产党员不做怎么行呢？当然首先要查一查，贪污、受贿、索贿等，要查清楚，一定要做到廉洁奉公。如果有了艰苦奋斗的精神，我想也会廉洁的。艰苦奋斗的精神都没有，他怎么会廉洁呢？所以这个还是一致的，不是矛盾的。当然党的建设还是围绕着发展社会主义商品经济，建立社会主义商品经济新秩序这个中心。

最后一个问题，讲讲加强基层建设的问题。一个是党的基层建设，一个是基层的政权建设，都要加强。到了乡里，不要强调党政分开[2]，一把抓就一把抓，只要有人抓就行。但一个支部书记，自己抓起来，这也不大容易，不大可能。还是需要你上面抓，你不抓，他抓不起来。有什么问题，上面要给他解决。不做调查研究，老是说涣散、涣散，涣散说了几年了，到底涣散到什么程度，也不清楚。怎么解决涣散问题也不清楚，那基层长期这么下去，还得了吗？让基层完成这个新的转变，使基层党组织适应新的转变，需要做大量的工作。当然还是要从基层领导班子抓起。要健全党的生活，在农村还是要现实一点，但能够做得到的，要长期坚持下去。把基层组织搞得健全一点，稳稳当当地作为经常工作搞，不搞政治运动。但是要坚持下去，使基层党的组织逐渐健全起来。党员经过反复地教育，是能够在群众中间起先锋队作用和起模范带头作用的。

基层党的领导，一定要以身作则。当然，上面的领导更要以身作则。但是对任何党员，或者任何一级干部来讲，他都没有权利说，你上面没有做到，我底下就不做到。所以还是两句话，一个是从上面做起，领导要以身作则，带头做到，凡是要求底下做到的，你领导首先要做到，要真正做到，不是在嘴上讲讲。再有一句话，就是每一个党员干部、每个党员必须要从自身做起，就是上面没有做到，你也应该做到。党的基层组织，党员个人，基层干部，工作表现好的，要及时地总结经验，给予表扬扶持。违法乱纪的，要严肃处理。经多次教育还不能解决问题，不能起党员作用的，要坚决劝他退党。不搞运动，不搞清洗，但确实不够条件的就要请他退党。党员就要像个党员的样子，不能忘记你是个共产党员。

注　　释

〔1〕江泽民（一九二六——二〇二二），江苏扬州人。当时任中共中央政治局委员、中共上海市委书记。

〔2〕见本书《学会运用法律手段管理经济和社会活动》注〔1〕。

严明纪律，保证全党行动上的
高度一致[*]

（一九八八年九月二十九日）

　　十年来，我国改革开放取得的成绩是巨大的，目前经济仍处在继续增长的时期。我们有许多有利条件，但也面临着不少困难，任务十分艰巨。要克服这些困难，确保全面深化改革按照已经确定的措施和步骤有领导、有秩序地进行，最根本的是靠党的坚强领导，靠全党思想认识上的高度一致，靠党的严明纪律，来保证全党在行动上的高度一致。这是我们的政治优势。

　　我们党六十七年的历史充分证明，无论是战争年代还是和平建设时期，正确的思想、政治路线，严格的纪律，党的团结统一，是我们战胜艰难险阻，夺取革命和建设胜利的力量源泉。我们之所以能迅速结束十年内乱，完成拨乱反正的历史任务，集中力量进行社会主义现代化建设，在十年改革和建设中取得举世瞩目的成就，一个根本的原因就是有党的坚强领导，有业已证明是正确的马克思主义的思想路线和政治路线，同时也由于有铁的纪律作保证。没有严格的纪律，

---

　　* 这是乔石同志在中共第十三届中央纪律检查委员会第三次全体会议上所作报告的一部分。

党的正确路线就无法得到贯彻执行，党的团结和统一就无法实现，就不可能团结和带领亿万人民群众去夺取胜利。当前，改革进入关键阶段，面临治理经济环境，整顿经济秩序，全面深化改革的极为繁重和复杂的任务。在这种情况下，加强党的建设，严格党的纪律，增强党的凝聚力和战斗力，充分发挥党的核心领导作用，尤其具有特殊重要的意义。

正如党的十三届三中全会指出的，我国当前总的经济形势是好的，但存在的困难和问题也不少，突出的是经济生活中出现了明显的通货膨胀，物价上涨幅度过大。有些地区和部门置中央号令于不顾，各行其是，盲目攀比，大搞楼堂馆所，预算外基建规模不断扩大，奢侈浪费，滥发实物，社会集团购买力一再膨胀，搭车涨价，变相涨价，党政机关经商办企业等现象相当普遍。这些问题，严重地扰乱了经济秩序，引起广大党员和群众的强烈不满。如不严加整饬，任其发展下去，不仅败坏党和政府的声誉，而且使改革和建设无法顺利进行，会把国家搞乱。正因为如此，在全面深化改革的过程中，必须增强全党的纪律观念，加强党的组织纪律性。

增强纪律观念，必须在民主和集中、局部和整体的问题上澄清一些模糊认识。改革开放十年来，我们不断加强社会主义民主和法制建设，充分调动地方和企业的积极性，允许各地区、各部门根据自己的实际情况，采取一些因地制宜的政策和措施，这是完全必要和正确的。但是，有的同志只从本地区、本部门、本单位的眼前利益出发，认为放权让利、搞活经济，就可以不讲集中统一，就可以置纪律于不顾，甚至为了局部利益，可以无视中央的三令五申，另搞一套。现在流行一种"红灯""绿灯"之说，借口"变通"，对党中央、国务院的决定和政令采取实用主义态度，合意的就执行，不合意的就变相抵制，有的甚至搞"先斩后奏、边斩边奏、斩而不奏"。这些思想和行为是非常错误的。邓小平同志最近说，要改革成功就必须有领导、有秩序地进行。不能搞"你有政策我有对策"[1]。党中央、国务院要有权威，没有这个保证不行。措施定下来，要坚决执行，宁可从严，不可从轻。就是过分一点，也得这样做。在党的十三届三中全会和中央工作会议上，根据邓小平同志重要讲话精神，大家进一步统一了思想，强调在改革和建设中，必须坚持民主集中制的重要原则，局部利益服从整体利益，甚至为了整体利益不惜牺牲局部利益，保持全党在思想上、行动上的高度一致，把党中央的决心变成全党的自觉行动。

党的民主集中制是党的基本组织原则。它要求个人服从组织，少数服从多数，下级服从上级，全党服从中央。党的各级组织和每个党员都要自觉地同中央保持一致，维护中央的权威。我们党历来有这样的传统，就是依靠全党团结一致，在中央的统一号令下，克服面临的困难和问题。党员干部尤其是党员领导干部，要以高度的党性自觉维护改革的大局，无条件地服从党和国家的利益，坚决同一切违犯党纪国法的行为作斗争，使党组织在改革中充分发挥战斗堡垒作用。每个共产党员都要加强党性锻炼，增强纪律观念，充分发挥先锋模范作用。

注　释

〔1〕见邓小平《中央要有权威》（《邓小平文选》第 3 卷，人民出版社 1993 年版，第 277 页）。

信访工作是党和政府联系
群众的重要渠道[*]

（一九八八年十二月二日——一九九〇年六月十三日）

一

纪检信访部门过去在各级党委、纪委的领导下，做了不少工作。希望以后各级党委和纪委继续加强对信访工作的领导；也希望做纪检信访工作的同志继续发扬为人民服务的精神，坚持原则，实事求是，为贯彻执行党的基本路线作出新的贡献。

（一九八八年十二月二日在第二次全国纪
检信访工作会议简报第六号上的批示）

二

信访工作是党和政府密切联系人民群众的一项重要工作。要确保渠道畅通，对人民群众反映的问题要认真对待，

＊　这是乔石同志一九八八年十二月二日至一九九〇年六月十三日期间有关信访工作的批示和讲话节录。

配合有关部门、地方，弄清情况，妥善解决。

（一九八九年八月十五日对中共中央办公厅、
国务院办公厅信访局局长郑幼枚来信的
批示）

三

党的十三届六中全会通过的《中共中央关于加强党同人民群众联系的决定》很重要。党和政府同群众的联系有多种渠道，信访工作是其中的一个重要渠道，信访部门是党和政府联系群众的一个重要助手。希望通过这次会议把信访工作做得更好，进一步加强党和政府同人民群众的联系。

（一九九〇年六月十三日在接见出席省、
区、市信访部门负责人会议全体同志时
的讲话）

党员教育要继承好的做法，
探索新的路子 *

（一九八八年十二月三十日）

　　党的十一届三中全会以来，我们党领导人民从事着建设有中国特色社会主义的伟大事业，实行改革开放。这是没有先例的。十年改革，十年巨变，我们已经取得的成就是举世瞩目的，改革开放使整个国家进入了一个崭新的历史发展时期。但是，正因为社会主义的改革是前人从未干过的事业，需要探索，工作中的失误和缺点就难以完全避免。邓小平同志最近讲：过去的十年，我们确实没有犯大的错误，但是这样和那样的小的缺点和错误还是经常发生的。我很同意这个意见。党的十三届三中全会就是在总结经验的基础上，确定了明后两年的任务，目的还是要进一步全面深化改革。有了这样的认识，我们就可以正确总结经验，发扬成绩，改正缺点，不断前进。

　　党员教育工作，就是要提高全体党员的素质，在新的时期把全党凝聚成一股推动社会主义现代化建设的巨大力量。因此，这不仅仅是组织、宣传等部门的工作，而且也是全党的工作。各级党委，特别是党委的主要领导干部，要亲自过

----

　　* 这是乔石同志在全国党员教育工作会议上讲话的主要部分。

问，认真地、长期坚持不懈地抓下去。当前，要从形势教育入手，以党的十一届三中全会以来的路线、方针、政策，特别是党的十三大阐明和确立的党在社会主义初级阶段的基本理论和基本路线为中心内容，利用各种行之有效的方法开展教育工作。要教育全体党员立足于社会主义初级阶段的现实，把坚持共产主义理想与"建设四化，振兴中华"的实践统一起来，在本职工作中多作贡献，发扬勇于献身的精神。

新的时期对党员教育工作提出了新的任务和新的要求，也创造了新的条件。我们必须用马克思主义的基本理论和方法，密切结合建设具有中国特色社会主义的实践，不断研究党员教育工作中出现的新情况、新问题，不仅使党员教育工作坚持下去，而且越来越深入，内容越来越丰富，形式越来越多样化。几十年来，我们党在领导人民进行革命和建设的同时，为加强党的自身建设和党员教育做了许多工作，也积累了一些好的经验。对于今天仍然适用的经验，要坚持下去。但是现在的情况毕竟和过去不同了，因此，要一方面结合新的情况来运用和发展过去的好经验，另一方面要转变不适应新形势要求的观念，勇于创造新的经验。继承好的做法，探索新的路子，都要实事求是，讲求实效，防止和克服任何形式主义。

政法工作决不能离开党的领导 *

（一九八九年一月十九日）

新中国成立以来近四十年的经验告诉我们，政法工作必须置于党的领导之下，决不能离开党的领导。这既是我们党的传统和优势，也是改革开放形势下的需要。政治体制改革，决不是要放弃或者削弱党对政法工作的领导，而是相反，是要进一步加强和改善党对政法工作的领导。就是要在加强的前提下改善，在改善的过程中加强。同志们在座谈中反映，目前在某些党委领导同志中存在着两种倾向：一种是有的同志习惯于老的工作方法，有时具体干预司法机关办案，或者对这些部门职责范围内的事管得过多过细；一种是怕被说成以党代政、以言代法，该管而不敢管，甚至放弃党的领导。这两种情况都必须注意防止和纠正。当然，多数党委对政法工作的领导是比较好的，不存在这两种情况。各级党委都应当加强对政法工作的领导，主要是政治思想领导，方针政策的领导。多做统一思想、统一行动的工作，监督和支持政法部门严格依法办事。党委不仅可以而且应当根据形势的发展，在法律范围内对政法部门的执法工作进行政策性的指导和协调。当然，原则上不要去直接干预政法部门办理

---

* 这是乔石同志在全国政法工作座谈会结束时讲话的一部分。

的具体案件，不要陷到部门的日常业务中去，而要让政法部门依法各司其职，独立行使检察权和审判权。这样，我们就可以比较正确地处理好党委领导和严格依法办事之间的关系，使二者统一起来。各级政法部门必须自觉地接受和争取党委领导，要经常主动地向党委请示报告工作，重大问题更要及时请示报告，决不能借口党政分开[1]、依法办事而脱离党的领导，自行其是。有些重大案件，党委关心，了解情况，给予支持和帮助，也是完全必要的。这样的问题，只要恰当处理，都会有利于我们的工作，而不会影响政法部门依法行使职权。

注　释

〔1〕见本书《学会运用法律手段管理经济和社会活动》注〔1〕。

全党全社会都要重视
维护社会安定 *

（一九八九年一月十九日）

产生各种社会治安问题，有其复杂的社会原因，我希望大家对犯罪原因多作一些研究分析。特别是在当前新旧体制交替、社会矛盾增多、不安定因素大量存在的情况下，要保持社会安定，决不是仅仅依靠政法部门的工作就能够解决问题的，必须依靠全党高度重视，依靠全社会共同努力，从各方面加强工作。在治理经济环境、整顿经济秩序、全面深化改革中，各级党委、政府，以及厂矿、企业、大专院校、街道乡镇的领导，都必须对维护社会安定切实地负起责任来。要特别重视加强和改进思想政治工作，运用民主和法制的方法、协商对话的方法，妥善处理各种人民内部矛盾，缓解和消除各种潜在的不安定因素，大力防止和减少发生闹事和治安问题。只要全党全社会都来重视做群众工作，做缓解矛盾的工作，做消除各种不安定因素的工作，做社会防范工作，那么，稳定治安大局，力争治安好于去年是完全可以做到的。这里所说的好于去年，当然不是说一定要求案件比去年下降多少，而是说上升的幅度要争取明显低于去年，尽量不

发生或少发生那种性质特别恶劣、危害特别严重的案件。

　　政法公安部门是国家的司法治安机关，担负着维护社会安定的特殊任务，对治安好坏有其不可推卸的责任。因此，在动员全党全社会都来齐抓共管的同时，政法公安部门必须竭尽全力做好本职工作，并在动员全社会维护治安的工作中，充分发挥自己作为党委、政府在这方面的参谋助手作用，协助党委和政府做好大量的组织、联系、推动工作以及各项专门工作。这是专门机关与群众路线相结合的原则在新形势下的运用和发展。这里我还要再强调一下，解决好突发事件，既是党委、政府的重要任务，也是各单位领导和政法公安部门的职责。各级党委、政府、政法部门和有关部门的领导，都有必要对过去几年来发生的一些突发事件及其处理情况，认真进行一些回顾和反思，实事求是地总结一下经验，包括正面的经验和今后需要改进的方面，以提高认识，改进工作，增长处理这类问题的知识和才干。

讲民主不能离开民主
集中制原则 *

（一九八九年一月二十八日）

搞好治理整顿，要综合运用经济的、行政的、法律的、纪律的和思想政治工作的手段，五管齐下。纪律是其中的一种重要手段，特别是对党来讲更是这样。各级纪委要坚持从严治党的方针，严肃党的纪律，坚决纠正某些地区和部门的有令不行、有禁不止、纪律松弛，甚至在治理整顿中还存在的"你有政策，我有对策"的现象，维护国家宪法、法律和党中央、国务院决策、政令的权威性。对那些贪污受贿、敲诈勒索、弄权渎职、非法倒卖等严重破坏经济秩序和损害人民群众利益的党员，要严厉惩处，为治理整顿排除干扰和阻力，保证全面深化改革的顺利进行。

治理整顿、全面深化改革，对加强纪律提出了更高的要求。社会主义民主政治的建设，有计划的商品经济新秩序的建立，都必须在党的领导下有步骤地进行。建设社会主义民主，是总的方向，但要有一个发展过程，必须从中国的现实状况出发，实事求是、真心诚意、脚踏实地地进行。任何时候讲民主，都不能离开民主集中制的原则，这是党章和宪法

＊ 这是乔石同志在全国纪检工作会议上讲话的一部分。

明确规定的。在经济方面，分权让利、扩大企业自主权是当前经济体制改革的一项重要内容，是发展生产、繁荣经济所必需的。然而，如果不顾国家计划，缺乏必要的宏观调控，没有严格的纪律制约，就难免出现滥用权力、片面追求局部利益和短期行为等现象，乃至发展成为同整体利益相对立的本位主义和个人主义，出现损害全局、以邻为壑等状况，造成经济活动中的混乱局面，最终将阻碍社会生产力的发展。因此，加强纪律，对于社会主义民主政治建设和商品经济的发展，决不是束缚，而是不可缺少的保证。加强纪律是我们党在任何时期、任何情况下都必须坚持的一条原则。至于在新的历史条件下如何加强纪律，需要我们在实践中不断探索，创造新鲜经验。

在科学分析的基础上
正确认识党的现状*

（一九八九年二月二日）

　　根据研究班的要求，同志们从实事求是地分析党的现状入手开展研讨，实践证明这是个好办法。正因为大家运用马克思主义的辩证唯物主义和历史唯物主义的科学方法，联系党处于伟大历史性转变时期的特点，客观地分析党的现状，所以对党的状况的基本估计容易得到比较一致的认识。我赞成同志们经过研讨形成的两个基本观点，这就是：一、要充分肯定我们的党是一个好党，有好的传统、好的指导思想、好的路线，中国社会的先进分子多数聚集在党内。在过去十年历史性的大转变中，从总体上看，党组织是富有生机和创造活力的。二、要充分认识党在前进中确实存在一些直接影响党的战斗力的问题，如不高度重视并认真解决，发展下去会危及党的建设和党领导的事业。这"两个充分"，当然不是各占一半，互不相干，前者肯定了本质和主流，决定着我们党有足够的条件解决存在的问题。只要努力去抓，我们就一定能克服属于支流的党内外群众很不满意的消极现象。

　　对党的现状既然有了上述基本估计，我们就可以得出以

---

　　* 这是乔石同志在党的建设研究班结束时讲话的一部分。

下两方面的看法：一方面是要理直气壮地讲，我们党不愧是中国工人阶级的先锋队，是全国各族人民的领导核心，是能够代表最大多数人民的利益，担当起建设有中国特色的社会主义这一历史重任的执政党。当然，党本身也面临着新的严峻考验，需要在新形势下加强自身的改革和建设。另一方面要实事求是地承认，我们党内确实出现了一些新的问题和消极现象，有的还相当严重。工作中也有失误和困难。对此，决不能估计不足，决不能掉以轻心。我们必须保持清醒的头脑，注意总结新的经验，依靠全党的努力和人民群众的支持，兢兢业业地做好工作。这样，我们党就能够解决存在的问题，克服缺点，排除困难，更好地领导人民前进。

讨论中反映，有人看到党的领导工作中有过失误，就动摇了对党的信心。这种情况，历史上曾经多次出现过，特别是在大的转折时期，或者遇到比较大的困难，更容易发生。用马克思主义观点看问题，一个党的伟大，决不在于它不发生任何失误，而在于它是否能勇于承认失误，作认真的自我批评，善于总结经验，纠正错误，使自己不断得到充实、提高。从我们党六十八年的历史看，无论是领导新民主主义革命，还是领导社会主义革命和建设，都走过了曲折发展的道路，有过不少小的失误，也有几次大的错误，包括"文化大革命"这样严重的错误。但党每次都能够正视失误或错误，而且都是自己勇敢地纠正了，从而使革命和建设事业不断前进，党自己也在总结和吸取经验教训中日益成熟起来。党的十一届三中全会以来逐步形成的、党的十三大阐明和确立的社会主义初级阶段的理论和基本路线，就是党自己在全面、系统地总结经验教训的基础上产生的，是全党在老一辈革命家指导下自上而下地开展批评与自我批评后获得的共同认识。中国十年改革的全面发展，国家的内涵和外观的巨大变化，最好地证明了我们党在总的方面是前进了，而不是后退了。邓小平同志早就预料到，在没有现成经验可循的情况下，领导一个基础较差、情况复杂的大国发展社会主义商品经济，实行改革开放，我们的工作中会有困难和失误，党内还会有一些经不起考验的人腐败堕落。同时，他又一再强调，无论发生什么问题，都要沿着已经拓开的道路坚定不移地前进。这是非常正确的。实际上大家也是努力这样做的。我们应当对自己的党充满信心。

在研讨中，一些同志谈到工作指导方面的变与不变的问题。应该说，无论发生什么情况，党的基本路线是不会变的，党内外群众也决不会同意变。但客观情况变了，人们的认识和实践自然需要跟着改变。有时由于经验不足，对客观规律的认识有个过程，在走向既定目标的实践中，也会有改变，这往往是必需的，有时也是难以避免的。党的十三届三中全会开得好，一个重要原因就在于大家认为改革的部署调整得好，变得对。当然，可以也应该要求工作指导上的科学预见性更强些，但在领导一次社会大变革、进行一次从未进行过的新探索中，要做到这一点确实很不容易。所以，重要的问题在于全党都要善于学习。学习和研究怎样更好地领导发展社会主义商品经济和建设社会主义民主政治，学习和研究怎样更好地在改革开放的新形势下治理国家和建设党，尤其要学习掌握在中国进行社会主义现代化建设和党的建设的客观规律。这样讲，决不是要把工作中的一切问题和困难都归于客观原因，恰恰是要强调主观努力，尽量做到主观同客观相统一。在出现失误和困难的时候，尤其需要采取认真重视、及时总结经验、切实解决问题的态度。这样，我们才能增强信心，振奋精神，群策群力，去扫除继续前进道路上的各种障碍。

密切联系党的
基本路线来建设党 *

（一九八九年二月二日）

新时期加强党的建设，必须紧紧抓住把党建设成为领导社会主义现代化事业的坚强核心这个主题，密切联系党的基本路线来进行。

这次研究班突出地提出了这个问题，并且贯穿在整个研讨过程中，这对今后研究党的建设也会很有帮助。

我们党执掌全国政权已经四十年了。我们所取得的成绩是伟大的，把中国建成了一个初步繁荣昌盛的社会主义国家，这是历史事实。现在需要进一步认识的是，以党的十一届三中全会为标志，党的工作重点已经转向社会主义现代化建设，全力发展社会生产力，整个国家进入了一个新的历史发展时期。党在过去经受了执政的考验，应该说总的情况还是好的。现在，我们党面临着领导人民建设有中国特色的社会主义的新考验，领导改革开放、发展有计划的商品经济的新考验。因此，党既要保持自己的工人阶级先锋队的本色，继续牢牢地执掌人民政权；又要在坚持改革开放、搞活经济的条件下，同那些消极腐败现象作坚决的斗争。这是关系党

---

* 这是乔石同志在党的建设研究班结束时讲话的一部分。

的兴衰和事业成败的极其严重的考验。只有把党真正建设成为领导社会主义现代化建设的坚强核心，党才能经受住这场在改革开放条件下执政的新考验。这就是在社会主义初级阶段党的建设的根本任务，也是新时期加强党的建设工作的主题。那么具体目标是什么呢？我理解，主要就是党的十三大提出的，要努力把我们党建设成为能够以崭新的姿态站在改革和现代化建设前列的党，勇于改革、充满活力的党，纪律严明、公正廉洁的党，选贤任能、卓有成效地为人民服务的党。

为了完成党的建设的这个任务，从工作上讲最重要的靠什么？就是靠全党一致地密切联系党在社会主义初级阶段的基本路线来建设党。当然，怎样才能把握好党的基本路线同党的自身建设的内在联系，并在工作上切实做到、做好，还需要继续研究和探索。我想，是不是有以下三个方面需要注意。

一、必须按照党的基本路线的要求来建设党和从严治党。这就要首先根据党的十三大所作的阐述来全面理解党的基本路线的内容和实质以及"一个中心、两个基本点"的相互关系。其中十分重要的是坚持发展社会生产力这个中心，这是十年来邓小平同志一再强调的，也是新中国成立以来的经验反复告诉我们的，是决不能变的；坚持四项基本原则，这也是决不能变的；坚持改革开放的总方针总政策，这同样是决不能变的。党的十三届三中全会前，邓小平同志就明确指出，坚持改革开放的方针不能变，具体措施和方法可以调整。我们进行治理、整顿、调整，就是为了更好地全面深化改革。既然如此，我们进行党的自身建设的一切工作，包括选拔、培训干部，调整、配备领导班子，教育、发展党员，执行党的纪律，建设基层组织，等等，都必须符合和服务于党的基本路线的要求而决不能违背或偏离。

二、必须密切联系党的基本路线的贯彻执行来进行党的建设。这就是说，要把党的各级组织和广大党员、干部都发动和组织起来，团结全国各族人民群众，去发展社会生产力，坚持四项基本原则，进行以发展社会主义商品经济为中心的经济体制改革和以建设社会主义民主政治为中心的政治体制改革，在这些实践活动中，充分发挥党的作用，加强党的建设，使党经受锻炼和考验。如同全党在民主革命时期从战争中学习战争，在革命斗争中学习领导人民革命，党自身也在革命实践中得到加强一样，在新时期，我们也必须从参加社会主义现代化建设的实践中学习建设，不断提高执行党的基本路线的自觉性，抵制各种错误思潮和错误倾向，搞好党的思想建设、组织建设和作风建设。

三、必须用执行党的基本路线的实际效果来检验党的建设工作的好坏。这是实践的标准。一般地讲，哪里的党组织在坚定不移地执行党的基本路线中自身建设工作做得好，哪里发展生产力、坚持四项基本原则、坚持改革开放的效果就好，党组织的威信也高。反过来，如果贯彻执行基本路线不得力，效果不大好，或者某个方面发生了重要的偏差，也总是首先因为党组织内存在这样那样的问题。所以，每个党组织都要善于结合贯彻执行党的基本路线的实践，经常分析自己的活动和党员队伍的状况，及时解决党内存在的矛盾，包括提高党员执行党的路线的自觉性，清除腐败分子，处置不合格党员，等等。这样，党的自身建设就会不断得到加强，建设和改革也会取得更大的效果。

　　总之，密切联系党的基本路线来建设党，以保证基本路线的贯彻执行，党的建设工作就会不断进步，党内的凝聚力、党在人民群众中的吸引力就会增强，党的威信就会提高，党的领导作用就能进一步发挥，社会主义事业也会蓬勃发展。这样，那些主张要改革只能在经济上实行私有化、在政治上实行多党制、要开放只能"全盘西化"等言论，就不会有多少市场，几个持不同政见者的别有用心的蛊惑和煽动，也就更不可能得逞。

从新的情况出发，进一步
建设好各级领导班子 *

（一九八九年二月二日）

坚定不移地执行干部队伍"四化"方针，从新的情况出发，进一步建设好各级领导班子，切实推进干部制度改革。

同志们在研讨中认为，同党的基本路线相适应的干部队伍"革命化、年轻化、知识化、专业化"的方针，是实践已经证明的正确方针。在老一辈领导同志的带领和倡导下，全党执行这一方针取得了很大的成绩。过去工作中发生的某些缺点和问题，不是方针本身带来的，而且已经引起注意，有些已经改正了，今后要在总结经验的基础上更好地执行这个方针。我完全赞成这些意见。

我想要着重讲的是，新时期党的干部工作的指导方针，党历来坚持的任用干部应掌握的原则，识别和选拔干部的具体标准，这三者是一致的，不能对立起来。干部队伍的"四化"，是适应新时期党的基本路线的需要而提出的指导干部工作的方针，这个方针既继承、发扬了德才兼备的原则，又符合并体现了今天所处的时代的要求。党章规定的领导干部的基本条件，体现了"四化"方针和德才兼备原则的精神，

---

* 这是乔石同志在党的建设研究班结束时讲话的一部分。

是选拔各级各类领导干部的标准。

经过前几年的多次调整，现在各级领导班子的构成和素质，确实发生了可喜的变化，有了明显的进步。总的看来，基本上符合党的路线的要求，干部年龄初步形成了梯次结构，一九八二年后选拔上来的干部大多数也在新岗位上取得了一些经验。有的同志提出：当前建设领导班子，要注意"稳定骨干，优化结构，改善素质，积蓄后秀"。我觉得这个思路是符合实际的、可行的。还需要强调的是，根据干部队伍"四化"方针，着重从优秀中青年知识分子（包括自学成才的）中发现、培养、选拔一批实践证明确属德才兼备的同志，仍然是我们党一项不可忽视的任务。这不仅是为了眼前优化领导班子的群体结构，而且是为了给实现社会主义现代化建设的宏伟目标准备足以担当跨世纪历史重任的可靠人才。因此，我们的干部工作，决不能停留在对现有人员的调动和配备上，而要用长远的眼光和很大力气去做人才资源开发的工作，加强宏观管理。这是现代化人事管理的一项重要原则。为此，要做好两方面的事情：一方面，要加强对各级领导班子里的年轻干部的培养。这些同志多数知识基础好，思想活跃，接受新事物快，年富力强，工作热情。但是，不少同志还缺少马克思主义基础理论的训练，不大善于驾驭局势和处理复杂矛盾，不熟悉党的历史和党的优良传统；有些同志还不习惯严格的党内生活。各级党组织应当热情关心、严格要求他们，在支持他们大胆工作的同时，帮助他们弥补自己的不足。特别是要通过健全民主与集中相结合的党内生活，通过深入实际、深入群众、深入基层的锻炼，继承和发扬党的三大作风和自力更生、艰苦奋斗的精神，把党的优良传统和作风一代一代地传下去。另一方面，要继续坚决而稳妥地推进干部制度的改革。对于经过试验已经肯定的改革，比如废除干部领导职务终身制，实行离退休制度，公开招考、择优录用党政机关工作人员的制度，在民主评议、科学考核的基础上实行干部职务能上能下的制度，通过有计划地交流、培训提高干部素质的制度，以及科学的干部分类管理制度等，要抓紧逐项建立和健全起来。在改革干部制度问题上，当前要十分注意把创新与求实结合起来，既要勇于创新，更要立足于求实。

查处重大案件不能手软 *

（一九八九年二月）

一、一定要下大功夫严肃查处重要案件。对贪污、受贿以及给国家造成重大经济损失等案件，发现后一定要查清楚，不能含糊，不能手软。现在发现的不少贪污案，一查就是贪污十几万、几十万元。这些人不仅本人侵吞公款，而且把一些地方和部门的主要干部，甚至一个市的主要领导都拖进去了。这些领导干部占了他的便宜，就替他说话。这个教训非常深刻，因此我们必须严肃查处这类案件，抓住重大的线索，一定要坚决查到底，牵涉到谁，就查到谁。在这个问题上，现在存在两种倾向，一是该办的不敢办，二是处理偏轻。所以，首先一定要把事实查清，同时处理要严肃。有一些案件，还必须公开进行处理，要起震慑作用。现在有的人搞公款私存，这是不允许的，是违法违纪行为，一是逃避监督，二是公款私用，或转为私有，将来就可能发生携私存公款外逃，对这类案件要重视。

二、要研究在新的形势和新的历史条件下办案的思路和方法。行政监察机关在立案程序、调查取证、必要的行政手

---

　　* 这是乔石同志两次听取中共中央纪委、最高人民检察院、监察部、审计署和国家工商局等单位查处案件情况汇报时的讲话要点。

段和措施、量纪标准，以及与其他监督部门配合和协调等方面，都要形成制度，搞出一套办法来。在新的历史条件下办案，老的一套办法要改进，当然过去行之有效的方法我们还应当保留。调查研究是最基本的方法，这要保留，但搞运动的方法要摒弃，要形成一套能适应新形势的需要，又便于操作的方法。行政监察部门主要还是处理人民内部矛盾，要研究处理人民内部矛盾的新方式。要研究行政措施问题，过去随便采用停职反省的办法，流弊很大，不能再用，这方面是有教训的。但如果发现一个人有重大嫌疑，怎么办？也要采取必要的行政措施。可以考虑，一是从爱护干部出发，可与本人讲清楚，由行政领导出面与当事人谈话，肯定他的成绩，同时指出有人揭发他的问题，让他集中一段时间好好考虑，讲清问题；二是开个适当的会，在会上把问题提出来。总之，方式要温和些，方法要得当。对案子的调查一定要认真细致，要在调查报告上把事实讲得清清楚楚，并且要抓住主要矛盾。写调查报告，没有见解，不涉及实质性问题，说不清主要责任者，也不提处理意见，这不行。经过调查，把事实搞清楚以后，应该提出自己的处理意见，不能把矛盾上交。

对案件的处理，一定要严肃，又要慎重，处理过轻过重都是不好的。有的案件处理后，要向社会公开，不宜向社会公开的，也可以在一定范围内公开，比如在案子发生的单位或一定范围内公开，这样才有震动，才会显示监督的威力。目前发生的一些案件有个基本特点，就是权力与金钱交换。贪污、受贿的现象增加了，大案要案也增加了，有的贪污、受贿数量很大。抓住了重大贪污、受贿问题的线索之后，要注意控制，防止当事人外逃。另外，在办案过程中，要注意保密，重大案件更要保密，严防把情况泄露出去。

三、要依法办案。中国要搞现代化，关键是法治，由人治变法治。一切依法办事，这很不容易。中国走法治的道路是肯定的，又是曲折的，困难重重，不是短期内能完全实现的，但是，必须从现在就开始，从我们这一代开始。依法办案，是我们工作的最重要原则，也是方向，这必须从思想上明确起来。现在办案受到干扰的情况还是很多的。我们要注意排除两方面的干扰：一是说情风，中国有些地方说情风太厉害了；二是对一些案件，群众要求重办，这可以理解。但是，我们要实事求是，不能迎合，该重办的重办，不该重办的不能重办，要以事实为根据，以法律为准绳。这两种倾向都要注意。希望监察部门的同志，第一要有高度的责任心，意识到自己肩负的责任，第二要冷静，既不唯上，也不唯下。

实现安定团结必须坚持
走中国特色社会主义道路[*]

（一九八九年十月十三日──十八日）

建设具有中国特色的社会主义，非常需要一个稳定的社会环境。在国际上要争取一个有利于我们的和平环境，在国内必须有一个稳定的安定团结的政治局面。如果一个国家乱糟糟的，社会老是动动荡荡的，怎么搞改革开放？怎么搞经济建设？我们必须维护安定团结的政治局面，必须保持社会的稳定，否则什么都谈不上。要看到新中国成立到现在的四十年，除了党的十一届三中全会至今这十年以外，过去一个相当长的时期，不断搞政治运动，到最后搞了十年"文化大革命"。"文化大革命"是很大的内乱，大家都知道，很多同志印象非常深刻。党的十一届三中全会之前，一段时期，我们受"左"的思想指导，离开了马克思列宁主义和毛泽东思想的正确轨道，社会主义建设受到相当大的损失。党的十一届六中全会作了总结，决定今后不再搞政治运动，一定要维护全党全国安定团结的政治局面，一定要专心致志地搞经济建设，把我们国家经济搞上去。搞了十年，现在又出现极少数人搞动乱，要在中国照搬美国或其他西方国家的那一套，

---

* 这是乔石同志在陕西省考察工作期间讲话的一部分。

或者想在中国照搬苏联、波兰、匈牙利那一套。我看这些都不行，都是严重脱离中国实际，同中国人民的意愿、同中国的国情根本相违背的。但是，要处理这个问题也确实是够复杂的。这里面的经验教训是很深刻的。我感到全国的工人、农民，全国的知识分子，是不赞成搞动乱的，是主张安定团结的，是主张集中精力搞好四化建设，主张建设有中国特色的社会主义的。应该说，在中国搞动乱要得到绝大多数人拥护是做不到的。过去十年日子过得好好的，如果再继续十年、二十年、三十年下去，国家就会欣欣向荣，可以搞得很好。如果一搞动乱，又像"文化大革命"那样，能把国家搞好吗？这个道理非常简单。极少数人想在中国搞动乱，实行全盘西化，或者抄袭苏联、东欧模式，这都是不行的。中国还是要从自己的情况出发，按照马克思主义的基本原理走中国特色的社会主义道路。这个问题，要在进一步学习、贯彻党的十三届四中全会决议和江泽民同志的讲话中，进一步加深认识。我们已及时解决了在北京发生的那场政治风波，现在要反思，总结经验教训，在思想上、各方面措施上加强工作，预防再次发生这种社会动荡。这不是不可避免的，是可以预防的。

怎么搞好安定团结，怎么维护好社会稳定？这里有很多工作要做，有些问题要从基层开始解决。比如北大发生什么问题就要从北大开始解决，不能动不动就到社会上去。如果工厂里发生什么问题，就要在工厂党组织的领导下解决。上面的领导要及时加强帮助和指导，不要等闹到街头上去了才去处理。政法战线是人民民主专政的重要工具，从这次事件看，需要加强。公安武警力量需要加强。解放军是维护国家安定最主要的力量和支柱，也是抵御外来侵略的主要力量。但我们不能有单纯依赖解放军的思想，在一般情况下动不动就用解放军，也不是一个办法。总的还是要依靠基层，力争把问题解决在基层。加强政法战线力量，也要采取专业部门和广大群众相结合的办法。群众性的保卫组织一定要搞好，搞好了就可以起很重要的作用。有时用工人管城市，农村治保组织管农村，还可以解决警力不足的问题，这也是走群众路线的一种形式。各方面都要想办法加强人民民主专政，基层党的组织要搞好社会治安的综合治理。

坚持把发展经济摆在中心地位*

（一九八九年十月十三日——十八日）

经济是中心，这是党的十一届三中全会就确定了的，党的十三届四中全会对此没有改变，我们要牢牢抓住这个中心。当然要坚持四项基本原则，要坚持改革开放。但是归根到底，还是要把有中国特色的社会主义，把社会主义的四个现代化建设搞起来。邓小平同志在六月九日讲话中谈到，要我们冷静地思考一下过去，冷静地思考一下未来，冷静地思考一下我们原来确定的"三步走"对不对？坚持四项基本原则对不对？改革开放对不对？邓小平同志还明确地说，这些都是对的，是正确的。我们主要的问题是在坚持四项基本原则和改革开放这方面存在"一手软、一手硬"的问题。所以还是要把发展经济摆在一个中心地位。这个中心不抓上去，二次翻番就会有影响，社会主义的优越性也不能充分发挥。当然，讲社会主义的优越性，可以用四十年取得的成就作说明。我们是十一亿人口的国家，解放初期只有五亿到六亿人口，现在差不多是翻一番。在人口问题上，我们是有经验教训的。但是，经济上四十年总的发展是快的，我们有大量材料说明社会主义制度是有极大优越性的。在全世界人口最多

　＊　这是乔石同志在陕西省考察工作期间讲话的一部分。

的国家里，解决了人民群众的温饱问题是非常不容易的。没有解决温饱问题的地区，现在还有，只是在全国范围来说不占很大的比重。但是要更进一步说明我们社会主义的优越性，还是需要我们自力更生，埋头苦干，艰苦奋斗，搞它几代人的时间，使我们的国家真正达到中等发达国家的水平。到那个时候，社会主义优越性才更有说服力。

农业是很重要的。农业始终是我们经济的基础，而粮食是基础的基础。这一点，我看在很长时间里是改变不了的，因为人口本身就说明了这一点，中国人口实在太多，耕地相对来讲实在太少了。十一亿人口如果自己不能解决粮食问题的话，世界上没有哪个国家能帮助我们解决。如果粮食问题没有解决好，那么社会稳定、工农业发展、改革开放，都无从谈起。中国的农业到二〇〇〇年上第二个台阶，是一个非常困难的问题，越往后困难会越大。将来要拖后腿的首先是农业。所以我们不要小看农业。在农业生产条件比较好、基础比较好的地方，不能忽视农业的发展问题，还是要继续争取把农业生产搞得更好一些；条件比较差、困难比较多的一些地区，也要想办法把农业搞上去。我想如果我们继续发挥广大农民群众的积极性，农业是可以搞好的。家庭联产承包责任制、包产到户，不能轻易改动，还是要完善、稳定。在这个基础上，有些地方如果有条件可以试验性地搞一些规模经营。过去十年经济发展那么快，首先是从农业开始的。今后我们进一步发展经济，还是不能忽视农业。

经济要搞上去，工业不能滑坡，我想这是可以做到的。对乡镇企业，该保护的还是要保护，搞倒买倒卖、浪费能源、浪费材料，不起好作用的，那就要砍了。至于偷税漏税，可以加强税收工作。乡镇企业，各地情况不完全一样，沿海地区跟中部地区和西部地区也不完全一样，要从实际出发，要加强引导和管理。这个不在于多说，在于踏踏实实地做。首先是该稳定的要稳定，然后有条件地指导发展。避免过去那种部分地区乡镇企业盲目发展、引导不够、管理不够的现象。地方工业该发展的要发展。要加强调查研究，实事求是，减少盲目性。这样，会有利于地方工业的发展，也有利于整个地区经济的发展。今年治理整顿总的来看，效果是好的，总的趋势还是向好的方向发展，但困难还是很多的。要有一个基本的看法，就是改革开放带来了比较快的经济发展，这是毫无疑问的，这个成绩是很大的，是大家都看得到，在日常生活中也感觉得到的。在治理整顿过程中，有些地方紧一点，比如资金紧张，困难是有的。有的困难，可以当作我们改进经济工作、调整经济结构、搞好机制、提高效益和加速资金周转的机遇来看待。当然国务院也在考虑给点润滑剂推动一下，但完全靠上面拿钱是做不到的，因为通货膨胀不能再继续了，必须加以制止。现在社会上滞留资金是比较多的，这是全国统计结果所表明了的，所以要依靠中央大量发票子的日子不能再过了。在全面收紧之后，不该紧的也紧了，应该适当放宽一点的也紧起来了，这种情况也是有的。这是因为宏观调控这个问题很复杂，国家又大，难免会发生一些问题。我们应当在目前条件下，积极想办法解决困难和问题。要注意掌握好产业政策。要帮助重点企业解决一些实际问题。

树立长期艰苦奋斗的思想*

（一九八九年十月十三日——十八日）

准备过几年紧日子。紧到什么程度？当然不能和三年困难时期相比。我们过去十年的日子过得还是松了一点。现在一收紧，有些不习惯。我看不单是过几年紧日子，而且要树立一个长期艰苦奋斗的观念，我们国家搞建设，还是要自力更生，艰苦奋斗，特别是各级领导要有这种思想。任何时候都不能放松，这松不得。因为中国十一亿人口，你一松，到下面就不知成什么样子了。长期树立自力更生、艰苦奋斗、勤俭建国的好作风，这样中国才有希望。这个问题，我一九八五年到广东时就讲过。我到深圳去，参观一个五十多层的大楼，上面有个旋转厅，材料是从美国进口的，这个楼所有的石料都是从意大利进口的，石料确实不错，磨得光光的。学习人家的先进技术，我是赞成的，也是应该的。但是每一幢楼都用进口材料，那还得了！不光是广东，其他地方也有这个问题，甚至装修工程也请香港和澳门的工人来搞。我在广东问一个澳门工人，他一个月工资是七千元港币，这种花费是不适合我们中国目前经济发展状况的。当然，我们现在说的自力更生、艰苦奋斗，绝不是要搞闭关自守，而是在改

---

* 这是乔石同志在陕西省考察工作期间讲话的一部分。

革开放的情况下，以自力更生为主，还要搞对外经济合作，国内还要搞横向经济联系。我们现在说的艰苦奋斗，既不是红军长征时候那样的艰苦奋斗，也不是延安时期、抗日战争时期那样的艰苦奋斗，生活毕竟是好多了。但是还得保持这个精神，还得保持这个传统。因为国家大，浪费不起呀。比如说，我走到哪个地方，发现银行的大楼盖得都很漂亮，钱是哪里来的？归根到底都是国家的。我没有借这个机会去批评银行的意思。别的不少单位也都在盖楼房。但是盖得太多了，跟国力不相称。我们要准备过几年紧日子，同时绝不能理解为只需要艰苦奋斗几年，熬它两年、三年，以后就可以铺张浪费了，绝不能这么理解。自力更生、艰苦奋斗、勤俭建国这一条，要长期坚持下去，不坚持中国就没法建设好。党的优良传统，还得要保持。现在虽然个人生活已经好多了，和战争年代没法比了，但我们是执政党，是公家人，要多替国家着想。我们共产党人，共产党的干部，共产党领导的政府官员，都要为人民服务，都得给国家多省点钱，以有利于建设和发展。这四十年的经验证明，经济稍微好一点，我们有的同志就容易忘乎所以，头脑非常容易发热，这几乎是四十年来的带规律性的现象。比如农业稍微好一点，就出现这个问题。一九八四年农民"卖粮难"，就说粮食多了，其实是一个低水平的过剩，根本就不存在买方市场，粮食市场变成买方市场还早得很。其他农产品和轻工业产品也没到那个时候。这个基本国情是明摆着的。这几年，更应该注意这一点，就是这几年度过了，经济搞得顺当了、好一些了，也不能搞"大干快上"。我们这几年虽然没有说"大干快上"，实际上还都是想快，你说谁有一个方针要搞这么快，其实也没有。但大家互相一攀比，都急得要命，都要搞，这也是不行的。中国的基本国情说明，中国的建设是长期的，需要长期艰苦奋斗，才能逐渐地有成效，逐渐地发展起来。各个地方情况不一样，沿海地区、中部地区、西部地区的情况不一样，就是沿海也有贫困地区。在一个省、市范围以内情况也不完全一样。要从实际出发，就是稍微好一点的地区也不能忘记我们这个基本国情。

在治理整顿和深化改革中
加强党的纪律性 *

（一九八九年十一月十二日）

党的十三届五中全会使全党在治理整顿、深化改革的主要问题上统一了思想，今后就要在这个基础上统一行动。全体党员、干部都必须按照会议的精神，结合实际，认真地加以贯彻落实。凡是党中央、国务院决定了的事，就必须不折不扣地做到，决不允许再搞"你有政策，我有对策"，决不允许再发生"有令不行，有禁不止"的现象。对此，各级纪委要高度重视，要加强对党组织、党员领导干部执行中央决策的监督检查，坚持和维护党的纪律的严肃性。谁不执行或是变相抵制党中央的决定，谁就是破坏了党的集中统一，就是违犯了党的纪律。这是绝对不能允许的。

在治理整顿、深化改革中，要加强自觉遵守、维护党的纪律的教育，要求党员和党员干部认真坚持党的民主集中制原则，从党和人民的利益出发，正确处理国家、集体、个人三者利益的关系，维护大局，维护党的团结统一，维护安定团结的政治局面。要进行自力更生、艰苦奋斗、勤俭建国的

---

* 这是乔石同志在中共第十三届中央纪律检查委员会第五次全体会议上讲话的一部分。

教育，使党员干部能与群众同甘共苦，过紧日子，自觉抵制和反对奢侈浪费的不良风气。要进行模范遵守党和国家政策法令的教育，使全党做到令行禁止，步调一致，形成讲纪律、守纪律的环境和风气。

对党员要进行坚持四项
基本原则的教育[*]

（一九八九年十一月十二日）

认真做好内部清理和干部考察工作，是需要党的纪律检查机关协同党的组织部门认真完成的一项重要任务。要使这项工作不走过场，关键在于各级领导，特别是主要领导同志态度要坚决，决心要大。现在各项工作任务都很重，各级党组织要加强领导，抓紧清理和考察干部工作，能解决的问题决不要拖，不能有丝毫的松懈。各级纪委要在党委统一领导下，按照中央的部署和要求，会同组织部门，集中力量，把这项工作认真抓紧、抓好、抓到底。

对搞好内部清理工作，中央以及中央纪委、中组部已发了有关文件，作了具体规定，指出在这场斗争中，既要态度坚决，毫不手软，又要实事求是，防止扩大打击面。各级纪委要坚决贯彻这些规定，必须搞清的重点人和事要抓紧搞清，对违纪的党组织和党员要严肃处理。对犯有一般性错误，并提高了认识的同志，要在普遍教育、分清是非的基础上，及时解脱。只有这样，才能真正实现江泽民同志讲话中

＊ 这是乔石同志在中共第十三届中央纪律检查委员会第五次全体会议上讲话的一部分。

所说的，在清查清理中要严格执行政策，始终注意团结绝大多数。

各级党委、纪委要对党员进行坚持四项基本原则的教育。这是提高广大党员的政治素质的重要措施，也是一项长期的工作。因为我们反对国际敌对势力搞渗透、颠覆和和平演变的斗争是长期的，在国内反对资产阶级自由化的斗争也是长期的。因此，各级党委、纪委要掌握了解国内外的政治动向，经常地深入实际，调查研究，及时了解党员的思想状况，使教育有针对性，有说服力，并从理论与实践的结合上，澄清一些模糊认识，真正解决一些根本性的问题，增强各级党组织和全体共产党员坚持四项基本原则、抵制各种错误思潮的自觉性。这是加强党的建设和搞好纪检工作的重要思想基础。

狠抓综合治理，搞好社会治安[*]

（一九九〇年二月二十八日）

社会治安的好坏，直接影响治理整顿、深化改革和四化建设，直接影响千家万户的安危，是人民群众和社会各界十分关注的问题之一。社会治安不好，必然影响社会的稳定。

一、社会治安和犯罪问题是各种社会消极现象的综合反映，解决社会治安问题必须动员全社会的力量，广泛发动和组织群众，进行有效的综合治理。坚持党的群众路线，坚持专门工作与群众工作相结合的原则，是具有中国特色的政法工作的优良传统，必须长期坚持和大力发扬。社会治安综合治理，是新形势下政法工作坚持群众路线的好形式。当前，落实社会治安综合治理的关键，一是各级党委要认真加强领导，二是各单位要建立治安责任制，三是基层要有人抓。各级党委、政府都要把此项工作列入重要议事日程，各部门、各单位齐抓共管，把社会各方面力量动员组织起来，大力加强社会主义精神文明建设，运用教育、行政、经济、法律等各种手段，从各方面消除产生社会治安问题的因素。尤其要下功夫创造广泛发动群众、组织群众、依靠群众维护社会治安的新经验，动员广大群众起来同一切违法犯罪行为和社会

不良风气作斗争。同时要抓紧制定一些综合治理的地方性法规，使这项工作制度化、法律化。特别是要狠抓基层党政组织建设和群众性治保、调解组织建设，广泛建立军、警、民治安联防网络。只有基层有人扎扎实实地抓，社会治安综合治理才能真正落到实处。总之，今年内要使社会治安综合治理在"谁主管谁负责"的基础上向前发展一步，成为广大人民群众的共同行动。只有这样，维护社会治安才有可靠保证。

二、一手抓预防，一手抓打击。鉴于刑事犯罪案件大幅度上升，各级领导要更加重视广泛发动群众，做好预防犯罪工作，争取今年内在这方面有较大进展。同时要依法从重从快重点打击那些严重危害社会和群众安全的犯罪活动。在公安部统一组织下，采取几个省市联合、地方与铁路等部门联合等形式，一年开展几次集中打击杀人抢劫、车匪路霸、重大盗窃、盗匪流氓团伙的统一行动，持续开展各种整顿治安秩序的专项斗争，造成防范和打击犯罪的强大攻势，使广大群众的安全得到有效的保障。去年各地公安机关重视纠正立案统计不实，这是件好事，应该坚持下去。同时，必须千方百计地提高破案率，特别是要在提高重大恶性案件破案率方面多下功夫，进一步加强这方面的专门工作，多培养一些破案能手，多推广一些提高破案率的成功经验，争取今年在这方面有新的突破。对于黑社会组织和带黑社会性质的犯罪团伙，发现一个就要铲除一个，决不能让其立足和发展。坚持不懈地把"扫黄"、除"六害"[1]斗争进行下去，下决心遏制社会丑恶现象，转变社会风气。

三、严厉打击贪污、贿赂、投机倒把、走私等严重经济犯罪活动，以平民怨，为治理整顿、深化改革扫除障碍。打击经济犯罪，是惩治腐败、保障改革开放和经济建设的重要一手，必须毫不松懈地长期抓下去。当前，要紧密配合全党抓廉政建设的有利时机，进一步大张旗鼓地开展举报工作，宣传贯彻惩办与宽大相结合的政策，在抓大案要案的查处工作上狠下功夫。各级法院、检察院的领导同志都要亲自抓大案，加强督导检查，排除一切阻力。只要确有犯罪事实，不管是什么人，都要一查到底，坚决依法处理，决不手软。要通过侦查、起诉、审判工作，注意发现经济交往和管理制度上的漏洞，及时向有关方面提出司法建议，加强制度建设，积极预防和减少各种经济犯罪。

四、进一步做好劳改、劳教[2]工作。全体劳改、劳教部门干警要继续发扬艰苦奋斗的精神，努力克服一切困难，认真贯彻"教育、挽救、改造"的方针，大力加强和改进监管改造工作，进一步提高改造质量，大大减少"两劳"人员的重新犯罪率。公安机关、武警部队要积极协助劳改、劳教单位，做好看押、警戒和追捕逃犯工作，确保场所安全。请各级党委、政府根据国务院的指示精神，缓解劳改、劳教单位的经济困难。

注　　释

〔1〕除"六害"，指当时开展的集中打击败坏社会风气、危害社会安定的六种犯罪活动的斗争。六种犯罪活动是：卖淫嫖娼，制作、贩卖、传播淫秽物品，拐卖妇女、儿童，私种、吸食、贩运毒品，聚众赌博，利用封建迷信骗财害人。

〔2〕劳教，指劳动教养。二〇一三年十一月，中共十八届三中全会通过的《中共中央关于全面深化改革若干重大问题的决定》提出废止劳教制度，完善对违法犯罪行为的惩治和矫正法律，健全社区矫正制度。同年十二月二十八日，十二届全国人大常委会第六次会议审议通过《关于废止有关劳动教养法律规定的决定》。

保障社会主义民主，
维护社会主义法制 *

（一九九〇年二月二十八日）

　　加强社会主义民主和法制建设，是完善社会主义制度的一个重要方面，也是维护社会稳定的重要保证。实现最广泛的社会主义民主，有个探索、渐进的过程。我们要积极为发展社会主义民主创造条件，并使之逐步制度化、法律化。社会主义法制是社会主义民主的保障，我国的宪法和法律保障每个公民享有充分的民主权利。同时，每个公民也必须在宪法和法律的范围内正确行使自己的权利，自觉地抵制违反我国宪法和法律的思潮的侵袭，有责任、有义务维护国家长治久安。

　　政法部门是人民民主专政的重要机关，它的首要职能是保障人民民主权利，保护广大人民的合法利益。做政法工作的同志，必须有强烈的民主意识和依靠群众、服务群众的观念，在各项工作中密切依靠群众，自觉地坚持群众路线，做人民的勤务员。

　　政法部门是执法机关，只有严格执法，才能保障人民的合法权益不受侵犯。即将实施的行政诉讼法，就是保障公民对政府机关和国家工作人员有监督和申诉权利的一部法律。

---

　　* 　这是乔石同志在全国政法工作会议上讲话的一部分。

一般地说，过去历来是"官告民"，实施行政诉讼法，允许"民告官"，应当说这是我国民主与法制建设的一大进步。有些法律执行起来，是要增加一些"麻烦"的，但是这种"麻烦"是非常必要的，有利于更好地保障人民的民主权利。全体政法干警都必须自觉地接受法律的约束，模范地维护人民民主制度，这也是我们应当增强的一种民主意识和法律意识。

近几年政法部门的执法情况总的是好的，是依法办事的。但是，有法不依、执法不严甚至执法犯法的问题也不少，必须坚决加以纠正。收容审查必须严格按照已有的规定执行，不能随意扩大收审范围，也不能任意超期关押。现在不少行政执法机关和政法部门乱罚款和以罚代刑的问题相当严重，群众反映强烈。产生这个问题的原因是多方面的。各级党政领导、政法部门和行政执法机关要加强检查监督，提高队伍素质，增强法制观念，健全法律法规，保证严格执法。同时要从财政制度上解决办案经费和罚没收入彻底脱钩的问题，实行收支两条线。政法部门的所有罚没收入全部上交财政，财政部门根据公安、检察、法院的实际需要，分别编制办案经费预算，给予保证。

我国的法律还不够健全，需要继续加快立法进程。在全国人民中深入开展法制宣传教育，是加强法制建设的一件大事。今年要善始善终地完成第一个五年的普法任务。司法部和中央宣传部今年还将对下一个五年的普法工作作出部署。各级党委、政府和有关部门，都要重视这项工作，加强组织领导，注重实际效果，把法制宣传教育深入持久地开展下去，提高全民族的法律意识和法制观念。

要进一步加强政法工作的理论研究，运用马克思主义基本理论，密切联系中国现阶段的国情，系统地阐明一些现实斗争中亟须回答的问题。

下面我想讲一点现阶段的阶级斗争和人民民主专政问题，这也是同民主与法制建设密不可分的问题。一九八九年以来国际风云变幻和国内的现实充分证明，阶级斗争并没有熄灭，还将在一定范围内长期存在，在某种条件下还相当激烈。广大人民同敌对分子、敌对势力之间的斗争，渗透与反渗透、颠覆与反颠覆、和平演变与反和平演变的斗争，思想文化领域的腐蚀与反腐蚀的斗争，已经成为我国现阶段阶级斗争的主要表现。斗争的焦点是要不要中国共产党的领导，要不要坚持社会主义道路，归根到底是政权问题。一九八九年春夏之交的政治动乱和北京的反革命暴乱，就是一场严重的阶级斗争。

邓小平同志说，四个坚持任何时候我都没有让过步，人民民主专政不能丢。这一指导思想是总结历史经验得出的正确结论，具有深远的战略意义。全党同志特别是做政法工作的同志必须保持清醒的头脑，必须坚持阶级斗争观念和专政意识，增强反渗透、反颠覆、反和平演变的意识。人民民主专政，不仅不能削弱，而且必须继续加强。对于各种敌对分子、反革命分子和严重刑事犯罪分子必须实行专政，决不能心慈手软。坚持阶级斗争观念和专政意识，目的是要我们进一步提高坚持四项基本原则的自觉性，更好地加强政法工作，而决不是去重复"以阶级斗争为纲"的历史教训。加强对敌对势力的专政，必须也只能在宪法和法律的范围内进行，而决不能超出法律范围，任意动用专政手段去处理不属于专政范围的社会问题，混淆两类不同性质的矛盾。

加强武警部队建设，
努力完成繁重而光荣的任务[*]

（一九九〇年三月七日）

中央已经公布了武警部队新的领导班子，今天来见见大家，认识一下，欢迎你们到武警总部的领导岗位上工作。听说你们工作已经交接完了，利用今天这个机会，给大家提几点希望。

一、努力完成党中央、国务院、中央军委
交给武警部队的任务

武警部队是党和国家武装力量的重要组成部分。我们讲人民民主专政的柱石，就包括武警部队。中央对今年的工作，强调要保持稳定，稳定是大局，稳定压倒一切。无论是保持社会稳定，还是维护安定团结的政治局面，我们武警部队都担负着繁重而光荣的任务。尤其是在当前的国际国内新形势下，面对敌对势力的颠覆和破坏活动，武警部队要完成好保卫国内安全的任务，担子更重了。在去年制止动乱、平息北京发生的反革命暴乱中，武警部队的表现是好的，是经受住了考验的。今后不仅要保持，而且要在原来的基础上搞

---

[*] 这是乔石同志在会见武警部队新领导班子成员时的讲话。

得更好。希望新的领导班子不辜负党中央、国务院、中央军委的深切期望，坚持党对部队的绝对领导，紧密团结在以江泽民同志为核心的党中央周围，把整个武警部队带好，圆满完成党中央、国务院、中央军委交给的任务。

二、结合武警部队的特点，按照解放军的建军思想和建军原则，加强部队建设

你们都是从中国人民解放军的队伍里调出来到武警部队工作的，解放军有很光荣的历史，很光荣的革命传统，希望你们在武警部队工作的岗位上进一步发扬光大。加强武警部队建设，根本的是贯彻落实毛主席的人民军队的思想、解放军的一整套建军原则和光荣传统。同时，从武警部队所担负的任务看，既有固定目标执勤任务，也有大量的临时勤务，政策性很强，而且要随时应对各类突发事件。武警部队同地方和人民群众接触比较多，需要搞好各方面的关系和团结。武警部队内部分工也不同，主要是内卫部队，还有黄金、交通、水电、森警部队，以及边防、消防、警卫，有些方面与解放军不大一样，需要一个熟悉的过程，我相信你们会很快熟悉的。只有了解、掌握武警部队的特点，结合实际开展工作，才能把武警部队带好管好。

三、切实加强领导班子建设

武警部队新的领导班子要加强团结，真正拧成一股绳，这样才有力量指挥、领导全国的武警部队，把整个武警部队

的任务完成得更好。一定要搞好团结，严格要求自己，凡是要求下边做到的，自己必须首先做到，以身作则。我相信，全国的武警部队虽然分散一些，但经过深入连队，调查研究，具体指导，即使有些难办的问题，也是可以解决好的，任务也是一定能够完成好的。

四、要从严建设武警部队

我个人虽然没有带过兵，但主张对部队要严格一点。对党员要严格，对部队也要严格。只有从严建设武警部队，才能真正把部队建好带好，真正使这支部队有很好的军政素质，有很强的战斗力。武警部队是一支正规的武装力量，必须从严要求。对部队，要加强思想政治工作，要严格管理。各级领导要深入基层，搞好正面引导教育。对严重的违法乱纪问题，要严肃处理。

五、要抓好武警总部机关的建设

武警总部是武警部队的领导机关，对总部机关的建设不能马虎。你们领导班子要在全面深入了解情况的基础上，使总部机关逐步做到精干。同时，总部机关要面向全国各总队，面向整个基层。武警总部机关要精干，工作、指挥要得力，关键在于提高素质，经常深入基层，到下边去。下基层，不要做表面文章，而要扎扎实实地调查研究基层的情况，帮助基层解决一些实际问题。基层的干部战士，他们的工作情况怎么样，有些什么思想反映，工作方面有哪些困难、问题，都应了解清楚，有针对性地帮助他们解决。人民军队历来是支部建在连上，有很好的传统，希望下去能够进一步抓好这方面的工作。下去不要搞大场面，不要走形式。如果表面上都下去了，但不解决问题，反而增加基层的负担。希望下去要真心实意地了解基层情况，扎扎实实地帮助基层解决实际问题。要树立武警部队的良好形象，关键还是我们要关心人民群众，跟人民群众取得密切联系，时刻不忘我们是人民的勤务员。雷锋同志的思想最根本的就是全心全意为人民服务。好的形象，是在真心实意地为人民办事过程中树立起来的。我相信，坚持不懈地深入基层，为群众办事，武警部队是可以在人民群众中树立自己的良好形象的。

　　总而言之，对你们表示欢迎，希望以后能够不断地听到你们的好消息。

革命胜利以后进行社会主义建设
更复杂、更困难、需要时间更长*

（一九九〇年三月十日）

　　无论是东欧形势，还是苏联形势，发展变化得那么大，那么激烈，都会不可避免地引起所有共产党人和社会主义国家同志们的关注。东欧各国情况不一样，像波兰、匈牙利变化是比较早的。有的国家一直坚持不搞改革，最后就发生了突然变化，无法控制。

　　这种变化，好像也受到相当的外在压力。当然，任何外在的压力都通过内因起作用，正如毛泽东主席过去讲过的：外因通过内因起作用。

　　你们都知道，世界上一成不变的事情是没有的，因为历史本身在向前发展，我们面临的情况当然是不断变化的。有些事情经过实践证明，现在看起来还是比较正确的。比如对领袖人物作用的评价，不管怎么说，总是要采取历史唯物主义的态度对待；对于党的革命斗争历史和历史上的其他一些问题也必须采取历史唯物主义的态度来对待，也就是放在当时的历史条件下，进行马克思主义的分析和总结。凡是经过

------

* 这是乔石同志会见印度共产党（马克思主义）总书记南布迪里巴德一行时谈话的一部分。

实践证明，现在看起来是不正确或不完全正确的，我们就要改变我们的看法；凡是经过实践证明是正确的东西，它必然有强大的生命力，我们当然应该坚持。就我们中国来说，比如一九八一年我们党的十一届六中全会通过了《关于建国以来党的若干历史问题的决议》，对毛泽东同志作出了正确的评价。这个文件是好的，但它作为历史文件，今后还要经受实践的检验。对于历史上我们作出的结论，确定的方针、政策，恐怕也都是这样的情况。

我们在过去十年的改革中遵循一个原则，我们叫作"实践是检验真理的唯一标准"。我们所说的实践当然是社会实践，革命斗争实践，或者是科学社会主义建设实践。看起来，社会主义建设时期比马克思、恩格斯、列宁所设想的时间要长一点。革命导师在当时情况下，把革命前景设想得稍微短一点，这是常有的事，正常的事情。但是，革命实践证明，各国共产党要取得本国革命的胜利，不是很容易的。社会主义国家要取得社会主义建设的胜利，以至于过渡到共产主义，都不是很容易的事情。我们在一九二一年建党后，一共花了二十八年的时间，取得了新民主主义革命在全国的胜利。现在看这二十八年是比较长的，但我们后来的建设时间要比夺取政权的时间长得多。过去认为中国这二十八年的斗争是非常困难、非常曲折和非常复杂的，这当然是对的。但是，现在看起来，革命胜利以后进行社会主义建设更复杂、更困难、需要时间更长。这是我们老一辈以及我们现在的很多同志在新中国成立初期所没有想到的。我们认为，这些变化说明建设社会主义比原来设想的更复杂、更艰巨，时间比原来设想的要长。人们的认识往往赶不上实践，这是经常出现的历史现象。但是，只要符合人民的愿望、要求，符合社会发展的客观规律，社会主义最终是会取得胜利的。我们这些为共产主义事业、社会主义事业奋斗的人，终究不是为了去剥削别人，压迫别人。即使我们前进的道路上有再多的困难，我们也还是为了人民的解放，为了社会主义事业的胜利。当然，不管经过多么曲折复杂的过程，社会主义代替资本主义是不以人们的意志为转移的，但道路肯定是曲折的。资本主义在世界范围内确立巩固地位，前后花了几百年的时间，它毕竟是一种剥削制度代替另一种剥削制度。社会主义和共产主义用没有任何剥削的新制度代替资本主义，当然不会比资本主义更简单、更容易。这条道路具体应该怎样走，我们的导师都没有给我们写下来，只有依靠我们自己，依靠我们导师确定的原则和总的方向，结合本国的实际情况进行奋斗。

我相信资本主义国家还会发展，它们会采取措施缓和矛盾，但根本矛盾解决不了。整个资本主义世界充满矛盾，资本主义国家可以采取措施延缓矛盾，但不能根本解决矛盾。十八世纪时，资本主义国家有百万富翁，现在有亿万富翁，这个问题如何解决？资本家获得的社会财富，现在给白领阶层、工人多一些，但自己拿的更多。他们资金多，到处寻找占领市场。私人垄断占有制一点没变。第三世界照样贫困，当然同一百年前比，第三世界国家也有发展，但工人阶级仍然贫困。总之，道路是曲折的、复杂的，但我相信，社会主义终究要代替资本主义。

密切联系群众，加强党风建设[*]

（一九九〇年三月十二日）

　　用马克思列宁主义、毛泽东思想武装起来的中国共产党，经过长期的革命实践，逐渐形成了独具特色的理论联系实际、密切联系群众、批评与自我批评以及自力更生、艰苦奋斗等优良传统和作风。正因为有了这些优良的传统和作风，我们党才能够制定正确的路线、方针、政策，形成强大的凝聚力和战斗力，赢得人民群众的拥护和信赖，克服种种困难，不断夺取中国革命和建设事业的巨大胜利。

　　群众路线是我们党的根本工作路线。我们要相信群众，依靠群众，一切工作都必须坚持"从群众中来，到群众中去"。如果离开人民群众，党的一切斗争和理想，不但都要落空，而且都会变得毫无意义。

　　密切联系群众，是党风建设中一个极重要的问题。在新的历史时期，党面临着执政和改革开放的严峻考验。党的十一届三中全会以来，党中央和邓小平等老一辈无产阶级革命家，多次强调党风建设的极端重要性，把党风建设提到关系党的生死存亡的高度。这些年来，我们党认真总结中国社会

＊　这是乔石同志在中共第十三届中央纪律检查委员会第六次全体会议上的讲话。

主义革命和建设的经验教训，制定了符合我国实际的路线、方针、政策，并采取了一系列深受广大群众拥护的重大措施，党的优良传统和作风进一步得到发扬光大。从总体上来说，我们的党是一个好的党。同时也必须看到，现在我们党内有些同志群众观念淡薄了，滋长了脱离群众、脱离实际的官僚主义作风。在少数党员干部中还出现了一些消极腐败现象。有的以权谋私，不择手段地为自己和亲属谋取好处，在住房、人事安排、子女就业等方面搞不正之风，甚至贪占国家和集体的财物，敲诈勒索，行贿受贿；有的在党内搞人情风、关系网，不讲原则，不顾大局；有的当官做老爷，不关心群众疾苦，对群众的呼声和建议充耳不闻，对工作极端不负责任，甚至弄虚作假，欺上瞒下，玩忽职守，给党和国家造成重大损失；有的违反规定搞特殊化，大吃大喝，讲排场，摆阔气，追求豪华奢侈，甚至用公款装修高标准的私人住宅，肆意挥霍国家资财。这些问题尽管发生在少数人身上，却严重损害党的形象，影响党同人民群众的血肉联系，引起了党内外群众的忧虑和不满，其破坏作用决不能低估。如果不下决心彻底解决这些问题，搞好党风建设，就会影响党的路线、方针、政策的贯彻执行，甚至有导致丧失党的核心领导地位，毁掉我们为之奋斗几十年的事业的危险。

搞好党风建设是全党的任务，也是各级党委的一项重要职责。要建立健全党风责任制，各级党委要定期分析本地区、本部门的党风状况，经常研究党风建设工作。党的各级领导干部，要深入群众、深入实际，通过多种渠道听取群众的意见，了解党风建设中存在的问题，及时采取措施加以解决。党风建设要扎实持久地办实事，决不要搞形式主义。对群众反映强烈的问题和重大案件，党委领导要亲自抓。

搞好党风建设的关键，在于党的各级领导干部必须以身作则，严于律己，真正起到表率作用。广大党员和群众对于党风建设，最关心和注意的是领导同志的实际行动。每一个共产党员也都要按照党章和其他党规党纪的要求，从自己做起。

密切联系群众，搞好党风建设，必须切实搞好党政基层组织的建设。我们的基层组织直接活动在广大人民群众中间，他们同群众的联系最多。党和政府的一切工作，都要依靠他们、通过他们同群众一起去实现。群众每天直接接触和看到最多的是基层党员的表现。如果基层组织能紧密联系群众，全心全意为人民服务，把广大群众团结在自己周围，就可为整个党风建设打下一个坚实的基础。

搞好党风建设的一项根本措施，是提高党员素质。在一段时期内，由于我们对思想教育工作有所放松与忽视，有些党组织对党员降低了要求，有的党员放松了世界观的改造，有的受资本主义腐朽思想和封建主义思想残余的侵袭，违法乱纪。因此，无论是新党员，还是老党员；无论是党的领导干部，还是一般党员，都要加强党性锻炼，提高思想觉悟。要认真学习马列主义、毛泽东思想的基本理论，党的基本知识和党的十一届三中全会以来的路线、方针、政策，把学习和改造世界观结合起来，增强党性和组织纪律性。

要继续坚持从严治党的方针。首先对党的领导干部要严。领导干部要严格遵守党内各项规章制度和国家的法律法令。要严格坚持党员标准，每一个党员都必须按照党章规定的基本要求和党员义务去做。在党的纪律面前，所有党员都是平等的，决不允许有任何例外和特殊。

搞好党风建设要自觉接受党内外的监督。在执政条件下，党只有真心诚意地接受来自各个方面的监督，才能保证不滥用权力，不脱离群众。目前，党内的监督意识还比较淡薄，监督制度还不健全。这就要求，一方面，党员特别是党员领导干部要增强监督意识。领导职务越高，越应当自觉接受党内外的监督，要认真、广泛地听取各种意见。另一方面，各级党组织，特别是党的纪律检查机关，要切实担负起监督党员履行义务、遵守纪律的职责。接受党内外监督的一项重要内容，是发扬党的批评与自我批评的优良作风。有错误，就要真心实意地接受批评与进行自我批评。现在党内存在的那种"批评不得"的不良现象，必须坚决纠正。当然，批评要注意政治影响，要有根据，要与人为善。

党的纪律检查委员会在党风建设中担负着重要的责任。纪检机关要带头继承和发扬党的优良传统和作风，努力做好各项工作。各级纪检机关、全体纪检干部要认真学习和贯彻党的十三届六中全会精神，深刻认识搞好党风党纪建设对密切党群、干群关系的极端重要性，切实改进工作作风，从根本上提高纪检工作水平。各级纪委要继续抓紧大案要案的查处工作，深入开展反腐败斗争。要从本地区、本部门的实际出发，依靠群众，重点解决群众反映强烈的不正之风和腐败现象。通过惩治腐败，严格执纪，推动党风建设和廉政建设。

党风建设是一项长期而艰巨的任务。为了推动改革开放和社会主义现代化建设事业的不断发展，我们必须高度重视和加强党风建设。全党同志都要增强紧迫感和责任感，牢固树立坚决、持久地搞好党风建设的思想，通过扎实有效的工作，进一步恢复和发扬党的优良传统和作风，使党永远保持工人阶级先锋队的本色，继续把建设有中国特色的社会主义的伟大事业推向前进。

摸索出一条使经济持续、稳定、协调发展的路子 *

（一九九〇年四月十六日——二十一日）

全国的经济形势在逐渐稳定。现在治理整顿是取得了比较明显效果的，对经济稳定起了很好的作用。我们搞经济工作，不论是过去搞计划经济，还是现在搞有计划的商品经济，都不是非常有经验的。而且我们国家基础比较差，像毛主席讲的是"一穷二白"。现在虽然经过四十年的建设，不能老是说"一穷二白"，但至少也还是一个比较落后的大国。改变这么一个大国的状况是很不容易的。

在我们干部中间，往往有一种思想，就是希望建设搞得快一些，总想发展得快些。因此，急于求成的思想在干部中间有相当普遍的基础。但是，积四十年的经验证明，急于求成是不行的，必须扎扎实实地在中国现有的基础上逐步发展，必须非常冷静地估计我们的国力和现实的可能性。这样来掌握我们国家的发展速度，掌握每一个省、自治区、直辖市的发展速度，才能解决在经济建设中一会儿热、热得不行，一会儿冷、冷得不行的局面，防止大起大落。急于求成的思想问题如果不解决，后果一定是大起大落，高速度发展

---

　*　这是乔石同志在江西省考察工作期间讲话的一部分。

几年，然后又得要治理整顿，或者叫调整。党的十一届三中全会以前，从"大跃进"开始的经验教训，大家都是知道的。党的十一届三中全会以后，也出现过几次类似的状况，经济发展稍微顺利一点，我们估计就比较乐观，或者说偏于乐观，然后就想发展快一点。这个问题不解决，经济就难于持续、稳定、协调地发展，经济稳定就始终不容易实现。我们搞计划经济、宏观调控，虽然搞了几十年，但是我们还是缺乏搞好宏观调控和微观搞活的经验。怎么做到既能微观搞活又有宏观调控？这样一种经济体制还处在一个创造过程中间，目前还缺乏经验。经济上的反反复复、大起大落，往往表现在宏观调控方面搞得不怎么太好。过去有一句老话，叫作"一统就死，一放就乱"。所以，在这方面怎么总结经验，使我们的经济能够稳定地发展，这是至关重要的问题，不仅是当前的问题，而且也是今后长期的问题。

要摸索出一条路子，能够使经济持续、稳定、协调地发展。今年第一季度，有的省市出现负增长的情况。不但大家担心，党中央、国务院也很关心，因为事关全国的稳定。现在看来，经济没有一个必要的增长速度，也会造成不稳定。这个必要的增长速度，从党的十一届三中全会以来全国的情况看，大体上是每年增长百分之五、百分之六、百分之七，有时候可能高一点，治理整顿期间低一点。速度太高了，事实证明是不行的，但速度太低了，也是不行的。如果按照党的十一届三中全会以来这样的路子发展下去，国家局势就可以比较稳定地向前发展。总而言之，在治理整顿期间也好，经济发展时期也好，大家都要冷静一点。

密切联系群众是共产党人
世界观的一个根本点[*]

（一九九〇年四月十六日——二十一日）

　　毛主席说过，密切联系群众是我们党的三大作风之一，而且还是我们共产党人世界观的一个根本点。因为，我们的世界观就是辩证唯物主义和历史唯物主义，历史唯物主义的一个根本观点，就是历史是人民群众创造的。从这个观点出发，我们任何时候也不能脱离群众。在革命战争年代，我们和群众的关系是比较好的。如果不依靠人民群众，包括各族人民群众，我们怎么能取得革命胜利？新中国成立后，如果说我们能够不断地取得一些成就，归根到底，还是依靠人民群众，依靠我们党的路线、方针、政策比较对头，符合人民群众的利益，有利于调动人民群众的积极性。如果说我们有什么失误，走了些弯路，造成了一些损失，归根到底，是我们有时候路线、方针、政策上有缺点，不完全符合人民群众的利益，不利于调动人民群众的积极性。为什么党的十一届三中全会以后搞家庭联产承包责任制取得那么大的成效？一九八〇年中央发的文件，只说贫困山区、"三靠队"^{〔1〕}可以搞家庭联产承包责任制的试验，这个口子开得很小，但很

---

　　* 这是乔石同志在江西省考察工作期间讲话的一部分。

快就发展起来了。包产到户责任制在三年困难时期，有些地区是实践过的，比如安徽就搞过，都给批掉了。这次只开个小口子，大概前后三年多一点时间，全国都实行了，不仅促进了农村经济的发展，农民生活本身也得到比较大的改善。我们的改革是从这里开始的，然后逐渐扩展到城市，扩展到其他各个领域。在改革过程中，作为领导来讲，有时候会有考虑不到的地方，有时候会有这样那样的失误，要完全避免也不容易做到。但是有一条，如果我们能密切联系群众，依靠群众，我们的事情即使有点办得不那么好的时候，群众会有反映，我们会听得到。如果没有密切联系群众这个根本条件，那就很难说了。比如说"文化大革命"，说是群众运动，实际上是运动群众，一连搞了十年，结果是"十年内乱"。所以，密切联系群众，搞好党风建设，要从根本上、思想上解决问题。十二亿五千万人民，绝大多数是支持我们的，团结在我们党的将近五千万党员的周围，国内经济上的暂时困难是能够克服的，国际上有点限制和压力是可以解决的。

注　　释

〔1〕"三靠队"，指一些"吃粮靠返销，生产靠贷款，生活靠救济"的生产队。

党风不好，党的事业就难以为继 *

（一九九〇年五月十七日——二十日）

对各级党组织来讲，最重要的一条就是我们所做的一切都必须符合广大人民群众的根本利益。特别是党的领导机关、领导干部，当领导、作决策一定要符合人民的利益，符合实际。什么是实际？面向广大人民群众就是中国最大的实际。我们搞经济建设，发展生产，在各种因素中最重要的是人的因素。密切联系群众，调动广大人民群众的革命热情和积极性，这是我党取得民主革命胜利的根本条件之一。新中国成立四十多年成就的取得，如果没有广大人民群众的积极参与是不可能的，当然也不会有改革开放十年来的成就。所以要深入实际，深入基层，深入群众，真正代表和维护广大人民群众的利益，这样才能制定出正确的政策，才能激发出广大人民群众建设社会主义的热情。

加强党同人民群众的密切联系，不是应付眼前困难的消极的权宜之计，而是政治上巩固党的领导、巩固社会主义制度的需要，是党的根本宗旨所要求的，也是为了把广大人民

＊ 这是乔石同志在内蒙古自治区考察工作期间讲话的一部分。

群众紧密地团结在我们党的周围，紧紧依靠最广大的人民群众，坚持不懈地贯彻执行党的路线、方针和政策，把我们的经济建设事业和其他事业搞得更好。

当前，联系群众最重要的是到基层去，到群众中去，做好事办实事，不要搞一阵风，不要搞形式主义。要直接到群众中搞调查研究，为群众出主意想办法，踏踏实实、真心真意地为群众解决实际问题。现在有一种现象，有的干部只对上级负责。尊重上级，这当然是对的，但是不能只唯上，更重要的是要对人民群众负责。上面作出了决策，首先要了解群众怎么说、怎么看，在实践决策过程中群众有什么问题，对决策有什么改进、有什么补充等等，这些都是我们的干部应该时刻注意的。

对于群众反感、损害群众利益的事，坚持不做；对于严重脱离群众和群众反映大的问题，该处理的一定要严肃处理。因为你是共产党而不是国民党。比如纪检部门、政法部门的说情风，近几年十分严重，作为领导部门、领导干部，就应带头抵制说情风，积极支持他们秉公执纪，秉公执法，秉公办案。否则，群众就有权对你不满意。再比如你用公款吃喝，挥霍国家财物，群众就有权批评你。人民群众这种权利是党的性质和根本宗旨所决定了的。有些人对用公款吃喝不以为然，我们说这不是一个吃多吃少的问题，而是脱离群众，政治影响太坏。所以，联系群众就要从这些具体的实事抓起，真正把党风建设好，把党的三大作风和自力更生、艰苦奋斗精神发扬光大，一代一代传下去。

现在人们的生活水平普遍提高了，生活条件比过去好多了，但是艰苦奋斗的精神不能丢，要长期坚持下去。这个问题关系到社会主义事业的前途。作为执政党，如果我们的作风不过硬，党风不好，党的事业就难以为继。

搞好民族团结，
解决好宗教问题 *

（一九九〇年五月十七日——二十日）

全国的民族团结从总体上看是好的。内蒙古的民族团结搞得也是好的。今后要继续按照党的民族政策，解决好民族工作中的实际问题，进一步加强各民族的团结。从当前的情况看，一些民族地区仍然有不安定因素，有的地方还比较严重。因此，消除社会不安定因素在边疆民族地区显得十分重要。

与搞好民族团结、做好民族工作紧密相关的一项重要工作是要妥善处理好宗教问题。总的原则应该按照宪法，坚持信教自由和不信教自由，承认合法的公开的宗教组织，反对和打击非法的地下宗教势力和活动。特别要注意防止国外宗教势力对我国的渗透和直接插手我国宗教问题。民族问题和宗教问题关系比较密切，在民族地区，解决好宗教问题对做好民族工作会产生积极作用。

总的说，还是要按照党的宗教政策办事，允许群众有信教的自由，也允许群众有不信教的自由。关键是加强教育，教育他们爱祖国，引导他们建设社会主义。在宗教问题上，

---

* 这是乔石同志在内蒙古自治区考察工作期间讲话的一部分。

要注意掌握分寸，既不要太"左"了，又不能助长宗教狂热。但对于假借宗教搞反动宣传要坚决打击。对有些有历史意义和文物价值的寺庙，该保护的要保护，该维修的要维修，让它发挥正常的作用。

理论联系实际是进一步
办好党校的关键*

（一九九〇年六月十五日）

坚持马克思主义普遍真理同中国具体实际相结合，理论联系实际，实事求是，这是毛泽东同志一贯提倡的，是我们中国共产党的一个很重要的特点，也是我们党从长期革命斗争实践中总结出来的一条基本历史经验。没有这一条，就不可能有以农村包围城市、武装夺取政权为特色的中国革命道路，就不可能战胜帝国主义和国民党反动派，建立新中国。在社会主义现代化建设新的历史条件下，以邓小平同志为主要代表的中国共产党人，总结历史经验，开辟了一条建设具有中国特色的社会主义的道路，这是马克思主义与中国社会主义建设实际相结合的又一次成功飞跃。我们学习马克思主义，必须坚持理论联系实际的正确方针，并把它贯彻到各个方面。就党校的历史和现状来说，解决好理论联系实际问题，也是进一步办好党校的关键。

第一，要针对新的实际，学习马克思主义基本理论。对我们大多数人来说，主要是学基本原理。全面系统地学习、

---

* 这是乔石同志在全国党校校长会议上讲话的一部分。当时乔石同志兼任中共中央党校校长。

精通马克思主义，应当是我们所希望和追求的目标，但真正做到却非常不容易。《马克思恩格斯全集》有五十卷，《列宁全集》新版本也是五六十卷，还有《毛泽东选集》，加在一起几千万字，这么多内容，对大多数人来说，不可能完全通读。因此，为了掌握马克思主义理论，我们提倡学习一些精选的马列著作和毛主席著作，学习邓小平同志的著作。精选原著应该注意两个问题：一是要避免以偏概全、断章取义。要把那些最能反映和体现马列主义、毛泽东思想基本理论的著作汇集起来，搞成重要文献汇编，不要搞成语录式的，实践证明搞语录的办法是不成功的。要通过学习精选的原著掌握马克思主义的基本原理。二是还要注意选指导当前我国社会主义建设的著作。如邓小平同志的著作和其他老一辈革命家的著作，这些著作与建设有中国特色的社会主义的实践的联系更紧密，更具有直接的指导作用。我们强调学原著，是因为马列主义的基本原理准确地反映在原著的阐述里。恩格斯曾经针对那些把马克思主义理论绝对化、自称为马克思主义者的人说："关于这种马克思主义，马克思曾经说过：'我只知道我自己不是马克思主义者。'"[1] 这是非常发人深省的。所以，我们强调学原著，不是为了背诵词句，以引经据典来装点门面，而是从中学会运用马克思主义的立场、观点、方法，分析、解决中国社会主义建设遇到的各种各样的问题。当然，强调学原著并不排斥必要的辅导和帮助。

　　第二，理论联系实际，必须加强调查研究，面向实际，不断分析研究社会主义建设和改革开放中的新情况、新问题，认真总结广大干部群众在实践中的新经验。生气勃勃的社会主义事业是亿万人民群众创造的，认真总结人民群众的丰富实践经验，并把它上升为理论，探索现代化建设的规律，推动各方面的工作，这样才能使我们的理论永远像有源头的活水，富有生机和活力。现在国际国内许多问题需要我们回答，经典著作并没有提供现成的答案，照抄照搬外国人的主张也行不通，只有以马克思主义为指南，面向群众，面向实际，研究新问题，总结新经验，才能找到问题的正确答案。比如说价格体制的改革，不改是不行的，问题是时机和做法。我赞成稳妥一些，先做认真细致的调查研究，把问题搞清楚，方案研究得比较成熟了，再有步骤地实行。比如说有计划的商品经济，既要有计划，又要搞商品经济；既要搞计划指导，又要有市场调节。从大的原则来说，大家都是没有异议的。但怎样做得更好，问题确实很复杂，应该估计到有时可能会出现失误。因为即使我们的决策做到了民主化、科学化，由于国家大，情况千变万化，千差万别，一点失误没有也不可能。拿党的建设来说，完全按过去战争年代的做法也不行，因为我们现在是在执政和改革开放的条件下加强党的建设，我们党和每一个党员都需要在新的更为复杂的国际国内条件下，经受各种考验，加强党性锻炼，使党能适应新的环境新的条件，更加坚强，更有战斗力。这就不仅需要我们继承发扬历史上的一切优良传统作风，同时也要注意认真解决在新形势下面临的新问题。在新的历史条件下，特别要重视加强党群关系，一定要注意克服与群众疏远、脱离群众甚至严重损害群众利益、挫伤群众积极性的任何做法和行为。搞好党群关系，应该从每一个党员和党的干部做起，扎扎实实，真心实意地为群众办实事。要千方百计地注意加强基层工作。

第三，坚持理论联系实际，还要同增强党性相结合，这是我们党的优良传统。这次会议强调把党校办成对党员进行党性锻炼的熔炉，把党性锻炼贯穿于党校的学习中，坚定共产主义信念，牢记全心全意为人民服务的宗旨，这是我们党在延安时期就开创的好传统。我们共产党人必须言行一致，说到做到。领导干部讲廉洁，讲艰苦奋斗，首先自己要做到，要身体力行，带头作出好样子。这也是理论联系实际。从根本上说，坚持党性就是坚持马克思主义和中国实际相结合。毛泽东同志说过："没有马克思列宁主义的理论和实践统一的态度，就叫做没有党性，或叫做党性不完全。"[2] 我们应从这个高度来增强干部的党性锻炼。我们的任何一级党组织，必须在所有工作中，都能把党中央的指示精神同本地区的实际密切结合，加以贯彻执行。这样才能真正做到理论与实践相统一。

第四，理论联系实际，还要解决好坚持和发展的关系问题。对马克思主义基本原理，首先必须坚持，同时，又必须在实践中努力发展。不坚持就谈不上发展，而如果只强调坚持不讲发展，实际上也就做不到真正的坚持。坚持和发展归根到底统一于实践。

现在有人说马克思主义过时了，这是完全错误的。对这种论调，我们要理直气壮地、有说服力地加以批判。尽管从一八四八年《共产党宣言》发表以来，世界发生了巨大的变化，但是马克思主义的基本原理没有过时，马克思主义奠基人所阐明的社会发展的基本规律、资本主义社会的基本矛盾，至今都还是正确的，没有过时。马克思主义作为一种科学的世界观和方法论，是永远不会过时的。中国革命的实践证明，马克思主义是适合中国国情的。毛泽东同志说："马克思列宁主义的普遍真理一经和中国革命的具体实践相结合，就使中国革命的面目为之一新。"[3]什么时候把马克思主义同中国的实际很好地结合了，我们的事业就发展，就前进；反之，我们就受挫折，就产生失误甚至失败。没有马克思主义作指导，就没有中国革命的成功。新中国成立以来，我们的社会主义建设事业在马克思主义的指导下取得了巨大的成就，我们的国家在四十年内发生了翻天覆地的变化。特别是近十年来，邓小平同志进一步明确指出实事求是、理论联系实际是党的思想路线的重要内容，充分发挥了马克思主义对建设有中国特色的社会主义的指导作用，取得了更加显著的成就。事实表明马克思主义不仅没有过时，而且越来越显示出它的伟大的生命力。

　　坚持马克思主义，必须发展马克思主义。马克思主义并没有穷尽真理，还必须在历史和科学的前进中不断丰富和发展。恩格斯曾指出，我们的理论是发展的理论，马克思主义的整个世界观不是教义，而是进一步研究的出发点和供这种研究使用的方法。列宁也在《我们的纲领》一文中说过："我们决不把马克思的理论看做某种一成不变的和神圣不可侵犯的东西；恰恰相反，我们深信：它只是给一种科学奠定了基础，社会党人如果不愿落后于实际生活，就应当在各方面把这门科学推向前进。"[4]我们强调结合新的实际坚持马克思主义的基本原理，并不是说要固守马列的每句话、每一个具体结论。我们不应拘泥于某些具体结论，要敢于在实践中探索，以求得新的发展，获得新的结论。根据实践经验正确地总结和概括出来的新结论不会背离马克思主义基本原理，而是为基本原理加进了新的内容。历史经验证明，从本国实际出发，以实践作为检验真理的唯一标准，勇于突破那些已被实践证明是不正确的或不适合变化了的情况的判断和结论，不仅可以解决不断出现的新情况、新问题，同时也可以使马克思主义在实践中进一步向前发展。毛泽东同志把马列主义基本原理同中国革命的实践紧密相结合，不仅领导我们党取得了中国革命的胜利，同时也丰富和发展了马列主义。党的十一届三中全会以来，邓小平同志强调解放思想，冲破"两个凡是"[5]的束缚，带领我们不断探索建设具有中国特色的社会主义的规律，对马列主义、毛泽东思想的发展，作出了新的贡献。因此，离开实践的观点、发展的观点、创造的观点，就谈不上坚持马克思主义。僵化的、固定不变的观念本身就是不符合马克思主义的，或非马克思主义的。正如马克思、恩格斯在《〈共产党宣言〉一八七二年德文版序言》里所说的那样，马克思主义基本原理的实际运用"随时随地都要以当时的历史条件为转移"[6]。

马克思主义的发展，不能只靠关在屋子里写文章。深入钻研和探讨是必要的，但更重要的是依靠千百万群众的社会实践。如果我们不注意探讨新问题，寻找新结论，坚持马克思主义本身就要成问题，这是不依哪个人的主观意志为转移的。但是要真正对马克思主义有所发展，决不是轻而易举的，而是十分艰苦的事情。只有不畏艰险，深入调查研究，在社会实践和理论探讨中勇于探索，善于用马克思主义的立场、观点、方法，总结广大干部群众在社会主义建设和改革开放中的新鲜经验，才能够在人民的集体努力中，把马克思主义推向前进。

注　释

〔1〕见恩格斯《恩格斯致保尔·拉法格》(《马克思恩格斯文集》第 10 卷,人民出版社 2009 年版,第 590 页)。

〔2〕见毛泽东《改造我们的学习》(《毛泽东选集》第 3 卷,人民出版社 1991 年版,第 800 页)。

〔3〕见毛泽东《改造我们的学习》(《毛泽东选集》第 3 卷,人民出版社 1991 年版,第 796 页)。

〔4〕见列宁《我们的纲领》(《列宁全集》第 4 卷,人民出版社 2013 年版,第 161 页)。

〔5〕"两个凡是",指一九七七年二月七日《人民日报》、《红旗》杂志、《解放军报》社论《学好文件抓住纲》中提出的"凡是毛主席作出的决策,我们都坚决维护,凡是毛主席的指示,我们都始终不渝地遵循"。

〔6〕见马克思、恩格斯《〈共产党宣言〉1872 年德文版序言》(《马克思恩格斯选集》第 1 卷,人民出版社 2012 年版,第 376 页)。

只有稳定才能发展[*]

（一九九〇年六月二十三日）

中国如果不稳定，这不是个小问题。为什么说稳定是压倒一切的？这是因为，没有全国的稳定，没有安定团结的政治局面，一切都谈不上，什么事情都办不了。没有稳定，经济发展、经济体制改革、政治体制改革等都谈不上，对外开放也谈不上。我们吃过不少动乱的苦头，中国的近代史可以说是一部充满着内忧外患的动乱史。新中国成立以来，在党中央领导下，全国的面貌发生翻天覆地的变化，取得了伟大的成就，但"文化大革命"使我们国家陷入了内乱，国民经济到了崩溃的边缘。粉碎"四人帮"以后，特别是党的十一届三中全会以后，我们党重新确立了马克思主义的路线，这才恢复了全国的稳定。中国的稳定，不仅关系到中国社会经济文化的发展，而且关系到亚洲的稳定，甚至关系到世界的稳定。邓小平同志说，中国不稳，世界就不会稳。如果中国不稳定，对亚洲、对世界都是个很大的不稳定因素。我们切不可小看这个问题。现在东欧、苏联出现不稳定，这些国家如何发展，还说不清楚。但从目前情况看，东欧、苏联出现不稳定，有西方资本主义国家推行和平演变的因素，也有他

---

[*] 这是乔石同志在贵州省考察工作时讲话的一部分。

们内部的因素。我们国家去年春夏之交发生的政治风波，在邓小平同志等老一辈革命家的支持下，得到了处理。现在看来也是不得不这样处理。我们要防止乱，把不安定的因素消灭在萌芽状态，需要研究出一整套的措施和办法。无论从国内来讲，还是从中国在国际上的作用来讲，中国需要稳定，中国必须稳定。稳定对我们来讲是很关键的问题，只有稳定才能发展。这个问题要毫不含糊，要向所有干部讲清楚，向广大群众讲清楚。绝大多数群众是赞成稳定的，是拥护我们维护社会稳定的，维护社会稳定是得人心的。稳定需要长期保持，维护稳定的工作要长期抓下去。我们要实现社会主义现代化，至少还需要几十年，不保持长期的稳定，是实现不了社会主义现代化的。要在稳定中去发展经济，深化改革，加强社会主义民主和法制建设。在稳定的问题上，要反复教育全党，教育各级干部和各族群众，要反复向群众宣传稳定的重要性。

稳定的基础在于把经济搞上去

实现经济持续、稳定、协调发展，要进一步搞好治理整顿和深化改革，这是毫无疑问的。但在搞好治理整顿的同时，必须注意发展的问题。中国这样一个大国，没有一定的发展是不行的。如果总是有几百万人处于待业半待业状态，这是不行的。待业人员，大、中学校毕业生分配，以及新增的人口，都得消化，不仅要使他们有饭吃，而且要使他们很好地成长起来。如果没有一定的发展，这些问题就难以解决。据说贵州前段时间还有三万多人待业，最近可能减少了。那么多人没有活干，没有事情做，生活就是个问题，也会引发许多问题，这本身也是人力资源的浪费。经济要发展，改革要深化，改革就要促进有计划的商品经济的发展。

保持稳定必须坚持政策的稳定性和连续性

只有坚持政策的稳定性和连续性，经济才能持续、稳定、协调发展。党的十一届三中全会以来，我们国家取得了巨大的成绩，实践证明党的十一届三中全会以来的路线、方针、政策是得人心的，是正确的。"一个中心、两个基本点"的基本路线不能变。四项基本原则要坚持，改革开放要搞下去，经济发展还是中心，经济上不去，就什么问题都难以解决。主要的方针、政策也是不能变的，如农村的家庭联产承包责任制就不能变，如果变了农村就乱了，生产力就要受到破坏。我们说不要轻易变动，是指现在的政策适合现阶段生产力的发展。随着生产力的进一步发展，政策也需要不断完善和发展，但采取的步骤必须慎重。为什么这样说呢？我们历史上有过经验，有些不适应生产力发展的东西搞了几十年，还以为是正确的。一九六二年安徽等省就出现了包产到户，但后来批"三自一包"[1]批了很多年。一九八〇年中央才开了个小口子，结果家庭联产承包责任制仅在三年半的时间里就在全国推开了。现在看来，家庭联产承包责任制对调动八亿农民的积极性起了很大的作用。主要的政策不能变，这个思想要明确。政策需要不断完善和发展，这个也要明确。如种子、化肥、水利、植保等，一家一户办不了事，需要由集体来搞好综合服务；又如有的地方根据实际情况，搞规模经营的试验，也取得了成效。这些都需要不断完善和发展。

无论国际风云如何变幻，
我们要坚持把自己的事情办好

　　邓小平同志最近会见包玉刚[2]时说过，现在是中国历史上一个难得的机遇，不要丧失这个机遇。我们要利用现在这个机遇，把经济建设搞上去，如果不利用这个机遇，太可惜了。邓小平同志曾说过，只要不打第三次世界大战，我们就集中精力搞建设。后来又说，即使第三次世界大战打起来，只要不打到我们的本土上，也要坚持搞建设。这是对世界形势进行正确分析后作出的决策。我们要争取一个和平的国际环境，这有利于我们搞好建设。我们对苏联就是这样，即使苏联共产党变成社会民主党，我们也要在"独立自主、完全平等、互相尊重、互不干涉内部事务"的党际关系四项原则的基础上同它来往；即使苏联变成社会民主党执政的国家，我们也还要同它在和平共处五项原则的基础上发展国家关系。现在苏联不稳定，正在变化，从愿望来说，我们希望它稳定，希望它沿着社会主义方向前进。现在苏联内部有许多困难，也很乱，但我们不能管，也管不了，人家也不会听我们的。对美国干涉我们的内政，我们当然要坚决顶住，但它毕竟是西方发达国家的头，我们也还要同它来往。所以，无论国际风云如何变幻，我们要注意把自己的事情办好。

注　释

〔1〕"三自一包"，指自负盈亏、自留地、自由市场和包产到户。

〔2〕包玉刚（一九一八——一九九一），浙江宁波人。香港实业家。

沿海与内地都要有意识地
发展横向联合 *

（一九九〇年六月二十三日）

总的来说，我们的目标是共同富裕。我们不能搞贫穷的社会主义。在党的十三届三中全会召开前，邓小平同志曾经讲到沿海与内地的关系，大意是：目前沿海发展得快些，这是全局的需要；到以后一定时期让内地发展得快一些，这也是全局的需要，最终的目的是达到共同富裕。最近邓小平同志会见外宾时也谈到了这个问题。只有共同富裕，社会才能长期稳定。贫困的人多了，犯罪就会增多，这也是不稳定因素。共同富裕是目标，但不可能同时富裕。因此，目前沿海发展快一些，对全局是有利的。最近中央批准了上海浦东地区的开发，这对全局也有利。但即使是沿海地区，也不是都这样搞，都这样搞也做不到，并不是所有沿海地区都具备这种条件。上海历史上曾是世界上少有的三四个大城市之一，从各方面的条件看，它比较好。如果每个省都要这样搞，最终就会一个也搞不了。总的来讲，沿海发展快一些，可以辐射到内地，对全国有利。可能在一段时间里，差距稍有拉大，我们的领导干部要心里明白，只要对全国全局有利就

---

* 这是乔石同志在贵州省考察工作时讲话的一部分。

行，对下面的同志要做好工作。但在发展沿海的同时，要带动内地的发展，加快内地的开发。内地要围绕沿海的发展去发展。如果沿海和内地都有意识地发展横向联合，内地发展的潜力还是大的。从这个意义上来说，沿海的发展不仅不会影响内地的发展，还会带动内地发展，关键看你如何去做工作。无论是沿海还是内地，都要注意从实际出发，量力而行，不能急于求成。至于"八五"期间你们要争取多少项目，可尽量去争取，最后能列进去多少算多少。国家的支持是一方面，另一方面要依靠群众，自力更生，艰苦奋斗，加强横向联合。除争取国家多给资金、项目外，决不放松自身的努力，这样经济就可以发展快一点。

相信和依靠绝大多数的
各个民族人民群众[*]

（一九九〇年七月二十八日）

我们国家是一个多民族的国家。在新的形势下，我们要坚定不移地执行中央在新中国成立初期就奠定下来的民族政策，就是民族区域自治的政策。全国有五十六个民族，虽然人数有多有少，地区不同，都有各自的特点，但我们坚持各民族都一律平等，同时在少数民族聚居的地方实行民族区域自治。党的十一届三中全会以来，我们又制定了民族区域自治法。这个自治法，正在逐步地贯彻落实。当然，回顾这几十年，特别是"文化大革命"期间，我们在贯彻民族区域自治政策的过程中，还有这样那样的缺点。但总的来讲，这项政策实践证明是好的，是正确的。现在已经用法律的形式把它固定下来了，我们更应该进一步贯彻好。我们说的"两个离不开"[1]，这也是民族政策的一个重要内容，因为各个民族都在不同的条件下为祖国统一的大家庭作出了自己的贡献。汉族人数多，经济、文化比较发达，正因为这样，汉族更应该注意团结各少数民族，一起把祖国建设好。

实行民族区域自治是我们的特点。世界上民族问题解决

---

* 这是乔石同志在新疆维吾尔自治区考察工作时讲话的一部分。

得好的国家不多。用狭隘的民族意识来解决民族问题，是解决不了的。真正要加强民族团结，除了共产党的领导和社会主义制度以外，我们的经验，就是搞好民族区域自治。苏联搞加盟共和国的办法，从实践情况来看，问题也很多。我们的民族区域自治政策，经过四十年的实践，根本上是好的，不仅汉族人民群众拥护，各少数民族的广大人民群众也拥护。在少数民族中间，有极少数搞分裂主义的人，他们在本民族中间也是不得人心的。对民族区域自治政策我们还需要继续努力贯彻，不断改进工作。几十年来，我们培养出了一些优秀的民族干部，今后希望能够再多出一些少数民族的马克思主义者，就是能用马克思主义的立场、观点和基本原理来对待民族问题的干部。

加强民族团结当然要反对分裂主义。我赞成你们自治区党委全委（扩大）会议上提出的搞好稳定必须坚决反对民族分裂主义的意见。要把这个斗争继续进行下去。虽然搞民族分裂主义的是极少数，但我们要保持高度警惕。我们要相信，任何一个少数民族的绝大多数，根本上是好的。要搞好民族团结，我们需要相信和依靠绝大多数的各个民族人民群众，相信和依靠各个民族的劳动人民。因为劳动人民构成各个民族的绝大多数。在这方面，地方工作的同志，驻新疆的人民解放军，新疆的生产建设兵团是有很多经验的。生产建设兵团在新疆是很重要的稳定力量，兵团的同志也很注意做好民族工作，注意认真贯彻党的民族政策。我这次到南疆军区看望，也得到了同样的印象。我们从各方面做好加强民族团结的工作，同时也必须坚决反对搞分裂主义活动。这个斗争的警惕性，任何时候都不能放松。反对国外反动势力渗透的斗争，反对民族分裂主义的斗争，这些斗争要取得胜利，关键还是要把经济建设搞上去。如果我们的经济搞上去了，再加上强有力的思想政治工作，这样我们维护民族团结，反对民族分裂的斗争，维护全国的稳定，加快社会主义经济建设进程就有希望、就有把握。我赞成边境贸易放开一点。当然，边境一开放，来往就多，问题也会随之产生。但只要我们国内是稳定的，经济是向上的，头脑是清醒的，对外交往就会有利于我们。反之，就会出问题，就会有人钻空子。我们要维护和发展现在的好形势，对国内稳定和对外关系都有利。另一方面，外来的坏的影响，我们任何时候也不能放松警惕。这样，才能不断促进和加强我们国内各民族的团结，才有利于我们国家的建设和社会稳定。

我相信，在共产党的领导下，中国解决民族问题，可以解决得比其他国家更好。不要以为资本主义国家解决了民族问题，我不这样看。资产阶级搞资产阶级革命时，是打着民族的旗帜，也打着民主的旗帜，但归根到底，它既不能代表民族的绝大多数人民的利益，也不能搞好真正的民主。

和民族问题有关的是宗教问题。马克思主义关于宗教的理论，希望大家多作一点研究，因为民族地区宗教问题比较复杂。马克思主义关于宗教方面有一些很好的论述。宗教问题，我们要始终按中央的宗教政策，按宪法规定去贯彻执行。巴仁乡事件[2]，除了民族的因素以外，也是利用宗教来搞分裂活动的。所以，很值得我们警惕。宗教是人类生活中一种很复杂的社会现象。党的十一届三中全会以后，我们一直注意落实党的宗教政策，也有过正式的中央文件。这些文件基本上还是好的，现在宗教界也还是能够接受的。当然我们在具体执行中间，该注意的问题还是要注意。总的方向上，我们不能去提倡、去发展宗教的狂热。新中国成立四十年以来，在宗教政策上我们还是比较慎重的，总的来讲，宗教政策执行得还是好的，当然"文化大革命"中发生过一些问题。过去十年来，我们在落实宗教政策方面做了大量的工作，各民族信教的群众总的是满意的。对宗教上层人士，凡是爱国的要很好地团结，也要尊重他们。

宗教问题在很长时间里，是一个比较复杂的问题，要解决好。我们党的各方面工作搞好了，绝大多数群众包括信教的群众，是会为社会主义奋斗的。因为中国的经济建设问题也好，其他问题也好，归根到底要依靠社会主义来解决，靠别的都不行。

注　　释

〔1〕"两个离不开"，指"汉族离不开少数民族，少数民族离不开汉族"。一九八一年七月，中共中央书记处在讨论新疆工作问题时特别提出：新疆的汉族干部要确立这样一个正确观点，即离开了少数民族干部，新疆各项工作搞不好；新疆的少数民族干部也要确立这样一个正确观点，即离开了汉族干部，新疆各项工作也搞不好。同月，中共中央书记处在讨论内蒙古工作问题时也提出相似观点。一九八四年四月一日，中共中央印发的《西藏工作座谈会纪要》明确指出："要在藏汉等各族干部和群众中经常进行民族政策的教育，进行汉族离不开藏族和其他少数民族，藏族和其他少数民族也离不开汉族，这'两个离不开'的教育。"一九九〇年九月，江泽民同志在新疆考察工作时将"两个离不开"发展为"三个离不开"，即"汉族离不开少数民族，少数民族离不开汉族，各少数民族之间也相互离不开"。

〔2〕巴仁乡事件，指一九九〇年四月五日在新疆维吾尔自治区克孜勒苏柯尔克孜自治州阿克陶县巴仁乡发生的一起由极少数民族分裂主义分子策划的武装暴乱。六日凌晨，当地武警部队、公安干警和民兵紧密配合，在各族群众大力协助下，一举平息这次事件，维护了民族团结和社会稳定。

用马克思主义理论武装全党是
非常重要的战略任务 *

（一九九〇年九月一日）

今天，中央党校举行新学期的开学典礼，我们对参加本期学习的各班次的同志们表示热烈的欢迎。大家能够放下繁忙的工作，来党校集中一段时间学习马克思主义理论，是一个难得的机会。希望大家珍惜和充分利用这个机会，在学习中取得好成绩。下面，我简单讲几点意见。

一、深刻认识在新的历史条件下用马克思主义
　　武装全党的战略意义，进一步提高学习
　　马克思主义理论的自觉性

这一期新入学的同志，是今年六月开过全国党校校长会议后的第一批学员。在全国党校校长会议上，江泽民同志和其他中央领导同志都作了重要讲话，对在新的历史条件下用马克思主义理论武装全党干部的战略意义，以及党政领导干部应具备的基本素质等问题，作了深刻的阐述。中央最近还要发一个加强党校工作的文件。希望大家认真学习领会这些

---

* 这是乔石同志在中共中央党校一九九〇年秋季学期开学典礼上的讲话。

讲话和文件的精神，用以指导我们的学习。

用马克思主义理论武装全党，是一项非常重要、非常紧迫的战略任务。邓小平同志早就提出要针对新的实际掌握马克思主义基本理论的任务。去年，他指出，过去十年最大的失误是教育，这主要指思想政治教育。我们在实际工作中没有能一贯地抓好这项工作。前几年，一定程度上放松了思想政治教育，放松了对干部的马克思主义教育，以致在一些党员和干部中出现了马克思主义理论荒疏的现象。去年我国发生的政治风波以及东欧一些国家发生的剧变，给了我们一个深刻的教训。我们必须冷静地思考过去，思考未来。我们党是一个马克思主义的政党，正在从事建设具有中国特色的社会主义的伟大事业。党的性质和任务要求全体党员，尤其是党的干部学好用好、坚持和发展好马克思主义。只有培养、锻炼和造就出一大批既通晓马克思主义理论，又熟悉我国国情，而且符合干部队伍建设"四化"要求的中青年干部，我们才能经受住各种风浪，才能领导全国人民通过艰苦努力，在二十一世纪中叶实现邓小平同志代表党中央提出的我国国民经济和社会发展的战略目标，把我国建设成为一个繁荣富强、高度民主、高度文明的现代化的社会主义国家。为此，我们必须大力加强党的领导和党的建设，认真加强马克思主义基本理论教育，不断提高干部的素质，从而确保党和国家的各级领导权牢牢掌握在忠诚于马克思主义的人手里，掌握在忠实于人民利益的人手里。这是关系到我国现代化建设的成败，关系到党和国家盛衰兴亡，关系到社会主义在中国的命运的大问题。现在，各级党委都提高了对这个问题的认识，党员、领导干部学习理论的空气逐渐浓厚起来。进党校学习的同志，肩负着十分光荣的任务，更要从新的高度来理解干部学习马克思主义理论的重要意义，进一步提高学习的自觉性。

二、学习马克思主义，要解决好理论联系实际的问题

学习马克思主义，最根本的是要理论联系实际。"实践第一"是马克思主义的一个基本观点，"实事求是"是毛泽东思想的精髓，理论联系实际是毛泽东同志倡导的党的三大作风之一。我们在最近十多年的改革开放和现代化建设中取得了很大的成绩，从根本上说，就是因为重新确立了党的实事求是、理论联系实际、一切从实际出发的思想路线。学习马克思主义，首要的就是要确立这样一条思想路线；坚持马克思主义，首要的也是要坚持这样一条思想路线。在我们党校，马克思主义理论的"教"和"学"都要以这条思想路线为指导，防止任何理论脱离实际的倾向。

对于马克思主义的基本理论，一定要刻苦钻研。马克思主义，从一八四八年发表《共产党宣言》以来，在实践的基础上不断传播和发展，已经走过了一个半世纪的历程。我们一定要把马克思主义作为一个处在不断发展中的科学体系去学习，认真领会其精神实质，切不可断章取义，以偏概全，把某些字句当教条。党校各有关方面要认真帮助学员学好马克思主义的重要文献。教学计划要有一定的系统性，又要突出重点。既要学习一些精选的马列著作和毛泽东著作，也要学习邓小平同志和其他老一辈无产阶级革命家的重要著作。

这样，通过认真读书，弄懂马克思主义的基本原理，了解马克思主义在中国革命和建设中的发展，掌握马克思主义的立场、观点和方法。

理论联系实际，从根本上来讲，是要用马克思主义基本原理作指导，来解决革命和建设中面临的实际问题。而在党校的学习中，主要是要通过理论联系实际的方法，来加深对马克思主义基本原理的理解，提高自己的马克思主义理论素养，为在今后长期的实际工作中运用马克思主义打下基础。在当前，特别要通过学习掌握马克思主义的基本原理和中国的实际情况与历史经验，弄清楚为什么说党的十一届三中全会以来的路线是一条马克思主义的路线，为什么说建设有中国特色的社会主义是马克思主义与当代中国实际相结合的产物，是适合中国情况和符合中国社会发展规律的，从而增强贯彻执行党的基本路线的自觉性。

现在，我们党的思想路线和政治路线是好的，还需要在实践中进一步探索发展。我们在党校学习，是要掌握好马克思主义的基本原理，为今后的继续研究和探索打好基础，真正从各个领域走好建设有中国特色的社会主义道路。党校的学员来自各个具体工作部门，对实践中提出的一些问题也有较多的接触。党校的教员有较丰富的理论知识，或者对某一方面理论有较深入的钻研。我们要发挥教员和学员各自的优势，在教学中做到教学相长。教员和学员可以结合起来，围绕建设具有中国特色的社会主义这个中心，共同研讨一些实践中已经出现的重大问题。我们面临的问题很多，比如：如何更好地坚持"一个中心、两个基本点"，把坚持四项基本原则和坚持改革开放在具体实践中很好地结合起来；怎样正确认识和执行计划指导和市场调节相结合的原则；怎样更好地在集中力量加强物质文明建设的同时大力加强精神文明建设；怎样更好地加强社会主义民主与法制建设等，这些问题，都需要我们下功夫去研究。我希望我们中央党校通过努力，能够探索出一套新形势下在教学中贯彻理论联系实际方针的办法来。这些办法要适合党校的特点，科学合理，切实可行。

三、把马克思主义理论学习同提高干部的党性修养紧密结合起来

六月召开的全国党校校长会议强调一个重要问题，就是要把党性教育作为党校的必修课，使党校成为干部增强党性锻炼的熔炉。加强党性，就是要求每个党员都必须按照无产阶级政党的党性原则来改造自己，增强实现党的奋斗目标的信心和决心，提高贯彻党的根本宗旨、执行党的基本路线的自觉性，发扬党的理论联系实际、密切联系群众和批评与自我批评等传统作风；就是要通过学习，掌握科学的世界观和方法论，不断改造自己的思想。当前，党性教育的重点是，认真贯彻党的十三届六中全会决定，使党员干部牢固树立全心全意为人民服务的思想，坚持走群众路线，自觉加强同群众的联系，发扬艰苦奋斗的精神，勤政廉洁，自觉同各种腐败现象和不良倾向作斗争。

同志们，当前我们国家的政治局势是稳定的，党内是团结的。人心思定，稳定压倒一切是全党全国人民的共同要求。在经济上，我们贯彻治理整顿、深化改革的方针，取得

了比较明显的效果。国民经济从二季度开始逐步回升，沿海地区的对外开放也取得了新的进展，整个形势正在朝着好的方向发展。当然，在我们前进的道路上还有不少困难，政治上还有不稳定的因素，一些深层次的思想问题还没有完全解决；在经济上困难还比较多，根本解决这些问题需要作长期艰苦的努力。党中央、国务院准备在最近专门研究经济问题，并在适当的时间开会讨论有关第八个五年计划和今后十年发展规划的设想。我们的工作中有许许多多的具体问题亟待解决。希望大家在本期学习中，思想上理论上能有新的提高，分析问题、解决问题的能力也有进一步的增强，在结业后回到工作岗位能够取得新的更大的成绩。

充分调动中央和地方两个积极性，集中力量把经济搞上去 *

（一九九〇年十一月二十一日）

要保持政治形势的长期稳定还必须把经济工作搞好。邓小平同志讲要抓住当前难得的好时机，集中力量把经济搞上去。党的十一届三中全会以来不管工作中有多少缺点，但总的说来经济发展是快的，提前两年实现了经济翻一番的目标。现在的问题是如何将九十年代搞得比八十年代更好。这是一个很大的课题，各级领导都要认真进行调查研究。

现在经济上困难不少。毛主席五十年代讲发挥中央和地方两个积极性，现在我们还是要强调发挥中央和地方，包括企业、群众两方面的积极性来克服困难。比如，市场启动，光靠国家拨款是不行的，一方面，要把金融的宏观调节作用发挥好；另一方面，地方、企业都要认真抓好产品结构调整，抓好技术改造，抓好产品质量。只要产品适合群众需要，还是有销路的。基本建设除了国家重点抓能源、交通、原材料工业项目外，民用建筑还是可以发展的。把农民盖房也纳入压缩基建的"笼子"是不合适的。只要把住一不要占

* 这是乔石同志在四川省考察工作时讲话的一部分。

用良田耕地，二要有个统筹规划，农民多盖房有什么不好呢？城市采取多方集资，同时与房改结合，发展居民住宅，群众也是高兴的。这样，又可以把建筑、建材带起来。粮食价格要理顺，现在是一个好时机，决心大一点就一步到位。一时下不了决心，可以分两步走。否则将来中国农民不种粮食了，财政也负担不了。在调动地方积极性的同时，适当集中一点财力还是很需要的。步子怎么走，还需要研究。因为国家很大，有好多牵涉到国家长远发展，不仅是指九十年代，还包括二十一世纪经济发展后劲问题。经济上适当集中，国家有一些财力，能够把一些影响全局的大事情干起来，还是应该的。但是，办法上要注意，要有利于调动地方的积极性，集中也要考虑有一个过程和有比较妥善的方法。

目前的经济形势还是相当严峻的。最严峻的还在于弄不清楚到底问题出在哪里。"八五"计划和整个九十年代的规划还在研究之中，我想总是可以解决的。光靠北京的同志不行，还得靠大家调查研究，出主意想办法。我觉得现在有些方面，还需要继续治理整顿。但总的讲，应该强调深化改革。不深化改革是不行的，工厂产品压在库里，库存压不下了，转到商业部门积压。国家也出钱了，工厂也在生产，报表反映生产在增长、回升，实际上产品还压在那里，经济没搞活，压上几年也会变质的。总得要有个解决办法。产品的价值总是要实现才能成为商品的，这是政治经济学的最基本的常识。我个人意见，还是要从深化改革入手。市场要启动起来，光靠国家拨点款恐怕不行，我到处在呼吁技术改造，国营大中型企业主要搞技术改造。加工工业，重点也是搞技术改造。现在要把技术改造放到很重要的位置上。我们的产品，关键是后处理，要把技术改造的重点放在这里。住房改革还是应当继续进行，还有金融、外贸体制改革等。

真正把具有中国特色的
社会主义建设起来[*]

（一九九〇年十一月二十一日）

归根到底，我们中国要共产党干什么？在新中国成立以前是为了争取人民的解放、民族的解放，就是要推翻三座大山。中华人民共和国成立后，还要党干什么？就是要领导人民把社会主义的中国建设好，搞现代化建设。一九五六年党的八大报告中，主要就是讲这点，可是后来很快被丢掉了。所以，我们走了不少弯路，最主要一点就是我们主观思想脱离了中国的实际，想在一个很短的时间内把中国的面貌完全改变。搞"三面红旗"[1]，造成很严重的后果，出发点还是想很快就建成共产主义。"文化大革命"是想通过意识形态以至于整个上层建筑领域的革命，把中华民族的繁荣富强问题解决了，当然这解决不了。党的十一届六中全会决议已经总结了这段实践经验。"文化大革命"确实是一无是处，但是"文化大革命"也考验了我们党，考验了我们绝大多数干部。我们党员的绝大多数，干部的绝大多数是好的。另外使我们得到了一个反面教训，就是无论如何不能脱离中国实际，无论如何不能急于求成，无论如何都要扎扎实实地走具

---

* 这是乔石同志在四川省考察工作时讲话的一部分。

有中国特色的、完全根据中国的实际情况出发的社会主义道路。党的十一届三中全会后的整个十一年，应该说我国的发展是巨大的，成绩是举世瞩目的。

世界上有一些社会主义国家，现在政权已经不在共产党手里了。这些国家发生的事情，有他们党历史上的原因，在经济建设中不能说一点成绩都没有，但归根到底是没有搞好，或者是僵化，不搞改革，或者是改革搞错了方向，把经济方针搞乱了，所以搞成今天这么一种局面。苏联是第一个社会主义国家，已有七十三年的历史了，现在内部问题也很多，要稳定很难。首先没有一个正确的思想路线，不能实事求是地总结过去。能不能把过去的教训真正总结吸取，逐渐走上一条正确的道路，摆脱目前这种困难状况，现在谁也说不准，仍然需要继续观察研究。

所以，革命胜利了，中华人民共和国成立了，搞社会主义还需要共产党领导人民，坚决相信和依靠人民，依靠全党的团结，依靠全党同志的艰苦奋斗，保持我们战争年代以及整个社会主义革命和建设时期那些好的光荣传统，沿着党的十一届三中全会以来的路线，沿着有中国特色的社会主义道路，坚定不移地走下去，把我们的国家建设得更加繁荣昌盛。要走多少年呢？我们已经走了十一年，第二步至少走十年。到本世纪末，实现第二个战略目标后，还要继续走下去。要几代人，我现在还回答不出来。总之，只要有愚公移山的精神，总归是能解决中华民族繁荣富强的问题的。中国这么大，这次人口普查是十一亿六千万，如果十一亿六千万人民不能在共产党领导下，在经济上打一个翻身仗，真正把具有中国特色的社会主义建设起来，我们共产党还存在干什么？怎么对得起中国人民？

要坚持党的基本路线，建设有中国特色的社会主义，实现党的任务，关键是要把党建设好。没有中国五千万共产党员团结奋斗，中国是不会有凝聚力的。党员如果不起作用，当然也是不会有凝聚力的。党的各项工作都要靠基层去落实，基层建设搞不好，党的任务也实现不了。我们的党政基层组织和部门都要把为群众办实事、为群众服务作为第一位的任务。我非常主张县级以下的领导同志要经常深入群众，深入基层，让党的政策与群众见面，听取群众的意见，如果有不合适的地方，我们要及时修改。各级领导都应该深入基层。但我觉得县以下领导特别需要这样做。明年建党就七十年了。党在大革命时期靠工人下去发动农民，很多人是党派去的。陆定一[2]同志是个大学生，他家是很有钱的。大革命失败后他到了一个纱厂，在那里发动工人群众。当然还有其他同志，都是党派下去的干部。除了主要依靠工人阶级以外，知识分子也是我们党必须依靠的对象。在大革命时期，老一辈的知识分子主要是搞勤工俭学的一批，另外，还有像董老[3]、林老[4]、毛主席等老一辈革命家。抗日战争时期，参加到革命队伍中的知识分子就更多了。对中国的知识分子不要因为学生一闹事就不信任。绝大多数知识分子是拥护共产党，坚决搞社会主义的。对有些小青年也要看到另一方面，主要是我们教育不够。邓小平同志早就讲过，学生的问题主要是我们教育不够。所以不要因为学生一闹事，就把知识分子都看扁了，因为搞社会主义离不开知识分子。

注　释

〔1〕"三面红旗"，指"鼓足干劲、力争上游、多快好省地建设社会主义"的总路线、"大跃进"和人民公社。

〔2〕陆定一（一九〇六——一九九六），江苏无锡人。曾任中共中央宣传部部长、中共中央书记处书记、国务院副总理、中国人民政治协商会议全国委员会副主席。

〔3〕董老，即董必武（一八八六——一九七五），湖北黄安（今红安）人。中国共产党创始人之一。曾任中华人民共和国副主席、代理主席，全国人民代表大会常务委员会副委员长。

〔4〕林老，即林伯渠（一八八六——一九六〇），湖南临澧人。曾任陕甘宁边区政府主席。新中国成立后，任中央人民政府委员会秘书长、全国人民代表大会常务委员会副委员长。

紧紧围绕党的基本路线
做好纪检工作 *

（一九九〇年十一月三十日）

全国先进纪检组织和优秀纪检干部表彰大会今天开幕了。这是纪检系统第一次召开全国范围的表彰会。我代表党中央向受到表彰的先进纪检组织和优秀纪检干部表示热烈的祝贺！向全国广大纪检干部致以亲切的问候！

自党的十一届三中全会决定恢复中央纪律检查委员会以来，全国各级纪检组织和广大纪检干部认真贯彻执行党的路线、方针、政策，坚决同违纪现象进行斗争，努力纠正党内存在的各种不正之风，为加强和改善党的领导、密切党和群众的联系、维护安定团结的政治局面、促进经济建设和改革开放做了大量工作，取得了显著的成绩，涌现出一大批先进纪检组织和优秀纪检干部。这次表彰的五十五个先进纪检组织和二百九十六名优秀纪检干部就是他们中间的典型代表。通过这次会议，一方面要使这些组织和同志表现出来的坚持原则、认真负责、无私无畏、清正廉洁、乐于奉献、实事求是、联系群众、刻苦学习、勇于实践的可贵精神和优良作风得以发扬光大；另一方面也想请大家一起研究在新形势下，

---

* 这是乔石同志在全国先进纪检组织和优秀纪检干部表彰大会上的讲话。

如何紧紧围绕党的基本路线把纪检工作做得更好。

党的十一届三中全会以来，我们党恢复了实事求是、一切从实际出发的思想路线，作出了把全党的工作重点转到经济建设上来、实行改革开放的战略决策，并制定出党在社会主义初级阶段的基本路线，走上了建设有中国特色的社会主义道路。短短的十一年，我们取得了举世瞩目的伟大成就。家庭联产承包责任制的实行，使农村经济落后的面貌迅速得到了改观；改革和对外开放使工业生产和其他各项工作进一步充满生机和活力。从一九七九年到一九八九年，我国的国民生产总值以平均每年递增百分之九点五的速度不断增长，提前实现了国民生产总值翻一番的目标。随着经济的发展，国家的实力迅速增强，祖国的面貌发生了巨大变化，城乡人民的生活得到了较大改善。尽管在前进的道路上也曾出现过一些失误，但毫无疑问，这十一年是新中国成立以来经济发展最快的时期，也是人民群众得到实际利益最多的时期。事实雄辩地说明了我们党的基本路线是正确的，它是马克思主义与中国实际相结合的产物。

党的基本路线的主要内容是"一个中心、两个基本点"，它概括了党的十一届三中全会以来进行拨乱反正、全面改革的主要经验，集中反映了现阶段建设有中国特色的社会主义的本质和规律。以经济建设为中心，是由社会主义初级阶段的主要矛盾和我国的国情决定的。坚持四项基本原则，实行改革开放这两个基本点，是促进和保证经济发展，建设有中国特色的社会主义的两个基本方面，是为实现社会主义四个现代化建设这个中心服务的。大力发展生产力是马克思主义的重要原则，是社会主义的根本任务。邓小平同志说："社会主义的任务很多，但根本一条就是发展生产力，在发展生产力的基础上体现出优于资本主义，为实现共产主义创造物质基础。"[1]中国共产党自从成立的那天起，就把建立一个社会主义的繁荣富强的新中国作为自己的基本任务。新中国成立前的二十八年，我们党领导新民主主义革命，推翻了压在中国人民头上的三座大山，赢得了民族的独立、人民的解放。新中国成立以后，由于打碎了束缚中国社会生产力发展的旧的社会制度，建立了社会主义制度，使生产力迅速发展，中国发生了翻天覆地的巨变。后来由于指导思想上的失误，搞了"以阶级斗争为纲"，最后导致了"文化大革命"的十年内乱，使我国经济到了崩溃的边缘。

新中国成立以来的历史经验和党的十一届三中全会以来多方面丰富的实践，使我们全党和全国人民更加深刻地认识到"一个中心、两个基本点"这条马克思主义路线的正确性，对坚持走中国特色的社会主义道路更加坚定不移。

现在，我们已进入九十年代。九十年代是我们建设有中国特色的社会主义非常关键的十年。同时，我们还面临着中华民族难得的机遇。从国际上看，尽管风云变幻，和平与发展仍是当前世界面临的两大主题。邓小平同志说过："我们的政治路线，是把四个现代化建设作为重点，坚持发展生产力，始终扭住这个根本环节不放松，除非打起世界战争。即使打世界战争，打完了还搞建设。"[2]他还说，这个方针要在广大干部首先是高级干部中明确起来。我们要紧紧抓住当前这个有利的机遇，专心致志、一心一意地搞好经济建设。我们争取一个相当时期的和平国际环境是有可能的。我国的国际经济联系也已有所拓展，只要工作得当，可以争取进一步向有利我国建设的方向发展。我们国内经过一九八九年这场政治风波以后，人心思定，依靠各方面的努力，社会稳定的局面也是可以很好地保持下去的。人民群众衷心拥护党的十一届三中全会以来的路线、方针、政策，这是我国社会、政治稳定的根本保证。经济上经过前一段的治理整顿，取得了明显的成效，虽然还存在不少困难，也是前进中的问题，通过进一步治理整顿和深化改革，是可以克服的，因此经济形势也是稳定的。当然我们应当清醒地看到，要在九十年代使国民经济持续、稳定、协调地发展，实现我们的第二步战略目标，任务是十分艰巨而繁重的。江泽民同志最近在庆祝深圳特区建立十周年的会上说："为了达到这一目的，我们必须继续坚定不移地贯彻执行党的基本路线，继续坚定不移地贯彻执行党的十一届三中全会、十二大、十三大以来确定的各项重大方针政策。"[3]这是非常重要的。我们党的一切工作，包括党风党纪工作在内都必须紧密围绕党的基本路线去进行。

十年多来，各级纪检机关和广大纪检干部为贯彻执行党的基本路线做了大量的工作。这次表彰的先进单位和个人，归根到底是他们为建设有中国特色的社会主义、为社会主义两个文明建设作出了突出的贡献。他们的经验对我们的纪检工作更好地为社会主义现代化建设服务、更好地坚持党的基本路线，提供了良好的范例。我们要认真学习、大力表彰他们的事迹，普遍推广他们的经验。

学习他们的先进经验，首先要像他们那样认真学好马克思主义基本理论，牢牢掌握马克思主义的立场、观点、方法，不断提高思想理论水平和工作水平。这是当前广大纪检干部面临的一个十分迫切的任务。只有具备马克思主义的理论功底，我们才能在任何复杂的情况下始终保持清醒的头脑，全面正确地坚持和贯彻党的基本路线。因此，我们要密切联系建设具有中国特色的社会主义的实际，认真学习马列主义、毛泽东思想，掌握马克思主义的基本原理，认真学习邓小平同志的著作和党的十一届三中全会以来的路线、方针、政策，全面了解四十多年来我国社会主义建设的主要历史经验，认真研究新情况、新问题，从而加深对党的基本路线的理解，进一步提高坚持和贯彻党的基本路线的自觉性。学习理论要和研究工作紧密结合起来，切实提高大家分析和解决具体问题的能力，使纪检工作更好地为坚持四项基本原则、为经济建设和改革开放服务。对于绝大多数同志来说，主要是在工作岗位上结合实际问题进行学习，当然也可以办短期学习班和有计划地抽调一些同志进党校深造。学习要有相应的制度，养成习惯，形成风气，领导干部要带头，做出榜样。

学习他们的先进经验，要像他们那样深入实际，在社会主义现代化建设中拓宽视野，认真地调查研究在贯彻执行党的基本路线中出现的问题，特别是反映在党风党纪中的问题，充分发挥纪检机关的职能和作用，及时予以解决。纪检机关要更好地协助党委抓好中心工作，促进经济建设，把坚持四项基本原则和促进改革开放更好地结合起来，在实行社会主义有计划的商品经济的条件下从严治党，搞好党风建设。这就要求我们要密切结合工作实践，坚持实事求是，一切从实际出发，以党的基本路线和党规党法为准绳来正确执纪。按照实际情况，该教育的要加强教育，该保护的要予以保护，该处理的应严肃处理。这次表彰的先进典型中，有的以极大的政治热情支持和保护改革开放中涌现出来的先进人物，为他们澄清事实，排除非议；有的对在开拓和探索中发生这样那样的缺点而不构成违纪的同志，进行必要的帮助教育，并鼓励他们努力做好工作；有的大力查处乘改革之机以权谋私、损害国家利益的案件，为国家和集体挽回了重大的经济损失，在保证经济工作和改革开放的健康发展上做了大量的工作。这些经验都值得我们认真总结推广。

学习他们的先进经验，还要像他们那样认真搞好自身队伍的建设，树立起党的纪检干部应有的优良作风。十多年来的实践证明，纪检队伍的作风在整体上说是好的。但是，一些消极和不良的风气，一些腐败现象对我们这支队伍中的一些人也不是没有影响的。对于作风建设，我们丝毫不能放松。加强队伍建设，培养过硬的作风，关键是要在新的条件下，结合纪检工作的特点，继承和发扬党的优良传统。根据这次表彰的先进集体和个人的特点，我感到纪检干部要在五个方面当好模范。一是以身作则的模范。纪检工作的性质要求我们必须率先垂范，要严于律己，自觉地贯彻党的路线、方针、政策，自觉地遵守党的纪律。这一点不仅是纪检干部的素质问题，而且直接关系到纪检工作的权威。如果要别人遵守纪律，自己却不带头实行，那么怎能做好纪检工作、当一名党的纪律的忠诚卫士呢？二是廉洁奉公的模范。在开放搞活和发展商品经济的条件下，纪检干部尤其要自觉抵御各种不良影响，维护纪检队伍自身的纯洁性，并同一切不正之风和腐败现象进行坚决的斗争。这次表彰的先进个人中，有的拒绝为子女走后门安排工作，有的送子女到最艰苦的地方去工作，这些行动体现了纪检干部应有的无私精神。三是实事求是的模范。纪检干部一定要坚持实事求是的思想方法和工作方法，尊重事实，坚持原则，勇敢地同各种违纪现象进行斗争。十多年来，在工作中涌现出不少只认事实、不畏权势的先进事迹，我们要大力宣传和提倡。四是自我批评的模范。金无足赤，人无完人。我们在工作中难免犯错误，难免有缺点，要勇于作自我批评，自觉修正错误，有错必纠，绝不文过饰非，否则不仅对自己不利，也必然有损于工作的开展。五是联系群众的模范。为人民服务是我们的根本宗旨，人民群众是我们智慧和力量的源泉。几年来，多数违纪现象是群众发现和举报的，查证工作也离不开干部和群众的支持。我们要有很强的群众观念，要经常深入群众，深入基层，认真倾听群众的呼声，及时解决、处理那些群众反映强烈的不正之风和违纪案件。要在贯彻党的十三届六中全会精神方面继续努力，作出成绩。

各级纪检机关要更加自觉地根据党的基本路线的要求来加强队伍建设和干部培养工作，要有切实可行的规划，有得力的措施。领导干部尤其要加强调查研究，注意发现问题、总结经验、树立典型，力求使纪检组织的战斗力和纪检干部的素质有一个比较大的提高。已经涌现出来的先进集体和个人在这方面积累了一些成功的经验，希望各级纪检组织和全体纪检干部认真向他们学习。希望先进纪检组织和优秀纪检干部谦虚谨慎，再接再厉，继续创造新的更大的成绩。

纪检工作是党的建设的一个十分重要的方面，是一项极光荣的任务。我们一定要从更好地坚持和贯彻党的基本路线这个高度出发，认真履行党章赋予的各项职能和职责，扎实努力，艰苦奋斗。我们应该有信心把九十年代的工作做得比八十年代更好。我们党完全有能力把全国各族人民紧紧地团结在一起，全力以赴地去实现党所确定的九十年代的第二个战略目标，迎接二十一世纪的到来。

注　　释

〔1〕见邓小平《改革是中国发展生产力的必由之路》（《邓小平文选》第3卷，人民出版社1993年版，第137页）。

〔2〕见邓小平《建设有中国特色的社会主义》（《邓小平文选》第3卷，人民出版社1993年版，第64页）。

〔3〕见江泽民《在庆祝深圳经济特区建立十周年招待会上的讲话》（《十三大以来重要文献选编》（中），中央文献出版社2011年版，第675页）。

在全国社会治安综合治理
工作会议上的讲话

（一九九一年一月十八日）

　　根据党的十三届七中全会精神和我们面临的实际情况，今年政法工作的基本任务是：认真贯彻党的十三届七中全会精神，坚定不移地坚持党的基本路线，坚定不移地坚持为改革开放和经济建设服务，坚定不移地坚持人民民主专政，严格区分和正确处理两类不同性质的矛盾，继续竭尽全力维护社会稳定，在坚持"严打"[1]的同时，以社会治安综合治理为重点带动各项工作，为社会主义现代化建设和改革开放创造良好的社会环境。这里我仅就几个主要问题谈点意见。

形势和任务

　　党的十三届七中全会关于制定国民经济和社会发展十年规划和"八五"计划的建议，提出了基本任务与指导方针，标志着我国社会主义现代化建设进入了一个新的发展阶段。九十年代是非常关键的十年。我们要实现社会主义现代化建设的第二步战略目标，使国民生产总值再翻一番，人民生活达到小康水平；初步建立适应以公有制为基础的社会主义有

计划的商品经济发展的、计划经济与市场调节相结合的经济
体制和运行机制，把国民经济的整体素质提高到一个新的水
平。与此同时，还要使社会主义精神文明建设达到新的高
度，社会主义民主和法制建设进一步健全，各项事业都有较
大的发展，为下一个世纪的发展打好基础。贯彻党的十三届
七中全会的精神，完成"八五"计划和十年规划，实现第二
步战略目标，这是全党、全国人民的共同使命，同时也向政
法战线提出了十分艰巨的任务。

做好九十年代的工作，实现社会主义现代化建设的第二
步战略目标，一个基本条件就是要有安定团结的政治局面，
要维护和保持社会稳定。没有稳定，什么事情也干不成。这
是我国社会主义建设的一条极端重要的基本经验。早在一九
八〇年，邓小平同志就指出，安定团结是实现社会主义现代
化必须具备的一个前提。以后，他又多次阐述维护和保持稳
定的重要意义，强调"稳定压倒一切"。全党同志都要深刻
认识到，新中国成立以来，我们的一切成就都是建立在社会
稳定的基础上的。维护社会稳定，关系到我国的社会主义现
代化建设的兴衰成败，是我们必须着力抓好的一件大事。在
当前的国际国内形势下，强调稳定尤为重要。

目前的国际形势风云变幻。第二次世界大战以后形成的
世界格局正在改变。动荡和纷争不断发生，强权政治和霸权
主义有新的发展，经济、科技等方面的竞争非常激烈，各种
矛盾错综复杂。近两年，东欧一些国家发生了剧变。苏联目
前仍然处在动荡之中。东欧剧变和苏联动荡对我国有一定影
响，我们要保持必要的警惕。在当前形势下，国际反动势力
必然会进一步通过各种渠道加紧从政治、思想、经济、文

化、宗教、民族等方面对我国进行渗透。对此，我们决不可掉以轻心。当然，尽管世界上许多地方处于动荡与不安之中，和平与发展仍然是当今世界的两大主题，是各国人民的共同愿望，世界大战一时打不起来。国际形势总的来说对我们还是有利的。只要我们国内政治上稳定，经济上继续坚持正确的方针和政策，搞好治理整顿，进一步深化改革，同时继续坚持奉行独立自主的和平外交政策，积极开展工作，我国的国际地位就会进一步提高，我们同世界人民和友好国家的团结就会进一步得到巩固，对外开放也会进一步扩大。我们有可能争取到一个有利于我国建设的较长时期的和平国际环境。正如邓小平同志所说的，我们绝不能错过这样一个难得的机遇。不管世界上发生什么变化，只要不发生世界大战，只要战争不打到我们头上，我们就要专心致志、一心一意地搞社会主义现代化建设。即使战争打到我们头上，打完了战争，我们还是要搞建设。只要我们把自己的事情办好，国际反动势力对我国的和平演变就不可能得逞，国内外敌对势力的破坏阴谋都将被粉碎。

国内形势总的来说是好的。党的十一届三中全会以来，在邓小平同志等老一辈无产阶级革命家的带领下，我们党恢复和坚持了一切从实际出发、理论联系实际、实事求是的思想路线，把马克思主义的普遍真理同中国的具体实践相结合，科学地总结了社会主义建设的历史经验，实现了把工作重点放在经济建设上这样一个根本的转变。我们坚持以经济建设为中心，在坚持四项基本原则的同时坚持实行改革开放，形成了"一个中心、两个基本点"的党的基本路线。在这条基本路线的指引下，我们在农村经济体制改革取得巨大成功的基础上，又对城市经济体制进行了改革，对科技、教育等方面的体制进行了改革，扩大了对外开放，大大调动了人民群众的积极性，创造了农业连年丰收、工业持续大幅度增长的巨大成绩，提前实现了社会主义现代化建设的第一步战略目标，综合国力有了很大增强，人民生活显著改善。十一年来，尽管我们在前进的道路上有过失误，但是我们取得的成就是举世瞩目的。实践证明，党的十一届三中全会的路线是一条符合中国国情的马克思主义的正确路线。为了实现我国社会主义现代化建设的第二步战略目标，我们必须进一步提高执行党的基本路线的自觉性，坚持经过实践证明是正确的一整套方针、政策，坚定不移地走建设有中国特色的社会主义道路。

发展经济是维护社会稳定的基础，同时也要发展教育，加强思想政治工作和党的建设，发扬社会主义民主，健全社会主义法制。健全法制，巩固人民民主专政，是整个社会有秩序地前进的根本保障。邓小平同志在十年前就指出要一手抓建设、一手抓法制。如果没有健全的法制和强大的人民民主专政，社会就会陷入混乱，不仅建设事业无法进行，社会主义制度也难以存在。马克思主义历来认为，在人民内部实行最广泛的民主与对人民的敌人实行专政是一致的。马克思一八五二年在致约·魏德迈的信中说："无论是发现现代社会中有阶级存在或发现各阶级间的斗争，都不是我的功劳。……我所加上的新内容就是证明了下列几点：（1）阶级的存在仅仅同生产发展的一定历史阶段相联系；（2）阶级斗争必然导致无产阶级专政；（3）这个专政不过是达到消灭一切阶级和进入无阶级社会的过渡……"[2]列宁指出："谁要是仅仅承认阶级斗争，那他还不是马克思主义者，……只有承认阶级斗争、同时也承认无产阶级专政的人，才是马克思主义者。"[3]毛泽东同志曾反复论证人民民主专政的重要性。邓小平同志也一再强调，必须加强人民民主专政的国家机器，用以打击反社会主义的分子和各种破坏安定团结的势力。在四项基本原则中，坚持人民民主专政同坚持其他三项原则同等重要。在新的历史条件下，对于这一点，全党都要进一步提高认识。

当前，治理整顿已经取得明显的成效，改革正在进一步深化，经济形势在朝着好的方向发展。全国上下人心思定，广大人民群众热切关注社会主义祖国的建设事业，社会风气有所好转。这些都为我们执行新的五年计划创造了良好的条件。但我们也应清醒地看到，在前进的道路上仍然存在一些困难。经济生活中一些深层次的问题还没有根本解决，市场销售疲软、经济效益不高的状况没有普遍好转，国家财政困难较大，建设资金短缺，某些资源相对不足，农业基础还比较薄弱，加之我国人口众多，各项建设事业十分繁重；经济、科技、教育乃至政治体制改革的任务相当艰巨。社会各方面仍然存在大量不安定的因素。经济方面存在的一些困难，一定程度上影响了部分职工的生活，待业半待业人数和农村剩余劳动力也有所增加。在政治方面，一些地方和部门的行业不正之风尚未得到纠正，一些干部不大关心群众的疾苦，有的甚至自身腐化堕落，群众中仍有相当的不满情绪。在某些农村，反动会道门和非法宗教势力的活动猖狂，有的已形成与我们党争夺群众、甚至争夺基层政权的危险局面。有的民族自治地区如西藏、新疆等一些地方的分裂主义势力和一些敌对分子相互勾结，伺机制造事端。全党同志对此必须有一个清醒的认识，保持高度警惕，要有迎击突发事件和各种新的挑战的思想准备。

在新的国际国内形势下，各级党委和政府要十分注意下功夫解决好经济领域里的各种问题，搞好改革开放，大力发展经济，安排好人民的生活，这是政治和社会稳定的基础。同时，要继续深入贯彻党的十三届六中全会决定，把反腐败、纠正行业不正之风的斗争深入进行下去，切实抓出成效，进一步密切党与群众的血肉联系，正确处理人民内部的各种矛盾，充分调动广大人民群众建设社会主义的积极性。要大力加强和改进思想政治工作，深入开展社会主义教育，逐步解决一些深层次的思想问题。有关民族和宗教的问题，要慎重而妥善地予以解决。要认真总结维护社会稳定的经验，从各方面把工作做深做细，消除不安定因素。

政法部门在维护稳定方面居于特别重要的地位，担负着非常繁重的任务。政法工作关系到社会主义现代化建设事业的发展和社会主义制度的巩固，各级党委和政府要充分认识政法工作的极端重要性，加强对这项工作的领导和支持。政法战线各部门要努力适应新形势的要求，充分发挥人民民主专政机关的职能作用，更好地为建设有中国特色的社会主义事业服务。要紧紧围绕党的基本路线，以抓好社会治安综合治理为重点，在切实保障人民的民主权利和其他各项权利的同时，继续依法从重从快严厉打击严重危害社会治安的刑事犯罪分子，依法从严惩处严重经济犯罪分子，坚决扫除"六害"[4]，进一步整治社会治安，加强隐蔽战线的斗争，防止和及时处置突发事件，维护稳定，保持良好的社会秩序。与此同时，继续加强政法队伍的建设，纠正行业不正之风和违法违纪行为，进一步密切政法干警与人民群众的关系。

必须着重指出，继续坚决防止和及时处置突发事件，仍然是今年全党和政法战线维护社会稳定的突出任务。去年，全国公安干警和武警部队，以及整个政法战线和人民解放军，在维护全国局势稳定、及早防止一切可能发生的动乱、迅速处置某些业已发生的问题方面，做了大量卓有成效的工作，成绩是巨大的，为去年的治理整顿和经济建设提供了较好的条件。现在看来，各种不稳定因素还继续存在。国内外反动势力并不甘心于他们的失败，仍在尽一切可能对我国社会主义事业进行破坏和捣乱。今年以及今后一个时期，我们政法战线的首要任务仍然是维护和不断巩固社会稳定的局面，坚决防止和及时处置突发事件。去年已经组建的公安武警防暴队，要继续加强训练和教育，充实和改进装备，并实行"平战结合"的原则，平时参与维护社会治安，一旦需要，可以集中使用。各大中城市维护社会治安的各种群众性组织，也是一支很重要的维护社会稳定的力量，要进一步充实骨干，加强经常性的教育和必要的训练。我们决不能过了几天安稳日子就认为天下太平了。去年一年虽然维持了基本稳定，但是也出了一些乱子。我们务必不要放松这方面的警惕性。

全面落实社会治安综合治理

中央政法委员会准备从今年起把社会治安综合治理作为

政法工作的一个重点，已经成立了综合治理办公室，还准备同有关部门商量并报告中央，建立一个社会治安综合治理领导机构。现在我再就这个问题说几点意见。

根据多年来的经验，解决社会治安问题的根本途径，必须从我国的国情出发，坚持专门机关工作与群众路线相结合的原则，在各级党委和政府的领导下，动员社会各方面的力量协调一致、齐抓共管，运用政治的、经济的、行政的、法律的、文化的、教育的等多种手段进行综合治理。这是治本的办法。然而决不能产生可以放松"严打"的错觉。依法严厉打击严重刑事犯罪活动，是社会治安综合治理的一项极为重要的内容，也是全面落实社会治安综合治理各项措施的重要条件。即使社会治安综合治理的其他各项措施落实得比较好了以后，仍然需要坚持必要的、适时的"严打"。因此，必须坚持"严打"和社会治安综合治理的其他各项措施同时抓的方针，尽一切可能预防和减少犯罪。这是我们维护社会稳定的一个长期的基本方针，是在改革开放的新形势下，具有中国特色的、广泛依靠群众解决社会治安问题的新路子。

对社会治安实行综合治理是全党的任务。首先要求各级党委高度重视，把它列入党和政府工作的重要议事日程，由党委和政府统一组织，各部门、各单位积极参与，密切配合，认真切实地抓起来。过去十年来的经验充分证明，凡是这样做了的，社会治安综合治理就取得明显的成效，社会治安情况就好，案发率就比较低。反之，就会停留于一般号召，深入不下去，不能取得应有的效果。

社会治安综合治理，最重要的是抓好基层的工作。基层工作的关键是要加强基层党组织的建设，特别是领导班子的建设。如果基层党组织处于瘫痪半瘫痪状态，社会治安综合治理就根本无法进行。只有建设好基层党组织，使之成为带领群众进行生产建设、勤劳致富的战斗堡垒，社会治安综合治理工作才能在党组织的领导和支持下，结合本地实际落到实处；只有在基层党组织的坚强领导下，加强思想政治工作，加强精神文明建设，密切联系群众，随时解决群众中发生的问题，才能真正做到把问题解决在萌芽状态，解决在基层。多年来我们一直强调，基层党的工作是党的一切工作的基础，基层政权工作是人民民主专政的基础，搞好社会治安综合治理也必须牢记这一点。

社会治安综合治理必须长期坚持。由于社会治安综合治理涉及党政军群和社会各方面的工作，哪方面抓得不紧或配合不上，都难以取得应有的成效。我们国家那么大，要全国各级党委和政府都充分重视并切实加强领导，要所有基层党组织都健全和加强起来，真正抓好社会治安综合治理，不是短时间能够做到的。因此，我们必须踏踏实实地，一个地市一个地市、一个县一个县、一个单位一个单位，一批一批地，从本地区本单位的实际出发，运用已有的先进经验，抓好社会治安综合治理。没有相当的时间，没有长期工作的积累，要想做好是不容易的。为什么我们十年来没有在全国范围把社会治安综合治理工作全面搞好，一个重要的原因也在于此。为了搞好这项工作，是否可以考虑，以各省、自治区、直辖市为单位，从本地实际出发，结合国民经济和社会发展的"八五"计划，对社会治安综合治理作出具体规划，并坚持不懈地付诸实施，一步一步地取得成效。

应该看到，目前是搞好社会治安综合治理非常有利的时机。党的十三届六中全会通过了关于加强党同人民群众联系的决定；党的十三届七中全会通过了十年规划和"八五"计划的建议；全党全国都在强调加强党的领导；加强基层党组织建设的问题也提到了十分突出的位置。同时，经过十年的工作，我们也积累了一些地、市、县和基层搞好社会治安综合治理的经验。这一切都非常有利于我们全面推进社会治安综合治理工作。

"严打"仍然是综合治理的首要环节

应该充分肯定，一九八三年以来包括去年所进行的"严打"斗争，成效是显著的，对遏制严重刑事犯罪的大幅度上升起了重要作用。在对外开放和发展社会主义商品经济的条件下，如果没有"严打"，社会治安不可能保持目前这种基本稳定的局面。多年的实践证明，对严重危害社会治安的犯罪分子采取依法从重从快惩处的方针绝不能动摇。当前，我国社会治安形势仍然相当严峻。重大刑事犯罪还在增加，去年全国刑事案件比一九八九年增加了百分之十二点四，其中大案上升百分之十一。"六害"等丑恶现象屡禁不止，贩毒吸毒、卖淫嫖娼等活动还有发展，黑社会性质的犯罪团伙也有可能蔓延。今春，原来部署的全国范围的"严打"斗争告一段落后，仍要再接再厉，继续贯彻对严重刑事犯罪活动实行"严打"的方针，决不能有丝毫放松。至于"严打"采取什么方式，每次"严打"搞多长时间，重点打击哪些对象，则要根据不同时期、不同地区的具体情况来确定，不搞"一刀切"。集中统一行动是开展"严打"的一种形式，但不是唯一的形式。在多数情况下，还是不要等中央统一部署，各省、自治区、直辖市党委和政府要根据当地的社会治安情况，主动地和有节奏、有准备、有重点地开展集中打击或专项斗争。当然，这也不排除必要时在全国范围或较大区域，对严重刑事犯罪活动开展集中统一的打击行动。

"严打"斗争无论采取哪种方式，都需要注意以下几点：第一，行动要及时。严重刑事犯罪活动一抬头就要狠狠打击，不能让它形成气候。第二，重点要突出。要根据社会治安情况的变化，及时调整打击重点和主攻方向。今年就全国而言，要把深挖犯罪团伙特别是带有黑社会性质的犯罪团伙和打击贩毒活动作为重点来抓。尤其要下大力气及时侦破大案、要案，提高侦破本领。大案破不了，"严打"就严不起来。第三，既要有声势，又要从实际出发，注重实效。要保持"严打"的声威，没有一定声威不足以震慑犯罪分子，但决不要搞大呼隆和无目标的大搜捕。必须十分注意提高"严打"斗争的质量。必须把工作做深做细，提高斗争水平，真正把隐藏深、危害大的犯罪分子挖出来。要把开展"严打"斗争同加强经常性的工作、加强基础工作紧密结合起来。第四，坚持宽严相济，务必搞准。凡是该捕、该判、该杀的，依法处之，决不手软。但"严打"绝不意味着抓人越多越好，判刑越重越好。收容审查一定要严格控制，可不抓的决不要抓。对罪行较轻或具备从轻情节，有条件放在社会上监督改造的违法犯罪人员，可以依法多判一些缓刑、管制、拘役，就地落实教育改造措施。这样做既有利于争取和挽救一批人，又可以减少劳改、劳教[5]单位的压力。一些地方的试点经验已经证明，这是行之有效的。对于没有大的违法行为而小的违法行为常有的人，除按有关法规处理外，可以采取一些切实有效的就地帮教措施，但绝不允许超越法纪乱办"帮教学习班"，绝不能采取限制人身自由、挂牌、罚跪等错误做法。第五，大力加强劳改、劳教工作。要改进管理措施，提高改造质量，进一步减少重新犯罪。对劳改、劳教工作中的一些特殊困难，国务院正在研究解决，请各地党委和政府也给予关心和支持。

继续开展严厉打击严重经济犯罪的斗争

党的十一届三中全会以来，我们在坚持四项基本原则的同时，实行改革开放的方针，打破过去封闭条件下过度集中的经济体制，发展社会主义有计划的商品经济，取得了很大的成功。当然，适应社会主义有计划商品经济的新体制和新的运行机制有一个形成和完善的过程。在这个过程中，一些人钻改革开放的空子，不择手段地攫取钱财，进行贪污、贿赂、投机倒把、走私等犯罪活动。这种犯罪活动严重干扰改革开放，破坏经济建设，任其发展下去，后果不堪设想，必须依法予以严厉打击。否则，经济建设和改革开放就不可能顺利进行。打击经济犯罪和支持改革开放是完全一致的。我们绝不能因为出现严重的经济犯罪问题，就怀疑改革开放方针的正确性。在由封闭到开放的大转变时期，难免发生一些新的问题。这类问题只能通过继续深化改革、完备法制来解决。再退回到过去的封闭状态是不可能的。我们对严重经济犯罪依法实行严厉打击，基本的出发点正是为了保证经济建设和改革开放的顺利进行。严厉打击严重经济犯罪，也是在改革开放和发展社会主义有计划商品经济的条件下从严治党、加强廉政建设、密切党和群众的联系、维护社会稳定的需要。近几年来，少数党员和干部经不起改革开放和发展商品经济的考验，走上了违法犯罪的道路。出现这种现象并不奇怪，也不能由此对改革开放产生怀疑，甚至动摇了对党的信念。自建党以来，每个历史时期，都有一些人跟不上历史的潮流，犯这样或那样的错误，甚至走到党的对立面去了。在改革开放的大变动时期，在建设有中国特色的社会主义的新长征中，出现少数人掉队的现象，是难以完全避免的。同时，也要看到，由于我们党处于执政地位，党政机关出现少数腐败分子，影响是十分恶劣的，损害了党的形象，社会后果很坏。对此必须严肃对待，认真查处，毫不含糊。能不能坚决地惩治腐败，是关系到党能否带领人民实现现代化，能否巩固和发展社会主义制度的大问题。总之，各级党委和政府，各有关部门和政法各部门务必充分认识严厉打击严重经济犯罪的重大意义，坚持不懈地抓好这项工作。

近几年开展严厉打击严重经济犯罪的斗争，成绩是显著的。广大干警克服重重困难，排除各种干扰，查处的大案要案逐年增多。监察、纪检、工商行政管理、海关等部门也做了大量工作。这些必须充分肯定。但目前还存在一些人民群众不满意的地方。第一，经济犯罪仍然很严重，一些犯罪分子攫取钱财的数额越来越大，动辄几十万元、上百万元。去年一至十一月全国检察机关立经济犯罪大案两万两千多起，比前年同期上升百分之三十四。第二，犯罪分子手段诡秘，花样翻新，而我们在经济交往和管理制度上的漏洞较多，监督机制和法规还不健全。第三，说情风盛行，有的实际上是办人情案。为了进一步把严厉打击严重经济犯罪的斗争深入开展下去，需要着重强调以下几点：（一）严厉打击严重经济犯罪活动是政法部门和有关执法部门的共同任务。要继续坚持依法从严的方针，执法要严，打击要狠。要坚持法律面前人人平等，不办人情案。对于大案、要案，领导要亲自过问，组织力量，排除一切阻力和干扰，一查到底，依法严惩，决不能姑息养奸。党委和政府要给执法部门切实有力的支持。（二）坚持专门机关工作与群众路线相结合，在加强专门机关建设、提高侦破能力的同时，可以适当进行一些宣传报道，表明党和政府惩治腐败、加强廉政建设的决心，进一步深入发动广大干部和群众同经济犯罪作斗争。目前，群众举报仍是查处经济犯罪的主要线索来源，这项工作要进一步加强。（三）注意掌握政策界限。坚持"既要坚决、又要慎重、务必搞准"的原则，划清罪与非罪、犯罪与违法、犯罪与违反党纪政纪的界限，严格执行法律、政策，宽严相济。（四）把打击经济犯罪和改进工作结合起来。在办案过程中，要注意发现经济交往和管理制度上的漏洞，及时向有关部门和单位通报情况，提出积极建议。各有关部门也要认真总结经验，严密制度，改进工作。同时，要通过实践，深入研究经济犯罪的新情况、新特点，不断健全经济立法，完善管理制度，使犯罪分子无隙可乘。（五）要认真执行中央文件中多次指出和重申的严格实行罚没收入和办案经费彻底脱钩的决定，同时切实保证办案经费，并重视解决以罚代刑的问题。

深入开展除"六害"斗争

国务院部署除"六害"以来，各地结合实际，大张旗鼓地开展这场斗争，取得了很大成绩，促进了社会风气好转和精神文明建设。但是，"六害"具有顽固性和反复性。近来一些地方"六害"有所回潮，特别是"黄"和"毒"，尤其需要引起我们高度重视。"六害"腐蚀人的灵魂，毒害社会，诱发犯罪，危及各民族的繁衍和发展，任何地方、任何时候对此都不能掉以轻心。今年就全国来讲，除"六害"要坚持抓下去，不能有丝毫放松。各地要根据实际情况，综合运用各种有效的手段，突出重点，严厉打击，哪一"害"严重就集中铲除哪一"害"。年内务必抓出显著成效。

卖淫嫖娼在一些沿海开放地区仍在继续发展，内地一些地方也不断出现。有些地方性病蔓延较快，还出现了艾滋病患者。我们对这类问题决不能等闲视之，决不能只当作一般治安问题，要采取有效措施，坚决扫除。决不能让这种"瘟疫"继续蔓延，危害人民。

贩卖、制造毒品近年来发展很快，吸食毒品的人数在大幅度增加，私种罂粟的情况已在不少地方发现。尤其严重的是，贩毒数量巨大，动辄上万克，一次贩运三万克以上海洛因的案件已发现多起，而且武装押送、以暴力抗拒查缉的事件也时有发生。贩运毒品的线路正在从西南、西北、东北向全国各地伸展，蔓延速度惊人。这样发展下去，对我们国家、民族危害之烈，后果之严重，是不堪设想的。全国人大常委会去年已经作出禁毒决定，充分表明了党和国家禁毒的决心。一百五十多年前，林则徐虎门销烟，中国同西方列强打了一场反侵略战争，但在那个时代林则徐的愿望是不可能实现的。新中国成立后，我们共产党人代表人民的利益，发动群众在短期内禁绝了烟毒。现在决不能再让已经消灭的这一丑恶现象重新蔓延泛滥。必须立即行动起来，坚决执行全国人大常委会的决定，下大力气把禁毒斗争坚决、深入、持续地开展下去。首先要切断毒源。要严格口岸查控，在境内几条主要贩毒线路上加强查缉，堵住通道，严防毒品向内地扩散。要加强缉毒力量，改善装备，提高查控能力，以适应斗争的需要。问题严重的地方，要像解放初期开展禁毒运动那样，广泛发动群众，大张旗鼓地开展大规模的集中打击和查禁，务必抓出实效。对那些大量走私、贩卖、运输、制造毒品，引诱、教唆他人吸食毒品的严重犯罪分子，一定要依法从严惩处，该杀的坚决杀掉，决不轻纵。要办一些戒毒所，生产一批戒毒药，对吸食成瘾者，发现一个收容一个，集中起来强制戒除。要及时铲除非法种植的毒品原植物，严肃处理有关人员。即使是目前毒品犯罪还不突出的地方，也要提高警惕，加强防范，一经发现，就要坚决打击和查处，决不能让其形成气候。

大力加强政法队伍建设

在加强队伍建设的问题上，政法部门各级领导和全体政法干警，必须明确树立这样一个思想，政法部门是人民民主专政的重要工具，受到党和人民的信任，权力是相当大的，这些权力是人民给予的，必须用以维护人民的利益。我们任何时候都必须牢记全心全意为人民服务的宗旨，一刻也不能脱离人民群众。政法队伍如果脱离人民群众，甚至违背人民的利益，是极端危险的。

我们的政法队伍总体上是好的，是经得起考验的，是完全可以信赖的。这支队伍中的绝大多数同志廉洁奉公，艰苦奋斗，富于奉献精神，竭尽全力为人民、为社会主义事业服务，为维护治安秩序和社会稳定作出了积极贡献。新闻媒介要积极宣传人民警察和政法干部的正面形象，树立公安、司法机关的权威。

在充分肯定政法队伍主流的同时，对存在的问题也应有清醒的认识和足够的估计。正视存在的问题并采取有效措施加以解决，是对这支队伍的真正关心和爱护。目前，在一些单位和少数干警中，玩忽职守、乱处滥罚、刑讯逼供、欺压群众、以权谋私、贪赃枉法、腐化堕落的现象还比较严重，有的人甚至掩护和参与犯罪团伙的活动，令人触目惊心。对这些问题我们必须痛下决心严加整治，否则不仅严重损害政法部门在群众中的威信，影响政法部门的战斗力，而且直接损害党和政府与人民群众的联系。

查处违法违纪，纠正行业不正之风，是当前政法队伍建设中一个十分紧迫的问题。各级政法部门都要自觉揭露存在的问题，主动加以解决。要把查处违法违纪、纠正行业不正之风，同贯彻党的十三届六中全会决定，同加强廉政建设紧密结合起来。今年，各地区、各部门要在调查摸底的基础上，排出本地区、本系统、本单位存在的主要问题，分析原因，有针对性地制订措施，限期整改。问题严重的部门和单位，要集中一段时间进行整顿。要在广大干警中普遍加强马克思主义理论教育和反渗透、反颠覆的教育，加强全心全意为人民服务的教育、职业道德教育和遵纪守法教育，认真整顿纪律，整顿思想作风。政法干警是人民的勤务员，要发扬人民警察爱人民的优良传统，密切联系人民群众，多为群众办好事。要在内部建立健全有关制度，形成监督、制约和激励的机制，奖励先进，弘扬正气，对违法违纪者要严肃处理，该法办的要坚决法办，决不护短。各级政法部门的领导干部要以身作则，严肃执法执纪。对姑息迁就者要追究责任，对包庇者要绳之以法。要在加强日常检查监督的基础上，认真抓好一年一度的执法执纪大检查。去年十月，中央政法委员会电话会议上特别提到开展执法执纪大检查的问题，请各地将进行的情况和结果给中央政法委员会写出报告。对那些不适合做政法工作的人要坚决调离。这个问题已经讲了多年，不少地方至今没有很好落实，阻力重重，困难不少。去年，辽宁、黑龙江等省由于党委和政府下决心，政法、组织、人事、劳动等部门联合发文件，共同执行，终于把一些不适合做政法工作的人陆续调了出去，并作了妥善安置。看来只要领导重视，下决心，问题是可以解决的。希望各地党委都要重视这个问题，组织、人事、劳动部门积极给予支持，今年内在这方面要普遍抓出明显成效来。与此同时，一定要严格把好进人关，决不能前门把不适合的人调走了，后门又讲人情、把不适合的人调进来，如果这样，我们这支队伍的素质就很难提高。

为了进一步提高政法队伍的政治素质和业务素质，要继续加强各级领导班子的思想、组织和作风建设，对那些软弱、涣散、不起作用的领导班子，要限期整顿、调整。同时，要加强对政法队伍的正规化训练。充分发挥各地政法管理干部学院和其他院校的作用，训练的方式可以多种多样。对大多数干警来说，可以采取办短训班的办法，分期分批地进行政治和业务培训，一年搞几批，一批几个月。培训要有计划地进行，并逐步形成制度，改变干警常年忙于工作，无暇学习和总结提高的状况。搞好训练的关键是要严格。要通过各方面的工作，进一步改善政法队伍的状况，提高队伍素质，密切警民关系，使我们这支队伍真正成为敌人惧怕、人民喜爱的队伍，成为加强人民民主专政的强有力的工具。

进一步加强和改善党对政法工作的领导

近几年，各级党委和政府对政法工作的领导有了不同程度的加强，这是政法工作取得成绩的一个主要原因。在面临国际国内复杂斗争的情况下，政法部门的任务更加繁重，需要各级党委和政府对政法工作在政治思想、方针政策和组织建设上进一步加强领导，更好地监督和支持政法部门严格执行宪法、法律和各项法规。对于不属于公安机关职权范围内的事，不要动用警察。要狠抓政法队伍建设，对各级政法领导干部和广大干警提出更严格的要求，从政治上、工作上和生活上满腔热情地关心这支队伍，帮助他们解决实际困难，解除他们的后顾之忧。同时，要进一步充实警力，改善装备，保证办案经费，提高政法部门的战斗力，使之能更好地运用法律手段为经济建设和改革开放服务。各级政法部门要紧紧依靠和主动争取党委的领导，重大问题要及时报告请示。

　　去年，各级党委政法委员会边恢复边建设，工作开展得是好的。各级党委要继续加强对政法委员会的领导，进一步发挥其职能作用，要根据工作需要，尤其是社会治安综合治理工作的需要，加强政法委的力量。各级政法委员会作为党委的一个工作机构，要认真加强自身建设，不断提高工作水平，努力当好党委的参谋和助手。对在政法委员会工作的干部，要在思想上、业务上严格要求，定期对他们进行培训，以利其增长知识，提高素质。

　　各级党委要把加强政法工作调查研究作为一件大事来抓。在改革开放的形势下，政法工作同其他工作一样，也面临着许多新情况、新问题，现成的经验和办法是远远不够的。从大的方面来讲，在社会主义初级阶段，引起社会治安问题增多的主客观原因有哪些？违法犯罪现象的发展趋势怎样？我们应当采取哪些对策？为了适应改革开放和经济与社会发展的形势，政法工作需要在哪些方面进行改革？等等。这些都是迫切需要研究和回答的问题。对这类问题，如果不调查不研究，决策就缺乏根据，工作指导就会缺乏科学性、系统性，就难免出现失误。今年，各省、自治区、直辖市党委主管政法工作的负责同志要抽出一定精力，认真抓一抓调查研究工作，并请有关部门在人力、财力、物力方面给政法部门必要的支持。开展调查研究要把力量很好地组织起来，落实人员和研究课题，研究机构同实际工作部门要密切配合，充分发挥各自的优势。政法部门的领导干部要亲自参加调查研究，并鼓励调研人员依据事实大胆提出问题，发表见解。在内部，不同的意见可以充分讨论；但研究成果的交流、传播，要有组织地进行，不能各行其是。这次会议之后，各部门、各地区都要着手对调查研究作出规划和安排，近年内拿出一批质量较高的研究成果来。

注　释

〔1〕见本书《正确理解加强党的领导与严格依法办事的关系》注〔3〕。

〔2〕见马克思《马克思致约瑟夫·魏德迈》（《马克思恩格斯选集》第4卷，人民出版社2012年版，第425—426页）。

〔3〕见列宁《国家与革命》（《列宁选集》第3卷，人民出版社2012年版，第139页）。

〔4〕见本书《狠抓综合治理，搞好社会治安》注〔1〕。

〔5〕见本书《狠抓综合治理，搞好社会治安》注〔2〕。

认清历史使命，搞好党风建设 *

（一九九一年四月十九日）

我就如何在党风党纪方面保证党的十三届七中全会精神的贯彻，保证全党和全国人民总的行动纲领的落实，谈几点意见。

第一，加强学习，全面深刻地认识九十年代任务的重要意义及完成这一任务的紧迫性，认清我们肩负的历史使命。

九十年代是实现我国社会主义现代化建设分三步走的战略目标中非常关键的十年。我们在八十年代所取得的成就能不能巩固，已被实践检验证明是正确的路线、方针、政策能不能坚持和发展，我国下个世纪的发展能不能有一个好的基础和起点，都取决于九十年代的工作做得怎样。我们说党的十一届三中全会后总结了历史经验，拨乱反正，制定了正确的思想路线、政治路线。八十年代我们沿着党的十一届三中全会确定的方向，在实践中逐步解决了建设有中国特色的社会主义的一系列基本方针、政策，形成了"一个中心、两个基本点"的党的基本路线。那么九十年代我们就要在这个基础上，继续沿着这条道路前进，并从各方面加以充实、丰富和发展。围绕着建立社会主义有计划商品经济的新体制和计

---

* 这是乔石同志在全国纪律检查工作会议上讲话的一部分。

划经济与市场调节相结合的运行机制的总要求，有许许多多实际问题需要解决，诸如价格、财税、金融、工资、住房、劳动就业等体制的改革，社会主义精神文明建设和社会主义民主与法制的建设，等等。只有本着坚持改革、深化改革的精神，不断在实践中探索前进，切实解决好这些问题，建设有中国特色的社会主义的内容才能更丰富、更完善，更显示出它的优越性，才能为下个世纪的发展打下良好的基础。

国际国内形势对我们完成九十年代的任务，既有严峻的一面，也有有利的一面；既是机遇，也是挑战。我们要抓住中华民族百年不遇的机遇，一心一意把四化建设搞上去。搞四化建设，搞改革开放，也如逆水行舟，不进则退，不仅倒退没有出路，停滞也是不行的。如果我们不能在今后十年里切实加强农业，使农业上一个新的台阶，国民经济将缺乏坚实的基础，也无法满足新增人口的需要；如果我们不大力发展科学技术，我们工业的技术改造搞不上去，经济不能提高到一个新的水平，国防建设不能适当地得到改进和发展，我们与发达国家的差距就还要拉大；如果我们的思想政治工作、文化教育工作不能得到切实的加强，人口素质不能有较大的提高，不能培养出千千万万合格的接班人，我们的社会主义现代化建设就会发生后继无人的危险；如果我们不能通过深化改革，在九十年代搞出一个有中国特色的社会主义的大体框架，到二十一世纪各方面的矛盾就会愈来愈突出。正是从这个意义上讲，九十年代工作的好坏，可以说关系到整个中华民族的振兴和我国社会主义事业的兴衰成败。全党都必须对此有足够的认识。

我们做纪检工作的同志也只有深刻认识这种形势逼人的

大局，深刻认识我们面临的任务的艰巨性和紧迫性，才能紧紧围绕党的基本路线，围绕九十年代的基本任务，加强党风党纪建设，在四化建设和改革开放中全面履行党章规定的三项主要任务，充分发挥纪检机关"保护、惩处、监督、教育"的职能作用。

我们强调党员要遵守党的政治纪律，最根本的就是要求党员在政治上同党中央保持一致，坚持以经济建设为中心，坚持四项基本原则和改革开放，从思想上到行动上坚决贯彻执行党的基本路线，坚定不移地走建设有中国特色的社会主义道路。

第二，从严治党，严肃执纪，搞好党风建设。

搞好党风建设是全党和全国人民普遍的强烈要求。这几年，以江泽民同志为核心的党中央，在反对腐败、加强廉政建设方面采取了一系列重要措施，形成了全党抓党风的好形势。纪检机关在党中央和各级党委的领导下，依靠人民群众，在严肃执纪、查处违纪案件方面做了大量的工作。我们必须看到这方面所取得的明显成效，巩固和发展已有的成果，继续坚持不懈地抓下去。看不到党风和廉政建设以及执纪查处工作的成绩是不对的，因为这不符合实际，也会挫伤干部和群众的积极性。但对此也不能估计过高，还要看到在党风党纪方面存在的问题还很多，离人民群众的要求和执政党建设的要求还很远，在这方面我们还面临着非常繁重和艰巨的任务。我们一定要紧紧围绕党的基本路线，结合经济建设和改革开放的实际，结合社会主义精神文明建设的实际，大力加强党风和廉政建设，从严治党。在这方面我想强调几点：

（一）结合当前实际，加强对党员的教育。我们党是一个有近五千万党员的大党，对党员的教育和管理是一项非常重要和迫切的工作，尤其是对年轻党员、新党员和党员干部一定要抓好经常性的党风党纪教育，增强他们的党性和纪律观念，抓好为人民服务的宗旨教育，增强他们的公仆意识。关于这个问题我们已经讲得不少了，我想着重指出一点，我们必须从正在进行的建设有中国特色的社会主义的具体实践出发，运用今天广大党员，包括新一代的年轻党员能够理解的语言，去进行马克思主义的教育、党的基本知识和党的优良传统的教育，以提高党员的整体素质。马克思主义的基本原则一定要坚持，党的优良传统一定要发扬，但要力求用结合当前实际的、针对广大党员具体思想的、新鲜活泼的语言来讲，努力避免一成不变的、千篇一律的语言，以求收到较好的实效。

（二）要紧紧围绕"一个中心、两个基本点"的党的基本路线，围绕集中力量把经济建设搞上去这个中心任务，来严肃执纪，加强党风建设。对一切在建设有中国特色的社会主义的实践中，善于把中央的方针、政策结合本地区、本部门的实际，创造性地贯彻落实的，要热情地予以支持、鼓励和帮助。对一切不符合党的基本路线，不符合中央方针、政策的，要批评、反对。对一切违背党和人民的利益、违反四项基本原则、损害以至破坏经济建设和改革开放的，要坚决查处。对违纪违法行为，对严重的行业不正之风，对损害人民利益、破坏经济建设和改革开放及以权谋私、徇私枉法等人民群众深恶痛绝的行为，如不坚决查处，就是容忍，就是纵容，客观上也就是鼓励，纪检机关就没有尽到自己的责任，有关的党组织也没有尽到从严治党、搞好党风党纪建设的责任。腐败现象尽管在我们党内是极少数，但它像瘟疫一样，如不坚决刹住，就会逐渐蔓延。各级党委和纪检机关务必在这方面切实负起责任。

我们还要正确认识严肃执纪和搞活经济、促进经济发展的关系，不要把两者对立起来。我们严肃执纪，查处案件，纠正违法乱纪行为，正是为了保证经济建设和改革开放更好更健康地发展，而不是相反。有问题的，查清了，处理了，真正吸取了教训就可以改正。经过查证没有问题的，及时予以澄清，也有利于轻装前进。查清没有问题，予以结案解脱，这也是纪检工作的成绩，并不是非要查出问题才算有成绩。关于这点，我们已经说过多次了。

（三）从严治党，关键是要严。在加强教育的同时，治党一定要从严。当然我们所说的严，是以党纪国法为准绳，有明确范围和界限的。执纪要严肃，查处要坚决。在查处中必然会遇到干扰，要坚决顶住。对说情风、关系网，都要坚决顶住。执法执纪不能怕得罪人，要有这样的精神。搞纪检工作难免会得罪人，但我们得罪的是违法违纪的少数人。公正地查处了案件，得到的是广大人民群众和党内绝大多数同志的支持和拥护。邓小平同志在一九八六年就说过，抓社会主义精神文明建设，必须狠狠地、一天不放松地抓。对违纪违法犯罪问题要坚决查办，"不管牵涉到谁，都要按照党纪、国法查处。要真正抓紧实干，不能手软"[1]。这次会议中间，很多同志谈到，对从严治党和党风党纪问题的重要性已经讲得很多了，现在关键是要落实。我们必须坚持不懈地狠抓下去，把目前党风方面存在的不好现象坚决地扭转过来。

不严没有出路，不严就是放纵，放纵就必然会助长不正之风和各种违法乱纪现象。尤其对那种严重的腐败现象，决不能拖延不办，姑息养奸。从严，才有利于党和社会主义事业，有利于人民利益，才符合人民的愿望。建党七十年的经验证明，我们党的底子和基础是好的。这是我们党的历史的主流。同时，在我们党的各个历史时期，也都有一些掉队的、消沉的、腐败堕落的，甚至背叛革命的人。现在我们党处在执政地位，又在从事前无古人的建设有中国特色的社会主义的伟大事业，出现一些掉队的，出现一些腐败分子甚至叛党叛国的人也不奇怪，关键是要对他们及时进行处理，严肃对待，绝不含糊，真正做到从严治党。只要全党都有这样的态度，全党都来抓党风和廉政建设，就能进一步抓出成效，搞好党风建设就很有希望。

从严治党，严肃执纪，首先要从各级领导班子做起。领导干部要以身作则，严于律己，才能搞好党风建设。

第三，密切联系人民群众，加强同群众的血肉联系，依靠群众来搞好党风党纪建设。

党的十三届六中全会通过的《中共中央关于加强党同人民群众联系的决定》，强调能否保持和发展同群众的联系，直接关系到党和国家的兴衰存亡。我们党的根本宗旨是全心全意为人民服务。党除了人民群众的整体利益以外，没有自己的特殊利益。在革命战争年代，我们党之所以能够领导人民推翻三座大山，建立社会主义的新中国，原因就在于党的纲领代表了人民的和民族的根本利益；在于党根据马克思主义的辩证唯物主义和历史唯物主义的基本原理，采取了从群众中来到群众中去的群众路线的工作方法，制定了一整套正确的路线、方针、政策，并使之转化为人民群众的自觉行动。人民群众的支持，是我们克敌制胜的力量源泉。新中国成立以后也是这样，凡是我们党制定的正确路线和政策，都是集中了群众的智慧和实践经验，符合人民利益和历史前进方向的，因而得到人民的拥护并取得成功。反之，我们工作中出现的失误，也是由于脱离实际，脱离群众，没有很好实行从群众中集中起来到群众中坚持下去的原则。党的十一届三中全会以来我们之所以能够取得举世瞩目的巨大成就，根本上也在于党的路线、方针、政策反映了人民群众的根本利益和要求，极大地调动了人民群众的积极性。今天我们要实现九十年代的战略目标和各项任务，也必须把亿万人民群众的积极性充分调动起来，依靠全体人民的团结奋斗来达到目的。

群众路线是我们党的根本路线。我们党的三大作风中，密切联系群众这一条同另外两条都有直接的关系。我们讲理论联系实际，就离不开亿万人民群众的集体实践和集体创造；我们讲批评和自我批评，如果不依靠人民群众实践的检验，就没有区分路线是非和工作好坏的正确标准。在建设有中国特色的社会主义的新的历史时期，我们必须进一步深化对党的群众路线的认识和实践。

当前，人民群众对于我们党风方面存在的问题，意见是很多的，甚至还相当强烈。这对我们加强党风党纪建设，既是压力，也是动力。人民群众对我们党风党纪的状况很关心，寄予殷切的期望，这是一个有利条件。近几年，我们查处的违法违纪案件，有很大一部分是群众举报的。我们在查处、执纪工作中，也要深入实际，依靠群众。只要我们踏踏实实、雷厉风行，特别是抓住人民群众反映最强烈的重大案件，一个一个地查证落实，一个一个地严肃处理，就能得到人民群众的信任和支持，就能使人民群众和全党增强搞好党风建设的信心，不断提高党的威望。

我们在党风建设中提倡什么和反对什么，也要以是否符合人民的根本利益为前提。我们提倡艰苦奋斗、勤俭建国，这是从我国是一个有十一亿六千万人口的大国，经济文化还不发达，人民生活还不富裕这样的基本国情出发的。因此，我们要坚决反对讲排场、摆阔气，反对铺张浪费和追求奢侈生活。只有真正与人民同呼吸、共命运，我们才能赢得人民真心实意的拥护和支持。人民要我们共产党干什么？过去是为了带领人民群众夺取革命的胜利，求得翻身解放；今天是为了团结各族人民建设有中国特色的社会主义，实现分三步走的战略目标，使全国人民逐渐过上共同富裕的美好生活。人民需要的是真正为人民服务的勤务员，不需要高高在上做官当老爷的人，更不允许任何人骑在人民头上作威作福。

同志们在讨论中提到监督的问题，这是纪检机关四项职能中的一项，很有必要加强。我们党的各级干部应该经常不断地接受来自人民群众和党员同志的监督。监督有多种形式，人民代表大会是一种形式，党派之间的互相监督也是一种形式，纪检工作是一种监督，人民群众的来信来访也是一种监督。对这些监督都要欢迎、支持，正确对待，这样会有利于加强和改善党的领导。特别是各级党组织的主要领导同志，应当自觉地接受监督，认真听取来自各方面的意见，包括来自下面、来自群众的意见，善于吸取其合理的部分，不断改进自己的工作，这样才能收到监督的效果。来自下面和群众的意见，难免有不全面和不完全正确的地方，方式方法也不一定都很妥善，但对于这些意见，领导同志多听听没有坏处，至少可以清醒头脑，做到有则改之，无则加勉。

"八五"期间和整个九十年代，不仅我们的改革开放和建设事业任务非常繁重，而且党的建设包括党风党纪建设也同样面临着十分艰巨的任务。各级党委要切实认真地抓好党风党纪建设，高度重视纪检工作。党委对纪检机关要严格要求，对纪检工作要加强领导和指导，解决他们在工作中遇到的困难。主要领导同志要抽时间过问纪检工作，了解重要情况。对重大违纪案件和党风方面的带倾向性问题，党委要讨论研究，对纪检机关给予必要的领导和支持。这对严肃执纪是非常重要的。有的地方党委常委会在一年里多次讨论纪检工作，这是很好的。各级党委和纪检机关要根据形势和任务的要求，不断加强纪检队伍的建设，一方面要充实和加强力量，另一方面要大力提高纪检干部的政治素质和业务素质。

注　释

〔1〕见邓小平《在中央政治局常委会上的讲话》（《邓小平文选》第 3 卷，人民出版社 1993 年版，第 152 页）。

在首都庆祝西藏和平解放
四十周年纪念会上的讲话

（一九九一年五月二十三日）

今天，是西藏和平解放四十周年纪念日，党中央、全国人大常委会、国务院、中央军委已经发了贺电，并派了中央代表团出席在西藏举行的庆典和向西藏各族各界人民表示祝贺和慰问。我们首都各界人士也在这里集会，隆重纪念这个具有深远历史意义的日子。在此，我们向西藏各族人民，向人民解放军驻藏部队、西藏武警部队全体指战员和西藏全体公安干警，向支援和帮助西藏建设的全体同志，向在北京工作、学习的广大藏族同胞，表示热烈的祝贺和亲切的慰问。

四十年前的今天，中央人民政府全权代表和原西藏地方政府全权代表在北京签订了关于和平解放西藏办法的协议，西藏获得和平解放。这是中国现代史上的一件大事，是西藏历史发展的一个划时代的转折点。它标志着西藏永远摆脱了帝国主义的侵略，标志着包括藏族在内的中华民族在新的历史条件下的大团结，为西藏的进步和繁荣开辟了广阔的前景。

和平解放四十年来，西藏面貌发生了翻天覆地的深刻变化。完成了民主改革，废除了黑暗、落后的封建农奴制度；

实现了民族区域自治；进行了社会主义建设和改革开放。昔日连做人的起码权利也没有的百万农奴真正成了社会和国家的主人；昔日贫穷落后、封闭停滞的旧西藏，已成为初步繁荣昌盛的社会主义新西藏。

四十年来，党和国家一直十分关心和重视西藏的经济发展与社会进步。毛泽东、周恩来等老一辈无产阶级革命家生前对西藏工作都非常重视。邓小平同志从西藏和平解放初期起就一直关心西藏工作，做过许多重要指示。去年，江泽民同志亲自到西藏视察工作，对西藏的发展和繁荣给予了很大关怀。在西藏革命和建设的各个重要时期，党中央都根据西藏的实际情况，制定出有利于西藏发展的方针、政策。特别是党的十一届三中全会以来，为了帮助西藏经济获得更大的发展，尽快改善人民的物质文化生活，中央对西藏采取了许多特殊政策和优惠措施，深受西藏广大人民群众的欢迎。实践证明，党在西藏的各项方针、政策是符合西藏实际，代表西藏各族人民根本利益的，是完全正确的。

从现在起到本世纪末的十年，是我国经济和社会发展非常关键的十年。我们将一如既往地继续执行有利于西藏发展、进步和繁荣的各项政策，继续动员全国各族人民大力帮助西藏进行开发建设，支持西藏自治区实现十年规划和"八五"计划，使西藏同全国其他地区一起，在建设具有中国特色的社会主义的大业中，共同发展，共同繁荣。

西藏人民是勤劳、朴实、勇敢、智慧的人民，有着悠久的爱国主义传统。社会主义制度的建立大大激发了西藏人民的劳动热情和创造精神。四十年来，西藏各方面所取得的成就，正是他们发扬自力更生、艰苦奋斗的精神，辛勤劳动的结果。

全国各族人民、各兄弟地区对西藏的帮助和支持，是西藏发展进步不可缺少的条件。四十年来，有许多汉族和其他兄弟民族的干部和各类专业技术人员从祖国四面八方到西藏，与藏族人民共同为西藏的发展作出了重要贡献。内地一些地区为帮助、支持西藏的发展做了大量工作。同时，西藏人民也在许多方面支援和帮助了内地的发展。这种各民族平等互助、团结合作的新型关系，是社会主义祖国大家庭中各民族携手并肩前进的生动体现。

我们在纪念西藏和平解放四十周年的时候，不能忘记国际反动势力和极少数分裂主义分子还不甘心于他们的失败。在西藏革命和建设过程中，始终存在着维护祖国统一和反对分裂的斗争。我们要有长期斗争的思想准备，警惕分裂主义势力的渗透、颠覆活动，旗帜鲜明地维护祖国统一和民族团结。

同志们，西藏的未来充满了光明和希望。让我们大家共同努力，使西藏这颗世界屋脊上的明珠发出更加耀眼的光芒！

扎西德勒！谢谢大家。

加强共产党员的党性锻炼 *

（一九九一年六月二十八日）

一、新的历史时期增强党性
锻炼的极端重要性

我们党历来重视党的建设，重视加强党员的党性锻炼，这是我们党的一个好传统。六十多年前，针对当时红四军党内存在的各种非无产阶级思想，毛泽东同志写了《关于纠正党内的错误思想》一文，虽未直接说"党性"二字，但中心是加强无产阶级思想教育，克服非无产阶级思想。这是最早提出加强党内思想意识修养的问题。一九四一年七月一日党中央专门作过《关于增强党性的决定》，以克服党内存在的违反党性的错误倾向，使全党统一意志，统一纪律，统一行动。一九四二年为了纠正党内存在的教条主义，党开展了反对主观主义、宗派主义、党八股等不良倾向的延安整风运动，统一了全党的思想，提高了全党的马克思主义理论水平，为取得新民主主义革命的胜利奠定了基础。党的十一届三中全会以来，邓小平同志也多次强调，"所有共产党员都要增强党性，遵守党的章程和纪律"[1]。他在党的十二届二

＊ 这是乔石同志给中共中央直属机关党员领导干部讲党课的主要部分。

中全会上谈整党问题时说，"对大多数党员来说，是通过思想教育，增强党性。要使全党在思想上政治上和精神状态上有显著的进步，党员为人民服务而不谋私利的觉悟有显著的提高，党和群众的关系有显著的改善。"[2]

党性是一个政党固有的根本属性或本质特征。刘少奇同志曾经指出："共产党员的党性，就是无产者阶级性最高而集中的表现，就是无产者本质的最高表现，就是无产阶级利益最高而集中的表现。"[3]就是说，共产党的党性是以无产阶级阶级性为基础的。中国共产党是在中国工人运动和中国人民争取民族解放的斗争中建立起来的，是中国工人阶级和各族人民利益的忠实代表，中国共产党的党性同人民性是完全一致的。共产党员的党性是党的先进性的体现，也是中国人民优良品质和民族美德的体现。

党性原则包含着广泛的内容：坚持马列主义、毛泽东思想，坚持实事求是、理论联系实际；全心全意为人民服务，为实现社会主义和共产主义奋斗终身；自觉遵守和维护党的纪律，在一切工作中坚持群众路线，严肃、认真地开展批评和自我批评等，都是党性的重要表现。毛泽东同志一贯强调，共产党员不但要在组织上入党，而且要在思想上入党，强调把马克思主义的世界观和方法论，把马克思主义的理论和实践统一的科学态度，作为党性的重要原则。

新中国成立四十二年来，我们党处于执政地位。总的来说，党经受住了执政的考验。党在领导人民建设社会主义的过程中，取得了伟大的成就，同时也犯过错误。但党都依靠自己的力量，在人民群众的支持下，纠正了自己的错误。今后，党还将继续经受执政的考验。

　　就党员来说，我们的绝大多数党员，保持了工人阶级先锋战士的本色，主流是好的。据统计，国务院授予全国劳动模范和先进工作者称号的、全总授予五一劳动奖章的、国家科委授予有突出贡献的中青年专家等荣誉称号的人员中，党员所占的比例都很高，有的在百分之九十以上。在全国各地许多自然灾害和严重事故面前，冲在最前面，为了群众利益不惜牺牲自己生命的，绝大多数也是共产党员。同时，我们也应当看到，确实有一部分党员经不起执政的考验。有些党员干部以权谋私，当官做老爷，搞特殊化。有些行业和部门弄权勒索，吃拿卡要，巧立名目，乱收费、乱罚款、乱摊派，等等。这些问题，虽在不断处理和纠正，但仍不同程度地存在，仍然是人民群众反映强烈的问题，必须引起我们的严重警惕。而且，这还远未包括有各种缺点和错误倾向，但不构成违纪、犯法的人，这个面就更大些。

　　改革开放的新形势对党的建设和党员的党性锻炼又是一种新的考验。对外开放，引进外国的资金、设备、先进科学技术、管理方法等，对于加快我国的经济发展，起了很大的作用，是非常必要的。与此同时，西方资本主义的腐朽思想和生活方式也随着渗透进来，资产阶级自由化思想、金钱至上思想的影响等等，都会使党内一些政治不坚定的人和意志薄弱者受到腐蚀，甚至堕落为腐败分子。从近些年党员受处分的情况看，有这样一些趋势：党员违纪受处分的人数增多了，特别是党员领导干部受处分人数增多。有的事例令人触目惊心。这些情况说明，腐蚀与反腐蚀的斗争确实是很严重的。党的十三届六中全会通过的《中共中央关于加强党同人民群众联系的决定》中指出："在改革开放、发展商品经济的条件下，共产党员更加需要自觉保持清正廉洁，坚决反对腐败行为。如果听任腐败现象蔓延，党就有走向自我毁灭的危险。"[4]这绝不是危言耸听。

同时，我们还应当看到，国际反动势力从来没有放弃对社会主义国家进行和平演变的图谋。早在解放战争胜利之前和新中国成立初期，毛泽东同志就多次强调指出了这一点。在目前的国际国内形势下，国外敌对势力加紧了对我们进行渗透颠覆、和平演变活动，这个问题更为突出。一九八九年春夏之交发生的政治风波，清楚地证明了这一点。当前国际共产主义运动受到的巨大挫折，也给我们提供了深刻的教训。今后，只要有资本主义和社会主义制度的对立，和平演变与反和平演变的斗争就不可避免。我们要有长期斗争的思想准备。

在新的历史条件下，我们必须增强搞好党的自身建设的责任感、紧迫感，加强共产党员的党性锻炼，坚持实事求是，密切联系人民群众，纠正各种不正之风和腐败现象，始终坚持全心全意为人民服务的根本宗旨，永远保持工人阶级先锋队的本质，使我们党真正成为领导有中国特色社会主义事业的坚强核心。

二、加强党性锻炼的基本要求

党性修养归根到底就是要围绕党的路线的贯彻执行，为完成党在不同历史阶段的中心任务和各项具体工作，发挥共产党员的先锋模范作用。当前就是要在建设有中国特色的社会主义的实践中来加强共产党员的党性锻炼。

（一）坚定共产主义的理想和信念，始终不渝地坚持党的领导。共产主义理想是我们的精神支柱，是我们事业前进的动力。坚定共产主义信念是对共产党员最基本的要求，没有这个信念，就不能成为一个真正的共产党人。前几年由于放松了思想政治教育，党内有些同志共产主义理想、信念动摇了，觉得共产主义遥遥无期，很渺茫。由于国际共产主义运动发生曲折，处于低潮，也使有些同志像井冈山时期党内有人怀疑红旗能打多久那样，怀疑社会主义事业能不能坚持下去。我们应该看到，虽然在国际上社会主义事业发生了严重曲折，但是，现代资本主义的固有矛盾一个也没有解决，人们探索更先进的社会制度，追求人类彻底解放的道路，纵然有艰难险阻，会发生曲折，仍然是当代社会的基本趋势。共产主义是人类历史发展的必然。我们中国有十一亿多人，我们始终依靠人民群众，在中国的大地上把社会主义事业踏踏实实地坚持下去，不断取得新胜利，就不仅对中国人民，对全人类都有重大意义。

坚定共产主义的理想和信念，同坚持共产党的领导是相联系的。因为共产主义理想要通过共产党领导人民去实现。既要革命，就要有一个革命的党。国内一小撮顽固坚持资产阶级自由化立场的人，其要害就是否定党的领导，否定社会主义制度。

中国共产党的领导地位是在长期斗争中历史地形成的。苦难深重的中华民族争取解放的全部历史，艰难曲折的中国人民革命的全部历史充分说明，没有中国共产党这样一个无产阶级先锋队，就不可能团结带领全国各族人民，推翻帝国主义、封建主义和官僚资本主义三座大山，建立起新中国。

没有共产党人为了民族的、人民的利益，忠贞不渝，艰苦卓绝，团结人民群众，前仆后继，奋斗牺牲，付出了二千万人鲜血和生命的代价，就不可能取得中国革命震撼世界的伟大胜利。革命战争胜利以后，也只有共产党，才能领导几亿人口的大国，走上社会主义道路，取得社会主义改造和社会主义建设的一个又一个胜利。虽然在领导革命和建设中，党也犯过这样那样的错误，但都自己纠正了。新中国成立以后，党领导全国各族人民所取得的巨大成就，是每一个有良知的中国人都不会否认的。

今天，我们面临着振兴中华、建设四化这样艰巨繁重的任务，面临着这样复杂多变的国际形势，除了中国共产党，试想有哪一个政治组织和社会团体能够担当起这十一亿多人口大国的领导重任？谁能团结带领全国人民，越过险滩，绕过暗礁，处理好无数纷繁复杂的国际国内问题，争取经济建设和各项事业的新胜利，在建设有中国特色的社会主义道路上不断前进？

所以说，领导中国革命和社会主义事业的重任，是历史地落在中国共产党身上的，是民族和人民的托付，是责无旁贷的。今天，领导全国人民建设一个繁荣昌盛的社会主义现代化强国，是人民赋予我们党的不可推卸的责任，没有任何力量可以替代。我们要有这样的责任感和使命感，从这样的觉悟出发来坚持和加强党的领导。四项基本原则的核心是坚持党的领导。只有坚持党的领导，才能坚持现代化建设事业的社会主义方向，才能组织和动员亿万人民群众为实现四个现代化而奋斗，才能保证安定团结的政治局面。在中国，离开中国共产党的领导，不仅不可能建设社会主义现代化，还会使国家陷于分裂和倒退，而中国的不稳定，只会危害和平、给世界带来灾难。

当然，我们绝不以为党的领导十全十美。我们要坚持党的领导，决不能忘记邓小平同志一再指示的要改善党的领导。而不断提高全党同志的党性觉悟，也是改善党的领导的一个重要方面。

（二）自觉地学习和掌握马克思主义、毛泽东思想的基本理论；坚持实事求是，理论联系实际，一切从实际出发。党性修养离不开理论修养。马列主义、毛泽东思想是无产阶级解放的理论，是我们党的指导思想的理论基础，是我们观察、处理一切问题的思想武器。每一个共产党员特别是党的干部，都必须不断加强马克思主义基本理论的学习。我们常说要做一个真正的马克思主义者，这就要像毛泽东同志一贯强调的那样，认真学习和领会马克思主义的基本理论，掌握马克思主义的精神实质，运用马克思主义的立场、观点、方法来解决中国革命和建设的实际问题。

实事求是，把马克思主义的普遍原理同中国的具体实际结合起来，走具有中国特色的革命和建设的道路，这是我们党的一条最重要的历史经验。历史反复证明，什么时候我们把马克思主义的普遍原理同我国的具体实际结合得好，我们的党就生机勃勃，我们的队伍就坚强有力，我们的实践就获得成功，马克思主义理论在我国就得到发展；什么时候我们在理论与实际的结合上出了问题，我们的事业就停滞不前，或遭受挫折，理论本身也不可能得到发展。我国新民主主义革命时期，以毛泽东同志为代表的老一辈无产阶级革命家，坚持把马克思主义的普遍真理同中国的具体实践相结合，坚持实事求是、一切从实际出发，创造性地找到了一条适合我国国情的革命道路，这就是农村包围城市、武装夺取政权，并且通过遵义会议和延安整风，从根本上纠正了脱离中国实际的教条主义、主观主义，使全党端正了思想路线，从而领导中国革命取得了全国胜利。新中国成立后，我们党努力探索在中国建设社会主义的具体道路，取得了巨大的成就，中国的面貌发生了翻天覆地的变化。但是，由于在中国这样一个落后的大国建设社会主义是一个全新的课题，我们还缺乏经验，也由于党的领导对形势的分析和对国情的认识有主观主义的偏差，马克思主义普遍原理同我国具体实际相结合的问题，有一段时间解决得不怎么好，使得我们未能取得本来应该取得的更大成就。"文化大革命"更是严重背离了我们党一贯坚持的正确的思想路线，给党的事业带来很大的危害，使国家遭到很大的灾难。"文化大革命"结束后，邓小平同志等老一辈无产阶级革命家带领我们拨乱反正，正本清源，首先抓了端正思想路线，恢复实事求是的优良作风。邓小平同志严肃批评了"两个凡是"[5]，指出必须完整地准确地理解和掌握毛泽东思想的科学体系，他积极推动并高度评价"实践是检验真理的唯一标准"的讨论，一再强调毛泽东思想的精髓就是实事求是，指出"实事求是，一切从实际出发，理论联系实际，坚持实践是检验真理的标准，这就是我们党的思想路线"[6]。正是因为恢复了这样一条思想路线，党的十一届三中全会实现了把工作重心放在社会主义现代化建设上这样一个根本转变，制定了正确的政治路线，开辟了一个新的历史时期，逐步形成了一整套行之有效的方针、政策，走上了建设有中国特色的社会主义道路，我国的经济建

设和各项事业都取得了前所未有的巨大成就。我们党在历史
关键时刻所实现的这两次重大的转折，具有不可估量的深远
意义。两次转折时期党的领袖人物对党和革命事业建立了特
殊的功勋，他们所遵循的就是坚持把马克思主义的基本原理
同中国革命和建设的实际密切结合，也就是实事求是的
原则。

今天，我们要完成党在二十世纪最后十年的根本任务，
实现社会主义现代化建设的第二步战略目标，必须加强马克
思主义、毛泽东思想的学习，提高全党执行党的基本路线的
自觉性，坚持四项基本原则和改革开放，坚持党的十一届三
中全会以来已被实践证明是正确的、为广大人民群众拥护的
一系列方针、政策，特别是要坚持实事求是的思想路线，运
用马克思主义的普遍原理不断解决建设和改革事业中遇到的
新情况和新问题。这是全体党员加强党性锻炼的一项根本
要求。

（三）牢固树立全心全意为人民服务的世界观，密切联
系群众。全心全意为人民服务是我们党的根本宗旨，这是我
们党的性质所决定的。除了人民的利益，我们党本身没有自
己特殊的利益。共产党员、党的干部无论在任何情况下，都
应当始终做到大公无私、克己奉公，吃苦在前、享受在后，
毫不利己、专门利人。这是党性的要求。相反，一事当前，
先替个人打算，把个人利益凌驾于人民群众的利益之上，是
党性不纯的表现。

坚持全心全意为人民服务的宗旨，才能进一步密切党和
人民群众的联系。在革命和战争年代，我们党和军队如果脱
离了群众，不要说取得胜利，连生存都不可能。今天在新的

历史条件下，群众路线仍然是、而且永远是我们党的根本路线。必须相信群众，依靠群众，尊重人民群众的首创精神，充分调动广大人民群众的积极性；要坚持从群众中来，到群众中去，总结人民群众的实践经验，集中人民群众的智慧，使之上升为理论、方针和政策，用以指导群众的实践，并在实践中接受检验。脱离人民群众对于一个执政党来说是极端危险的。邓小平等老一辈无产阶级革命家曾经多次强调这一问题，提醒全党警惕脱离群众的现象。党的十三届六中全会专门作出了《中共中央关于加强党同人民群众联系的决定》。以江泽民同志为核心的党中央采取了一系列密切党群关系的措施。应当肯定，党的十一届三中全会以来的路线、方针、政策是代表人民群众的利益和愿望的，是人民群众衷心拥护的，我们党采取的密切党群关系的各项措施是取得了成效的。同时，我们丝毫也不能忽视党群关系中目前仍然存在的问题。群众观点淡薄、官僚主义、脱离群众、脱离实际在我们党内，特别是一些领导机关和领导干部身上仍然存在着。党内某些不正之风和腐败现象仍然是群众强烈不满的问题，严重损害着党和群众的血肉联系。我们要继续贯彻落实党的十三届六中全会决定，要像党内一些优秀党员同志那样，关心群众、深入群众，以自己的先锋模范作用、表率作用去宣传、组织、引导群众，把党的政策变为群众的行动，为了党和人民的利益鞠躬尽瘁，死而后已。

我们前面讲到的反对国际反动势力对我国进行和平演变的问题，首先必须提高全党和全国人民的警惕性，加强思想武装。而归根到底，还是要靠我们依靠群众，维护好国内的安定团结，搞好各方面的工作。只有我们真正在人民群众中扎下深根，始终不渝地为人民谋利益、办实事，把经济建设搞上去，把精神文明建设搞好，不断巩固人民民主专政，把我们本国的事情办好，得到人民的真诚拥护，我们才能立于不败之地，才能有效地从根本上粉碎国际敌对势力颠覆的图谋。

（四）坚持党的民主集中制，加强组织纪律性，开展认真的批评和自我批评。民主集中制是无产阶级政党的组织原则。我们党实行民主基础上的集中和集中指导下的民主，强调无产阶级的组织性和纪律性，这是维护和加强党的团结和统一的重要保障，也是党具有强大战斗力的重要前提。改革开放以来，邓小平同志一再强调，要坚持民主集中制原则，坚持铁的纪律，共产党员要在政治上同中央保持一致。陈云同志也指出，在改革开放中纪律不能"松绑"，要加强。前些年，有人公开攻击党的民主集中制原则，主张在党内搞派别，这只能对党起分化、瓦解作用，同把党建设成为领导社会主义现代化建设事业坚强核心的要求是根本不相容的。

毛泽东同志说过：有无认真的自我批评，是我们党区别于其他政党的显著标志之一。我们党之所以坚强有力，不在于不犯错误（当然要力求少犯，特别要力求不犯大的错误），而在于犯了错误能够通过实事求是的自我批评加以纠正。我们党历史上两次全党范围的自我批评，系统地总结历史经验，其意义是极为深远的。

为了完成新时期的艰巨任务，加强党的建设，我们必须健全民主集中制的组织原则，加强党的组织纪律，提倡拿起批评和自我批评这个马克思列宁主义的武器，在党内创造一个健康、良好的政治环境。为人民的利益坚持真理，为人民的利益改正错误，这应该成为每一个共产党员的行动准则。

三、领导干部要带头加强党性锻炼和修养

中直机关是党中央的工作机构，在党中央的直接领导下，应该成为加强党性锻炼的表率。中直机关的每一个党员同志，都应当坚持党性原则。特别是领导骨干，更应成为党性修养的模范，以影响和带动全体党员增强党性，切实加强党的建设。

第一，要坚定不移地执行党的基本路线和党的十一届三中全会以来的方针、政策，坚持走好建设有中国特色的社会主义道路，在政治上、思想上严格按照党中央的要求来要求自己。领导机关和领导干部对保持全党政治上高度一致的极端重要性，应该有充分的认识。保持政治上的高度一致，首先要做到思想上的一致。党的每一位高级干部，必须时刻保持无产阶级坚定的政治立场，不管遇到多大的风浪，碰到多大的阻力和困难，都要坚信马列主义，坚定共产主义信念，旗帜鲜明地坚持党的领导，坚持党的基本路线和政治目标，像保护眼珠一样维护全党的团结和统一。

第二，协助党中央加强同各级党组织的联系，走好群众路线，搞好党内监督。党中央机关要密切联系各级党组织，经常深入群众，调查研究，了解中央的方针、政策在下面贯彻执行的情况，及时全面地向中央反映，帮助中央做好从群众中来到群众中去的工作。既要及时发现和集中一切好的经验和合理的建议，也要如实反映发生的问题和存在的不足，

当好中央同各级党组织和广大群众联系的助手。领导干部要自觉接受来自各个方面的监督，自觉地置身于党和人民的监督之下，注意从下级组织和群众身上吸取政治营养。这是进行党性锻炼的重要方面。

第三，要做搞好党风和廉政建设的模范。党性强才能有好的党风。党内的各种不正之风，本身就是党性不纯的表现。从中直机关整体看，我们大多数同志是兢兢业业、勤政为民的，但也存在不少问题，也有以权谋私等违背党性要求的现象。领导干部一定要严于律己，言行一致，凡是要求下面做到的，自己首先做到；凡是要求下面不做的，自己首先不做。在党风问题上，行动比言论更重要。

党性修养是长期的自我锻炼的过程，进行党性锻炼要坚持不懈。不论是新党员，还是老党员，不论职位高低、资历深浅，如果不注意用党性原则来约束自己，就会掉队。每一个共产党员都要把周恩来同志讲的“活到老，学到老，改造到老”[7]当作座右铭，珍惜共产党员这个光荣称号，时刻都不放松思想改造，不放松加强党性锻炼，始终保持革命的节操。

最后，我们希望中直机关的领导干部和全体党员在加强党性锻炼和修养方面为全党作表率：作勤奋学习、理论联系实际、实事求是的模范；作廉政勤政、密切联系群众的模范；作不尚空谈、多干实事的模范；作坚持改革、勇于开拓的模范；作遵纪守法、同不正之风和腐败现象作坚决斗争的模范，为把我们党建设成为有中国特色社会主义事业的坚强领导核心而努力。这是对我们党建党七十周年的最好纪念。

注　　释

〔1〕见邓小平《党在组织战线和思想战线上的迫切任务》(《邓小平文选》第 3 卷，人民出版社 1993 年版，第 46 页)。

〔2〕见邓小平《党在组织战线和思想战线上的迫切任务》(《邓小平文选》第 3 卷，人民出版社 1993 年版，第 38 页)。

〔3〕见刘少奇《人的阶级性》(《刘少奇论党的建设》，中央文献出版社 1991 年版，第 225 页)。

〔4〕见《中共中央关于加强党同人民群众联系的决定》(《十三大以来重要文献选编》(中)，中央文献出版社 2011 年版，第 342 页)。

〔5〕见本书《理论联系实际是进一步办好党校的关键》注〔5〕。

〔6〕见邓小平《坚持党的路线，改进工作方法》(《邓小平文选》第 2 卷，人民出版社 1994 年版，第 278 页)。

〔7〕见周恩来《活到老，学到老，改造到老》(《周恩来统一战线文选》，人民出版社 1984 年版，第 360 页)。

把我们党建设成为领导有中国特色的
社会主义事业的坚强核心*

（一九九一年七月五日）

我们党从一九二一年建立以来，已经走过了七十年的光辉历程。

在七十年艰难曲折、波澜起伏的岁月里，我们党始终不渝地忠实于中国工人阶级和广大人民群众的利益，反映了社会发展的客观规律，代表了中国发展的正确方向。党领导全国各族人民取得了新民主主义革命的胜利，取得了社会主义革命和建设的伟大成就，把一个半殖民地半封建、贫穷落后、四分五裂的旧中国建设成为欣欣向荣的社会主义新中国。历史充分证明，我们党是伟大、光荣、正确的党。没有共产党就没有社会主义的新中国；同样，没有共产党也不可能进行社会主义的现代化建设。邓小平同志指出："中国由共产党领导，中国的社会主义现代化建设事业由共产党领导，这个原则是不能动摇的；动摇了中国就要倒退到分裂和混乱，就不可能实现现代化。"[1]

在纪念党的七十诞辰的时候，我国的社会主义现代化建

---

　　* 这是乔石同志为纪念中国共产党成立七十周年在《党校论坛》杂志上发表的文章。

设进入了一个新的非常关键的阶段，我们党肩负着十分重大的历史责任。在新的形势和艰巨任务面前，我们必须进一步加强党的建设，坚持和改善党的领导，使党更好地发挥团结全国各族人民建设有中国特色的社会主义的核心作用。

为了把党建设成为领导有中国特色的社会主义事业的坚强核心，我们必须坚持党的实事求是的思想路线，坚持党一贯倡导的群众路线。早在一九七七年，邓小平同志就指出，对我们党的状况来说，群众路线和实事求是特别重要。这一思想是我们加强党的建设的基本出发点。

我们党是一个在中国实践马克思主义的党。实事求是，把马克思主义的普遍原理同中国的具体实际结合起来，走具有中国特色的革命和建设的道路，这既是党的一条最重要的历史经验，也是我们面临的最基本的现实问题。历史反复证明，什么时候我们把马克思主义的普遍原理同我国的具体实际结合得好，我们的党就生机勃勃，我们的队伍就坚强有力，我们的实践就获得成功，马克思主义理论在我国就得到发展；什么时候我们在理论与实际的结合上出了问题，我们的事业就停滞不前，或遭受挫折，理论本身也不可能得到发展。

新民主主义革命时期，以毛泽东同志为代表的老一辈无产阶级革命家，坚持把马克思主义的普遍真理同中国的具体实践相结合，坚持实事求是、一切从实际出发，创造性地运用马克思主义基本原理，找到了一条适合我国国情的革命道路，这就是农村包围城市，武装夺取政权。一九四二年的延安整风，主要就是反对脱离中国实际，反对主观主义，端正思想路线，使全党认识到实事求是的极端重要性，提高全党执行正确路线的自觉性。这次普遍的马克思主义教育运动，对党的七大的成功召开，对中国革命战争的胜利发展，产生那么大的作用，根本原因就在这里。

新中国成立后，我们党领导全国人民以极大的热情投入了社会主义建设事业。在党的十一届三中全会召开以前的将近三十年时间里，我们党努力探索在中国建设社会主义的具体道路，取得了巨大的成就，中国的面貌发生了翻天覆地的变化。但是，由于在中国这样一个落后的大国建设社会主义客观上是一个全新的课题，我们还缺乏经验，也由于党的领导对形势的分析和对国情的认识有主观主义的偏差，马克思主义普遍原理同我国具体实际相结合的问题，有一段时间解决得不怎么好，使得我们未能取得本来应该取得的更大成就。"文化大革命"更是严重背离了我们党一贯坚持的正确的思想路线，给党的事业带来很大的危害，使国家遭到很大的灾难，使党和国家的形象受到很大的损害。"文化大革命"结束后，邓小平同志等老一辈的革命家带领我们拨乱反正，正本清源，首先就是抓了端正思想路线，恢复实事求是的优良作风。邓小平同志严肃批评了"两个凡是"[2]，指出必须完整地准确地理解和掌握毛泽东思想的科学体系，他积极推动并高度评价"实践是检验真理的唯一标准"的讨论，一再强调毛泽东思想的精髓就是实事求是，指出"实事求是，一切从实际出发，理论联系实际，坚持实践是检验真理的标准，这就是我们党的思想路线"[3]。正是因为恢复了这样一条思想路线，党的十一届三中全会实现了把工作重心放在社会主义现代化建设上这样一个根本转变，制定了正确的政治路线，开辟了一个新的历史时期，逐步形成了一整套行之有效的方针、政策，走上了一条建设有中国特色的社会主义道路。党的十一届三中全会以来的路线、方针、政策极大地激发了广大人民群众的主动性、积极性和创造性，我国的经济建设和各项事业都取得了巨大成就，提前实现了社会主义现代化建设的第一步战略目标。

我们党对待自己的历史经验的根本原则，也是实事求是。我们党之所以坚强有力，不在于党不犯错误，而在于犯了错误能够依靠自己的力量，在人民群众的支持下，实事求是地进行自我批评，以修正错误，拨正航向。党的历史上两次全党范围的自我批评，总结历史经验，遵循的正是这样一个总的原则。在此基础上形成的党的六届七中全会《关于若干历史问题的决议》和党的十一届六中全会《关于建国以来党的若干历史问题的决议》，在我们党的历史转折时期，发挥了极其重要的作用。

我们党在二十世纪最后十年的根本任务，就是团结全国人民继续建设具有中国特色的社会主义，实现社会主义现代化建设的第二步战略目标。这十年，对于我国社会主义现代化建设至为重要。我们已经取得的成就能不能巩固和发展，下个世纪的社会主义现代化建设能不能有一个好的起点，都取决于这十年的工作。目前，国际环境和国内形势为我们提供了良好的机遇和条件，同时我们面临的问题、矛盾也很多，九十年代的任务非常艰巨。实现九十年代的目标，必须坚持党的基本路线，坚持以经济建设为中心，坚持四项基本原则和改革开放，坚持党的十一届三中全会以来已被实践证明是正确的、为广大人民群众拥护的一系列方针、政策，坚持实事求是的思想路线，运用马克思主义的普遍原理不断解决建设和改革事业中遇到的新情况和新问题。

实事求是同走群众路线是密不可分的。马克思主义认为，社会实践是认识的基础，社会实践主要是人民群众的实践，人民群众是历史的创造者。社会主义是历史的必然，它不是按任何人的主观意志和命令建立的，而是由人民群众自己创立的。社会主义事业是人民群众自己的事业，进行社会主义建设，必须相信群众，依靠群众，尊重人民群众的首创精神，充分调动广大人民群众的积极性；要坚持从群众中来，到群众中去，总结人民群众的实践经验，集中人民群众的智慧，使之上升为理论、方针和政策用以指导群众的实践，并在实践中接受检验。我们党是代表人民利益的。党的根本宗旨是全心全意为人民服务。除了人民的利益，党本身没有自己的私利。我们全体党员和每一位干部，必须牢固地树立全心全意为人民服务的世界观，自觉接受群众的监督，认真倾听群众的呼声，端正作风，改进工作。只有坚持群众路线，坚持实事求是，才能逐步形成"又有集中又有民主，又有纪律又有自由，又有统一意志、又有个人心情舒畅、生动活泼，那样一种政治局面"〔4〕，党才会团结统一，充满生机，坚强有力。党的核心领导作用，党在人民群众中的吸引力、凝聚力和崇高威望，最根本的要靠这个。

当前国际形势风云变幻，动荡不定，对我国既有机遇和有利的一面，也有复杂和困难的一面。和平演变和反和平演变的斗争是从来就有的，在目前情况下显得尤为突出，今后也将是长期的、错综复杂的，我们任何时候都不能丝毫放松这方面的警惕性。归根到底，我们还是要依靠群众，搞好各方面的工作。只有我们真正在人民群众中扎下深根，始终不渝地为人民谋利益、办实事，加强物质文明和精神文明建设，不断巩固人民民主专政，把我们本国的事情办好，才能得到人民的真诚拥护，我们才能立于不败之地，才能有效地从根本上粉碎国际敌对势力颠覆的图谋。

建设有中国特色的社会主义，实现四个现代化，是一场深刻的伟大的革命。在这场伟大的革命中，我们是在不断地解决新的矛盾中前进的。深化改革，大力推进我国生产力的发展，是一项极为复杂、难度很大的工作。我们全党同志，一定要善于学习，善于重新学习。尤其是各级领导干部，必须认真学习马克思主义的基本理论，学习马克思主义的立场、观点、方法。学习理论一定要密切联系工作实际和自己的思想实际，学以致用。学习马克思主义的目的全在于应用，是为了解决革命和建设事业中遇到的问题，而不是为了装潢门面。马克思主义理论从来不是教条，而是行动的指南。它要求人们根据它的基本原则和基本方法，不断结合变化着的实际，探索解决新问题的答案，从而也发展马克思主义理论本身。我们每一个党员，都要从实际出发，自觉尊重实践，认真学习邓小平同志关于建设有中国特色的社会主义的思想，学习党的十一届三中全会以来形成的党的路线、方针和政策，提高执行党的基本路线的自觉性，专心致志地把功夫下在运用马克思主义的立场、观点和方法分析新情况、解决新问题上，下在把中央精神和本地区本部门的实际结合起来、切切实实解决具体问题上。同时，还要加强各种专门知识的学习，努力适应现代化建设的要求。马克思主义理论学得好不好，是不是一个真正的马克思主义者，就看能不能在实践中运用马克思主义理论创造性地解决建设和改革中的实际问题。

我们党所肩负的历史重任需要一大批能够运用马克思主义的基本理论和基本方法解决中国现代化建设中实际问题的干部。党的正确的思想路线和政治路线要靠这样的干部去贯彻落实。全党都应当认识到这个问题的重要性，这是关系到我们的社会主义事业是否后继有人的问题。党校作为党培养干部的重要基地，要用党的思想路线和政治路线来武装学员的思想，培养出善于把理论与实际、中央的精神与本地区本部门的具体情况较好地结合起来的干部。党校要在这方面下更大的功夫，要着重培养既刻苦钻研理论，又努力探讨现实问题的作风。衡量学员成绩的标准，就是毛泽东同志早就指出的，看他"学了马克思列宁主义以后怎样看中国问题，有看得清楚的，有看不清楚的，有会看的，有不会看的，这样来分优劣，分好坏"〔5〕。

在建设有中国特色的社会主义的过程中，我们还会遇到预想不到的复杂情况和问题，还会遇到各种各样的困难和障碍。只要我们坚持实事求是，密切联系群众，发扬自力更生、艰苦奋斗的精神，不断加强党的建设，努力把马克思主义的普遍原理同我国现代化建设的具体实际结合起来，我们党就一定能够肩负起历史的重任，战胜前进道路上的任何困难，成为建设有中国特色的社会主义事业的坚强领导核心。

注　　释

〔1〕见邓小平《目前的形势和任务》(《邓小平文选》第2卷，人民出版社1994年版，第267—268页)。

〔2〕见本书《理论联系实际是进一步办好党校的关键》注〔5〕。

〔3〕见邓小平《坚持党的路线，改进工作方法》（《邓小平文选》第2卷，人民出版社1994年版，第278页）。

〔4〕见毛泽东《一九五七年夏季的形势》（《建国以来毛泽东文稿》第11册，中央文献出版社2023年版，第486页）。

〔5〕见毛泽东《整顿党的作风》（《毛泽东选集》第3卷，人民出版社1991年版，第815页）。

沿着社会主义道路走下去
就会取得成功[*]

（一九九一年九月二十九日）

非常高兴在国庆四十二周年前夕与老朋友又见面了，欢迎你们。

首先我对以您为首的印共（马）代表团来访表示热烈欢迎。我们两党经常就共同关心的国际形势和国际共运问题交换意见，已经成为一个很好的传统了。这次你们来访，使我们有机会就当前国际形势交换意见。我希望我们是平等交换意见，你们可以启发我们，我们也可以启发你们。

苏联发生这么巨大的变化，原因是很复杂的。有外部的原因，就是帝国主义除了曾经企图用战争消灭苏联以外，长时期以来一直希望有机会对苏联进行和平演变。对苏联这样，对我们中国也是这样。不可能设想资本主义国家和社会主义国家的意识形态会有什么共同点。从内部原因来讲，苏联从戈尔巴乔夫^{〔1〕}上任以后，继承了过去赫鲁晓夫^{〔2〕}曾经搞的那一套，而且走得越来越远，最后把这个党搞垮。一九一七年在列宁的领导下取得了十月革命的胜利，当时沙俄是

　＊　这是乔石同志会见印度共产党（马克思主义）中央政治局委员哈基申·辛格·苏吉特率领的印共（马）中央代表团时谈话的主要部分。

东方落后的帝国主义国家。列宁依靠工人阶级，也依靠农民的联盟取得了大城市革命的胜利。列宁是在极端困难的情况下使这个共和国维持和保存下来的，其中包括抵抗了外来帝国主义国家的干涉。后来列宁有些设想，觉得在资本主义、帝国主义的包围下建设社会主义，只能同资本主义、帝国主义采取和平共处的办法。有时候列宁为了维护新生的政权作了些必要的策略性让步，布列斯特和约[3]就是一个。当时，托洛茨基[4]整列宁整得很厉害。后来列宁实行了新的经济政策，初步效果也是好的，对农民从余粮征集制改成商品经济制。可惜列宁去世比较早，一九二四年就去世了。斯大林从一九二四年到一九五三年一直在苏联处于领导地位。应该说，斯大林在领导苏联党和人民进行社会主义建设方面是有成就的。他提出在资本主义的包围下可以建设社会主义。列宁也说，社会主义可以首先在一个国家取得革命的胜利。斯大林沿着列宁的思路说，社会主义可以在资本主义的包围下取得建设社会主义的胜利。斯大林在苏联重工业基础建设方面作了巨大的努力。正因为这样，在发生第二次世界大战以后苏联才顶得住，成为第二次世界大战期间反法西斯战争的主力。但是，斯大林也有很多严重的错误，比如说，经济上他一直没有把农业搞好，这点我不详细讲了。毛泽东主席把这叫作"竭泽而渔"，把水都抽干了，鱼都抓去了，再也没有了。他对党内的不同意见采取了镇压的办法，以至发展到肃反扩大化，甚至于蔓延到各个方面，军队里面的很多高级将领都被杀了，因此造成德国法西斯进攻以后，苏联缺少有经验的将领。正像你们所知道的，民族问题也处理得非常糟糕。这个问题斯大林在的时候没有人敢提出来。因为第二次世界大战取得胜利后斯大林的威望非常高。斯大林本人到了晚年不但思想僵化，而且不作任何自我批评。我想如果斯大林以后的领导人能够注意作自我批评，情况可能会好一点。你们可能知道，我们也对赫鲁晓夫提过建议，他说："我们不能作自我批评，我们作自我批评，自己就要完蛋了"。赫鲁晓夫积极参加了肃反扩大化，当时曾经说斯大林是他的亲生父亲，但当赫鲁晓夫在苏共二十大谈到苏联历史的时候，对斯大林的历史采取了全盘否定的办法。戈尔巴乔夫上台以后也按赫鲁晓夫的路子走，主要是揭露党的所谓阴暗面，揭露肃反扩大化。当然，肃反是有严重扩大化的，但是，他缺乏科学的实事求是的分析。不但把斯大林全部彻底否定了，而且也把苏联党的历史给抹黑了。有一个非常关键性的问题，就是在狂热地进行肃反的前一年曾经发生过基洛夫[5]被暗杀的事件。基洛夫当时是列宁格勒市的领导人，也是苏共中央的主要领导人之一，很有威望。赫鲁晓夫说基洛夫不是被外国间谍暗杀的，可能是克格勃[6]自己搞的，因为这个理由发动了全国范围的疯狂的肃反运动。戈尔巴乔夫也是这样认定的。一直到最近苏联最高检察院宣布，基洛夫被谋杀跟斯大林没有关系。这一件事情就被歪曲了几十年。今年我看《真理报》的一篇文章，才知道最高检察院的调查结果。

应该说，苏联在斯大林领导时期虽然有巨大的功绩，特别是在第二次世界大战中战胜了德国法西斯，但是另一方面，他也有很多严重的错误。这些问题本来是应该解决的，应该采取科学的方法加以历史的总结。但是，从赫鲁晓夫到戈尔巴乔夫，都采取一律抹黑的办法。苏联党内又提出一些含义非常模糊的词句，所谓的"新思维""透明度"，在一个时期蛊惑人心，它的内容实质是什么谁也说不清楚，现在才清楚。当时，我们外国党的同志以及苏联国内的一些同志都认为戈尔巴乔夫是要改革，一直到苏共被彻底出卖了，苏联掀起了疯狂的"白色恐怖"，这才发现戈尔巴乔夫原来搞的是这一套。

为什么苏联党内在这个过程中没有什么人反抗呢？因为思想被搞乱了，老的骨干都给换了，有很多新人代替上来。苏联党内正常的政治生活早就没有了，国家正常的民主生活也没有了。所以，到苏联去到处可以看到对党不满意，但是，这种不满意没有能够组织起来，没有能够形成一定的力量进行反抗。八月十九日的事件[7]，加速了苏联国内的演变。

总起来讲，苏联的演变既有内部原因，也有外部原因。当然，外因通过内因而起作用。今后苏联怎样变还要看。因为内部矛盾非常多，现在动荡不稳定，今年冬天渡过都十分困难。西方势力深深卷入了苏联内部事务，一方面要把苏联彻底瓦解，另一方面也担心大俄罗斯主义无法控制。

为什么第一个社会主义国家会发生这么巨大的变化呢？从历史发展来看，恐怕也是可以理解的，因为社会主义终究是一个新生的社会制度，资本主义大概前后花了三百多年的时间才稳定下来。苏联共产党有九十多年的历史，苏联社会主义国家虽然也有七十多年的历史，但是，终究还是比较短暂的。马克思和列宁所分析过的资本主义世界的根本矛盾现在都没有解决。应该说，几十年来资产阶级作了很多改良，垄断资本和统治的方法有变化，但是，根本问题没有解决。

人们希望有比资本主义更好的社会制度，这就是社会主义的希望所在。不能因为一个国家的社会主义遭到严重挫折而说全世界社会主义都没有希望了。

我们中国共产党已经选定了自己的道路，我们将坚定地走下去，我们还要教育我们的下一代继续坚持走社会主义道路。我们中国十一亿六千万人民对我们现行的社会主义制度是拥护的，对党的领导是支持的，他们希望我们沿着现在的道路走下去，不要改变。只要我们自己不腐败，有缺点就改，沿着社会主义道路继续走下去，我们是会取得成功的。

中国共产党的历史和苏联共产党的历史不一样。中国共产党不管在新中国建立以前还是以后，都犯过错误，但是，这些错误都是我们自己改正的，我们党从来没有分裂过。再尖锐、再严重的困难我们都碰到过，但是，我们都能自己总结经验，想办法克服，作自我批评。

苏联的变化确实对国际形势有严重的影响。但是，如果说从此以后就由美国来独霸世界，都听美国的摆布，我看不那么容易。东欧社会主义国家的政权丢了，苏联发生了这么大的变化，但是，社会主义还没有垮。共产党员的斗争条件更加艰苦了，但是，共产党人不会放弃斗争。

包括中国在内，世界上还有几个社会主义国家，而且广大第三世界还是寄希望于社会变革和社会进步的。苏东剧变后，这些国家对中国更友好，从某种程度上讲，是寄希望于中国。我们不会辜负广大第三世界以至全世界人民的希望。

我们将按照既定的道路把自己国内的事情办好，同时，我们谨慎地处理对外关系，也要培养将来接我们班的领导骨干。我们要在九十年代实现第二步战略目标，还要为实现第三步战略目标准备新的领导骨干。只要我们正确对待当前的形势，这个世界不是没有希望的。新的、比资本主义更加美好的社会制度——社会主义制度必将代替资本主义制度。当然，社会主义制度在建设过程中不管出现什么缺点和错误，都要自身不断改进。

注　释

〔1〕戈尔巴乔夫，即米哈伊尔·谢尔盖耶维奇·戈尔巴乔夫（一九三一——二〇二二），曾任苏联最高苏维埃主席团主席、苏联共产党中央委员会总书记、苏联总统。一九九一年八月，宣布辞去苏共中央总书记的职务，并要求苏共自行解散。十二月二十五日，宣布辞去苏联总统职务。

〔2〕赫鲁晓夫，即尼基塔·谢尔盖耶维奇·赫鲁晓夫（一八九四——一九七一），曾任苏联共产党中央委员会第一书记、苏联部长会议主席。

〔3〕布列斯特和约，指一九一八年三月苏俄在俄国西部布列斯特—里托夫斯克（今白俄罗斯布列斯特）同德国、奥匈帝国、保加利亚、土耳其订立的和约。当时，德帝国主义的军队正侵入苏维埃共和国境内，前线的俄国旧军队已经瓦解，新的革命军队还没有组织起来。为了使刚成立的苏维埃共和国避免在德军的打击下夭折，列宁主张暂时退却，接受德帝国主义提出的割地、赔款等条件，立刻签订和约。这个和约的签订，使苏维埃共和国赢得了时间去巩固无产阶级的政权，调整经济，建立红军；使无产阶级保持了对农民的领导，集聚了力量，得以在一九一八年至一九二〇年击溃白军和英、美、法、日、波等国武装干涉者。一九一八年十一月十三日，随着德国的被战败，苏俄宣布废除此和约。

〔4〕托洛茨基，即列夫·达维多维奇·托洛斯基（一八七九——一九四〇），原姓勃朗施坦，十月革命时，任俄国社会民主工党（布尔什维克）中央政治局委员、彼得格勒苏维埃主席。十月革命后，曾任外交人民委员、陆海军人民委员、革命军事委员会主席、共产国际执行委员会委员等职。列宁逝世后，成为党内反对派首领。一九二六年十月联共（布）中央全会决定，撤

销他的中央政治局委员职务。一九二七年一月共产国际执行委员会决定，撤销他的执行委员职务，同年十一月被开除出党。一九二九年一月被驱逐出苏联。一九四〇年八月在墨西哥遭暗杀。

〔5〕基洛夫，即谢尔盖·米龙诺维奇·基洛夫（一八八六——一九三四），原姓科斯特里科夫，曾参加十月武装起义，一九二一年起为俄共（布）中央候补委员，一九二三年起为中央委员。一九二六年起历任联共（布）列宁格勒省委员会第一书记，联共（布）中央西北局第一书记，联共（布）中央政治局候补委员、委员。一九三四年起任中央委员会书记。一九三四年十二月一日在列宁格勒被暗杀。

〔6〕克格勃，是苏联部长会议国家安全委员会俄文缩略语的音译。这里用来泛指苏联的政治保卫和情报机构。

〔7〕八月十九日的事件，指一九九一年八月十九日，苏联副总统亚纳耶夫等人宣布由亚纳耶夫接替戈尔巴乔夫履行苏联总统职务，随后又宣布成立"国家紧急状态委员会"，接管国家权力。这一行动受到以叶利钦为首的政治力量强烈反对，于八月二十二日失败。这一事件被称为"八一九事件"。

把自己的工作做好是应对复杂
国际形势的关键*

（一九九一年十月十六日）

　　当前的国际形势确实很复杂，苏联、东欧剧变给我们增加了压力，但也不要把国际环境说得非常严峻，搞得草木皆兵，好像日子过不下去了。总的讲，邓小平同志在一九八五年中央军委扩大会议上决心裁军一百万时的基本估计还是对的。那时他就说，世界大战一时打不起来，我们有可能争取到比较有利于中国进行四化建设的和平国际环境。只要不打世界大战，我们就埋头苦干，集中力量搞建设。他还进一步指出，即使战争打起来，只要不打到中国头上，我们还是集中力量搞建设。这个决心下得好。现在看来，在一个时期内，大规模的外敌入侵可能性不大。当然也不是说绝对不可能。我们的国防意识、国防观念、国防建设在条件允许的情况下，还是要尽可能加强，不能没有准备。但是，我们还是可以争取创造一个有利于我们建设有中国特色的社会主义的和平环境。

　　苏联、东欧发生剧变后，我们还要继续冷静观察。我们对苏联的政策，中央早就明确了，江泽民同志今年五月去苏联访问时也是这样做的，即你说你的，我说我的。就国家关

_____

　　* 这是乔石同志在海南省考察工作时讲话的一部分。

系来讲，我们还是按照和平共处五项原则行事。中苏两国有七千多公里的边界线，还是要力争搞好睦邻友好关系。国际局势发生了这样大的变化，以美国为首的西方势力当然会更多地注意到社会主义中国，希望我们也和平演变过去，这是毫无疑问的。一九七二年美国总统尼克松来中国，下飞机后的第一句话就是：我是为了美国的利益到中国来的。这句话毛主席、周总理都很注意，他这是说的实话。美国的野心可大了，不仅是管美国本土，全世界都要管。西方对社会主义国家搞和平演变一直没有停止过，只是现在更突出了。反和平演变的关键还在于我们自己要把各方面的工作搞好，核心是发展生产，把经济建设搞上去，同时党的建设、精神文明建设、思想政治工作、对青少年的教育工作等都要加强。总之，要按照党的基本路线坚持不懈地搞下去，既坚持四项基本原则，又坚持改革开放，中心还是抓经济建设，按照邓小平同志"三步走"的战略思想和规划，抓紧搞好九十年代的工作。因为九十年代我们不仅要实现第二步战略目标，而且要为迎接二十一世纪，为实现第三步战略目标创造条件，做好准备。正因为这样，九十年代的任务是很繁重的。只要我们抓住当前的机遇，坚定不移地贯彻党的基本路线，深化改革，扩大开放，沿着有中国特色的社会主义道路走下去，是完全可以把九十年代的工作做好的。对此我们应当满怀信心。对和平演变，我们必须警惕，主要是我们内部不要发生问题，关键在于领导班子。只要领导班子是马克思主义的，是坚持走社会主义道路的，是坚持党的基本路线的，我们就不怕帝国主义和国内外敌对势力对我们搞和平演变，我们就可以战胜他们。我们还要进一步加强党的建设，不仅第三代，而且把第四代、第五代都教育好，使他们真正懂得马克思主义，坚持走有中国特色的社会主义道路，那么中国就很有希望。

要加强党的建设，必须用马克思主义教育全党，特别是各级领导班子和领导干部，当前主要是中央和省区市一级的领导干部。对年轻干部的教育也要抓紧，因为党的事业是不断发展的，许多年轻干部将来要逐步走上领导岗位。我们常说要成为真正的马克思主义者，什么叫忠诚的马克思主义者、真正的马克思主义者？毛主席一九四二年在延安整风时的一些重要讲话讲得很好，相当精辟。按照毛主席讲的来理解，真正的马克思主义者，就是要学习马克思主义的基本原理，掌握马克思主义的精神实质，善于用马克思主义的立场、观点、方法解决中国革命的实际问题。现在就是解决建设有中国特色的社会主义中的实际问题。比如说，深化改革，到底怎么改革？必须密切结合中国实际，空想是不行的，脱离实际是不行的，教条主义也是不行的。邓小平同志从党的十一届三中全会以来也一直强调这个问题，就是理论联系实际，实事求是，实践是检验真理的唯一标准。按照这样的理解，去培养、造就一代又一代的马克思主义者，才能把中国的社会主义事业不断继续下去。如果我们按照党的十一届三中全会以来的路线、方针、政策干下去，干它几十年，到二十一世纪中叶，十多亿人口的中国能够达到中等发达国家的水平，社会主义的优越性就会充分显示出来，事实就将证明马克思主义确实没有过时，而且在中国取得了伟大的胜利，这对国际共产主义运动，对世界社会主义事业，都是一个了不起的贡献。

充分发挥公安机关在加强人民民主专政中的职能作用 *

（一九九一年十一月九日）

公安机关是人民民主专政国家机器的重要组成部分。人民民主专政的首要任务，就是保护人民的利益和权利，保卫国家的利益和安全，保卫全体人民进行和平劳动，将我国建设成为一个具有现代工业、现代农业、现代科学技术和现代国防的社会主义国家。毛泽东同志明确指出，对人民内部的民主方面和对反动派的专政方面，互相结合起来，就是人民民主专政。这两个方面是相辅相成的。没有对敌人的专政，就不可能有人民的民主。在我国，剥削阶级作为阶级已经消灭，但由于国内的因素和国际的影响，阶级斗争还将在一定范围内长期存在，在某种条件下还有可能激化。对极少数企图推翻共产党的领导和颠覆社会主义制度的敌对分子、进行反攻倒算的剥削阶级残余分子、破坏社会秩序的严重刑事犯罪分子和破坏社会主义经济的严重经济犯罪分子，必须继续坚决打击。打击他们，正是为了保护人民。另一方面，在人民内部，我们应当更好地发扬社会主义民主。没有人民内部的充分民主，也不可能对敌人实行坚强有力的专政。邓小平

---

* 这是乔石同志在第十八次全国公安会议上讲话的主要部分。

同志曾经指出，人民民主专政对于人民来说就是社会主义民主，是工人、农民、知识分子和其他劳动者所共同享受的民主，是历史上最广泛的民主。越是对敌人加强专政，就越要在人民内部发扬民主。邓小平同志最近还说，我们不赞成西方的民主，但是我们也确实要民主，要社会主义民主。

正确地实行人民民主专政，就要深入研究改革开放条件下出现的新情况、新问题，严格区分和正确处理两类不同性质的矛盾。对人民内部矛盾，主要采取民主的、说服教育的方法去解决，靠说服教育解决不了的，有的还需要用行政的和法律的手段去解决；对敌我矛盾，则需要用专政的手段去解决。混淆两类不同性质的矛盾，用处理人民内部矛盾的方法去处理敌我矛盾，或者用处理敌我矛盾的方法去处理人民内部矛盾，都是错误的。我们的国家是人民的国家，公安机关是人民公安机关，武警是人民武警。在当前的情况下，公安机关除了打击少数敌人和严重犯罪分子外，大量的工作是处理人民内部矛盾。在一切工作中，都要充分发挥保护人民的职能，依法保护人民的利益，尊重和保护人民的民主权利，为人民群众安居乐业创造条件。如果不能保护人民群众的合法权益，那还算什么人民民主专政？还算什么人民公安机关？

为了更好地发挥公安机关保护人民、打击敌人、惩治犯罪、服务四化建设的职能，当前和今后都需要特别注意以下几个问题：

一、要有坚强明确的群众观念，时刻把人民群众的安危和国家的稳定放在首位。有些地方的社会治安不好，坏人猖狂，好人受气，群众没有安全感，意见很大，迫切要求党和政府予以整治。公安机关要想人民之所想，急人民之所急，对治安混乱的地区要主动及时地进行整治，而不要等着党政领导和上级的指示。决不允许对坏人的破坏活动和严重犯罪问题视而不见，置若罔闻；决不允许对人民群众的安危漠不关心，不负责任。要积极负责地向党委、政府反映情况，在党委支持和有关部门配合下，努力消除不安定因素，及时发现闹事苗头，尽早解决在萌芽状态，解决在基层，解决在单位内部。要密切掌握敌对势力和敌对分子的阴谋动向，切实预防和坚决制止危害国家安全和社会稳定的突发事件。要积极带动和配合有关部门，认真落实社会治安综合治理的各项措施，尽最大努力减少刑事犯罪和治安问题。对严重刑事犯罪案件，公、检、法三家都要坚决贯彻依法从重从快的方针，及时侦破，严防打击不力和手软。特别是对严重扰乱社会秩序、危害群众安全的流氓团伙犯罪和严重暴力犯罪，不仅要狠狠打击，而且要严加防范，及时制止。对于人民群众痛恨的卖淫嫖娼、拐卖妇女儿童和吸毒等社会丑恶现象，必须坚决查禁，决不能任其泛滥。对于来自境外的反动宗教势力和黑社会势力，一经发现，就要坚决打击，决不能任其存在和发展。现在黑社会势力已在不少城市发现，不仅广东、福建有的城市有，大连、哈尔滨也有。像湖南邵阳这样的中等城市也有些流氓团伙带黑社会性质，砍手指、割脚筋，残害群众，无恶不作。对这类黑社会势力，一发现就要立即打掉，根本无需等上级指示。对这种犯罪团伙手软，人民群众的安全就得不到保障，社会就难以稳定。

二、公安机关要依法正确运用人民赋予的权力。人民给予公安机关的权力，正是为了用它来保护人民和国家的利益，再无别的目的。公安机关在任何时候、任何情况下都不能忘记全心全意为人民服务这个根本宗旨，都要依法正确行使自己的职权，绝不能在人民群众面前耍威风，更不能侵犯人民群众的合法权益。群众反映一些地方的执法部门"门难进，脸难看，事难办"，有的欺压群众，乱处滥罚，为政不廉，利用职权"吃拿卡要"，甚至进行违法犯罪活动，等等。这类问题都要尽快认真解决，对一切损害人民群众合法权益的行为都要严肃处理。要维护公安机关的执法权威，对公安干警在执行公务中的正当防卫行为，司法机关要依法切实给予保护。但是，公安机关作为执法机关，一定要带头遵守国家的法规。公安机关的权威，主要靠自己实实在在地做好工作来确立，靠为人民办事的态度和能力来确立。权威靠别人来树是树不起来的。各级公安机关都要严格内部管理，改进工作作风，公开基层的办事制度，严密监督机制，尤其要自觉接受群众的监督。

三、公安工作要充分发动和依靠群众。公安工作的深厚基础建立在群众之中。实行专门工作与群众路线相结合，是社会主义制度优越性在公安工作中的具体体现，是中国公安工作的特色和优势。一切为了群众，一切依靠群众，这要贯穿到我们的一切工作中去。实行专门工作与群众路线相结合，重要的是进一步密切警民关系。只有相信群众，热爱群众，自觉地为群众服务，使群众确实感受到公安机关是在下决心为他们办实事、办好事，使他们消除了不信任感和后顾之忧，才能真正把群众发动和组织起来，实现群防群治。军民关系是鱼水关系，警民关系同样也应是鱼水关系，脱离了人民群众，我们就寸步难行。各级公安机关都要把进一步密切警民关系作为一项基本建设抓紧抓好，常抓不懈。警民关系密切了，群众就会及时主动地向公安机关反映情况，积极帮助和支持公安机关执行任务，公安机关就会耳聪目明，战斗力就会大大增强，社会治安状况就会大为好转。各级公安机关和广大公安干警都要进一步提高做群众工作的本领，学会动员组织群众，带领群众开展综合治理，共同维护社会治安。这要成为每个公安干警的必修课和基本功。

四、从严治警，强化公安队伍建设。党中央关于加强公安工作的决定对公安队伍的建设提出了更高的要求。公安队伍必须是一支忠诚可靠、训练有素、精通业务、纪律严明、作风过硬，能够统一指挥、快速反应、秉公执法，能够应对重大政治和治安事件的有坚强战斗力的队伍。为实现这个要求，一方面要大力加强思想政治工作，加强对广大干警的马克思主义理论教育，反渗透、反颠覆教育，全心全意为人民服务的教育，职业道德教育和政策法纪教育。另一方面，要严格管理、严格训练，有计划地进行业务培训和考核，使这支队伍不仅政治上绝对可靠，业务上也过得硬。除了我们的一些优良传统和政治优势是西方国家警察无可比拟的以外，就人民警察的专业技术而言，也要经过训练力求逐步接近或达到一些比较发达国家的水平。这样，我们的综合警力就可以超过别的国家。从严治警，首先要从领导干部做起，领导干部要严于律己，以身作则，要求部属做到的，领导干部自己首先要做到。要严格执行已有的规章制度、条例条令，并进一步健全和完善有关管理制度，形成监督、制约和激励的机制，奖励先进，弘扬正气。对不适合做公安工作的人，组织、人事、劳动部门要支持公安机关，有计划地坚决把他们调出去。对违法违纪者要严肃处理，该法办的坚决法办，决不掩饰、护短。护短，对队伍建设不利，对事业不利。对有些典型案件要在内部较大范围内通报，以起到警诫教育的作用。有的事情已经闹得满城风雨，为澄清事实真相，挽回影响，要适当公开报道。总之，一定要下决心花几年时间，把公安队伍建设成为敌人和犯罪分子惧怕，人民群众感到可亲、可爱、可敬、可靠的卫士，这样才能发挥人民民主专政重要工具的作用。

公安机关必须自觉接受党的绝对领导，当前尤其要注意两个方面：一是要在政治上与党中央保持高度一致。根据当前的形势，中央要求，党政高级干部在重大政治原则问题上必须划清马克思主义与反马克思主义、社会主义与资本主义、科学社会主义与民主社会主义的界限。要坚持四项基本原则，决不能搞西方的那一套。这些要求同样适用于各级公安机关的领导干部。我们要根据这些基本要求，提高认识，统一思想，并将这些要求自觉地贯彻到具体工作中去。二是要进一步增强组织纪律性，严格执行公安工作的各项制度和纪律。公安机关是专政工具之一，生杀予夺，权力很大，如果做不到服从命令听指挥，那是很危险的。各级公安机关都要自觉接受同级党委、政府的领导，取得指示、关心和支持。重大问题要及时向党委请示报告，坚决服从和执行党委的有关决议，切不可自行其是，我行我素。政法各部门都有自己的职责和分工，同时也存在一些交叉，这是难以完全避免的。每一个部门都要牢固树立全局观念，自觉服从大局，坚决克服狭隘的部门观点和本位主义。各有关部门都要在党委的统一领导下，识大体，顾大局，精诚团结，密切合作，共同做好工作，部门之间和一个部门的领导班子内决不能搞内耗。领导干部尤其要有坚强的党性原则和组织纪律观念，特别是中央决定了的事情，一定要坚决贯彻执行。各级党委要根据上述各项原则去考察、选择、配备公安机关的领导班子，以确保这支队伍真正掌握在对党、对人民、对社会主义事业忠诚可靠的人手里。

保持党在农村基本政策的
长期稳定 *

（一九九一年十一月二十七日）

农业和农村工作在我国社会主义现代化建设中处于极为重要的战略地位。党的十三届八中全会将要通过的《中共中央关于进一步加强农业和农村工作的决定》一开头就指出："农业是经济发展、社会安定、国家自立的基础，农民和农村问题始终是中国革命和建设的根本问题。"[1]党的十一届三中全会以后，我国的经济体制改革是从农村开始的。农村的改革是一场伟大的变革，是以邓小平同志为主要代表的中国共产党人，把马克思主义的基本原理同中国社会主义建设的具体实践密切结合起来的一个伟大创造。它极大地丰富了我们党的建设有中国特色的社会主义的理论和实践，成绩是举世瞩目的。在农村改革取得巨大成就的基础上，党的十二届三中全会作出了关于经济体制改革的决定，开展了以城市为重点的经济体制改革。如果没有农村面貌的巨大变化，城市改革和其他各方面工作取得的成绩就难以设想。我们国家的稳定也是建立在农业的发展和农村稳定的基础上的，没有

---

* 这是乔石同志在中共十三届八中全会中央纪委委员联组会上讲话的一部分。

农村的稳定就谈不到全国的稳定。在中国革命的历史上，农业和农民问题始终占有极重要的地位，在社会主义建设中也是一个根本问题。实现第二步战略目标，也要立足于进一步发展农业，深化农村改革的基础之上。农业的战略地位在今后相当长的时间不会改变。

在农村工作中，实行以家庭联产承包为主的责任制是党在农村的一项基本政策，这项政策的推行极大地调动了亿万农民群众的生产积极性，在很短的时间内迅速改变了农村的面貌，深受广大农民的拥护和欢迎。这项政策是适合现阶段中国社会生产力发展水平的，必须毫不动摇地长期稳定，只有到国民经济发生新的巨大变化以后，这种情况才会有所改变。从我最近几年在各地了解的情况看，农民最关心的还是政策不要变。农民反对动乱，一个重要原因是怕政策变。当然政策很多，最主要的是以家庭联产承包为主的责任制，这个政策要是变了，农村就难以稳定，所以要长期坚持下去。家庭联产承包责任制本身就是集体经济的一种形式，它是建立在最主要的生产资料——土地公有制的基础上、农民有生产经营自主权的一种方式。农民承包的土地不能买卖，但可以调整，这与分田单干是不一样的。联产承包责任制这种形式在城市和企业也有，不能认为它不是集体经济。当然它也在发展，需要不断完善。要搞好双层经营，积极发展农业社会化服务体系，发展乡镇企业和第三产业，搞好大农业，搞好农林牧副渔综合经营，使集体经济更加巩固和壮大。这些要与联产承包这个基本制度长期稳定联系起来。这样才能进一步完成各项任务，实现农村经济的不断发展。

在农村改革的实践中，我们会遇到许多新情况、新问题。如粮食价格偏低，价格调整没赶上等问题。听搞农业工作的同志讲，农民不愿种田的不少。有的同志提出希望能较快地实现粮食购销同价。有的还建议把粮食价格推向市场，干脆放开粮食价格。现在是进一步解决粮食价格问题比较有利的时机，有三个省粮食价格已经放开。我听海南省的同志讲，在海口市放开粮价后，粮食价格还是很平稳的。当然这其中有一个重要的因素，就是我们国家手里有粮食，不怕冲击、不怕投机倒把，所以几个省粮价放开后都比较平稳。当然具体做的时候，要在中央统一领导下适当分散决策，看时机，在宣传报道和采取实际措施时要留有余地，做得稳妥一些。还有其他方面的问题。如植树造林发展得比较快，南方有的地区已经消灭荒山秃岭，经济林不断增加，林果业在发展，随之就要打开流通销售渠道，否则丰产不能丰收，就会损害农民的积极性。另外，加工业也要赶上去，从粗加工转向精加工。这些问题涉及到乡镇企业的发展，服务行业的发展，还有农村集镇的建设问题。这些方面有很多事情需要我们去做，向农业生产的深度和广度进军的潜力非常大，大有文章可做。

　　当前要抓紧九十年代的工作。九十年代已经快要过去两年了，对今后八年时间抓紧不放松，农村奔向小康是有希望的，但是，任务也是繁重艰巨的。这要靠九亿农民和全国人民的共同努力，因为农业的发展不单纯取决于农业本身，它还需要机械、电力、科技和其他方面的配合。从农业本身来说，首先要把土地经营好，把现有的十八亿亩耕地种好。我国的人均耕地水平在世界上是很低的，农村的发展首先要搞好这十八亿亩农田的耕作。这十八亿亩耕地不能再减少，这是我们吃饭的老本。刚才有的省的同志提到，全省耕地面积在不断减少，那是非常值得注意的。同时，对能够开发的山林要加以开发，并发展江河湖泊和沿海的养殖业，搞好农林牧副渔综合经营，那就是大农业。总之，我们必须像决定所指出的，保持党在农村的基本政策的长期稳定，继续深化改革，进一步完善和发展这些基本政策，更好地调动农民的积极性，积极发展农业生产和多种经营，在九十年代使我国的农业再上一个新的台阶。这是实现我们第二步战略目标最主要的措施，是建设有中国特色的社会主义的基础工作和极重要的部分。我们全党要进一步提高对农业和农村工作的重视程度，对深化农村改革要有足够的认识。这次中央专门召开这样一个讨论农村工作问题的全会，本身就具有很重要的意义。我们要以决定统一全党的思想，并结合各地实际情况认真加以贯彻落实。

注　　释

〔1〕见《中共中央关于进一步加强农业和农村工作的决定》（《十三大以来重要文献选编》（下），中央文献出版社 2011 年版，第 278 页）。

加强农村工作一定要强调
搞好党风建设 *

（一九九一年十一月二十七日）

贯彻落实党的十三届八中全会将要通过的《中共中央关于进一步加强农业和农村工作的决定》，抓好农业与农村工作，很重要的一条是要加强各级领导班子的党风党纪建设。搞好农业要继承我们党的优良传统，发扬自力更生，艰苦奋斗的精神，这就要求党员，特别是党员领导干部要有好的作风，能够带领群众一步一个脚印地去奋斗，去实现九十年代农业发展的新目标。

全会决定强调要进一步加强和改进党对农村工作的领导。中央和省（市、区）党委要用很大精力抓农村工作，及时研究和解决农村改革和建设中的突出问题。地、县委和与农业有关的部门，必须把工作重心和主要精力放在农村工作上，认真考虑加强农业的措施，结合当地的实际，全面贯彻执行八中全会的决定。农村的天地很大，农业的综合开发潜力也十分巨大，同时也要看到，我国农业的物质技术基础还比较薄弱，实现决定提出的对农业发展和农村工作的要求，

---

* 这是乔石同志在中共十三届八中全会中央纪委委员联组会上讲话的一部分。

是非常艰巨繁重的任务，需要各方面的工作都能跟上去，这就对各级领导班子党风建设提出了更高的要求。要紧密围绕加强农业和深化农村改革来加强党风建设。提倡深入农村、深入基层、面向群众、踏踏实实地调查研究，不断探索全面发展农业生产、深化农村改革、完善现行基本政策、搞好物质文明和精神文明建设、加强民主和法制建设的路子，解决实践中出现的各种问题。要与农民和农村的科技工作者相结合，总结群众的实践经验，善于抓住典型，及时推广。要随着农村经济的发展，使我们的作风更加深入、更加踏实，不断改进和做好我们的各项工作。这样领导农业上一个新台阶，奔向小康水平是很有希望的。

最近两三年，我跑了一些地方，感到我们的各级组织，总的是比较好的，能够带领党员、群众进行农业建设，特别在抗洪、抗旱、救灾等严重考验面前，能够走在群众前头，群众反映是好的。但是，也要看到还存在着必须引起我们重视的问题。有的党组织和党员干部不同程度地脱离群众，不了解下情，工作不深入、不全面，有的还吃吃喝喝，挥霍浪费，甚至贪污腐化。虽然严重的为数很少，但影响极坏。这些问题，有的违反了纪律，多数是工作上、作风上的问题，但如果长期不解决，就会严重脱离群众。苏联、东欧剧变的一个严重教训就是脱离群众。我们党是靠农民这支主力军才取得革命胜利的。如果在作风问题上不提出更高的要求，那么脱离农民群众的状况就不容易改变，那是很危险的。因此，加强农村工作一定要强调搞好党风建设，强调严肃执纪，凡是违反纪律的就要处理。有些问题虽够不上纪律处分，但成了风，在群众中政治影响很坏。比如用公款大吃大喝，群众反映就很大，特别是贫困地区，群众意见十分强烈；有的作风不深入，偏远地区的事情无人过问；还有的做表面文章，报喜不报忧等。这些虽然不是党纪问题，但是是党风问题，必须认真加以解决。不搞好农村的党风建设，不处理违纪问题，必然会影响九十年代农村经济的进一步发展，影响农民的积极性。从这一点上讲，加强党风建设，严肃执纪，也是保证《中共中央关于进一步加强农业和农村工作的决定》能够贯彻执行的一个基本条件，没有是不行的。这个问题需要引起各级党委重视，各级纪委也要坚持原则，为了党和人民群众的利益，该坚持的就要坚持。我们党一切都是为了人民群众的利益，没有自己的特殊利益。当了县委、地委领导，有了权，这是人民给的，只有用这个权力为人民服务的责任，没有搞铺张浪费、脱离群众，甚至以权谋私、违法乱纪的权力。各级领导班子抓好党风党纪建设有极为重要的意义。领导机关党风党纪建设搞不好，农村建设也就不容易搞好。凡是农村建设作出成绩的，都是各级领导班子做出了表率和极大的努力，为人民群众办了实事。

为适应新时期农村工作的需要，必须加强农村基层组织建设，使基层党组织真正成为贯彻党的基本路线，团结带领群众发展生产、劳动致富、搞好精神文明建设的战斗堡垒。党的十一届三中全会后，农村进行了经济体制改革，基层的状况发生了巨大的变化，而党的组织工作、基层建设工作没有跟上，成为薄弱环节。有的基层组织甚至处于瘫痪、半瘫痪状态。最近几年注意抓了这个问题，情况正在改善，但估计不能太高，基层组织建设任务还是相当艰巨的。基层党组织建设要从抓基层领导班子入手。要有好的支部书记、好的支委会，这是基层组织的带头人。党支部书记是非常重要的。我们要加强基层领导骨干的培养，配备好的干部。机关臃肿，为什么不可以派人到下面去锻炼？有些有事业心的大学生党员，可以到下面当支部书记嘛。当支部书记在实践中经受锻炼，能够增长才干，联系群众，并且可以学习生产知识，我看比只是坐在机关进步得快。

对于农村基层组织建设，除了要抓领导班子这个关键外，党员老化问题也不可忽视，要发展年轻党员。这要向解放军学习。土地革命战争时期，三湾改编时，毛泽东同志提出支部要建在连上，这个传统一直坚持到现在。如果不对在乡村生产第一线的青年人加强政治思想教育，不做他们的工作，不在时机成熟时，按照党章规定的条件吸收他们入党，长此下去，生产第一线就没有党员了，那怎么能发挥党组织的作用呢？

我们要在贯彻八中全会决定的过程中加强农村基层组织建设。要对基层组织加强领导，多提供帮助和支持，把基层领导骨干放到发展农村经济、深化农村改革的实践中进行锻炼。要继承和发扬自力更生、艰苦奋斗、密切联系群众的好作风，总结种植、饲养等各方面能手的经验，加以推广，切实帮助群众致富。对有困难的群众，要帮助他们在开发性农业中找出路，摆脱贫困，解决温饱，并逐步走向小康。农村的党支部只有投身于改变农村面貌的实践，并在这中间吸收优秀分子入党，补充党内新鲜血液，才能有战斗力。总之，要把基层党支部建设成为贯彻党的基本路线和方针政策坚决，工作作风扎实，组织生产得力，带领群众共同致富有方，联系群众密切，在群众中有威信、有凝聚力和感召力的战斗堡垒。

目前，农村正在开展社会主义思想教育。这个教育要在党的基本路线指引下，密切结合实际来进行。要按照党在农村的基本政策，围绕着搞活经济、深化改革、壮大集体经济、提高广大农民生活水平、搞好精神文明建设等根本任务，采取群众喜闻乐见的各种形式有效地进行。要引导群众学习文化科学技术，开展健康有益的文化娱乐活动，把物质文明建设和精神文明建设抓好。正在广大农村发展起来的集镇，要建设成为经济和生产指导的中心，政治活动的中心，文化娱乐的中心，精神文明建设的中心。现在大城市不能盲目发展，中等城市也要适当控制，在这种情况下，发展和建设好小城镇、小集镇，真正能起到几个中心的作用。这是一个很重要的问题，具有深远的意义。

这里还要强调的是，只有把基层组织建设搞好了，把乡镇企业、服务行业和各种社会化服务体系搞上去了，乡级财政才能真正建立起来。乡级财政的建立，对支持党政的活动有重要作用，免得一搞活动就伸手向农民要钱。

加强农村基层组织建设，在九十年代要有计划地、一批一批地搞。党支部书记的培训，党支部委员的培训，党员的教育，都要提到日程上来，对此要作出规划，逐步实施。比如，"两公开、一监督"[1]是应该搞好的。我看过一些地方，只要实实在在地执行这个制度，都能起到好作用。所以，有的群众说，"给钱给物给补助，不如帮助建立一个好支部"。也有的群众说，把农业搞上去，要"建设一个好支部，选出一个好支书，制定一套好制度"。有了这个前提，才能推动农业经济的发展。

总之，要切实把基层党组织搞好，使其真正成为发展社会主义农业、共同富裕、奔向小康的骨干力量、依靠力量和基础力量。

注　　释

〔1〕"两公开、一监督"，指公开办事程序、公开办事结果，加强群众监督。

在全国高级法院院长
汇报会上的讲话

（一九九二年一月十日）

这次全国高级法院院长会议是研究贯彻落实党的十三届八中全会和去年中央工作会议精神的一次重要会议。党中央对法院工作是很重视的。江泽民同志和李鹏[1]同志对一年来的法院工作给予了充分肯定。今天，我代表党中央对法院工作所取得的成绩和这次会议的顺利举行表示祝贺！向到会的全体同志并通过你们向全国法院干警致以亲切的问候！

下面讲三个问题。

一、法院工作的重要地位和作用

我们要加强社会主义法制建设，随着法制的加强，人民法院在整个国家的政治、经济和社会生活中的地位越来越重要。法院工作对维护社会稳定、保障经济建设具有不可替代的作用。近几年来，全国各级法院每年办理各类案件将近三百万件，为国家和人民挽回了大量经济损失，使大批违法犯罪分子得到了应有的惩罚，伸张了正义，协调了各种关系。广大法院干警很辛苦，工作成绩显著，贡献很大。刚才听同志们介绍，法院干警工作严重超负荷，因为案件大量增加，法院的编制虽然也有增加，但与任务的增加相比是很不够的。我们要反映情况，争取逐步解决人员不足与工作任务中的矛盾。

面对风云变幻的国际形势，我们总的态度，就是邓小平同志说的，冷静观察，稳住阵脚，沉着应付，韬光养晦，善于守拙，绝不当头。东欧剧变，特别是苏联解体，这是国际共产主义运动有史以来遭受到的最严重的挫折。我们所处的国际环境更加严峻，不能掉以轻心，要提高警惕，要加强我们的工作；但也不要草木皆兵，没有什么了不起。只要我们自己采取正确的路线、方针，我们就无往而不胜。唐朝刘禹锡的诗中有这样一句："沉舟侧畔千帆过，病树前头万木春。"共产主义运动、社会主义事业还是要向前发展的。对于西方敌对势力和平演变的图谋，我们归根到底就是要坚持党的基本路线，做好国内各方面的工作，集中精力把经济建设搞上去。在整个九十年代，我们国家的中心任务是实现社会主义现代化建设的第二步战略目标。现在九十年代已经过去两年，时不我待，我们要有紧迫感，要把各方面的工作都抓得很紧。对于政法部门来说，当前的主要任务就是：认真贯彻党的十三届八中全会和去年中央工作会议精神，继续维护社会稳定，努力为经济建设和改革开放，为搞好国营大中型企业和加强农业、农村工作创造良好的社会环境，做好各项安全保障工作和法律服务工作。

在法院的审判工作中，对于严重危害社会治安的刑事犯罪分子，要坚决依法从重从快判处。要认真贯彻邓小平同志提出的"一手要抓改革开放，一手要抓严厉打击经济犯罪"[2]的指示，依法从严判处严重的经济犯罪分子，尤其是严重的贪污贿赂犯罪分子。不管是挂着什么招牌、具有什么身份的人，只要他犯了罪，都要依法判处，什么人说情也不行。因为我们是以全心全意为人民服务为宗旨的。同时，法院还要结合审判工作，积极参与落实社会治安综合治理的其他措施。刚才有些同志对参与综合治理提了一些意见和建议，我都同意。各级人民法院对参与综合治理工作是很积极、很重视的，去年最高法院专门开了会，最近又专门发了文件，希望大家进一步狠抓落实。综合治理，块块要抓，条条也要加强，要充分发挥法院在综合治理中的重要作用。

法院贯彻党的十三届八中全会和中央工作会议精神，除了依法惩治刑事犯罪和经济犯罪之外，还要通过审判活动，运用法律手段调整经济关系，这也是直接为经济建设服务。经济审判、民事审判，乃至行政审判，对国家的经济发展和社会的安定都有很重要的作用。《中华人民共和国行政诉讼法》制定以后，有些部门有些反应。我认为行政审判是一件好事，应当支持把行政审判搞好。当然加强这项工作需要有一个过程。现在，审判工作的领域更宽了，任务更重了，难度更大了。其中最难的是中国有几千年的封建社会历史，人际关系的影响太大了，对依法办事不利。所以在中国建立社会主义法制的难度是很大的。我们要进一步振奋精神，知难而进，勇挑重担，从各方面做好工作，为社会主义民主和法制建设，为建设有中国特色的社会主义多作贡献。

法院是国家上层建筑的重要组成部分，是人民民主专政的重要工具，是重要的执法部门，担负着保卫社会主义经济建设和保护公民合法权益的重要任务。惩办少数人的目的是

为了保护整个国家和人民的利益，这是我们的着眼点，这与
人民民主专政的根本性质是一致的。各级党委都要十分重视
法院工作，把法院工作摆上重要议事日程，在人员编制、经
费、待遇和法院建设等方面给予足够的关心和支持。请到会
的高级法院院长们给党委书记们带一句话，希望他们对法院
工作更重视一些，更支持一些。特别是对基层人民法院和人
民法庭，要给予更多的帮助，尽可能为他们创造较好的工作
条件。同时，尽可能为他们改善一些生活条件。

二、法院工作中最重要的是严格依法办事

法院的基本职责就是在党的领导下，依照法律和司法程
序，独立审判各类案件。最重要的是要严格依法办事，做到
有法必依，执法必严，违法必究。要坚持以事实为根据，以
法律为准绳，以对人民无限忠诚、高度负责的精神，办好每
一个案件。该顶住的还是要顶住。如果不顶就什么事也办不
成了，那还要法院干什么？当前尤其要防止出现打击不力的
倾向，同时，任何时候都必须坚持搞准。法院干警必须执法
如山，秉公办事，坚决维护我国社会主义法制的权威和统
一，坚决抵制地方或部门的保护主义和其他不正之风对审判
工作的干扰。对执行难等执法不严的问题，也要认真加以解
决。首先是请党委和政府支持。法院判了不算，搞得法院一
点威信都没有了，那怎么算是法治呢?！法院的威信应该是
很高的，目前我们法院的威信还不算很高，要把法院的威信
提得更高一点。这主要依靠自己的工作，同时各级党委和政
府的支持也很重要。要切实保护人民的合法权益，对人民的

安危要高度负责。必须下大力气解决一些地方"告状难"的问题。我们要立足本职，着眼全局，努力贯彻党的方针、政策，讲究办案的社会效果，防止就案办案，孤立办案。各级党委和政府要支持法院依法独立行使审判权。法院对于依法应办的，该坚持的就要坚持。党章规定，所有党组织、党员都要在宪法和法律范围内活动。法院也要主动向党委请示报告工作，向政府通报情况，并和其他政法部门通力合作，密切配合，共同履行好党和人民赋予的职责。

三、加强人民法院队伍的建设

目前，全国法院的队伍已发展到近二十四万人，这是一支不小的队伍，但是数量还不足，素质还需要进一步提高。总的看，这支队伍是好的，是忠于党、忠于人民、忠于社会主义事业的，是有战斗力的。但是也不能不看到，在错综复杂的国际形势和改革开放的条件下，也确有极少数干警经不住考验，搞钱权交易，贪赃枉法，徇私舞弊。这不能不引起我们的严重注意。在这个问题上我们决不能有半点含糊，一定要坚持"从严治院"。"从严治院"的关键在于各级法院的领导班子，领导班子腰杆要硬一点，不能以目前党风不正、社会风气不正为借口，也不能以别的部门不好为借口，该管的也不管。如果大家都这样想，党风和社会风气就无法好转。法院应有自己的要求，在执法方面应该成为模范。对法院干警队伍中的违法乱纪问题，必须严肃查处，坚决清除腐败现象，决不允许护短。今后法院增编进人，一定要严格把关。一年一度的执法执纪大检查，法院系统抓得是认真的，有部署，有检查，有总结。今后要在实践中不断总结经验，逐步制度化、规范化，使之更有实效。

　　法院干部特别是各级领导干部要坚定社会主义信念，坚持不懈地贯彻执行党的基本路线，在政治上同党中央保持高度一致，任何时候都不能动摇。要加强马克思主义基本理论学习，认真读一点毛泽东和邓小平等同志的著作。要加强人民法官的正规化培训，进一步办好业余法律大学，同时开展岗位练兵，大力提高干警的政治素质和业务素质，提高执法水平和办案能力。总之，要努力建设一支政治上坚强、业务上精通、作风上过硬、刚正不阿的人民法官队伍。

　　我们深切希望，经过"八五"计划和九十年代的努力，我国社会主义民主和法制建设能有一个长足的进步。九十年代经济建设要上去，法制建设也要上去。法院要建设得更加坚强有力，工作更加出色，有更大的权威。希望全国法院的广大干警，再接再厉，乘胜前进，在新的一年里作出更大的成绩，为保障社会稳定，促进国民经济持续、稳定、协调发展，为建设有中国特色的社会主义作出新的贡献。

注　　释

　　〔1〕李鹏（一九二八——二〇一九），四川成都人。当时任中共中央政治局常委、国务院总理。

　　〔2〕见邓小平《在接见首都戒严部队军以上干部时的讲话》（《邓小平文选》第3卷，人民出版社1993年版，第306页）。

为深化改革、扩大开放、发展经济提供更多更好安全保障和法律服务*

（一九九二年一月二十日）

在刚刚过去的一九九一年，广大政法干警坚决贯彻党的基本路线和各项方针、政策，为改革开放和社会主义现代化建设服务，成绩是显著的。面对国际形势剧烈动荡的冲击和国内严重自然灾害的影响，我们国家保持了政治安定和社会稳定，广大干警和武警官兵为此作出了很大贡献。在社会治安综合治理方面，在各级党政领导的关心和支持下，政法部门和各有关单位做了大量工作。多数地方治安秩序较好，在一定程度上遏制了刑事犯罪案件大幅度上升的势头。一九九二年政法工作总的任务是：以党的基本路线为指针，牢固树立为经济建设服务的思想，认真贯彻去年中央工作会议和党的十三届八中全会精神，继续贯彻落实一九九一年《中共中央、国务院关于加强社会治安综合治理的决定》等文件，以搞好社会治安综合治理为重点，充分发挥政法部门的职能作用，维护社会稳定，为搞好国营大中型企业、加强农业和农

---

* 这是乔石同志在全国政法工作会议上讲话的主要部分。

村工作，为深化改革、扩大开放、发展经济提供更多更好的安全保障和法律服务。

一、在新的形势下继续做好维护稳定的工作

一年来，国际形势发生了重大变化。这无疑对中国有一定影响，但并不可怕，因为我们在国际上从不依附于他人，从来都采取独立自主、自力更生的方针。我们党坚持把马克思主义与中国实际相结合，走自己的道路。革命时期是这样，社会主义建设时期也是这样。当然，我们党在历史上得到过国际上的支持和帮助，同时也受到过一些不好的影响，使革命事业遭受损失，但是我们都自己总结改正了。我们党有自我批评的精神，毛泽东同志说过，这是我们党区别于任何其他政党的一个主要标志。党的历史上有过两次全党范围的自我批评，其影响是很了不起的。一次在革命时期，从遵义会议到延安整风，在毛泽东同志主持下，用实事求是的思想路线，克服了王明路线和党内其他错误倾向，最后作出了《关于若干历史问题的决议》，统一了全党的思想，为抗日战争和解放战争的胜利奠定了坚实的基础。另一次在新时期，从党的十一届三中全会到六中全会，在邓小平同志主持下，以"实践是检验真理的唯一标准"为指导思想，在全党范围充分发扬民主和认真讨论的基础上，总结了新中国成立以来的历史经验，作出了《关于建国以来党的若干历史问题的决议》，对"文化大革命"作了结论，对毛泽东同志的功过作出了实事求是的公正的评价，维护了毛泽东同志的历史地位和毛泽东思想的指导作用，在新的条件下统一了全党的思

想，稳定了全党和全国的大局，为在历史新时期顺利推进建设有中国特色的社会主义奠定了基础。

党的十一届三中全会以来，党的一整套符合中国国情的路线、方针、政策，深受人民群众的拥护和欢迎，极大地调动了人民群众的积极性。十二年来，我国的社会主义现代化建设取得了举世瞩目的巨大成就，社会主义在政治、经济、文化等方面从实践到理论都有很大发展。党的十三届四中全会以后，根据改革开放以来的经验，我们又注意改正了"一手硬、一手软"的缺点，更加强调物质文明建设和精神文明建设一起抓。经济经过治理整顿，进一步向好的方向发展；党的建设、思想政治工作、党和群众的联系逐步加强。在党的基本路线指引下，十年规划和"八五"计划的制定，更加突出了深化改革、扩大开放，有利于进一步调动人民群众的积极性，实现现代化建设的第二步战略目标。去年，党中央先后召开了中央工作会议和十三届八中全会，重点研究解决搞好国营大中型企业和加强农业、农村工作的问题。这两次会议精神的贯彻落实，必将使国内形势更加稳定，越来越向好的方面发展。总之，我们有自己的特点和无可比拟的优势。我们的党和人民完全有能力顶住任何风浪，继续沿着自己选择的道路坚定不移地走下去。

防止和平演变，归根到底在于把我们自己的事情办好，关键是要把经济建设搞上去。这是我国社会主义建设的一条最根本的经验。党的十一届三中全会以来，邓小平同志一再指出，社会主义最根本的任务就是发展生产力，社会主义制度优越性的根本表现就在于能够更快更好地促进生产力的发展，社会主义政治制度、经济制度的巩固和发展取决于生产力的发展，正确的政治领导的成果归根结底要表现在社会生产力的发展上。邓小平同志反复强调，经济建设是我们的工作中心，其他一切任务都要服从这个中心，围绕这个中心，决不能干扰它，冲击它。对于这一点，必须扭住不放，"顽固"一点，毫不动摇。只要不打世界大战，只要不发生大规模外敌入侵，我们就要埋头搞建设。即使战争打到我们头上，打完仗回过头来还要搞建设。我们就是要硬着头皮把经济搞上去，就那么一个大局。我们所谓照顾大局，第一个大局就是这个，一切都让路！这十几年，我们所以能够经受住各种风浪，根本的一条就是经济体制改革和经济建设取得了巨大成就，人民生活有了显著改善。在本世纪九十年代和二十一世纪，我们国家的前途、命运如何，最根本的还是看我国的生产力发展得怎样。九十年代是我国社会主义现代化建设极为关键的十年，现在已经进入第三年了，我们必须有强烈的使命感和紧迫感，紧紧抓住难得的历史机遇，专心致志地进行经济建设。党的基本路线"一个中心、两个基本点"是一个统一的整体。坚持四项基本原则和坚持改革开放都必须围绕经济建设这个中心。这一点我们每个同志思想上必须十分明确，不能有任何含糊和动摇。四项基本原则和改革开放这两个基本点也是辩证统一的，我们必须有完整的理解，在实际工作中它们是不可能也不应该被割裂开来的。当然，我们在各条战线上工作的同志，都有自己侧重的方面，但无论抓哪条战线的工作，任何时候都不能离开对党的基本路线的完整的认识。只要我们坚定不移地遵循党的基本路线，以经济建设为中心，坚持四项基本原则，坚持改革开放，我们建设有中国特色社会主义的事业就无往而不胜。

要把我们自己的事情办好，社会稳定是一个最基本的前提。无论哪一个国家，都不可能在秩序混乱的情况下搞成现代化。中国这样一个人口众多的大国，如果动乱不止，无论对我们自己，还是对国际社会，都将是一场极大的灾难。因此我们说，稳定压倒一切。当前，我国政治是安定的，社会是稳定的。近几年，国际国内活生生的事实进一步教育了广大干部和群众，安定团结的政治局面和稳定的社会环境对于国家建设和人民幸福是多么重要！我们必须万分珍惜来之不易的政治局面，自觉维护社会稳定。应当看到，国内不安定的因素依然存在，有的甚至还有发展。我们必须高度重视和警惕，决不能掉以轻心。各级党委、政府和政法各部门仍然要把维护政治和社会的稳定放在压倒一切的位置上抓紧抓实抓好。从根本上来说，要继续深化改革、扩大开放，兢兢业业地抓好经济工作，逐步改善人民生活，尤其是对于工作和生活问题没有很好解决的那一部分群众，要给以特别的关注，及时妥善解决他们的困难；要抓好党的建设和廉政建设，反对腐败现象，密切党群关系、干群关系；加强精神文明建设和马克思主义、社会主义、爱国主义的思想教育，增强全党和全国人民的社会主义信念；加强社会主义民主和法制建设。要切实采取有效措施，及时妥善处理各种人民内部矛盾。对停产半停产和效益差的企业，以及其他有类似情况的基层单位，党政领导要大力加强思想政治工作，妥善解决实际问题。对于那些容易引发闹事的矛盾和纠纷，一定要及时解决在萌芽状态，解决在基层，解决在内部，防止矛盾激化和事态扩大。对于一切可能发生的突发事件，都要力求有预见，充分做好防止和处理的准备工作。

二、运用法律武器，更好地为
经济建设和改革开放服务

去年召开的中央工作会议和党的十三届八中全会，进一步阐明了搞好国营大中型企业，加强农业和农村工作，推进国民经济持续发展的战略意义和方针、政策；同时，对维护城乡社会治安，充分发挥政法工作的保障作用，提出了更高的要求。各级政法部门一定要认真贯彻这两次会议的精神，把为经济建设服务作为政法部门一切工作的根本出发点和最终目的，为搞好国营大中型企业和发展农村社会主义经济创造安定良好的社会环境，为实现我国社会主义现代化建设的第二步战略目标作出更大的贡献。

（一）深入开展打击经济领域犯罪的斗争。实践证明，打击经济犯罪，关系到改革开放能不能健康发展，社会主义现代化建设能不能顺利进行；关系到反腐败斗争的成败，社会主义制度的兴衰。我们要认真学习、坚决贯彻邓小平同志的一手抓改革开放、一手抓打击经济犯罪活动的指示，在各级党委、政府的领导下，坚决排除阻力和干扰，以反贪污贿赂为重点，依法从重从严惩处严重经济犯罪分子。要牢固树立惩治经济犯罪是为经济建设直接服务的观点，及时办理、办好各种经济案件。要坚决纠正以罚代刑、重罪轻判等执法不严、打击不力的现象。在办理案件，尤其是办理国营大中型企业、科技领域和乡镇企业的案件中，要处理好打击犯罪和保护合法经营、合法权益的关系。要严格区分经济交往中正当业务往来与经济犯罪的界限，对于罪与非罪界限不清和有争议的案件，要慎重研究，及时请示报告。要改进工作作风和办案方法，讲求办案的政治效果、经济效果和社会效果，避免孤立办案和就案办案。同时，有关政法部门要认真研究打击经济犯罪中出现的新情况、新问题，根据需要，该作司法解释的尽快作出司法解释；需要立法的，主动建议立法机关修订或制定法律。

（二）充分运用法律手段，维护正常经济秩序。加强经济领域的执法工作，充分发挥法律制约和引导经济行为、维护经济秩序的作用，是政法部门直接为经济建设服务的重要方面。在当前经济纠纷相对增多的复杂情况下，努力提高审判工作的水平，尤为重要。我们要通过各种执法活动，努力促进有计划商品经济新体制和计划经济与市场调节相结合的新的运行机制的建立和完善，促进适合国营大中型企业调整结构、提高效益的经济秩序的形成和发展。对违反国家经济管理制度，损害国家、集体和个人合法权益的非法经营活动，要坚决给予经济制裁，构成犯罪的应依法追究刑事责任，以保障国家对经济宏观调控的顺利进行。要按照党的方针、政策和国家法律，处理好事关国营大中型企业和科技发展的经济纠纷案件，处理好事关完善农村以家庭联产承包为主的责任制等农村基本政策的各类案件，保护以公有制为主体的各种经济成分的健康发展。要坚决抵制地方和部门的保护主义对审判工作的干扰，维护国家法制的统一性和严肃性。各级党委、政府都要支持审判机关依法公正裁决，排除一切干扰和阻力，加强执行工作，维护法律的尊严。要依法审慎地处理好涉外经济纠纷案件，为扩大开放提供法律保障。

（三）加强法制宣传和法律服务工作，积极参与经济秩序的综合治理。抓好法制宣传教育，引导经济生活按照社会主义法律规范，协调、有序、稳定、健康地发展，是政法部门的一项长期任务。除了抓好"二五"普法教育外，政法各部门都要把法制宣传贯穿到办案的各个环节和各项业务工作中去。要大力加强律师、公证等法律服务工作，拓宽服务领域，提高服务质量。尤其要加强政府部门和国营大中型企业的法律顾问工作，协助依法管理经济，促进生产经营的健康发展。要加强重点工程和国营大中型企业的安全保卫和治安防范工作。加强和改进特种行业管理和交通、消防、出入境管理，做到既方便生产经营，又防止违法犯罪和治安灾害事故。要围绕农村改革的重点和方向，努力为稳定和完善党在农村的基本政策、深化农村改革提供法律服务。

三、进一步把社会治安综合治理工作落实到各部门，落实到基层，争取治安状况逐步好转

去年，各地区、各部门认真贯彻一九九一年《中共中央、国务院关于加强社会治安综合治理的决定》，社会治安综合治理工作上了一个新台阶，对维护社会稳定和治安秩序起了积极作用。但是，对取得的成绩不能估计过高。应当看到，在改革开放、发展有计划商品经济的过程中，各种利益关系错综复杂，产生治安问题的因素很多，搞好社会治安综合治理工作的难度相当大，是一项长期、艰巨的任务。同时，工作的发展也很不平衡，许多措施还没有真正落实。今

年要继续集中力量贯彻好《中共中央、国务院关于加强社会治安综合治理的决定》，一项一项抓落实，一片一片抓落实，把社会治安综合治理的各项措施具体落实到各部门，落实到基层去，力争城乡治安状况逐步好转。关于今年社会治安综合治理工作的安排，中央社会治安综合治理委员会年前进行了讨论，这里我只着重强调以下几点：

（一）各地区、各部门的党政领导同志要进一步加强对社会治安综合治理工作的领导。《中共中央、国务院关于加强社会治安综合治理的决定》下达后，绝大多数地区和部门加强了对社会治安综合治理工作的领导，有不少领导同志高度重视、真抓实管。这是去年社会治安综合治理工作取得成绩的重要原因。但是，在某些地区和部门，有的领导同志至今对这项工作还没有给以应有的重视，没有采取实际措施。这就需要按照中央决定的精神，尽快把认识统一起来，否则就会影响工作的进展。

抓好社会治安综合治理，是各地区、各部门的共同任务，这一点必须十分明确。年前全国人大常委会委员长会议决定，今年人大常委会将重点组织检查关于加强社会治安综合治理的决定等三项法律的执行情况。这是非常必要的，对于推动综合治理工作的落实，将是一项有力的措施。

社会治安综合治理工作实行"条块结合、以块为主"的原则，地方的责任相对来说更重一些。地方党委和政府，特别是县、市和乡镇的党委和政府，肩负着"保一方平安"的政治责任，尤其要采取切实措施把社会各方面的力量和积极性调动起来，搞好综合治理工作，加强对这项工作的领导，自觉地维护好本地区的社会治安。一个地方社会治安好不好，关系到本地的经济发展和群众生活的安定，弄不好还会在全国甚至海外造成不良的政治影响。有的地区一段时间内社会治安相当不好，严重影响群众的生产和生活，在领导重视以后，经过重点整治，治安状况有了明显好转，并且在综合治理方面取得了一些较好的经验。这种事例说明，只要思想上重视，工作又认真抓，综合治理是可以搞好的。

各系统和各部门应当负责任地承担起自己应承担的职责，进一步行动起来，组织和指导所属单位，按照各自的分工，积极主动地参与社会治安综合治理。各部门制定的政策、规章和制度，开展的业务工作，既要讲求经济效益，更要重视社会效益，以利于促进社会稳定和治安好转。还要督促所属单位服从当地党委、政府的统一领导、统一指挥，做好自身的治安防范工作；要与有关部门密切配合，认真解决社会治安综合治理中的有关问题。

各省、自治区、直辖市和不少部门，都已制订了综合治理的规划，希望有计划地认真加以实施，力争在几年内取得明显的成效。

（二）认真贯彻党的十三届八中全会精神，大力推进农村社会治安综合治理。全会为九十年代的农业和农村工作制定了总的奋斗目标，其中提到了要实现农村"社会治安良好"，这是一项重要的要求。各地区、各部门要把大力推进农村社会治安综合治理，作为贯彻全会精神的一项重要内容，有计划地落实好农村社会治安综合治理的各项措施。

在农村开展社会治安综合治理，必须依靠乡村党政组织和广大农民群众，建立群众自我教育、自我管理、自我约束、自防自治的机制。在这方面，有些地方创造了一些好的经验，如山东省章丘县依法治乡的经验是比较可行的，要有意识地发现和总结那些好的典型经验，加以推广。

要依法坚决打击横行乡里的车匪路霸、流氓团伙和破坏农业生产和公共设施的刑事犯罪分子；严肃查处一些地方出现的反攻倒算事件；坚决查禁各种社会丑恶现象；采取有效措施制止封建宗族势力和地下宗教势力的非法活动。进一步加强调解工作，化解民间纠纷，预防和减少犯罪。对那些基层组织瘫痪、违法犯罪猖獗、歪风邪气盛行的集镇、村庄，要进行重点治理，尽快改变面貌。要在加强村党支部和村委会建设的同时，健全治保会和调解会组织，使之真正发挥作用，并妥善解决其存在的一些实际问题。

对有轻微违法犯罪行为的人，要通过适当形式，组织家长、亲属、党员和有威望的群众积极分子加强经常性的帮助教育和管理，针对他们的特点，灌输法律知识，矫正其不良行为。对屡教不改、触犯刑律的，依法严肃处理。但是，要注意防止和纠正不顾法律，任意限制人身自由、侵犯人身权利的错误做法。

（三）狠狠打击各种犯罪活动，进一步提高"严打"[1]质量。对于各种犯罪活动必须坚持狠狠打击，决不能手软。"严打"斗争已经搞了八九年，取得了很大成绩，但是至今仍有一些地方干部和群众反映"打击不力"。这主要表现在以下几个方面：一是某些地区"严打"和依法从重从快的方针没有在侦查破案、批捕起诉、定罪量刑等各个环节得到全面贯彻落实，特别是对一些重大案件的侦破和处理，由于受到各种干扰，能快不快，该重不重；二是有的地区开展"严打"，仍然习惯于大轰大嗡，"拉大网"，工作不深不细，实效不大；三是有的地区停留于一般号召，斗争没有重点，事先缺乏足够的调查和准备，结果既打得不准，又打得不狠。实际上只有打得准，才能真正打得狠。为此，各级政法委员会要在今年第一季度对本地区过去"严打"的情况进行一次认真的检查和总结，针对存在的问题，采取有力措施，切实加以解决。要从当地的实际情况出发，哪一类犯罪活动严重就集中打击哪一类犯罪活动，什么治安问题突出就及时解决什么问题。每打一仗务必注重调查研究，做好充分准备，讲求实效；并且要把集中行动和经常工作结合起来，紧紧跟上综合治理的其他措施，巩固"严打"成果。公安、检察、法院都要在各自的工作环节上认真贯彻依法从重从快的方针，及时纠正打击不力现象，提高"严打"质量。对带黑社会性质的犯罪团伙，一经发现就要坚决及时打掉，决不能任其存在和发展。对毒品犯罪、卖淫嫖娼等"六害"活动，要下定决心，发动群众和专门工作相结合，坚决打击和查禁。正在各地开展的反盗窃斗争，一定要认真抓下去，有步骤地扎扎实实地推进，并结合这一斗争，把综合治理的各项工作带动起来。

（四）巩固和扩大重点治理的成果。去年重点治理工作有了一个良好的开端，今年要坚持抓下去，决不能松劲。必须加强对这项工作的领导，逐步解决引起治安混乱的深层次问题，巩固和扩大重点治理的成果。

要优先治理位居要冲的大中城市、交通干线、沿海开放地区和周边地区，力争尽快改进这些地方的治安面貌。要充分发挥重点治理工作的整体作用，组织和动员全社会的力量，把"严打"与社会治安综合治理的其他措施紧密结合起来，努力做到治理一处、巩固一处，治理一片、好转一片，以推进全国社会治安逐步好转。

四、进一步加强政法队伍的建设

我们的政法队伍，总体上说是一支党和人民完全可以信赖的好队伍。对于广大政法干警所作出的成绩和贡献，党中央是充分肯定的。但是，各级党委和政法各部门的领导同志也必须清醒地看到，一些消极因素已经在一定程度上影响甚至腐蚀着我们的队伍。钱权交易、贪赃枉法、欺压群众等行业不正之风和腐败现象在有的地方相当严重，群众对此反映十分强烈。必须认识到，我们能不能最大限度地解决好这些问题，是我们党能否经得起执政和改革开放考验的一个重要方面，是关系到党和政府在人民群众中的形象的大问题。

政法队伍建设的重点是提高广大干警的素质。干警的素质提高了，整个政法队伍的战斗力和凝聚力就会大大增强。提高政法队伍素质的根本方针，是从严治理，即标准要严，教育管理要严，发生问题后处理要严。无论是"从严治警"，还是"从严治检""从严治院"，都必须首先从严治"长"，从领导班子抓起。有了好班子才能带出好队伍。好班子的标准特别需要强调三条：一是政治上强。政法部门是党和人民的卫士，领导班子必须忠于党，忠于人民，忠于社会主义事业，决不允许有丝毫动摇。要真正关心国家大事，关心社会动态，政治上要敏锐，能够主动积极地发现问题，抓住工作重点。二是业务上精。不仅要精通有关政策、法律和本职业务，而且要懂一点经济建设和科技知识，要逐渐积累一些处理复杂社会问题的知识和经验。三是作风上硬。要深入实际，联系群众，注重调查研究，坚持实事求是；身先士卒，模范遵守党的纪律，坚决执行国家法律；廉洁奉公，办事公正，顾全大局，能够同兄弟部门主动搞好团结合作；对队伍中的问题敢抓敢管，绝不护短。要根据上述条件和"四化"标准，考察领导班子，选拔领导干部，特别是要选好第一把手。

要着力提高广大干警的政治素质。通过扎实有效的政治理论学习和深入细致的思想政治工作，使广大干警牢固树立社会主义信念和辩证唯物主义思想，进一步增强全心全意为人民服务观念、人民民主专政观念、社会主义民主与法制观念、群众路线观念、组织纪律观念、职业道德观念和文明执勤观念。提高业务素质要从多方面入手，最基本的是要抓好教育培训和岗位练兵。教育培训要充分利用现有各类政法院校和培训基地，实实在在地抓下去。培训要注意联系实际，可适当请一些有较丰富实践经验和作风优良的老干部、老战士来讲课。培训的对象，要以领导骨干和业务骨干为重点，同时要分期分批轮训基层干警。由于条件限制，多数干警的提高要靠加强岗位练兵，靠能者为师，以老带新，边干边学。岗位练兵要有组织有计划地进行，合理安排，严格考核，防止流于形式。从今年起，政法各部门都要在抓紧落实培训计划的同时，把岗位练兵活动扎扎实实地开展起来。要把教育培训、岗位练兵和经常性的政治思想工作结合起来，全面提高干警素质。要着重提高干警的政治思想水平，法律政策水平，本职工作能力，专业技术技能和做群众工作的本领。尤其要把政法战线在长期政治斗争中锻炼出来的，体现在优秀政法干警身上的那种坚强的党性、坚定的政治立场、明确的政治态度、敏锐的观察能力，踏踏实实、深入实践、善于走群众路线、为完成任务顽强拼搏、不惜牺牲的奉献精神和优良作风，通过言传身教，真正传下去。

要不断总结经验，树立和推广各种类型的先进典型。树立先进一定要实实在在，不要人为拔高。要广泛宣传，搞好比、学、赶、帮，以推动队伍建设。要严肃执纪，认真开展执法执纪大检查。对政法队伍中存在的行业不正之风必须坚决纠正，对一切违法乱纪现象和腐败行为必须坚决制止和严肃处理。执法部门如果对自己队伍中的这类问题不能严肃对待，而是以各种借口护短、掩盖甚至包庇，就必将危害整个政法队伍，严重损害这支队伍在人民群众中的形象。一年一度的执法执纪大检查，中央已经强调多年，有的部门和地方很重视，有部署、有检查、有总结，抓得扎实，效果良好。但是，有的部门和地方抓得差，甚至不见行动，这是不好的。希望这样的部门和地方的领导同志能够引起注意，并在今年的大检查中抓出成效，以实际行动予以改正。

政法队伍必须纯洁精干。一方面要严格把好进人关；另一方面对严重违法乱纪、素质很差、经过教育仍不适合做政法工作的人要坚决调离。这是加强政法队伍建设必不可少的措施。这个问题也已经强调了多年，今年内务必取得明显成果。当然也要充分做好思想工作并予以妥善安置。各级党委和政府要加强对这项工作的领导，请各有关部门给予大力支持。

要建立健全和严格执行各种监督制约的规章制度。县以下（包括县）各政法基层单位尤其要坚决执行"两公开、一监督"[2]制度。要多开辟一些监督形式和渠道，欢迎和鼓励广大群众对政法干警进行监督，揭露问题，提出批评建议。一定要真心实意地欢迎群众的监督，决不能只是装装样子，做给别人和上级看。接受监督同维护政法部门的权威是完全一致的。政法部门要进一步树立权威，主要靠自己的出色工作和优良作风，来获得群众的支持。

政法队伍建设要进一步法制化、正规化。现在，人民警察警衔条例已提请全国人大常委会审议，检察官条例、审判员条例也已列入国家立法规划。要结合这些条例的制定和实施，认真研究队伍建设中的问题，提出切实可行的解决办法。今年，要以实施警衔条例为契机，对各种警察队伍的纪律作风认真进行一次整顿，使各警种的素质大大提高一步。

五、加强党对政法工作的领导

在当前形势下，各级党委、政府尤其需要重视坚持人民民主专政，加强社会主义民主和法制建设，进一步加强对政法工作的领导。

首先要从政治上、思想上、组织上加强对政法队伍的领导和监督，保证政法队伍立场坚定，真正成为党和人民的卫士、社会主义制度和人民民主政权的卫士。确保政法部门的领导权牢牢掌握在马克思主义者手中，那就是要求领导者真正领会马克思主义的精神实质，善于运用马克思主义的立场、观点、方法，来解决当前中国的实际问题。

要加强路线、方针、政策的领导，督促政法部门结合工作实际，认真贯彻党的基本路线和各项方针、政策，特别是党关于政法工作的方针、政策。发现问题，及时纠正，使党的方针、政策全面落实到政法部门的各项工作中去。

要监督、支持政法部门严格依法办事，依法行使职权，充分发挥职能作用，维护法律的尊严和执法的权威，不允许任何行政机关、社会团体和个人干扰、阻碍政法部门秉公执法。

要从人力、财力、物力上给政法工作以必要的支持和保障，有计划地逐年增加一些编制，逐步增加一些经费。办案经费一定要给予保证。积极解决政法干警在办公、住房、生活等方面的实际困难。

各级政法委员会在党委领导下，一年来做了大量工作，组织协调有关部门为维护社会稳定和社会治安作出了积极贡献。今后要进一步加强对政法工作的宏观指导和协调。注意研究解决政法战线全局性、共同性的问题，联系执法实际，统一认识，协调行动，保证党的基本路线和有关方针、政策的贯彻落实，减少扯皮现象，提高工作效率，增强整体效能。社会治安综合治理委员会和政法委员会是分工协作、密切配合的关系，不存在谁大谁小、互相代替的问题。两个委员会的办事机构实行合署办公，日常工作由政法委员会统筹安排。一年来的实践证明，党中央、国务院决定成立各级综合治理委员会是完全必要的。它对组织协调更多的部门、单位参与社会治安综合治理起了重要作用，要更好地发挥其独特的职能作用。

各级政法部门要增强党的观念和组织纪律性。我们的党组织和全体党员，都要在宪法和法律的范围内活动。这是党章的规定，彭真[3]同志也曾经多次这样说过。邓小平同志早在一九七八年就曾经明确指出:"为了保障人民民主,必须加强法制。必须使民主制度化、法律化,使这种制度和法律不因领导人的改变而改变,不因领导人的看法和注意力的改变而改变。"[4]这个思想我们应该是很明确的。我们要自觉地把自己的工作置于党的领导之下。党中央和地方党委决定了的事情,一定要坚决照办,不得自行其是。各部门都要从大局出发,发扬对党和国家整体利益高度负责的精神,团结协作,密切配合,形成强大的合力,共同做好维护国家安全和社会稳定的工作。

要继续加强对政法工作中的重大方针、政策、法律问题和理论问题的调查研究,不断研究新情况,解决新问题,进一步提高我们决策的科学性和宏观指导的水平。去年各地政法委员会和中央政法各部门对调研工作是比较重视的,有起色,有进展。今年,地市以上政法各部门的领导干部,都要进一步深入基层调查研究,从当地的实际出发,认真解决一两个事关全局的重大问题。特别是要对一九九〇年《中共中央关于维护社会稳定加强政法工作的通知》和一九九一年《中共中央、国务院关于加强社会治安综合治理的决定》的执行情况开展调查研究,针对存在的问题,提出切实可行的对策,把各项工作做得更扎实,更有实效。

在九十年代建设有中国特色社会主义的伟大实践中,加强社会主义民主和法制建设是一个很重要的方面。我们要以自己创造性的劳动,为建设有中国特色的社会主义民主和法制作出自己的贡献。在新的一年里,政法工作的任务是相当繁重的。让我们紧密团结在以江泽民同志为核心的党中央周围,殚精竭虑,勤奋工作,为维护社会稳定,保障改革开放和社会主义现代化建设的顺利进行作出更大的成绩，迎接党的十四大的胜利召开！

注　　释

〔1〕见本书《正确理解加强党的领导与严格依法办事的关系》注〔3〕。

〔2〕见本书《加强农村工作一定要强调搞好党风建设》注〔1〕。

〔3〕彭真（一九〇二——一九九七），山西曲沃人。中共十一届三中全会后曾任中共中央政治局委员、中共中央政法委员会书记、全国人民代表大会常务委员会委员长。

〔4〕见邓小平《解放思想，实事求是，团结一致向前看》（《邓小平文选》第2卷，人民出版社1994年版，第146页）。

学习邓小平同志南方重要谈话，
加快我国建设和改革步伐*

（一九九二年三月二日）

这一期党校开学，赶上一个很好的时机，就是邓小平同志一二月份到南方一些省市视察，发表了非常重要的谈话。谈话的要点，已经发了中央文件。所以，我今天集中讲讲学好邓小平同志重要讲话的问题。

一、要大胆吸收和借鉴人类社会
创造的一切文明成果

邓小平同志的谈话，有很强的针对性，对当前的各项工作，有极重要的现实意义，对今年将召开的党的十四大和建设有中国特色社会主义的整个事业，有十分重大而深远的意义。

邓小平同志在谈话中强调，社会主义的本质是解放生产力，发展生产力，消灭剥削，消除两极分化，最终达到共同富裕。他多年来一直强调社会主义的根本任务是发展生产力，要消灭贫困、落后，实现共同富裕，这次又把解放生产

---

* 这是乔石同志在中共中央党校一九九二年春季学期开学典礼上的讲话。

力的问题讲得更完整。他指出，革命是解放生产力，改革也是解放生产力。他把在社会主义条件下，还必须通过改革解放生产力，提到社会主义本质特征的高度，这是非常深刻的，有极重要的理论意义和现实意义。他强调，关键是要坚定不移地长期坚持党的十一届三中全会以来的路线、方针、政策，坚持"一个中心、两个基本点"，否则就是死路一条。在这个问题上，决不能有丝毫的犹豫和动摇，谁要动摇、改变，老百姓不答应，就会被打倒。

他要求，对改革开放，胆子要大一些，要敢于冒点风险，要有创造性。要大胆地试、大胆地闯，也允许看。他举了包产到户的例子，说你还看不准的时候，允许你再看看。经过实践，各地慢慢都跟上来了。对于姓"资"还是姓"社"的判断标准，主要看是否有利于发展社会主义社会的生产力，是否有利于增强我们的综合国力，是否有利于提高人民生活水平。他再次强调，要抓住时机，发展自己，关键是发展经济，决不要丧失现在的好机会。要靠科技和教育发展经济，靠科学才有希望。要大胆吸收和借鉴人类社会创造的一切文明成果，包括资本主义国家那些反映现代生产客观规律的经营管理方法。马克思主义从来认为，共产主义是建立在迄今为止人类社会创造的全部文明成果的基础之上的。人类社会的文明成果，归根到底是劳动人民和知识分子创造的，怎么能把资本主义社会先进的科学技术和科学的管理方法，笼统地看成是资产阶级的呢？那些优秀的文明成果都应该继承下来，共产主义者一直是这样的看法。

邓小平同志把发展速度和效益连在一起。他指出，我国的经济发展，要力争隔几年上一个台阶。在某个阶段，抓住时机加速搞几年，发现问题及时加以治理，尔后再继续前进。他说，在现代化建设的长期过程中，出现若干个发展速度比较快、效益比较好的阶段是必要的，也是能办到的，要有这个雄心壮志。我们这样的发展中大国，经济发展要快一点，不可能总是那么平平静静、稳稳当当的。这当然不是鼓励不切实际的高速度。这方面过去我们有过很多经验教训，包括党的十一届三中全会以来的一些经验，要注意经济稳定、协调地发展，但稳定和协调是相对的，不是绝对的，发展才是硬道理。这些话我认为充分体现了辩证唯物主义的发展观。

二、要多办实事，多做少说，反对形式主义

邓小平同志在谈话中明确指出：现在影响我们的，有右的东西，也有"左"的东西，但根深蒂固的还是"左"的东西，拿大帽子吓唬人，好像越"左"越革命。我们要警惕右，但主要是防止"左"。右和"左"都可以葬送社会主义，并不是只有右会葬送社会主义，"左"也会葬送社会主义，历史上已经有这种事例。邓小平同志还提出了反对形式主义的问题，说形式主义也是官僚主义，要多办实事，多做少说。现在形式主义的确太多了，我们要按邓小平同志的要求，切实认真地抓一下这个问题，并且长期坚持，养成一种良好的求实的作风。形式主义大家都知道，你打开电视一看，就可以看到很多，你打开报纸看，也是这样的，请帖多得不得了，题字也多得不得了，到处都是。邓小平同志提出反对形式主义，切中要害。当然现在正在改善，能改总是好的吧。

三、建成一个法制社会，道路还比较长

邓小平同志在谈话中强调，在整个改革开放的过程中，必须始终注意坚持四项基本原则，反对资产阶级自由化。要运用人民民主专政的力量来巩固人民的政权。要坚持两手抓。他说，我们不仅经济上要赶上亚洲"四小龙"，社会秩序、社会风气也要搞好，两个文明建设都要超过他们。要坚决打击各种犯罪活动，扫除各种丑恶现象，决不能手软。廉政建设要作为大事来抓。他指出，要靠法制，搞法制靠得住些。我们今年一月份在珠海开全国政法工作会议，讲的主要是加强人民民主专政的问题，包括邓小平同志提到的那些问题，也包括一些具体工作的问题。在那次会上我说，邓小平同志早在一九七八年底就说过："为了保障人民民主，必须加强法制。必须使民主制度化、法律化，使这种制度和法律不因领导人的改变而改变，不因领导人的看法和注意力的改变而改变。"[1]建立法制社会，这是一个极为重要的指导思想。当然，中国有几千年的历史，从中国目前的状况看，建成一个法制社会道路还比较长，但一定要建立，不建立不行。邓小平同志说的是完全正确的。

邓小平同志还强调培养接班人，帮助年轻人成长，把军队、专政机构、共产党员教育好，把人民特别是青年教育好。关键是要把我们共产党内部搞好，才能坚持住现行的基本路线，才能长治久安，不出事。他在谈到国际上一些国家出现严重曲折时说：不要惊慌失措，人民经受锻炼、吸取教训，将使社会主义向着更健康的方向发展。社会主义经历一个长过程发展后必然代替资本主义，这是历史发展不可逆转的总趋势。这就非常扼要、非常概括地把苏联、东欧的变化局势说清楚了。

四、按照邓小平同志谈话的精神，
真心实意地、踏踏实实地去干

邓小平同志的整个谈话，贯穿着实事求是的精神。他再次强调，实事求是是马克思主义的精髓，实践是检验真理的唯一标准。指出，无论是过去打仗，还是现在搞建设、搞改革，他就是相信毛主席讲的实事求是这一条。他指出：学马列要精，要管用的。不要提倡本本。这就把干部、群众的学习同专业理论工作者的学习区分开了，对我们党校的工作、学习有直接的现实指导意义。毛泽东同志一九四二年在延安中央党校作报告时讲过："我们党校的同志不应当把马克思主义的理论当成死的教条。对于马克思主义的理论，要能够精通它、应用它，精通的目的全在于应用。"[2] 这个话，我在党校引证过好几遍了。党校的同志这些年来是努力按照理论与实际相结合的方针来做的。邓小平同志的讲话，使我们更加明确了学习马克思主义的方向。同志们到党校来学习，要根据以上要求，紧紧围绕建设有中国特色的社会主义的主题，学习马克思主义的基本理论，掌握用马克思主义的立场、观点、方法来分析和解决现实问题的本领；要学好党的"一个中心、两个基本点"的基本路线，当前特别要学好邓小平同志这次极重要的谈话，真正落实到自己的行动中去。

　　我们学习邓小平同志的谈话，也必须抱着一个实事求是的态度。怎样才算是认真学习、深刻领会了呢？我们当然要把邓小平同志的讲话多读几遍，甚至逐段地钻研、学习、探讨，但不能认为这样就够了，不能认为多重复几遍邓小平同志讲过的话，甚至从头背到尾，说到什么问题，就背他讲过的什么话，这就是做到了掌握他讲话的精神和实质。真正掌握精神实质必须用实事求是的态度，并不是邓小平同志怎么讲，我们就跟着怎么说，就算是深刻领会，甚至是贯彻执行了。重复他的话也需要，但更重要的是要结合当前我国迅速发展的建设和改革的实际，全面领会邓小平同志谈话的精神实质，并且按照他所讲的意见和提出的要求，真心实意地、踏踏实实地去干，而且一干几十年，不达目的，誓不罢休。这才是真正贯彻落实邓小平同志的谈话精神，真正实践党的基本路线。现在，全党正在掀起一个学习邓小平同志谈话的热潮，党中央的同志也在认真学习，深入研究，并将努力贯彻执行，迎接今年将要召开的党的十四大。党的十四大以后，我们当然还要继续而且更加勇敢地沿着有中国特色的社会主义道路奋勇前进。

　　我相信，通过全面地、切实地学习贯彻邓小平同志的这次谈话，必将极大地促进我国社会主义建设和改革的前进步伐，将对我们在九十年代实现第二步战略目标的努力以至下个世纪的继续奋进，注入强大的活力。

　　　　注　　释

〔1〕见邓小平《解放思想，实事求是，团结一致向前看》（《邓小平文选》

第 2 卷，人民出版社 1994 年版，第 146 页）。

〔2〕见毛泽东《整顿党的作风》（《毛泽东选集》第 3 卷，人民出版社 1991 年版，第 815 页）。

把检察工作和党的中心
任务紧密结合起来*

（一九九二年五月七日）

当前，全党和全国人民正在认真贯彻邓小平同志视察南方时的重要谈话和中共中央政治局全体会议的精神。邓小平同志的重要谈话针对性很强，对建设有中国特色的社会主义有着重大和深远的意义。邓小平同志强调：社会主义的本质就是解放和发展生产力，消灭剥削，消除两极分化，最终达到共同富裕；贯彻党的基本路线，一百年不动摇；各项工作都要服从和服务于经济建设这个中心。政法各部门要牢固树立为经济建设服务的思想，进一步解放思想，转变观念，警惕右的，特别是要防止"左"的思想的干扰，更自觉、更主动地服从和服务于经济建设和改革开放，强化人民民主专政的职能。必须始终坚持邓小平同志一贯强调的一手抓改革开放，一手抓打击各种犯罪活动的"两手抓"方针，两只手都要硬。检察机关要充分发挥国家法律监督机关的职能作用，严厉打击各种犯罪活动，扫除各种丑恶现象，为改革开放和经济建设创造稳定的社会环境和良好的治安秩序。从根本上说，实现国家的长治久安，必须依靠经济的发展、国力的增

---

* 这是乔石同志在第九次全国检察会议上讲话的主要部分。

强、人民物质文化生活水平的不断提高。但是，没有人民民主专政，没有强有力的公、检、法、司等这些专政工具，社会主义民主就不可能很好发扬，社会主义法制也难以维护，良好的治安秩序就无法保持，社会也就不能稳定。

在加快改革开放和经济建设的新形势下，检察机关肩负的任务更加繁重、更加艰巨。希望全国各级检察机关和广大检察干警发扬成绩，进一步增强责任感、使命感，把检察工作和党的中心任务紧密结合起来，把是否有利于解放和发展生产力，是否有利于加快改革开放和经济建设，是否有利于维护社会政治稳定，作为检察工作的出发点和检验工作好坏的根本标准，更好地完成自己的任务。

依法惩治贪污贿赂犯罪是检察机关的一项重大责任。贪污贿赂犯罪是人民群众非常痛恨的腐败现象。它腐蚀党和国家的肌体，损害党在人民群众心目中的威信和形象，危害经济建设和改革开放的健康发展。坚决惩治腐败，是我们党的一贯方针。邓小平同志指出，反腐败要靠法制。党的十一届三中全会以来，特别是近几年来，党中央在惩治腐败和廉政建设方面采取了一系列措施，收到了较好的效果。在改革开放和发展社会主义商品经济的条件下，在新旧体制转换的过程中，经济管理和社会管理中的政策、法规和配套措施不可能全都跟上，有些法规定得还比较原则，难免有些不完善和不严密之处，诱发犯罪的因素和发生贪污贿赂犯罪的可能性会有增加。我们必须保持清醒的头脑，坚持不懈地开展反贪污贿赂的斗争。检察机关要深刻理解和认真贯彻党中央惩治腐败的方针。在工作中，要严格执行法律、政策，认真贯彻"一要坚决，二要慎重，务必搞准"的原则，既要防止打击不力，又要避免简单粗糙甚至发生错案。要了解经济情况和经济政策，认真调查研究经济工作中出现的新情况、新问题，严格分清罪与非罪的界限。法律是保障改革开放的。对不构成违法犯罪的，要坚决给予保护；对确属构成犯罪的，不论是什么人，都要依法处理。希望你们认真总结经验，加强与政法各部门、纪检、监察机关的团结协作，贯彻专门工作与群众路线相结合的方针，使打击贪污贿赂犯罪的工作取得更大的成绩。同时，希望抓紧惩治贪污贿赂的立法工作，进一步完善有关的法律制度。

要充分发挥检察机关在打击刑事犯罪中的职能作用，继续依法从重从快严厉打击严重刑事犯罪分子，切实做好社会治安综合治理工作。对那些严重刑事犯罪分子，根据多年来的经验，还是要坚持依法从重从快严厉打击的方针。不坚持从重从快，严重刑事犯罪不容易压下去。犯罪分子对这个问题是很敏感的，你不从重从快，就是不硬，手软下来，犯罪分子会更加嚣张。从近几年情况看，"严打"[1]斗争取得了很大成绩，但治安问题仍然相当突出，有些地方刑事犯罪活动还很猖獗，一些丑恶现象仍在蔓延。外面的消极影响不可避免地会传进来。我们搞政法工作的同志头脑要清醒，这个斗争是长期的。检察机关必须把"严打"作为长期的战略任务，丝毫不能松懈。要全面落实中央社会治安综合治理委员会部署的各项措施，特别是要动员全社会的力量加强法制教育和预防犯罪工作。检察机关在社会治安综合治理中已经积累了一些经验，希望坚持下去，形成制度，真正落到实处。

要加强查办侵犯公民民主权利、人身权利等犯罪案件的工作，切实保护公民的合法权利和利益。对人民群众反映强烈的少数基层执法部门（包括检察机关）发生的刑讯逼供、非法拘禁等行为，无论如何不能护短，要坚决查办。这也是教育，不要以为只有讲道理才是教育。对严重的违法乱纪、刑讯逼供、非法拘禁，破坏人民群众的民主权利的行为，就要坚决查办。不然就会使人产生错觉，好像执法机关可以这么干。这怎么叫为人民服务，怎么叫人民检察院？检察院、法院前面都有"人民"两个字，帽子上都有国徽，在这个问题上不能含糊。同时，还要重视同严重渎职犯罪作斗争。现在，一些玩忽职守、重大责任事故造成的损失惊人，严重损害了国家和人民的利益。我们要用法律武器同严重官僚主义作斗争，对那些极端不负责任、不尊重科学、盲目蛮干，给国家和人民造成重大损失的人，要依法追究刑事责任；同时，要促进有关单位加强管理，完善制度，堵塞漏洞。这也是检察机关为经济建设服务的一个重要内容。

　　加强检察队伍的自身建设，从严治检，进一步提高干警的政治、业务素质，是一项重要而又紧迫的任务。我们现在的编制虽然不很充足，但是如果政治素质、业务素质都有比较快的提高，也可以解决相当一部分问题。要组织广大检察干警深入学习、全面领会邓小平同志重要谈话的精神实质，认识抓紧当前有利时机，加快改革开放步伐，集中精力把经济建设搞上去的重大意义。九十年代是关键的时期，我们一定要抓紧时机把经济建设搞上去，决不可错过这个时机。要增强改革观念和服务意识，满腔热情地支持、保卫和促进改革开放，破除不适应改革开放形势和要求的陈旧过时的观念和规章制度，做改革开放的促进派。要鼓励广大检察干警了解经济工作，努力学习经济知识。特别是处理经济犯罪案件的同志，不熟悉经济情况，就很难处理好。同时，要努力学习国家关于加快改革开放的新政策、新规定，研究和解决工作中遇到的新情况、新问题，提高服务质量和水平。要严格执法，文明办案，不要有那种旧警察的作风，动不动在老百姓面前耀武扬威，或者采取粗暴、野蛮的态度对待人民群众。犯了法就严格依法办，但是执法要文明，办案要文明。要自觉接受来自各方面的监督。检察队伍尤其要加强自身的廉政建设，自己做到清正廉明，对发生在自己队伍中的违法案件，要坚决查办，不能袒护，更不能姑息纵容。对那些不适宜在检察机关工作的人，要坚决调出去。对这个问题，决心要大，工作要做细。要重视各级检察院领导班子的建设。

　　检察工作十分重要，各级党委要加强领导，支持和帮助各级检察院依法独立行使检察权。党对检察工作的领导，主要是方针、政策的领导。党委要帮助检察机关解决困难，排除办案中遇到的以言代法、以权压法等干扰和阻力。希望各级党委给予支持。各级检察院要经常向党委汇报工作，该请示的要及时请示，把检察工作切实置于党的领导之下。

注　　释

〔1〕见本书《正确理解加强党的领导与严格依法办事的关系》注〔3〕。

加强新形势下的保密工作 *

（一九九二年五月十一日）

我们党历来十分重视保密工作，老一辈无产阶级革命家不仅反复强调做好保密工作，而且身体力行，用自己的模范行动为全党作出了严守党的秘密的榜样。近几年来，中央领导同志也是反复强调保密问题，几乎每次中央开会必讲保密工作。无论是过去的革命战争年代，还是现在的建设时期，保密工作都是十分重要的。但不同时期的保密工作有不同的特点。战争年代，敌我阵线分明，保密工作关系到党和群众的生死存亡，因此我们的同志保密观念很强，老百姓也为我们保守秘密，掩护我们的工作。解放后有一段时间，我们对外交往还不太多，大家保密警惕性也比较高，保密工作比较好做。改革开放后，对外交往大量增加，出现了许多以前所没有遇到过的新情况，对保密工作也提出了许多新的要求。如何做好新形势下的保密工作，这是当前摆在我们面前的一个重要课题。

保密工作为什么会出现问题，其原因究竟在哪里？一九九〇年我在中央党政军群各部门负责同志参加的保密会议上讲了三条主要的原因，一是思想麻痹，二是制度松弛，三是

---

* 这是乔石同志在全国保密工作会议上讲话的主要部分。

查处不力。这三条中最关键的还是思想认识问题，制度松弛和查处不力往往是由于思想问题造成的。现在我们有不少同志，包括一些领导同志忽视或轻视保密工作的重要性，存在各种各样的错误认识。有的把保密同改革开放对立起来，一提保密就不以为然，认为改革开放以后就无密可保；有的迷信国外的窃密技术，认为有密也难保；有的对保密工作，说起来重要，做起来次要，忙起来不要；有的片面强调工作需要，不执行保密规定，擅自扩大知密范围；有的喜好炫耀，对传播秘密不以为耻，反以为荣；有的出了问题强调客观原因，为泄密者讲情，大事化小，小事化了，甚至隐匿不报。这些都是新形势下做好保密工作的障碍，如不坚决纠正，将会给党和国家的事业造成极大的损害。

保密工作是为贯彻党的基本路线，完成党的中心工作服务的。《中华人民共和国保守国家秘密法》和《中共中央关于加强保密工作的通知》明确提出了"积极防范、突出重点、既确保国家秘密又便利各项工作"的方针。这个方针表明了保密工作的宗旨和基本要求，体现了新时期保密工作的特点。我们搞经济建设，实行对外开放，需要有一定的透明度，重大决策要请各方面的专家咨询、论证，引进外资要向人家介绍情况，因此，有关的资料要在一定范围内公开。中央召开的一些会议，作出的一些决定，需要动员全体人民共同奋斗或监督执行的，也要公开发表。但是，搞经济建设和改革开放并不是无密可保。我们当然不能把什么东西都公开，有些事情只能让一部分同志掌握，有些事情要到一定的时候才能向社会公开。比如对外谈判，就不能把我们的预案泄露出去，否则就会陷入被动；经济改革中一些措施的出台，必须选择有利时机，如果提前透露出去，就会造成社会经济生活的动荡。总之，要从党和人民的利益出发，从稳定社会、稳定经济、稳定人心考虑，按照合法、合理、适度的原则，该公开的就公开，必须保密的就要坚决保住。我们应当在思想认识上明确划清放开与保密的界限，在实践中妥善处理好两者的关系，使保密工作更好地为经济建设和改革开放服务。

保密工作的指导方针、基本任务已经明确，有关的法律和制度正在逐步完善，当前的关键在于狠抓落实。要按照邓小平同志重要谈话的要求，力戒形式主义和官僚主义，深入实际，多办实事，把中央提出的方针、任务真正落到实处。当前，保密工作要实行两方面结合，做好五项工作。

实行两方面结合，就是保密工作部门同业务部门相结合，发挥两个积极性。各级保密委员会是党委抓保密工作的助手，各省、自治区、直辖市保密工作部门，既是党委保密委员会的办事机构，又是政府的职能管理部门。充分发挥保密部门的职能作用，是做好保密工作的基本条件。同时，保密工作涉及到方方面面，仅靠保密部门的同志是做不好的。党和国家秘密的产生、使用、管理主要在各个业务部门，没有业务部门的积极配合，保密工作的落实是不可能的。所以，保密部门同业务部门结合是做好保密工作的根本途径。保密工作部门和业务部门要相互协调配合，有分工，又有合作。保密工作部门要主动为业务部门服务，业务部门要重视保密工作，自觉接受保密工作部门的指导、监督和检查。

做好五项工作，就是抓好保密教育、健全制度、技术防范、督促检查和队伍建设。

第一，深入扎实开展保密教育。要从实际出发对广大干部群众进行保密知识教育，增强保密观念。可以把保密教育同形势教育、国防教育、法纪教育结合起来，充分利用新闻和文艺等多种形式宣传保密法规，使大家懂得保守党和国家秘密是党章和法律规定的每个党员和公民必须履行的义务，形成保密工作人人有责的社会风尚。各级党校举办的干部培训班，有条件的，可以增设保密教育课。对涉密较多的党政军机关等要害部门，要结合工作实际进行经常性的保密教育，尤其要加强对新上岗人员的教育。还要通过对一些典型案例的通报和分析，经常给大家敲警钟。

第二，进一步健全完善各项保密规章制度。保密法已经颁布，中央、国务院也已经制定了一系列的保密规定，各单位要结合各自的工作实际制定具体的保密制度，使每项工作都有章可循。有了制度就要坚决执行，不能仅仅停留在纸上。对违反规定的要有明确的处理办法。在制度建设中，划定密级是当前一项难度较大又十分紧迫的任务，准确地划分密与非密，确定秘密等级，是做好保密工作的前提。各地、各部门要根据实际工作需要，实事求是地确定保密范围，目前要注意防止保密范围过宽、密级偏高的倾向。

第三，努力提高技术防范能力。当前，利用先进技术手段窃密，已成为国际间窃密活动的一种重要形式和突出特点。随着我国办公自动化设备的普及，特别是通信技术的发展和运用，增加了许多泄密的渠道。保密工作部门要在认真调查研究的基础上，制定出发展保密技术的规划，加快保密技术、设备的研制和推广应用，对重点项目要组织力量攻关。

第四，依法从严查处泄密事件。各地、各部门要按照《中共中央关于加强保密工作的通知》的要求，定期开展保密检查，并对检查的情况作出分析，提出改进措施，按照规定逐级向上报告；要建立、完善保密工作责任制，实行单位负责制，要有目标管理和奖惩制度，把保密工作的好坏作为考核一个单位、一名干部的重要标准之一。今后，保密工作出了问题，除追究当事人的责任外，还要追究主管领导人的责任。尤其是对重大泄密事件，不管是谁，都要依照党纪国法严肃处理，绝不能手软，领导干部也不能例外。

第五，加强保密工作队伍的建设。随着改革开放的不断深化和扩大，对保密工作队伍的素质也提出了更高的要求。从事保密工作的干部要有坚定的社会主义信念，熟悉保密工作的方针、政策和法规，熟悉保密业务和有关的科学知识，还要有甘当无名英雄的精神。要通过各种培训，全面提高保密工作干部的政治、业务素质，建设一支政治坚定、思想过硬、作风扎实、业务精通的保密工作队伍。关于保密管理体制和机构设置问题，大家都很关心，这个问题待中央研究机构改革总体方案时再考虑。总的原则，保密工作只能加强，不能削弱；机构应当精简，人员必须精干。

最后，特别强调一下加强党对保密工作的领导。保密工作关系到党和国家的根本利益，是一项全局性的工作，各级党委和政府要予以高度重视。鉴于目前保密工作形势十分严峻，希望各级党委和政府的主要领导经常过问这项工作，遇有重要的会议就应予以强调。要克服前面提到的那种说起来重要、做起来次要、忙起来不要的思想，真正把保密工作摆到重要议事日程上来。要及时听取保密工作的汇报，帮助解决问题和困难，对重大的泄密事件要亲自过问，坚决支持保密工作部门和执法部门依法查处。

　　党和国家的高级干部必须带头执行保密规定。高级干部要作保守党和国家秘密的表率，要管好自己，管好身边的工作人员和亲属子女，同时还要管好自己负责的那个部门。

学习贯彻邓小平同志南方重要谈话
首先要解放思想 *

（一九九二年六月三日）

邓小平同志的南方重要谈话，全国反应都非常强烈，国外也非常强烈。今天听大家发言，大家共同感到邓小平同志的重要谈话，对大家、对这期省部班、对整个党校来讲，都是极重要的。对邓小平同志重要谈话的精神，我们都要进行认真学习，建议以后还要继续钻研。同时，可以将邓小平同志在党的十一届三中全会以来的历次讲话联系起来，进一步深入学习。这是统一全党思想，进一步解放生产力，把中国经济搞上去，使中国真正能够跻身于世界民族之林的带根本性的大问题。

一、学习邓小平同志南方重要谈话，首先要从思想上解决问题，全党思想要统一

学习邓小平同志谈话，有一系列重要问题要讨论。我个人感到，解放生产力，首先要解放思想。刚才有同志提到，全党思想要统一。我想，全党对党的基本路线思想是不是统

---

* 这是乔石同志在中共中央党校第十二期省部级干部进修班上的讲话。

一了呢？应该说，总的来讲是统一了的，对基本路线都是拥护的，但好多实际问题也不见得都完全解决了。比如，以经济建设为中心，是党的十一届三中全会以来就明确了的，邓小平同志再三强调要扭住这个中心不放，这个没有人不拥护。可是到了实际工作中，就不见得没有问题。如，对国际形势，邓小平同志有几句有名的话，就是冷静观察，稳住阵脚，沉着应付，韬光养晦，善于观察，绝不当头。这是极重要的指导思想，是全党干部众所周知的，但到了实际问题上，在对待苏联东欧局势突变、在讨论反和平演变问题时，到底是按邓小平同志这几句话去认识，还是不按这几句话去认识？就不能说思想上和工作上都真正解决了。

二、联系过去几年的实际，对"主要是防止'左'"，思想上要有一个比较深刻的认识

我认为，首先还是要从思想上解决问题，要从思想上来一个比较大的转变。

我们学习领会邓小平同志谈话，要抓住最根本的方面、主要的方面。邓小平同志在谈话中指出，"要警惕右，但主要是防止'左'"[1]。他的着重点，是针对"左"的东西讲的。不是说现在要批"左"，更不是说有"左"的思想的同志要去检讨，或者去整什么人，但思想上应当有认识，应当联系过去几年的实际，有一个比较深刻的认识。因为从党的历史上讲，受"左"的危害太大了。就是从过去几年讲，为什么总是翻来覆去，总有摆不平的时候呢？根子在哪儿呢？当然有右的东西，右的东西比较明显，比较好处理一点，因

为右的东西普遍被认为是不革命的，甚至是反革命的。而"左"的东西往往带着革命的色彩，容易被认为是要革命的。不是历来有这样的讲法嘛，干部在思想上长时期以来形成一种观念，说话也好，写文章、做事也好，宁"左"毋右。所以，这个问题在全党，特别是在高级干部思想中要有个数。我们党关于历史问题的两个决议，中心和侧重点主要是反"左"。当然也反右，但危害最大的主要是"左"。右应当反对，但"左"对我们确实危害很大，现在还是这样。不彻底解决"左"的问题，就难以真正做到解放思想。

三、积极研究社会主义条件下的市场经济

刚才有的同志提出，邓小平同志谈话中提出的社会主义的三条标准[2]是否都是经济标准，好像没有政治标准了。邓小平同志的谈话，是从我国发展的大的战略方面讲了一些意见。姓"资"姓"社"问题，近些年议论很多，邓小平同志就回答了这个问题。当然，实践是检验真理的唯一标准，邓小平同志的谈话也不例外。现在来看，邓小平同志谈话中提出的三条标准，不能仅仅理解为经济上的标准，还是有政治内容、政治标准的。首先是政治内容，是否有利于发展社会主义社会的生产力，有利于增强社会主义国家的综合国力，都是以社会主义为前提的嘛。提高人民生活，也是有政治内容的嘛。如果仅仅解释为经济上的内容，好像没有政治了，不讲政治了，这个恐怕不对吧。这样理解太片面，还是有政治标准的，否则，恐怕不符合邓小平同志的本意。

有的同志提出我们的经济到底要搞成什么样的模式，应

在党的十四大上加以明确。党的十三大提出社会主义商品经济，计划经济与市场调节相结合，这在当时的历史条件下是一个突破。中国的事情要突破也不容易。这个名词翻成外文不好译，非常别扭，但我们国内容易接受。为什么讲市场调节不讲市场经济呢？就是因为有的人认为一讲市场经济就与资本主义等同起来，好像市场经济就是资本主义。这个问题刚才李岚清[3]同志提出的想法值得重视和研究。因为我们现在讲的有中国特色的社会主义，在这个社会中间，商品生产和商品流通要有个很大的发展，什么地方还在搞产品经济恐怕就得改。价格问题不是要并轨吗？价格体制改革，首先要并轨。企业要推向市场，不经过商品经济怎么推向市场？在有中国特色的社会主义经济中，商品生产、商品流通是要覆盖全社会的。现在能选择到的恐怕也就是这个办法。我们的老祖宗曾经设想过，共产主义的第一阶段就不要商品了。但到了列宁的时候，这个事情却做不到。列宁起初也有过这样的设想，他说当社会主义在全世界范围内取得胜利后，会用黄金修厕所。这是从资本主义的黄金拜物教、商品拜物教都不存在了的意义上讲的。列宁的想法，在十月革命胜利以后也逐渐有了改变。那样的情况离现在还有多远？将来会不会到？现在都说不清楚。我们一九五八年"大跃进"时不是要向共产主义进军吗？我那时把《马克思恩格斯列宁斯大林论共产主义社会》全部看了一遍，没找到不要商品生产、商品交换的内容。我想，到共产主义总不要商品了吧？但不要商品了，产品分配怎么进行呢？怎么按个人与家庭的需要进行分配呢？你不能搞配给经济啊，管你需要不需要，一家一个毯子，或一家一只肉鸡、一只鸭子，不能用这种办法吧？

另外，社会上总有一些新产品吧？一九五八年时没有彩电，当时还没有黑白电视，也没有录音机，比较高档一点儿的是上海四个喇叭的收音机，卖三百多块钱。我想，这样的商品刚生产时总是数量有限的，只能卖给少数人，或叫供应少数人。那么，用什么方式分配给什么人呢？你不要价格了，不要货币了，如何进行产品分配呢？是政府管理呀还是谁管理呀？想象不出来，越想越糊涂了。当然，那一年离共产主义还远得很。叫共产主义，实际上远得很。那时，咱们党校的杨献珍[4]同志说了一句尖端话，说这是"叫花子共产主义"，挨批好多年。所以，既然在我们设想得到的年代里，商品生产、商品交换、商品流通不可避免，还要在很长的时间继续存在，那么为什么不承认市场经济呢？承认市场经济，前一段时间有同志提出过，我是采取基本支持的态度，但我建议经济学界再仔细地研究一下，如果能解决，干脆就叫市场经济，当然，是社会主义条件下的市场经济。

四、我们的商品要面向国内国际两个市场

刚才大家谈到计划与市场问题。就宏观调控来讲，应该有计划，资本主义也有计划，不能说没有行政干预。纯粹的市场化，现在没有一个国家做得到，包括日本、新加坡都有行政干预。所以，不要绝对排斥行政干预。在一次小会上，我曾经说过，根据我的理解，社会主义商品经济就是能更好地实现宏观调控的商品经济。斯大林讲的有计划按比例，尽管这从理论上讲是很完善的，我以前也觉得很对，有计划按比例还不好吗？但实践上这个问题很复杂。完全按这个讲法

实际上是做不到的。毛泽东同志说过，平衡是相对的，不平衡是绝对的，不断地打破旧的平衡，求得新的平衡，事物就是这样发展的。一九五八年发生过买不到发卡的事。现在也有，一会儿商品过剩了，一会儿商品没有了。党的十一届三中全会以后，我们为搞好外贸，努力增加出口。比如安哥拉兔毛，世界市场上走俏了，我们就高价收购，农民拼命养，兔子又繁殖很快；然后世界市场疲软又不要了，一个命令，农民就宰兔子。我当时就想过，我们不能向国内市场销售一点吗？当然，当时国内市场购买力不行，现在行了。还有什么白薯干大战、苎麻大战，等等。这个问题使我想到，中国这么大一个国家，等于一个小世界，我们要发展经济，外贸要放在重要位置，国际上抢手的东西我们还是争取多出口一些，挣一些外汇，可以换回先进的机电设备和先进技术等，但国内市场也不能不考虑。比如说，我前年到大别山，大别山中间一段，都种经济作物，其中一样是养桑蚕。新中国成立后我在浙江工作过，我知道 3A 级的桑蚕丝是出口很过硬的东西。但近几年，中国已占世界蚕丝市场的百分之九十几，而国内养蚕还在发展，国内的老百姓就不能也穿一些丝绸吗？丝绸工业也可以发展。假如不是两个市场，将来外贸内贸都不好办。两个市场有一个最根本的问题，是观念问题。我们既然实行对外开放政策，我们的商品要打入国际市场，当然也会有一部分商品进入中国市场。过去我们一直认为洋货进来，保护不了民族工业，这种看法过去在历史上是正确的。因为旧中国是一个半殖民地半封建社会，它把民族工业挤垮了。所以，中华民族对洋货有一个自然的抵抗。改革开放以后，这个观念薄弱一点了。你完全不让洋货进来，保护民族工业，弄得不好，实际上成了保护落后。特别是将来我国加入关贸总协定以后，情况会有比较大的变化，对我国的工业会是一个冲击和考验。通过关税以及其他宏观调控手段，容许一部分洋货进来，从长远来讲，可能对于促进中国工业和经济的发展有好处。有一个例子非常明显，现在食品工业，包括饮料，广东已压倒上海了，广东的饮料在全国是第一位的。广东饮料有什么稀罕呢？有的饮料厂我也去看过，它就是学香港。当然，宏观怎么调节怎么控制，我们怎么迎头赶上去，这都是很复杂的问题，需要采取很多措施。像汽车工业，我们的载重汽车，像一汽、二汽这样的载重汽车，基本可以用。至于小汽车，现在所说的国产化率，如果没有虚假因素，也顶多百分之六十，有的还不到。中国的工业，轻工业也好，重工业也好，还是要面向两个市场。

五、经济体制改革和政治体制改革要有紧迫感，这关系到中华民族的生死存亡

经济体制改革，包括政治体制改革，要有紧迫感。再不改，就关系到中华民族的生死存亡。再固守那套僵化的东西，抱住不放，也有亡国的危险。光宣传，光写大文章，光说空话，说我们社会主义多优越，多好，这是不行的。如果经济上不去，就不行！经济要上去，不改革就上不去，改革就是解放生产力嘛。政治体制改革也要进行，比如民主和法制建设就是要加强。可以稳当一点，时间放长一点，因为中国文盲多，文化水平总的比较低，可以逐步改进，但是不改也是不行的。精神文明建设也要加强。我们自己思想要多解

放一点，经济体制改革、经济建设该迈的步子迈得大点儿。当然不是说搞空想，不是不切实际地盲目冒进，但是能做得到的要尽量做。这个问题我们高级干部要有点自觉性。我最近到各省，大家都在讲这个问题。九十年代再不抓紧这个问题就晚啦。因为资本主义还在发展，你不发展，怎么竞赛？这里有一个问题，资本主义一切先进的文明的东西是人类的共同财富，要从根本上讲清这个问题。资本主义一切物质文明都是由劳动人民，包括知识分子共同创造的。为什么不可以吸收，不可以学习，不可以借鉴呢？当然，这些先进的文明的东西到中国来，要适合中国的土壤条件，不是盲目抄袭，盲目照搬。这个问题我们长期以来有一种混乱的思想，好像这些文明都是带上"资"字号的，不能学，一学就是姓"资"了，不姓"社"了，这个糊涂观念要彻底解决。中国五千年文明，包括奴隶时代与封建时代的，这些文明都是应该批判地继承的，不能盲目地一概否定，不能搞历史虚无主义，还是要讲历史唯物主义。这是马克思主义的基本原理。任何时代的物质文明、精神文明，归根结底都是那个时代的劳动人民，包括知识分子创造的。这些问题最好能在思想上解决得彻底一点。你们都是领导干部，结业后回到各个部门、各个省去，都要做做工作，使下面思想通一点，阻力小一点。改革事业的阻力是不小的，不要认为没有阻力，一帆风顺啊。但是思想问题解决了，阻力就小一点。在全国人代会上海代表团的会上，我说，不能认为简单重复邓小平同志的话就是理解了，不能认为重复得越多，理解得就越深，也不能认为采取几项措施，就算落实了邓小平同志的谈话精神。邓小平同志的谈话是要管一百年的，一百年不多！希望同志们回去后继续研究，继续学习邓小平同志的重要谈话。

我们经过十多年的改革，经济体制发生了巨大变化，现在我们是多种经济形态并存。社会主义公有制本身包括两种形态，还有个体所有制、外商独资或合资的各种经济成分。这是一个巨大的改变。从人民公社改变到包产到户，这个变化还不大吗？过去连乡政府也没有了，人民公社就是一大二公、政社合一。我们在以邓小平同志为首的老一辈革命家的率领下，改到现在这样一种以公有制为主体、多种经济成分并存的状态，是符合我国现阶段生产力发展水平、有利于生产力发展的。我们在基本政策上应加以稳定，加以完善，加以发展。不能大惊小怪，说私有制又怎么样，个体经济又怎么样，一天到晚去找它们的毛病。找毛病你总是能找到的。中国这么大，怎么会没有毛病呢？乡镇企业、第三产业，中国是多了还是少了呢？当然不是多了。大约三年前我到陕西，省委书记说陕西省乡镇企业不是多了，而是少了，还应该发展。我说，对，我同意。整个中国，不要说内地，沿海也未必发展得很充分了，也无非就几个三角洲，还有几个特区，就这么多。中部地区、西部地区，乡镇企业、第三产业的发展都是非常不够的。很多省份劳动力都有剩余，剩余劳动力和剩余劳动时间大量存在，而且成为我们的一个包袱。为什么不反过来看一看，把剩余劳动力作为一个资源开发呢？没有那么多学校上，就组织起来劳动。参加各种劳动，可以为出口产品而劳动，也可以为内销产品而劳动。现在一年大概一千多万失业和潜形失业，将来要通过改革解决，如建立社会保障制度等。但是首先还得组织起来参加劳动，中国劳动力潜力非常大，不能光看作包袱。

六、自力更生、艰苦奋斗在长时期内不能丢

　　除了讲改革开放以外，我经常讲中国在长时期内，自力更生、艰苦奋斗的传统和努力方向不能丢。中国老百姓的生活水平应该提高，但是提高的速度不可能很快，不能去模仿西方的生活水平，现在做不到，再过几十年也做不到。但总是要让老百姓生活水平有所提高，有所改善，跟西方国家的差距有所缩短，这是共产党的责任。我前年到四川万县〔5〕，讲过一个问题。我说中国十多亿人民，要中国共产党干什么？解放以前就是一个，就是把中国人民组织起来，发动起来，推翻三座大山。解放以后还要你共产党干什么？就是要把国家搞富裕起来，把国家经济发展起来，把国家搞强大起来。经济不发展，怎么强大？我看几十年甚至上百年之内，中国只能是坚持自力更生。我说自力更生，不排斥争取外援，这个不矛盾，这是非常现实的实际问题。

七、把集体经济在家庭联产承包责任制　　基础上发展起来；个体经济只要依法　　经营就应允许存在

　　怎么看待多种经济成分，特别是农村的家庭承包责任制？党的十三届八中全会将农村的家庭联产承包责任制稳定了下来，邓小平同志肯定了八中全会，这个可不能动摇。当然，通过搞社会化服务体系，使家庭联产承包责任制搞得更完善，把集体经济在家庭联产承包制基础上发展起来，壮大

起来，这是应该的。农民对这个问题非常敏感，希望政策不要变。发展乡镇企业、第三产业，这个也不能动摇。世界许多国家的第三产业比例都比我们大得多。而且，我们的第三产业、乡镇企业大部分还是集体所有制，也是社会主义经济的一种形态。如果把集体经济排除在社会主义经济形态之外，这是糊涂到极点了。至于个体经济，在现阶段，只要依法经营，照章纳税，就应当允许存在。不但允许存在，而且还应该认识到个体经济是不可替代的，不可抹杀的，它也有贡献。举一个例子，为什么菜篮子问题这几年在全国范围都解决了？就是集市贸易，个体经济上来了。我们国营商店、供销社是商品流通的主渠道，这没有问题，现在还是主渠道。但是你把个体经济都消灭了、扼杀了，市场能活跃起来吗？菜篮子问题能不能解决，这不仅是几千万人就业问题，而且是几亿居民的吃菜问题。对个体经济也要分析。个体经营者，有的是手工业劳动者，有的是个体小商贩。新中国成立初期政务院关于城市阶级划分的文件上都有的，承认他们是劳动者。所以个体经济绝大多数还是劳动者，不能认为是剥削者。个体经济中有一些人发展起来了，变成百万富翁，甚至千万富翁，这是有的，但为数是极少的。可以统计一下，调查研究一下，也不要害怕。害怕它把国营经济代替了，操纵了国民经济命脉，认为中国就要变颜色了。这么大的国家，我们有这么强的人民民主专政存在，有什么了不起的呢？有一次，我到海南去，省长说，当地有一个转业军人，发明了用椰子的外壳做活性炭，他搞了几百人的企业，个人的财产也上千万。省长问对这个人该怎么办？我说，你容许他存在。他发现了这种东西可以用，通过经营企业又解决了几百人的就业问题。如果你把他国有化，影响会很大，中国存在他这样的几百人也没有什么了不起的。再说你对外国垄断资本还要引进，如果有一千万美元，不是到哪一个省我们都欢迎吗？那么为什么中国人有了上千万人民币我们就眼红呢？像这样的问题要看得开一些，对整个国家民族发展来讲，这些经济成分现在存在是适当的。当然，要不断完善，不断提高改进。

八、理论学习要以读经典作家原著为准

最后，我再讲一下理论学习问题，马克思主义基本理论从一八四八年诞生到现在，没有过时。但是时间终究过了一百五十来年了，不能教条主义地对待马克思主义，而且马克思、恩格斯活着时，就反对把他们的理论作为教条。我认为，我们学习掌握的正是马克思主义基本理论，党校教育将来还是要学习马克思主义的基本理论。这个问题我在全国党校校长会议上讲过。当然，马克思、恩格斯的很多具体的说法不可能现在还都样样适用，好像每一句话、每一个标点符号都不能动，当然不能这样。关于学习原著问题，刚才有的同志建议不要再提以读原著为主，认为听老师的辅导收获更大。我的思想可能保守一点，用辅导报告代替学习原著，我有点不太放心。不放心在哪儿呢？主要不是说这些老师不可靠，不是这个意思，这些老师还是可靠的，辅导还是要搞的。但是每个人理解的角度可能会不一样。读原著有个好处，就是原著是经典作家自己写的，总是以原著为准。我有个主张，选读的原著要再压缩，大大地压缩，不要弄得每期

学习班看原著都看不过来。而且原著是一百几十年前的东西，翻译过来不大容易看懂。所以我主张原著还是要进一步精减。专门从事理论工作的理论家，当然应该多读点书。他们在联系实际的时候，有时也许会出一点差错，这是难免的。这个问题有两方面，第一方面不允许我们的讲坛成为反党反社会主义的讲坛，这是必须明确必须坚持的；第二方面我们也要允许人家在联系实际的过程中说一些话。党校的教授、老师，总是读书的时间多，就算每年出去到各地去走走看看，也是浮光掠影，走马观花，与总在底下长期搞实际工作还是有区别的。这一点请大家体谅一点。

　　我讲的总的精神是，一定要进一步学好邓小平同志重要谈话。我就讲这些，供大家继续学习时作参考。

注　释

〔1〕见邓小平《在武昌、深圳、珠海、上海等地的谈话要点》（《邓小平文选》第3卷，人民出版社1993年版，第375页）。

〔2〕三条标准，指"是否有利于发展社会主义社会的生产力，是否有利于增强社会主义国家的综合国力，是否有利于提高人民的生活水平"。

〔3〕李岚清，一九三二年生，江苏镇江人。当时任对外经济贸易部部长、党组书记。

〔4〕杨献珍（一八九六——一九九二），湖北郧县（今十堰市郧阳区）人。曾任中共中央高级党校校长、党委书记。

〔5〕万县，今重庆万州区。

各级党校必须进一步深化改革 [*]

（一九九二年七月二十五日）

我们这次全国党校校长座谈会的主题是，交流学习贯彻邓小平同志南方谈话和中央政治局全体会议精神的情况和经验，探讨进一步搞好党校改革的思路和做法。从同志们谈的情况看，邓小平同志的南方谈话，使全国各级党校的同志受到极大的鼓舞，带来了新的一次思想解放，给工作增加了新的生机和活力。许多党校根据邓小平同志谈话精神，及时调整了教学内容，并积极探索进一步深化党校教育改革的路子，提出并采取了一些新措施。总的情况是好的，当然也还有差距，也遇到一些新的问题。我相信，通过这次会议，大家会在新形势下，在推进党校改革和建设的一些主要问题上，进一步解放思想，统一认识，振奋精神，从而把党校工作扎扎实实推向前进。

下面，我讲几点意见。

一、深入学习贯彻邓小平同志重要谈话，
深化党校改革

当前的国际形势，总的说，是有利于我国进行社会主义

现代化建设的。旧的世界格局已经打破，新的格局尚未形成，一些地方动荡不安。但正如邓小平同志指出的那样，和平与发展仍然是当今世界的两大主题。在比较近的时期内发生大规模外敌入侵的现实可能性不大。同时，苏联解体、东欧剧变使欧洲面临许多复杂的问题，西方资本主义国家遇到许多困难。相对而言，亚太地区比较稳定，经济发展也比较快。现在，我国面临着一个历史上难得的加速发展的机遇。我们一定要抓住这个机遇，集中精力把经济建设搞上去。这是我们这一代中国人、中国共产党人光荣的历史使命。邓小平同志南方谈话后，国内各方面工作有很大发展，全国正处在九十年代新的改革开放浪潮之中。上半年经济是以较高速度增长的，其他方面的工作也有很大改观。只要我们按照邓小平同志的谈话精神，进一步解放思想，冲破束缚，大胆改革，我国的经济就一定会进入一个高速增长的新阶段。

面对改革开放的新形势、新要求，各级党校必须继续深入贯彻邓小平同志的重要谈话精神和他一贯的重要思想，进一步深化改革。这是摆在各级党校面前重大而又紧迫的任务。党校的前途在于改革，党校的发展要靠改革，党校的工作也要通过改革去加强。

党校的改革，重点是教学改革。教学改革就是要坚持理论联系实际，紧密结合我国社会主义现代化建设和改革开放的实际，紧密结合国际形势和当代社会主义发展的实际，围绕党的基本路线，为建设有中国特色的社会主义服务。最重要的是认真贯彻邓小平同志"学马列要精，要管用"[1]的指示精神，做到学以致用，学能管用。我们要通过学习，掌握马克思主义的精神实质，学会运用马克思主义的立场、观点、方法去解决中国社会主义现代化建设的实际问题。过去几年，各级党校从主观上说，是努力按照邓小平同志的一贯思想和中央的精神工作的，在教学改革方面做出了成绩。但同时，我们应当看到，党校的教学、科研现状距离邓小平同志谈话精神和客观形势的要求，还有相当的差距，有不少做得不够和不适应的地方。我们大家要开动脑筋，积极进取，把党校的教学改革和其他方面的改革深入扎实地进行下去，尽早上一个新台阶。

要上新台阶，首先必须认清党校的历史责任和使命。在培养党的干部，学习研究马克思主义，为坚决贯彻党的基本路线，为加快改革开放和经济建设服务方面，党校能够发挥更大的作用。这里关键是要解放思想，转变观念，冲破旧的束缚，创造新的水平。根据邓小平同志的谈话精神，首先还是要坚持学马列，越是改革开放，发展经济，干部就越要学习、掌握马克思主义基本原理，提高自身素质，以适应新形势的需要。因此，党校学员，特别是省以上党校的学员，还是应该读一些原著，但原著的分量要下决心精减，一定要少而精，要精选精读那些最能体现马克思主义基本原理的重要著作，学习马克思主义理论中的精髓。对不同层次、不同文化理论基础的学员，可以规定不同的读书量。至于减少哪些课程，精选哪些原著，要与教师们商量，多做细致的工作。各地党校情况不同，要从自己的实际出发，经过一段探索与实践，再来总结经验。

精选精读马克思主义著作，其中也包括选读毛泽东同志和邓小平同志的著作。毛泽东同志的著作，主要是选毛泽东思想发展的高峰期和成熟期的著作。如毛泽东同志的《实践论》《矛盾论》和关于反对主观主义、教条主义，强调实事求是、有的放矢的一些重要论述，这些论述现在仍然具有很强的现实意义和指导意义。邓小平同志继承和发展了毛泽东思想，尤其是继承和发展了实事求是这个最重要的思想精髓。邓小平同志的一系列重要讲话、论述，如"一国两制"的构想，以及对待当前国际问题的冷静观察、沉着应付的方针，都是经过深思熟虑提出来的，对毛泽东思想都有发展。邓小平同志提出我国还处在社会主义初级阶段，提出建设有中国特色社会主义的理论，以及与之相适应的党的基本路线，是从我国现阶段的实际出发，对马列主义、毛泽东思想的重大发展，必须作为党校教学的重要内容。党的十一届三中全会以来，以邓小平同志为代表的老一辈革命家，带领全党全国人民开创了建设有中国特色社会主义的道路。这条道路是来之不易的，是经历了许多困难，排除了各种干扰，付出了代价的；是在总结了新中国成立以来的历史经验，集中了全党和全国人民在长期艰苦奋斗和实践中积累起来的经验和智慧的基础上逐步开创出来的。十几年来的实践证明，这条道路是完全正确的，党的"一个中心、两个基本点"的基本路线是完全正确的。我们要珍惜它，自觉地维护它，坚定不移地沿着这条道路走下去，这样中国就大有希望。否则，就像邓小平同志所说的，只能是死路一条。今后在前进的道路上还会遇到各种困难和曲折，我们要有马克思主义的理论勇气和政治上的坚定性，要坚定不移地走这条道路，做到贯彻党的基本路线一百年不动摇。经过实践检验已经证明是正确的东西，就要坚定不移地坚持下去，不能动摇，不能轻易改变。动摇和改变只会葬送我们的国家，葬送我们的事业。

这是关系到我们党和国家兴衰存亡的大问题。在基本路线问题上不能有任何的动摇和含糊。我们党校的同志一定要注意这一点。党校有责任把这个思想和道路向所有学员讲清楚，并一代一代地传下去，搞它一百年。从世界社会主义运动的角度来说，我们也只有这样做，才能作出自己应有的贡献。当前我们学习邓小平同志重要谈话，要结合学习邓小平同志党的十一届三中全会以来的一系列论述，深刻领会他一贯的基本思想。用建设有中国特色的社会主义理论培养一批又一批的领导干部，这是我们各级党校的一项根本的长期的任务。党校教育与党的事业息息相关，中国的党校就是要联系中国的实际来办。如果我们把这件事办好了，我看党校就在根本上对我国社会主义建设尽到了责任，作出了贡献。

贯彻落实"学马列要精，要管用"的精神，也就是毛泽东同志讲的"精通的目的全在于应用"[2]，要克服本本主义和教条主义，运用马克思主义的立场、观点、方法，研究新情况、解决新问题。邓小平同志南方谈话在国内外引起巨大反响，受到广大干部群众的衷心拥护，对改革开放和经济建设产生了巨大的推动作用。这又一次充分说明，马克思主义理论只要联系实际，去解决当今的现实问题，就必然是管用的，而且它一旦被党和人民群众所掌握，就会变成巨大的物质力量。适应新的形势，切实做到理论与实际相结合，是办好党校的关键，也是增强党校吸引力的关键。这个问题已讲过多次，希望能够引起大家足够的重视。

另外，党校在教学中把学习马克思主义放在首位的同时，还应注意学习经济知识和现代科学知识，适当增加这方面的分量，扩大知识面。这一点很重要。早在改革开放之初，邓小平同志就指出，全党特别是党的干部，要学习经济知识，学习现代化管理。因为只有这样，我们党才能肩负起领导社会主义现代化建设事业的重任。党校理所当然要在这方面作出努力，更好地为经济建设这个中心服务。与此相联系，党校尤其是省级党校，在办好现有主体班次的同时，也可以办一些短期的实用性强的班次。

二、进一步解放思想，活跃党校学术空气，促进马克思主义理论的发展

当前，改革开放进入了一个新的阶段，亿万人民建设有中国特色社会主义的伟大实践呼唤着理论的繁荣和发展，我们正面临着马克思主义理论在中国大地上一个新的发展的好时机，党校理论工作者应当有所作为。

党校在理论研究、理论宣传方面，在党的历史上几次大的思想解放运动中，是作出了成绩、发挥了作用的。但是由于种种原因，党校的理论研究工作也还存在一些问题。例如，观念陈旧，思想放不开，对有些已被实践证明是正确的东西，或者不予承认，或者不敢肯定；对某些过时的理论结论或者抱着不放，或者不敢突破，等等。这些是同党内长期存在"左"的思想影响分不开的。因此，按照邓小平同志谈话精神，解放思想，更新观念，是进一步深化党校教学改革和理论研究的重要前提条件。解放思想就要冲破那些过时的旧观念的束缚。最近有的地方党校提出，当前在观念上必须着重实现下列几个转变：变唯书、唯上的观念为唯实的观念；变传统的高度集中的计划经济观念为社会主义市场经济

的观念；变故步自封、怕担风险的观念为抓住时机、开拓进取、敢为天下先的观念；变把资本主义社会的一切都看作是资产阶级性质的而一律予以排斥的观念为客观分析、能充分利用资本主义国家对我有益有用的东西、同时坚决抵制那些腐朽的有害的东西的观念。我认为这些意见是好的。邓小平同志提出要警惕右，但主要是防止"左"。"左"也可以葬送社会主义，所以不能小看。我们要在实际工作中认真贯彻邓小平同志的这个重要思想。

解放思想，必须切实贯彻"双百"方针。要鼓励教学和科研人员研究新情况、探索新问题，鼓励开展学术争鸣。研究问题，思想必须解放，即使说错了话，也不要在政治上上纲、扣大帽子。我们强调学习马克思主义要理论联系实际，而在理论联系实际的过程中也难免出一些差错，错了，注意在实践中加以改正就是了，千万不要整人。要允许犯错误，允许改正错误。毛泽东同志是伟大的军事家，他说过，世界上没有常胜将军，三仗打胜两仗就算是不错的。同样，对教员讲课也不能要求百分之百都正确，一点错也不许出。如果这样苛求，后果只能是搞教条主义，照本宣科，画地为牢，把思想都搞窒息了。当然，党校教师必须自觉坚持四项基本原则，应当多接触实际，不断提高和增强识别、抵制错误思潮的能力。

这里，我还想讲一下借鉴、利用资本主义有用经验的问题。邓小平同志在谈话中要求我们大胆吸收和借鉴人类社会创造的一切文明成果，包括吸收和借鉴资本主义发达国家的先进经营方式和管理方法。我们要按照邓小平同志这个思想，按照马克思、恩格斯《共产党宣言》中对资本主义的科学态度，来研究当代资本主义，从中吸收和借鉴对我们有用的东西。在《共产党宣言》中，马克思、恩格斯预言资本主义必然灭亡，指出这是历史发展的总趋势。当然从现在情况看，说资本主义很快就垮台还不大可能。因为社会主义还没有创造出比资本主义更发达的生产力。因此，我们大力发展经济，建设有中国特色的社会主义，对于最终战胜资本主义有极为重要的意义。同时，马克思、恩格斯在《共产党宣言》中对资本主义又没有简单地全盘否定，而是肯定了资本主义在不到一百年的时间里所创造的生产力，比过去一切世代创造的全部生产力还要多，还要大。我们应该以这个基本思想为指导去研究资本主义。资本主义从本质上说主要是：在社会化大生产和生产资料资本主义私人占有的基础上，资本家剥削劳动者创造的剩余价值，导致社会的两极分化。资本主义社会的上层建筑是建立在这个经济基础上的。从总体上说，它是为资本主义社会的经济基础服务的，是维护资产阶级专政的。但是，我们也不能因此就说资本主义社会的全部上层建筑都是坏的，其中有些是可以借鉴的。比如文学艺术，有的作品是有着长久的生命力的。马克思和恩格斯生前曾高度评价莎士比亚的作品。列宁对列夫·托尔斯泰的作品也给予了充分肯定，称它是俄国革命的一面镜子。又比如资本主义的法制搞了几百年，其中也有可借鉴的东西。当然决不能照抄，但收集关于各国法制的资料，参考借鉴是可以的。我们对资本主义国家的东西有个怎样认识和鉴别的问题，不能简单地、笼统地一概否定，要作具体分析。反动的、腐朽的东西必须抵制。同时也要看到，资本主义国家的有些东西，特别是那些属于人类共有的物质文明和精神文明成果，并不是亿万富翁创造的，而是这些国家的劳动人民和知识分子创造的，我们可以从中国的实际出发，借鉴和利用，这也是符合马克思主义阶级分析观点的。在党校的教学中，为了帮助学员加深对马克思主义经济学基本原理的理解，适当增加一些评介当代资本主义经济和资产阶级经济学理论的内容是必要的。比如，对凯恩斯等人的经济理论，我们也要用马克思主义的基本立场、观点和方法加以实事求是的分析和研究，其中对我们有用的东西也可以借鉴。

三、各级党委要加强领导，在新形势下更好地发挥党校的作用

一九九〇年《中共中央关于加强党校工作的通知》进一步明确了党校的地位和作用，强调了做好党校工作的重要性。当前和今后一段时间，仍然要认认真真、扎扎实实地做好落实工作。江泽民同志今年六月九日在中央党校的讲话中又重申了党校的性质和作用，并针对当前一些思想情况，指出要重视和加强党校工作。我们各级党委要按照中央的要求，在新的形势下，切实加强对党校工作的领导，努力把党校办得更好。

党校教育是为党的中心任务、为党的基本路线服务的。我们党历来重视办党校。在当前加快改革开放、抓紧时机进行社会主义现代化建设的新形势下，各级党委更要善于利用党校这块阵地，用好这支队伍。要充分发挥党校在培养干部、深入学习和研究具有中国特色的社会主义的理论、更好地贯彻党的基本路线、运用马克思主义探讨和研究重大现实

问题等方面的作用，使党校成为推动改革开放、促进经济建设的重要力量。尤其要强调的是，我们要保证党的基本路线一百年不变，关键是要培养好领导骨干和跨世纪接班人。要建设有中国特色的社会主义，没有坚强的干部队伍是不行的。我们的干部，特别是领导干部，要善于全面地贯彻党的基本路线，"一个中心、两个基本点"，忘了哪一个也不行；要多一点辩证法，多一点全局观念，少一点片面性。因此，在改革开放和经济建设的大潮中，党校的任务不是轻了，而是更重了；党校不是无事可干，而是大有可为；党校不是可办可不办，而是必须办好。我们各级党委和全党同志，对此必须有一个正确的认识。

各级党校要主动争取党委的领导和支持。党委要领导和关心党校的改革，过问党校的工作，帮助党校出主意，解决问题，为办好党校创造必要的条件。为适应改革开放和经济建设的需要，党委和政府要从财力、物力上支持和加强党校建设，要想办法帮助党校逐步改善办学条件，解决经费、职称、教职工生活待遇等方面遇到的实际困难，稳定和提高教师队伍，更好地发挥党校"三个阵地、一个熔炉"[3]的作用。

注　　释

〔1〕见邓小平《在武昌、深圳、珠海、上海等地的谈话要点》（《邓小平文选》第3卷，人民出版社1993年版，第382页）。

〔2〕见毛泽东《整顿党的作风》（《毛泽东选集》第3卷，人民出版社1991年版，第815页）。

〔3〕"三个阵地、一个熔炉"，指党校要成为培训轮训党员领导干部，培养党的理论队伍，学习、研究、宣传马克思列宁主义、毛泽东思想的重要阵地和干部加强党性锻炼的熔炉。

与德国社会民主党人
卡尔－海因茨·克莱尔的谈话 *

（一九九二年八月二十五日）

乔石：今天有机会再次见到你，我感到非常高兴。欢迎你在时隔八年后再次访问中国。你一九八四年随德国社会民主党主席勃兰特[1]访华，我们是那时认识的，而且谈得不错。

八年来，世界上发生了很多变化，中国也发生了一些变化。但总的讲，中国的对外政策没有变。我们希望同各个国家的社会民主党、社会党、工党保持友好关系。这个原则也始终没有变。一九八四年我在北京见到了贵党的一些朋友，包括尊敬的勃兰特主席，请你回国后转达我对他的问候。勃兰特主席一九八四年访华时，胡耀邦[2]同志还健在。虽然他现在已经作古了，但他同勃兰特主席建立的友谊我们继承下来了。

卡尔－海因茨·克莱尔：首先请允许我向你表示感谢，感谢你今天能抽出时间接见我们。我知道你现在肩负重任，

---

* 卡尔－海因茨·克莱尔，当时任德国社会民主党理事会政策、研究和计划部主任，德国莱法州国务秘书兼州长办公室主任。本书收录了乔石同志和他谈话的主要部分。

同时又在为即将召开的中共十四大作准备，所以你的工作非常繁忙。我和你有同样的感觉，也愉快地回忆起我们一九八四年见面时的情景。我们很想听听你对当前国际形势和中国形势的看法，我将把你介绍的情况向我们党的领导人汇报。同时，我也愿意回答你提出的问题，包括我国的形势和我们党的情况。

乔：我们的习惯是请客人先谈。

克：那好，我首先从德国形势谈起。德国统一差不多已有两年时间了，我们完成了国家的统一，但仍面临着艰巨的任务，即如何解决国家统一带来的各种问题。

你们知道，随着德国的统一，我们增加了东德地区的五个州，人口也增加了一千六百万。与此同时，由于东部地区的经济结构和西部地区截然不同，我们必须学会如何把这样一个国土业已统一的德国在经济、文化、法制等各个方面真正统一起来。

乔：这确实是项十分艰巨的任务。

克：在过去的四十五年中，两个德国的人民毕竟是生活在两种不同的文化和社会制度中，因此也遗留下许多问题。我认为，这些问题的解决，可能要比解决经济问题更困难。德国各党的政治家们目前都在努力寻求解决东部地区问题的方案。我在同其他中国同志座谈时已讲过，由于上述原因，现在德国各党领导人对外交政策的注意力不像以前那么集中了。

在外交方面，由于根舍[3]外长辞去了外长职务，德国的外交领域正出现新老政治家更新换代的情况。其他各个政党也同样面临新老更替的问题。比如说我们德国社会民主党中，像勃兰特，以及随勃兰特一起访华的巴尔[4]、维什涅夫斯基[5]等老一代政治家，现在也都已退居二线。新上来的一代人以为，他们在对外政策方面和国际领域中肯定会比老一代政治家干得更好。但当他们自己干事的时候，才发现并不是那么简单。面对复杂多变的国际形势，这些人显得束手无策。

乔：这要有个过程，需要时间和经验。我们两国虽然在意识形态方面不同，但我们一贯认为，德意志民族的统一是件好事。德国统一以后，看来要想把统一后的问题解决好，恐怕要花相当长的时间。现在世界上普遍关心的问题是，希望统一后的德国不要再像过去那样做对世界和平不利的事情。德意志民族是非常顽强的，如果你们能致力于欧洲和世界和平，我想你们将来会很有前途。这一点对贵国年轻一代政治家来讲，显得尤其重要。如果说世界上一些国家人民对德国还有什么担心的话，最主要的也还是这个问题。讲道理固然很重要，很有用，但要使世界人民真正相信你们在致力于欧洲和世界的和平，最重要的是看你们的实际行动。

中国现在的国内形势是稳定的，但世界上流传着各种各样的有关中国的谣言。比如说我们准备在今年第四季度召开中共十四大，就出现关于中共十四大的许多谣言。请你们相信，中国目前是稳定的，中共十四大在人事上会有一些变动，但不会有太惊人的事情。

你们知道，我国有些老一辈的领导人，年事已高，像我这个年龄的领导被称为比较年轻的一代，而实际上也都相当老了。我们的将来寄托在后面的一代，以及再后面的一代人身上。我们的基本路线不会有什么变化，因为十四年来的实践证明，这条基本路线是正确的，对中国人民是有利的。最近几年，我几乎跑遍了中国的边远地区和贫穷山区。我发现，农民最基本的要求，就是希望现在的政策不要改变。我国有九亿农民，他们虽然没有在一夜间就都变成了富翁，生活节奏也不是很快，但总是在一天天地富裕起来。就全国来讲，沿海地区发展快一点，这也是应该的。我们今后准备让沿海地区带动中部和西部地区的发展，最终走共同富裕的道路。

我国始终坚持独立自主的和平外交政策，我们的外交政策不带有任何的扩张性。中国现在已这么大了，人口又这么多，所以不想到世界其他地区去谋取什么中国的势力范围。全世界对中国的外交政策总的来说是理解的。

我们要建设适合中国国情的社会主义民主和法制，我们正在努力这样做。但在此过程中，我们不会抄袭任何国家现有的模式。我们只能在已有的历史传统和目前的社会基础之上，发展我国的社会主义民主和法制。只要坚持这样做，我相信中国会一天天好起来的。

我们政策的总目标是，创造一个有利于中国建设和经济发展的国际环境。我们的政策也不是只顾自己，对于国际上的重大问题，我们还是要表明我们的独立立场的。我们不赞成由个别或少数几个强国来决定世界命运。我们反对霸权主义和强权政治。我们不反对不行。我们为了争取中国的独立和解放，奋斗了一百几十年。我们现在还同广大第三世界的朋友站在一起。所以在重大问题上，我们要说，谁想压制我们都不行。

旧的世界格局已经被打破，现在还不能简单地说这是一件好事，还是一件坏事。但有一点是明确的，就是苏联目前的状况长期拖下去也不行。我个人认为，中国的社会主义同他们搞的社会主义不一样。对他们的那种社会主义，我们也有怀疑。我党曾经作过两个重要的历史决议：第一个决议是在第二次世界大战期间作出的，当时中国正在进行抗日战争，总结的是民主革命时期的经验。第二个决议是在十一年前作的，总结的是我国进行社会主义建设以来的经验。这两个决议都是在全党范围内开展批评与自我批评的基础上作出的，对我党过去的历史经验作了系统的总结，同时与苏联所走的道路划清了界限。现在有人认为，既然苏联的社会主义失败了，那么中国的社会主义也要失败。对于这种看法，我认为是不正确的。因为中国社会主义的存在是有历史根源的，中国人民信任中国共产党。当然世界上总是有人希望中国有朝一日会改变社会制度。这只能由将来的历史来说明。但我相信，中国沿着今天的道路走下去是很有希望的。为什么世界上只允许一种社会形态存在？为什么不允许探索和创造另外一种社会形态呢？我们搞的是人民民主专政，这是指在广泛的民主基础上搞集中。我们的民主当然同现在西方的民主不同。在中国，从孙中山先生到中国共产党，没有人赞成过西方的民主制度，也没有人认为把西方的民主照搬到中国来是合适的。但并不是说中国不需要民主，中国要探索的是适合中国情况的民主。

中国现在的情况比较好。当然同贵国不同，你们是发达国家，我们是发展中国家。在这一点上，我们的头脑历来是清醒的。我们希望有朝一日能够逐步赶上发达国家。我们的目标是到下个世纪，再花三五十年的时间，达到中等发达国

家的水平。在本世纪内，我们的目标是在原来已经翻一番的
基础上再翻一番。现在看来这个目标可以实现，而且略有超
过也有可能。当然这是很不容易做到的。到了二十一世纪，
还是要看年轻一代干得怎么样。我相信，他们会干得更好。
我们无论如何也要把中国的经济搞上去，要少说多做，吹得
太多没有用，如果做不好，那照样是搞不上去。我们也不去
做一些我们力所不能及的事情。苏联的资源十分丰富，但在
相当长的时间内，他们做了很多力所不能及的事情，所以长
期以来搞得不好。

　　我们对世界形势发展的前景是乐观的。和平与发展仍是
当今世界的两大主题。从这一点来看，全世界都是互相联系
的。只有和平才能发展，一打仗就全都打乱了。希望中国和
德国为了世界和平与人类发展携起手来。如果德意志民族能
成为一支维护世界和平的支柱力量，那你们将来能发挥的作
用可能更大，因为贵国的经济实力雄厚。如果真是这样的
话，那世界就会很有希望。任何国家都不要搞霸权主义，无
论谁在什么时候搞霸权主义，我们都反对。我们虽然不打
仗，但反对总是可以的。当然如果有人打到我们的国土上
来，那我们就要被迫拿起武器了。现在好像有这么大胆量的
人也不太多。中国不想侵略别人，所以卷入战争的可能性也
不大。当今世界还存在各种各样的热点地区，我们希望采取
和平的办法来解决。比如说在欧洲，就存在南斯拉夫问
题[6]。我们始终认为，南斯拉夫问题是一个国家的内战，
外国或联合国过多卷入不是一个好办法。在亚洲也有热点地
区，现在正趋向于解决。我们希望联合国在维护世界和平方
面发挥作用。但到处卷入战争，毕竟不是个好办法，弄不好

会成为个别国家手中的工具。这样下去，即使现在不会，那将来有朝一日总会走上二次大战以前国联[7]的道路。

中国国内是稳定的，安定团结的。我们的对外政策是想创造一个有利于中国建设的和平的国际环境，把我国的经济搞上去。我们两国的意识形态不同，但我们在看问题时，不能只从意识形态出发，应当采取现实的态度。

我今天利用这个机会向你作个简单介绍，不知道我说清楚了没有。

克：你刚才谈的东西，对我们很有启发，我们也都理解了。

马克思于一八五二年撰写了《路易·波拿巴的雾月十八日》这篇著作，指出一七八九年法国大革命失败的主要原因在于农民的利益没人代表。正是由于农民没有站出来，所以法国大革命失败了。你刚才讲到中国非常重视农业，我完全理解。

乔：我国的改革是从农村开始的，农村的变化也是巨大的。

克：你刚才还谈到稳定的问题。我认为，稳定不仅对中国重要，对其他国家来说也同样重要。由于历史的原因，中国的政治家和领导人历来都十分强调国家的稳定。对此，我们完全赞成。就像骑自行车一样，只有在骑得稳的前提下，车才有可能向前行走。否则，就不可能向前行走。我非常赞成中国强调稳定的政策，希望中国在稳定的政策指导下，在改革开放的过程中取得更大成就。

乔：你刚才讲的完全正确。我会骑自行车，知道自行车要在不断调整的过程中保持稳定。用个术语讲，就是要保持动态的平衡。汽车和自行车也一样，没有调整是不可能的。事物是波浪式前进的，所以要不断研究、探索、自我比较、自我检讨、自我纠正，停滞的、僵化的观点是根本不适应过去的和当代的世界需要的。

克：乔石先生，你刚才谈到，现在还不能简单地说旧的世界格局被打破究竟是件好事，还是坏事。我个人认为，这件事对全世界来说是有利的，是件好事。在过去的几十年中，苏联试图推行霸权主义，干了许多力所不能及的事情，现在他们已不可能再像以前那样推行霸权主义了。所以我认为，目前世界上没有人愿意，也没有人再有能力搞所谓的霸权主义，包括德国在内。我们今后不会搞霸权主义，我向你保证。

乔：你刚才说德国不搞霸权主义，我非常赞成。至于说今后世界上是不是还有人搞霸权主义，我认为还是要看看再说。因为世界太大了，有时有些现象也很复杂。如果说从今以后霸权主义在世界上不存在了，那当然是件再好不过的事，对世界和平也非常有利。如果霸权主义还有，那也不能不引起我们的注意。我们不愿打仗，现在我们连国内的建设都忙不过来，还谈得上打仗吗？

克：我完全理解。

乔：请你回国后把我的问候转达给贵党的勃兰特名誉主席和其他各位先生。同时也请你在可能的时候，把我的问候转达给贵国年轻一代政治家和社会活动家。我衷心希望中德两国和两国人民之间的友谊长久地发展下去。

在过去的十多年中，我们两国的经济合作是好的，政治上总的讲也是好的。虽然有时是出于不太了解情况，你们说了我们一些什么，但我们不太计较。中国这么大，总会有人说我们一些什么话的。我们生活在世界上不能只听好话，而不去听骂我们的话。有时被人骂也好，但要看骂对了没有。如果骂对了，那不是应该骂吗？如果骂得不对，那也没什么了不起。像我们这样的大党和大国，骂是骂不倒的，要是被骂倒了，那不是比纸老虎还要纸老虎吗？对这些事情，我们想得开。

我们这样交换意见很好，是件非常有意义的事情。

注　释

〔1〕勃兰特，即维利·勃兰特（一九一三——一九九二），德国社会民主党政治家，曾任联邦德国总理、德国社会民主党主席。

〔2〕胡耀邦（一九一五——一九八九），湖南浏阳人。一九八四年时任中共中央总书记。

〔3〕根舍，即汉斯－迪特里希·根舍（一九二七——二〇一六），德国自由民主党政治家，曾任联邦德国外交部长。

〔4〕巴尔，即埃贡·巴尔（一九二二——二〇一五），德国社会民主党政治家。

〔5〕维什涅夫斯基，即汉斯－于尔根·维什涅夫斯基（一九二二——二〇〇五），德国社会民主党政治家。

〔6〕一九九一年至一九九二年，南斯拉夫社会主义联邦共和国的斯洛文尼亚、克罗地亚、马其顿、波斯尼亚和黑塞哥维那相继宣布独立。一九九二年四月二十七日，南斯拉夫议会通过新宪法，宣布塞尔维亚和黑山两共和国联合成立南斯拉夫联盟共和国。

〔7〕国联，是国际联盟的简称，一九二〇年一月正式成立。先后参加的有六十多个国家。国际联盟标榜以"促进国际合作，维持国际和平与安全"为目的，实际上日益成为帝国主义国家推行侵略政策的工具。第二次世界大战爆发后无形瓦解，一九四六年四月正式宣布解散。

在首都纪念宪法颁布
十周年大会上的讲话*

（一九九二年十二月四日）

同志们，朋友们：

一九八二年十二月四日五届全国人大五次会议通过的中华人民共和国宪法，颁布实施已经整整十年了。今天，我们在这里隆重集会，纪念宪法颁布十周年，是为了在全社会进一步树立宪法的权威，保证宪法的实施，更好地贯彻落实中国共产党第十四次全国代表大会提出的各项任务，加快改革开放的步伐，促进社会主义现代化建设和民主法制建设，努力把我国建设成为富强、民主、文明的社会主义强国。

大家知道，宪法是国家的根本大法，在国家生活中具有极其重要的作用。宪法规定了国家的根本制度和根本任务，是维系国家统一、民族团结、社会稳定的基础。宪法具有最大的权威性和最高的法律效力。一切法律、法规和其他规范性文件都不得同宪法相抵触，任何组织或者个人都不得有超越宪法的特权，一切违反宪法的行为都必须予以追究。所有国家机关、社会组织和全体公民都以宪法为最高行为准则，国家的长治久安就有了保证。

---

* 乔石同志当时任中共中央政治局常委，兼任宪法修改小组组长。

　　我国现行宪法,是继承了一九五四年第一部宪法的优良传统,根据党的十一届三中全会以来所确定的路线、方针、政策,适应我国新的历史时期政治、经济等各方面发展的要求,经过全民讨论而制定的,它集中反映了全国各族人民的共同意志和根本利益,明确地把经济建设作为国家的中心任务,坚持了四项基本原则,体现了改革开放,是一部建设有中国特色社会主义的好宪法。

　　宪法保障了我国社会主义现代化建设和改革开放的顺利进行。宪法规定:"今后国家的根本任务是集中力量进行社会主义现代化建设。"[1]十年来,全党和全国各族人民扭住经济建设这个中心不放,进一步解放和大力发展社会生产力,使经济建设、人民生活、综合国力都上了一个新台阶,国家的面貌发生了深刻变化。宪法和一九八八年通过的宪法修正案,对经济体制改革和对外开放作了原则规定,包括保护个体经济的合法权益,允许私营经济在法律规定的范围内存在和发展,允许土地的使用权转让,完善经济管理体制和企业经营管理体制,实行各种形式的责任制,确认企业经营管理的自主权,允许外国的企业和其他经济组织或者个人在中国投资,同中国的企业或者其他经济组织进行经济合作等。宪法的这些规定,对于推动我国对内搞活经济和对外开放,促进经济体制的转换,起了重要作用。

　　宪法推动了社会主义民主政治建设。十年来,作为我国根本政治制度的人民代表大会制度不断完善。各级人大及其常委会密切联系群众,认真履行宪法赋予的各项职权,在立法、监督和决定重大问题等方面发挥了重要作用。国家的行政、审判、检察体制不断健全。各个国家机关之间明确分工、协调一致地工作，有力地巩固了我国人民民主专政的国家政权。保护公民权利是社会主义民主的基本内容。宪法吸取"文化大革命"中严重践踏公民权利的沉痛教训，对公民的自由和民主权利作了广泛的规定。它既包括生存权、人身权和政治权利，又包括经济、文化、社会等各方面的权利。十年来，依据宪法的规定，进一步完善选举制度，制定了一系列保护公民权利的法律，使公民权利的行使逐步走上法制轨道；坚持和完善中国共产党领导的多党合作和政治协商制度，巩固和发展了广泛的爱国统一战线，中国共产党就重大问题与各民主党派中央领导人和无党派代表人士进行协商已经形成制度；坚持实行和完善民族区域自治制度，维护和发展了各民族的平等、团结、互助关系，促进了各民族的共同繁荣；努力加强基层群众性自治组织的建设，保障了群众直接管理经济、文化和社会事务的权利。

宪法有力地促进了社会主义的法制建设。宪法是制定法律、法规的基础和依据，对建立和完善我国社会主义法律体系起着重要的指导作用。党的十一届三中全会以来，制定了二百零四个法律和有关法律问题的决定或补充规定，还制定了六百一十七个行政法规，两千三百六十个地方性法规，初步改变了我国相当长时期内法制建设薄弱的状况，使国家政治、经济、社会生活的主要方面有法可依。各级行政、审判、检察机关建立健全了执法机构，改善了执法状况。全国人大常委会提出把对法律实施的检查监督放到同立法同等重要的地位。各级人大常委会有计划、有组织地开展了执法检查，纠正了一些违宪违法现象，推动了我国的法制建设。全国人大常委会两次作出了在公民中普及法律常识的决议，在全国范围内开展了以宪法为中心的普法教育，增强了全社会的宪法意识和法制观念。

在建设高度物质文明的同时，强调努力建设高度的社会主义精神文明，是现行宪法的一大特点。十年来，根据宪法的规定，国家大力发展教育、科学、文化和卫生体育事业，在全体人民中间进行了四项基本原则教育、理想教育、道德教育、公民意识教育等，培养有理想、有道德、有文化、有纪律的"四有"新人，并依法努力扫除各种社会丑恶现象，发扬良好的社会风尚，展现中华民族新的精神风貌。

过去的十年，我们在实施宪法方面取得了很大成绩，这些成绩的取得是来之不易的。同时也要看到，在实施宪法方面还有不足，主要表现在：保证宪法实施的具体制度还不健全，一些违反宪法的现象得不到及时有效的纠正，公民的宪法意识还有待进一步提高。因此，进一步维护宪法的尊严，保证宪法的实施，仍然是我们今后的一个长期的任务。

一个多月前刚刚闭幕的党的第十四次全国代表大会，是一次在我们党的历史上具有重大意义的会议。十四大总结了我国社会主义现代化建设的实践和经验，确定了用邓小平同志关于建设有中国特色社会主义理论武装全党，确定了毫不动摇地坚持党在社会主义初级阶段的基本路线，确定了我国经济体制改革的目标是要建立社会主义市场经济体制，并且选举产生了新的党中央领导集体。现在，大政方针、目标任务都明确了，关键是真抓实干，狠抓落实。我们应当按照十四大提出的要求，进一步贯彻实施宪法，推动我国社会主义现代化事业的更大发展。

一、贯彻实施宪法，就要毫不动摇地坚持党的基本路线，加快改革开放和社会主义现代化建设的步伐。

实施宪法，首先就要认真贯彻"一个中心、两个基本点"的基本路线。坚持党的基本路线不动摇，关键是坚持以经济建设为中心不动摇。在这方面，我们是有深刻历史教训的。以史为鉴，"文化大革命"结束后不久，党的十一届三中全会作出了把党和国家的工作重点转到经济建设方面来的决策。邓小平同志反复告诫我们："现在要横下心来，除了爆发大规模战争外，就要始终如一地、贯彻始终地搞这件事，一切围绕着这件事，不受任何干扰。就是爆发大规模战争，打仗以后也要继续干，或者重新干。"[2]党的十一届三中全会以来的十四年中，尽管国际政治经济格局发生了重大变化，国内也出现过这样那样的事件，但是，在和平与发展成为时代主题的历史条件下，我们坚持党的基本路线，坚持以经济建设为中心，在改革开放和现代化建设方面取得了举世公认的成绩。十四年的伟大实践和成功经验表明，党的基本路线是符合全体人民利益和意志的，是完全正确的。全党和全国人民要继续下定决心，坚持党的基本路线一百年不动摇，集中精力把经济建设搞上去。当前，要紧紧抓住有利时机，加快改革开放和现代化建设的步伐。同时，也要注意实事求是、量力而行。要走出一条既有较高速度又有较好效益的国民经济发展的新路子。

坚持党的基本路线不动摇，必须坚定不移地坚持四项基本原则，坚定不移地坚持改革开放，二者是统一的。坚持四项基本原则离不开改革开放。社会主义只有通过改革开放，不断改革生产关系和上层建筑中同生产力发展要求不相适应的环节，才能有蓬勃的生命力，才能充分发挥出社会主义的优越性。同时，我们的经济建设和改革开放要顺利健康地进行下去，必须有坚定明确的政治方向，必须排除一切导致国家混乱甚至动乱的因素，保持安定团结的政治局面和良好的社会环境。没有政治稳定和社会安定就一切都谈不上。四项基本原则和改革开放的原则规定都是载入现行宪法的，都是党的基本路线不可分割的组成部分，并统一服务于经济建设这个中心的。在把握"一个中心、两个基本点"的问题上，我们要警惕右，但主要是防止"左"，以提高贯彻执行党的基本路线的自觉性。

　　加快改革开放和现代化建设步伐，必须解放思想，实事求是。党在十一届三中全会前后，领导和支持了关于实践是检验真理的唯一标准的大讨论。这场讨论冲破了个人崇拜和"两个凡是"[3]的思想束缚，重新确立了解放思想、实事求是的思想路线，为我国改革开放的启动和现代化建设的发展，提供了思想前提，具有重大的意义。可以说，十四年来我们在改革开放和现代化建设的各个领域里取得的成绩，都是与我们坚持解放思想、实事求是的思想路线分不开的。解放思想同实事求是是统一的，就是要求我们的思想认识符合客观实际，不断破除落后的传统观念，摈弃对马克思主义的某些原则的教条式理解，澄清对社会主义的不科学的甚至扭曲了的认识，正确把握我国社会主义初级阶段的具体国情，使思想适应发展变化的新形势。我们要继续坚持把马克思主义基本原理同中国具体实践相结合，用建设有中国特色社会主义理论武装头脑，把党的路线、方针、政策同本地区、本部门的具体情况结合起来，勇于创新，大胆试验，及时总结经验，创造性地开展工作。

党的十四大报告指出："加快我国经济发展，必须进一步解放思想，加快改革开放的步伐，不要被一些姓'社'姓'资'的抽象争论束缚自己的思想和手脚。"[4]只要是有利于发展社会主义社会的生产力，有利于增强社会主义国家的综合国力，有利于提高人民生活水平的，就要坚定不移地干下去。社会主义社会是人类社会发展长河中的一个历史阶段，它只有在吸取人类社会创造的一切文明成果的基础上才能建成。在改革开放和社会主义现代化建设中，我们不仅必须吸收国际上的先进科学技术知识，也必须吸收和借鉴外国一切反映现代社会化生产和市场经济规律的先进经营方式和管理经验。这样，才有利于我国社会主义事业的发展，有利于早日跻身于世界经济强国的行列。

党的十四大确定我国经济体制改革的目标是建立社会主义市场经济体制。这就从根本上解除了把计划经济和市场经济看作属于社会基本制度范畴的思想束缚，是认识上的重大突破。当前，重要的是抓好转换国有企业特别是大中型国有企业的经营机制，加快市场体系的培育，深化分配制度、社会保障制度的改革，加快政府职能的转变。要更新计划观念，改进计划方法，把计划的重点放在确定经济、社会发展的目标上，搞好经济发展预测、总量平衡、重大结构与生产力布局的规划等。要大力发展全国的统一市场，进一步扩大市场的作用，并根据客观规律的要求，运用经济杠杆、法律手段以及必要的行政管理，引导市场健康发展。

二、贯彻实施宪法，就要积极推进政治体制改革，使社会主义民主法制建设有一个较大的发展。

民主和法制是现代文明国家的重要标志之一。人民民主是社会主义的本质要求和内在属性。没有民主就没有社会主义，就没有社会主义的现代化。邓小平同志曾经说过，为了保障人民民主，必须加强法制。必须使民主制度化、法律化，使这种制度和法律不因领导人的改变而改变，不因领导人的看法和注意力的改变而改变。这是加强社会主义民主和法制建设一个极重要的指导思想。

宪法根据一切权力属于人民和民主集中制的原则，对我国国家机构的设置和政治体制改革作出了一系列重要规定。党的十四大明确提出，适应经济体制改革和经济发展，必须按照民主化和法制化相结合的要求，积极推进政治体制改革，使社会主义民主和法制有一个较大的发展。人民代表大会制度是我们国家的根本政治制度，它体现了工人阶级领导的、以工农联盟为基础的人民民主专政的社会主义国家的根本性质，是人民当家作主的最好形式。我们要按照宪法的规定和党的十四大的要求，进一步完善人民代表大会制度，加强人大及其常委会的立法、监督等职能，更好地发挥人大代表的作用。明年年底以前，各级人民代表大会都将换届。做好这次换届工作，对于坚持党的基本路线，完善人民代表大会制度，具有重要意义。对这次换届工作要高度重视，精心组织，周密安排，保证其顺利进行。在换届选举过程中，要充分发扬民主，严格依法办事。要把那些模范遵守宪法和法律，能够代表人民利益和意志的公民选为代表。要按照"革命化、年轻化、知识化、专业化"的方针和德才兼备的原则，把那些执行党的基本路线政绩突出、勇于改革、开拓进取的优秀人才，选进各级国家机关的领导班子。

　　"长期共存、互相监督、肝胆相照、荣辱与共"，是中国共产党与各民主党派和无党派爱国人士建立亲密关系的准则。我们要继续完善共产党领导的多党合作和政治协商制度，切实发挥各民主党派和各界爱国人士参政议政和民主监督的作用，支持民主党派和无党派人士在国家机关担任领导职务，更加紧密地联系和团结各阶层群众，以利于在新的历史时期继续巩固和发展广泛的爱国统一战线。

　　要切实保障宪法规定的公民的各项权利和自由，继续完善保护公民权利的各项法律，从制度上和物质上为公民行使权利提供保证。对于侵犯公民权利的行为，必须予以追究和制裁。要按照有关法律的规定，继续加强乡镇政权的组织建设、制度建设。要切实发挥居民委员会和村民委员会的作用，使广大人民群众积极参与政治、经济、社会生活的管理。要坚持和健全民主集中制，各级领导机关和领导干部要实行从群众中来、到群众中去的群众路线的工作方法，善于倾听群众的意见和呼声，保持同人民群众的血肉联系，推进决策的科学化和民主化。同时，也要抓紧制定推进社会主义民主政治建设、维护社会稳定等方面的法律。

　　社会主义市场经济体制的建立，对我国的法制建设也提出了新的要求。社会主义法制建设是社会主义市场经济体制建设的不可分割的组成部分，没有法律的保障，社会主义市场经济体制就不可能确立和完善起来。党中央提出要在九十年代初步建立社会主义市场经济体制，然后再用二十年时间，使这一体制更加定型和完善。为此，我们要在九十年代初步形成与社会主义市场经济相适应的法律体系，并随着新经济体制的逐步完善和定型，使法律体系相应地完善和定型。这是一项繁重而又紧迫的任务。要高度重视法制建设，特别是加快经济立法的步伐，围绕建立社会主义市场经济体制的要求，尽快制定一批规范市场主体行为、规范市场经济秩序、加强宏观调控以及社会保障等方面的法律，以适应社会主义市场经济体制的需要。对以往制定的不适应社会主义市场经济要求的法律、法规，应当及时修改或废止。建立与社会主义市场经济体制相适应的法律体系是一项新课题，要进一步解放思想，更新观念，大胆借鉴外国特别是经济发达国家在立法方面的经验和成果，结合我国的实际情况，加以改造、吸收，为我所用。

建立社会主义市场经济体制对各级执法部门也提出了更高的要求。必须下大力量改变有法不依、执法不严、违法不究的状况。执法机关要加强自身建设，提高执法人员素质和执法水平。要保障人民法院和检察院依法独立行使审判权和检察权。在适用法律过程中，要严格遵守法律面前人人平等的原则，依法严格区别违法与合法、罪与非罪的界限，既要严厉打击各种犯罪活动，又要切实保护人民群众的合法权益，巩固和发展改革开放和社会主义现代化建设的成果。

三、贯彻实施宪法，就要维护宪法，遵守宪法，以宪法为根本活动准则。

中国共产党和中国人民从历史的经验和教训中已经深刻地认识到，宪法的权威关系到我国政治的安定和国家的命运，决不允许对宪法根基的任何损害。人民是实施宪法的最深厚的基础和最基本的力量。亿万人民增强宪法意识，养成遵守宪法、维护宪法的观念和习惯，同违反和破坏宪法的行为进行斗争，这是一个伟大的力量。我国是一个有几千年封建社会历史的国家，缺乏现代法制的传统，近代以来，经济文化总的来说又比较落后。在一些干部和群众中，有法不知道，知道不执行的现象，至今还相当普遍。这种状况同我们建设富强、民主、文明的社会主义国家的要求是很不适应的。为了加强社会主义法制，必须把宪法和法律交给群众，让群众掌握法律武器，自觉地遵守宪法和法律，养成依法办事的观念和习惯，并且学会运用宪法和法律武器维护自己的合法权益。为此，需要做大量的、长期的法制宣传教育工作。当前，要在普法活动中继续把普及宪法知识作为重点，进一步提高广大干部群众的法制观念和宪法意识，保障宪法和法律的实施，坚持依法办事，严肃执法，促进依法治国和依法管理各项事业。宣传部门和新闻媒介应当把宣传宪法作为自己的重要职责和长期任务，努力发挥舆论监督作用。

党章明确规定："党必须在宪法和法律的范围内活动。"[5]党领导人民制定宪法和法律，党也领导人民遵守宪法和法律。宪法和法律是党的主张和人民意志的集中体现。共产党员遵守和执行宪法、法律，就是服从全国人民的意志，就是服从党的领导。因此，从中央到基层的一切党的组织和党员的活动，都要自觉地纳入宪法和法律的范围，不得与之相抵触。各级党组织还要经常教育和监督党的干部和党员带头遵守宪法和法律。

贯彻实施宪法，还要求全国人大和全国人大常委会认真把监督宪法实施的职责承担起来。要加强对法律、法规是否违宪的审查，对任何违宪行为都要坚决纠正。地方各级人大及其常委会都要在本行政区域内保证宪法的遵守和执行。

宪法归根到底来源于社会实践。我国现行宪法是我国人民在党的十一届三中全会以来建设有中国特色社会主义的伟大实践所积累的丰富经验的高度概括和集中体现。随着我国改革开放和社会主义现代化事业的不断发展，必然还会有些重要的新鲜经验和新的认识，从而需要依照法定的程序对宪法的某些规定作必要的修改和补充。全国人大常委会要很好地运用解释宪法的职能，对宪法实施中的问题作出必要的解释和说明，使宪法的规定得到更好的落实。

同志们，朋友们！

宪法是我国新的历史时期治国安邦的根基。全国各族人民、一切国家机关和武装力量、各政党和各社会团体、各企业事业组织，都应当把维护宪法尊严、保证宪法实施作为自己的职责。只要我们严格以宪法为根本的活动准则，就一定能够坚持党的基本路线，健全社会主义民主法制，保证党的十四大提出的各项任务的完成，保证社会主义现代化建设的顺利进行。

注　释

〔1〕见《中华人民共和国宪法》（人民出版社 1988 年版，第 9 页）。

〔2〕见邓小平《目前的形势与任务》（《邓小平文选》第 2 卷，人民出版社 1994 年版，第 249 页）。

〔3〕见本书《理论联系实际是进一步办好党校的关键》注〔5〕。

〔4〕见江泽民《加快改革开放和现代化建设步伐，夺取有中国特色社会主义事业的更大胜利》（《江泽民文选》第 1 卷，人民出版社 2006 年版，第 225 页）。

〔5〕见《中国共产党章程（中国共产党第十四次全国代表大会部分修改，一九九二年十月十八日通过）》（《十一届三中全会以来党的历次全国代表大会中央全会重要文件选编》（下），中央文献出版社1997年版，第207页）。

警惕宗教极端主义[*]

（一九九二年十二月二十四日）

　　在宗教问题上不能受宗教极端势力的影响，对民族团结不利。我最近几年处理了一些宗教问题，包括新疆等地一些民族、宗教方面的事件，这样的问题要注意防范。在国际交往中要警惕。大概各种宗教都有极端派别，对这些不慎重处理不行。最好的办法就是做好信教群众的工作，关心群众生活，政治上团结一切爱国的宗教上层人士，要多做工作，多与他们沟通，多从政治上关心他们，有事同他们多通气、多商量。他们出来做工作，我们也做工作，大家配合做，宗教问题是可以解决得比较好的。

---

　　* 这是乔石同志在宁夏回族自治区考察工作时讲话的一部分。

全面履行宪法和法律赋予的职责，推进社会主义民主政治建设*

（一九九三年三月三十一日）

各位代表：

八届全国人大一次会议，在全体代表的共同努力下，完成了各项预定的任务，取得了圆满成功。

这次会议充分发扬民主，严格依法办事，大家畅所欲言，共商国是，是一次民主、团结、求实、奋进的盛会。代表们从全国各族人民的根本利益出发，以高度的主人翁责任感，认真履行宪法和法律赋予的职责，使会议通过的各项决议和决定，充分表达了全国各族人民的意志。会议审议批准的李鹏总理所作的《政府工作报告》，明确提出了今后五年我国改革和建设的任务。完成这些任务将使我国的国民经济迈上一个新的台阶。会议审议通过了宪法修正案，这是一件具有深远意义的大事。修改后的宪法将在建设有中国特色社会主义的伟大事业中发挥巨大的作用。会议审议通过了澳门特别行政区基本法，这符合全国各族人民包括澳门同胞的根本利益。它与香港特别行政区基本法一样，将载入我国的史

---

* 这是乔石同志在八届全国人大一次会议上的讲话。乔石同志当时任中共中央政治局常委、全国人民代表大会常务委员会委员长。

册。会议审议通过的全国人大《关于授权全国人大常委会设立香港特别行政区筹备委员会的准备工作机构的决定》，有利于保证一九九七年香港政权的平稳过渡和我国恢复对香港行使主权。全体代表经过充分酝酿，反复协商，依法选举和决定了新的一届中央国家机构领导人员，为承前启后，继往开来，加快改革开放和现代化建设的步伐，提供了组织保证。这次会议必将进一步鼓舞全国各族人民，满怀信心地实现党的十四大和本次大会确定的各项任务。

大会选举我担任八届全国人大常委会委员长，并选出了副委员长、秘书长和委员。这是代表和全国各族人民对我们的信任，我们表示衷心的感谢。我们一定不辜负代表和全国各族人民的重托与期望，同全体代表一道，以对国家和人民高度负责的精神，严格依照宪法和法律的规定，竭尽全力把工作做好。

七届全国人大及其常委会在五年任期内，坚持以建设有中国特色社会主义的理论和党的基本路线为指导，认真行使宪法赋予的职权，把保证和促进改革开放作为首要职责，把加强社会主义民主和法制建设作为根本任务，在保障改革开放和社会主义现代化建设的顺利进行方面发挥了重要作用。万里同志在担任第七届全国人大常委会委员长期间，坚定不移地坚持建设有中国特色社会主义的理论和党的基本路线，辛勤工作，尽职尽责，为加快改革开放和推进社会主义民主法制建设，作出了重大贡献。请允许我代表八届全国人大，向万里同志致以崇高的敬意！向七届全国人大常委会各位副委员长和委员，向七届全国人大代表，表示由衷的敬意和感谢！

八届全国人大任期的五年，是我国建立社会主义市场经济体制、实现现代化建设第二步发展目标的关键时期。八届全国人大要在前几届人大工作的基础上，继续坚持以建设有中国特色社会主义的理论和党的基本路线为指导，围绕经济建设这个中心，全面履行宪法、法律赋予的职责，推进社会主义民主政治建设，巩固和发展安定团结的政治局面，保证和促进改革开放和社会主义现代化建设的顺利进行，动员全国各族人民为提前实现翻两番的战略目标，并为贯彻"和平统一、一国两制"的基本国策，积极推进祖国统一大业，作出新的更大的贡献。

加强社会主义民主和法制建设，是我国实现四个现代化的重要保证。没有民主和法制就没有社会主义，就没有社会主义现代化。邓小平同志早在一九七八年就说过，为了保障人民民主，必须加强法制。必须使民主制度化、法律化，使这种制度和法律不因领导人的改变而改变，不因领导人的看法和注意力的改变而改变。这是我们加强社会主义民主和法制建设一个极为重要的指导思想。从根本上说，社会主义为充分实现人民当家作主，把民主推向新的历史高度开辟了道路。根据我国的实际情况，这是个不断前进和发展的进程，同时也是我们面临的一项紧迫任务。我们必须为之作出坚持不懈的努力，要进一步扩大社会主义民主，健全社会主义法制。宪法规定，我们国家的一切权力属于人民。国家，由人民当家作主才能兴旺；国家机关，有人民支持才有力量。人民代表大会制度是人民当家作主的最好组织形式。八届全国人大要继续把加强社会主义民主和法制建设作为根本任务，努力使社会主义民主和法制建设有一个较大的发展。要坚持和完善人民代表大会制度，加强人大及其常委会的各项职能，使全国人大更好地履行最高国家权力机关的崇高职责。

建立社会主义市场经济体制，是加快我国经济发展的必由之路。社会主义市场经济体制的确立和完善，必须有完备的法律作保障。八届全国人大要围绕深化改革、扩大开放、建立社会主义市场经济体制，以改革的精神加快立法步伐，特别是要把经济立法放在最重要的位置。要尽快制定一批规范市场主体行为、维护市场经济秩序、完善宏观调控以及社会保障等方面的法律。对以往制定的某些不适应社会主义市场经济要求的法律，要及时修改或废止。要大胆借鉴外国特别是经济发达国家在立法方面的经验和成果，结合我国的实际，加以改造、吸收。要力争在本届全国人大任期内，初步形成社会主义市场经济法律体系，推动和保障社会主义市场经济的发展。与此同时，也要抓紧制定保障公民权利、惩治犯罪、维护社会治安、加强廉政建设以及促进科学、教育、文化发展和国防建设等方面的法律。

监督宪法、法律的实施和监督国务院、最高人民法院、最高人民检察院的工作，是宪法赋予全国人大及其常委会的重要职责。八届全国人大要强化对宪法和法律实施的监督，维护宪法的尊严和法制的统一；要下大力量纠正有法不依、执法不严、违法不究，以至执法犯法、以言代法、以权压法的现象；要加强对行政、审判、检察机关的工作监督；要总结监督工作的经验，促进监督工作制度化、程序化。

加强全国人大自身的建设，是发挥最高国家权力机关作用的重要条件。人民赋予我们以重托。我们一定要切实地对人民负责，始终坚持实事求是的精神，不尚空谈，不搞形式主义，不做表面文章，脚踏实地地履行自己的职责；要密切与人民群众的联系，更好地代表人民的利益和意志，接受人民的监督；要加强常委会与代表的联系，积极为代表尽职尽责创造条件；要认真贯彻民主集中制原则，坚持依法行使职权；要加强专门委员会的建设，更好地发挥专门委员会的作用；要进一步搞好全国人大及其常委会的组织和制度建设，提高工作效率和决策水平。

全国人大及其常委会的外事工作是我国对外工作的组成部分。要积极开展与外国议会的交往，增进与外国议会和人民之间的了解和友谊，促进议会间和国家间友好合作关系的发展。

各位代表！我们的任务是光荣而艰巨的。只要我们万众一心，埋头苦干，我们的目的就一定能够实现。希望各位代表回到自己的工作岗位以后，积极宣传贯彻本次会议通过的各项决议和决定，努力完成历史赋予我们的神圣使命。让我们更加紧密地团结在以江泽民同志为核心的党中央周围，为夺取有中国特色社会主义事业的更大胜利而奋斗！

各位代表！本次会议的全部议程已经进行完毕。现在我宣布：第八届全国人民代表大会第一次会议胜利闭幕！

在八届全国人大常委会
第一次会议上的讲话

（一九九三年四月一日）

今天举行第八届全国人大常委会第一次会议。我们这个新的集体开始履行宪法赋予的职责。宪法规定全国人大常委会有二十一项职权，责任是重大的。在新的形势下，我们如何行使这些职权，做好人大工作，这是大家都在思考的问题。在这次大会上，不少代表对如何改进和加强人大工作提出了意见和建议，我们要很好研究。现在，我先谈一些初步想法，同各位商量。

本届常委会任期的五年，是实现我国现代化建设第二步战略目标的关键五年。在邓小平同志视察南方重要谈话和党的十四大精神指引下，我国改革开放和现代化建设事业，进入一个蓬勃发展的新阶段。全国上下正在抓住有利时机，加快改革开放的步伐，集中力量把经济建设搞上去，力争国民经济在讲求效益的前提下，有一个较高的增长速度，提前实现翻两番的目标。党的十四大提出，我国经济体制改革的目标是建立社会主义市场经济体制。这次大会通过的宪法修正案已把党的这一主张变为国家意志，以根本大法的形式确立下来。建立社会主义市场经济体制，涉及经济基础和上层建筑的许多领域，必须要有相应的社会主义民主和法制作保证。本届常委会要从国家这一总的形势和任务出发，坚持以邓小平同志建设有中国特色社会主义的理论和党的基本路线为指导，把加强社会主义民主和法制建设作为根本任务，保证党的基本路线的贯彻实施，保证党的十四大和八届全国人大一次会议提出的各项任务的完成，推进社会主义市场经济体制的建立和逐步完善。对于这个任务的重要性、紧迫性和繁重性，我们要有足够的认识和思想准备。目前，要从加快经济立法、健全监督机制、增强同代表和人民群众的联系、搞好自身建设等方面，努力发挥国家权力机关应有的作用。

一、加快经济立法

本届全国人大常委会要把加快经济立法作为第一位的任务，尽快制定一批有关社会主义市场经济方面的法律。市场经济要求有健全的法制。它与高度集中的计划经济主要靠行政手段管理有根本的不同。现代国家经济发展的历史证明，没有完备的法律规范和保障，各种社会经济活动无所遵循，就必然出现混乱。我们要建立社会主义市场经济体制，并且要比资本主义条件下的市场经济运转得更好，那就更需要法律的引导、规范、保障和约束。在九十年代，我们要初步建立起社会主义市场经济体制，就必须相应地逐步建立起社会主义市场经济的法律体系。现实生活已经给我们提出了这方面的迫切要求。目前全国登记注册的各类公司达四十八万多家，这是市场经济发展中的必然现象，总的说是正常的、健康的，但其中有不少是"翻牌"公司；经济发展带来了市场繁荣，但假冒伪劣商品屡禁不止；完善市场经济发展的宏观调控手段，还需要作艰巨的努力。这些问题的解决，在很大程度上有赖于法律的完备。抓紧制定和修改经济方面的法律，是发展社会主义市场经济的客观需要，是保护公平竞争、促进市场发育、建立市场经济秩序、完善宏观调控和保护公民权益的有力手段。它关系到改革开放的全局，关系到社会主义市场经济体制能否顺利地建立，从而直接影响着我国在九十年代能否把整个国民经济提高到一个新水平，能否加入国际竞争的行列。为此，本届常委会要在制定有关市场经济的法律方面迈出较大的步伐，这是我们的首要职责。

制定社会主义市场经济方面的法律，对我们来说是一个新课题。首先，我们应当对社会主义市场经济法律体系，进行总体上、法理上的研究。适应社会主义市场经济发展的要求，究竟需要制定哪些法律？当前急需制定的又是哪些法律？要有通盘考虑，合理部署。要深入探讨我国市场经济发展的特点和规律。思想要解放，视野要开阔，观念要更新，要以积极的态度对待立法中遇到的问题和难点。我们制定的法律，要力求符合经济发展的客观要求，有利于进一步解放和发展生产力。由于认识有个过程，有的法律制定出来时，可能不那么完备，可随着实践的发展逐步完善。有的同志反映，对某些经济活动，先有个粗线条的法律来规范，比因缺乏必要的法律依据，以致搞乱了再来整顿，要较为有利。有的尚不具备条件制定全国性法律的，也可先搞行政法规和地方性法规。邓小平同志一九七八年就指出，立法的工作量很大，法律条文开始可以粗一点，逐步完善。有的法规地方可以先试搞，然后经过总结提高，制定全国通行的法律。修改补充法律，成熟一条就修改补充一条，不要等待"成套设备"。总之，有比没有好，快搞比慢搞好。这些意见，对于我们当前的立法工作，仍具有重要的现实指导意义。其次，起草法律，要从大局出发，从人民的根本利益着眼，避免从部门的利益出发。要加强对起草法律的统一协调工作，统筹兼顾，协调好上下左右的关系，使起草的法律体现市场经济公平、公正、公开、效率的原则，有利于形成全国统一的开放的市场体系。还要注意法律与法律之间的衔接，不能互相冲突，特别是不能同宪法和基本法律相冲突。第三，要进一步完善立法体制，加快法律的起草工作。常委会要加强立法的计划性和主动性，组织各方面的力量参加法律的起草工作。有些法律草案由国务院主管部门负责起草；有些涉及改革和建设全局的法律草案，可以由常委会或有关专门委员会牵头组织拟定；有些法律草案可以组织大专院校、科研单位的专家、学者起草。第四，要大胆吸收和借鉴国外立法经验。人类社会的一切文明成果，包括西方发达国家的立法经验，都要结合我国实际加以改造、吸收，为我所用。市场经济已经有几百年的发展历史，尽管在不同的社会制度下会有一些不同特点，但它运行的基本规律，如价值规律、供求规律是相同的，竞争机制、资源配置原则也是相同的。当今的世界经济已经发展到这样的阶段，它使一个国家统一和开放的市场体系，必然具有国际化的趋向。因此，在制定市场经济方面的法律时，必须借鉴国外经验，注意与国际上的有关法律和国际惯例相衔接，这样才有利于我国经济参与国际竞争，有利于吸引外商投资。

除了加快制定经济方面的法律外，还要抓紧制定推进民主政治建设和保障公民权利方面的法律，惩治各种犯罪活动、维护社会治安和加强廉政建设方面的法律，促进科学、教育、文化的发展和国防建设等方面的法律。同时，还要根据现代化建设和改革开放进一步发展的需要，及时对过去制定的一些不适应现实情况的法律进行修改。要总结换届选举的经验，对选举法和地方组织法作必要的修改，进一步完善选举制度。制定法律后，需要抓紧制定实施细则与之配套。常委会还要充分运用解释宪法和法律的职权，对一些法律问题作出解释和说明。

二、健全监督机制

本届常委会在抓紧立法的同时，还必须健全监督机制，做好监督工作。人大监督是整个国家监督体制的重要组成部分。它是代表国家和人民进行的具有最高法律效力的监督。加强这种监督，有利于正确决策，减少失误；有利于国家机构的合理、高效运转；有利于防止和消除腐败现象。在加快改革开放、实现由传统的高度集中的计划经济体制向社会主义市场经济体制转换的过程中，更需要发挥国家权力机关的监督作用。

常委会要重点抓好法律监督，保证宪法和法律的有效实施。首先，要把监督宪法实施的责任承担起来。要进一步制定和完善监督宪法实施的具体制度和程序，健全监督宪法实施的机构。对某些同宪法和法律相抵触的行政法规、地方性法规以及行政规章等，要分别交有关的专门委员会进行审查，提出纠正意见，报常委会决定。常委会要继续把法律实施情况的检查监督放在同立法同等重要的位置，有计划有重点地开展执法检查，并把听取和审议执法检查情况的汇报列入常委会会议议程。这要作为一项重要制度坚持下去。对检查出来的问题，要督促有关部门抓紧解决，并将解决的情况向常委会作出汇报。为了加强对宪法和法律的宣传，促使对法律实施情况的检查监督取得更大成效，要充分发挥报刊、广播、电视等舆论手段的作用。对违宪违法的典型案件，可以组织调查，有的可以通过舆论工具公之于众。还要继续做好普法教育工作，进一步增强广大干部和群众依法办事的观念和能力，坚决同各种违法现象作斗争。

常委会的工作监督，主要是支持和督促政府认真执行国民经济和社会发展的十年规划和"八五"计划，落实党的十四大和八届全国人大一次会议确定的各项任务。要继续坚持每次常委会会议，围绕改革和建设的重大问题和人民群众关心的热点问题，听取和审议国务院、最高人民法院、最高人民检察院的工作汇报的制度；坚持每年第三季度听取国务院关于计划和预算执行情况的汇报的制度。邓小平同志指出，廉政建设要靠法制。常委会要督促国家审判机关、检察机关和行政监察部门严肃执法，不徇私情，不受任何干扰，认真查处大案要案，坚决惩治腐败，抓出成效，取信于民。常委会还要不断总结人大监督的经验，对监督的内容、形式和程序作出明确规定，使监督工作进一步规范化。

三、加强同代表和人民群众的联系

加强同代表和人民群众的联系，是国家权力机关保持旺盛生命力的源泉所在，是做好人大工作的基础。我们这个集体是受代表大会的委托，代表人民行使职权的，必须向代表大会负责，向人民负责，接受人大代表和广大群众的监督。人民的根本利益和共同意志，是我们各项工作的出发点和目的。常委会要进一步加强同代表和人民群众的联系，使制定的法律和作出的决议、决定，符合人民的愿望和要求，符合改革开放和社会主义现代化建设事业的实际。

全国人大代表近三千人，他们工作在各条战线、各个岗位，有丰富的实践经验，最了解群众的呼声和要求。常委会要继续坚持同省、自治区、直辖市人大常委会共同联系全国人大代表的做法，紧紧围绕常委会审议、决定的问题，做好联系工作。常委会会议召开前，应就会议的主要议题和内容，征求有关代表的意见，为会议审议做好准备。继续坚持每次常委会会议邀请部分代表列席的制度。常委会和专门委员会可以根据需要，召开各种类型的代表座谈会，直接听取代表的意见。要认真办理代表提出的议案和建议、批评、意见。常委会要努力为代表履行职务提供必要的条件。

常委会组成人员要坚持走群众路线，深入调查研究，充分反映人民群众的意见。视察是联系群众的重要方式。要进一步改进视察工作，有计划有重点地开展视察活动，针对现实生活中某些重大问题，提出视察报告。要重视人民群众的来信来访，进一步健全信访工作制度。要采取多种形式，密切同群众的联系，畅通民主渠道。

近十多年来，地方人大工作有很大进展，在坚持和完善人民代表大会制度方面作了可贵的探索，积累了一些经验。常委会要继续加强同地方人大的联系，学习、推广地方人大工作的一些好的经验，支持他们依法行使职权。要坚持每次常委会会议邀请省、自治区、直辖市人大常委会负责人列席的制度。还可根据需要，召开地方人大常委会负责人的座谈会，总结和交流人大工作的经验，共同把人大工作做好。

四、搞好自身建设

加强人大常委会自身建设，特别是组织制度建设，是做好人大工作的重要条件。我们这届常委会组成人员中，有三分之二的同志是新当选的，这些同志有长期在政府机关或其他部门工作的经验。人大工作有自己的特点和规律，这就要求我们适应情况的变化，在工作习惯和工作方法上有所改变。要努力学习理论，学习法律。熟悉宪法和选举法、组织法、代表法、议事规则等法律，是我们每个同志必须具备的基本业务素质。相信大家会很快地适应新的情况，发挥各自的才能和智慧，在工作中作出贡献。

我们这个集体要认真实行民主集中制原则。人大工作的特点是集体行使职权，集体作出决定。在审议各项议案时，要充分发扬民主，畅所欲言，各抒己见，各种不同意见都可以发表，经过充分的讨论和交流，集中大家的智慧，努力做到决策民主化、科学化。在决定问题时，大家拥有的权力是完全平等的，必须严格遵循少数服从多数的原则。要特别注意按照民主的形式、民主的程序、民主的规则办事。经过前几届的努力，常委会在议事规则和决定问题的程序等方面，已经有了许多规定。我们要在这一基础上进一步充实、完善和修订，不断提高常委会的议事效率。

本届常委会大多数委员参加了专门委员会的工作。专门委员会是全国人大的常设工作机构，在大会闭会期间受全国人大常委会领导，大量的经常性工作要靠专门委员会去做，任务是繁重的。希望大家集中精力做好常委会和专门委员会的工作，其他社会活动应当尽量服从人大工作的需要。常委会和专门委员会的办事机构要与人大的工作任务相适应。应本着精简、高效的原则，建立一个精干的工作人员队伍，实行严格考核和工作责任制，不断提高这支队伍的素质，提高办事效率，更好地为人大及其常委会开展工作服务。人大机关是一个统一的整体，各部门、各单位要相互支持，密切配合。根据宪法规定，委员长会议负责处理常委会的重要日常工作。要通盘考虑，统筹安排，加强对机关各部门的集中统一领导。常委会秘书处在委员长领导下工作，是常委会的日常办事机构。要经常了解情况，研究问题，提出解决问题的方案；协调好各专门委员会、办公厅、法工委的工作。

这次会后，要抓紧做好以下几件事：第一，制定本届常委会任期五年的工作要点，提交下次常委会会议讨论。第二，制定五年立法规划，以及今明两年具体实施的计划。第三，对人大各种会议的议事规则和工作制度，要在总结经验的基础上进行修改，进一步完善。第四，外事工作也是常委会工作的重要组成部分，要统一安排，提出具体方案。第五，还要制定常委会组成人员守则，以便更好地履行职责。

同志们！人民代表大会制度是我国的根本政治制度。它是我们党长期进行人民政权建设的经验总结，是人民当家作主的最好组织形式。新中国成立以来，特别是近十四年来的实践证明，人民代表大会制度体现了我们国家的性质，符合我国国情，既能保障全体人民统一行使国家权力，充分调动人民群众建设社会主义的积极性，又有利于国家政权机关互相配合、协调一致地工作。当然，这个制度还需要不断健全。我们要在前几届工作的基础上，进一步改进和加强人大工作，继续坚持和完善人民代表大会制度，推进社会主义民主政治建设。我们的目标是建设一个符合中国实际的民主的、法制健全的社会主义社会，我们要同心协力地为之奋斗。

努力建立社会主义市场
经济法律体系 *

（一九九三年七月二日）

　　经过大家共同努力，这次常委会会议完成了预定的各项议程。会议通过了四个法律，听取了三个法律草案的说明或汇报。这些都是促进社会主义市场经济发展的重要法律。在审议中，大家都赞成由常委会及早通过农业法。因为这个法律关系到农村经济发展和亿万农民的切身利益。它的制定和实施，对于保障农业在国民经济中的基础地位，发展农村社会主义市场经济，有重要意义，一定会得到广大农民的拥护。会议通过的科技进步法，是促进科学技术发展、振兴国民经济的重要法律。审议中，对于要不要把科技投入比例写进法律展开了讨论。多数同志主张，可在国务院的科技发展规划中作出规定，不一定写进法律条文。在审议关于惩治生产、销售伪劣商品犯罪的决定草案时，对量刑问题也有争议。会议充满了民主气氛。有不同意见，相互争论，是好事。这是立法决策中不可缺少的。会议通过的关于在香港特别行政区筹委会成立之前，设立全国人大常委会香港特别行政区筹备委员会预备工作委员会的决定，有利于为一九九七

---

　　* 这是乔石同志在八届全国人大常委会第二次会议上的讲话。

年我国对香港恢复行使主权，实现平稳过渡，进行各项有关准备工作。这次会议还通过了八届全国人大常委会工作要点，使本届常委会的主要工作有了一个大体的规划，也便于人民群众监督我们的工作。实践中可以对这个要点作进一步调整和补充。会议还通过和批准了其他一些议案，这次会议取得不少成果。下面，我就社会主义市场经济立法问题，再谈一些意见。

一、抓紧时机努力做好社会主义市场经济的立法工作

当前，我国经济形势总的是好的。在去年邓小平同志视察南方重要谈话和党的十四大精神指引下，经济发展速度明显加快，改革开放不断出现新的进展，市场机制的作用进一步扩大，城乡市场活跃繁荣，各项社会事业不断发展，人民生活继续改善。在经济发展过程中，也出现了一些新的矛盾和问题。根本原因是，原有经济体制的弊端没有消除，新的经济体制尚未形成。盲目扩张投资、竞相攀比速度和缺乏有效约束机制等问题没有得到很好解决。新体制所要求的有效宏观调控体系尚未形成。解决这些问题只能靠深化改革，扩大开放，加快向社会主义市场经济体制转换。特别要加快金融体制、投资体制和财税体制的改革。要更多地采取经济手段、法律手段，也需要采取必要的行政手段，加强和改善宏观调控。既要抓住机遇，加快发展，也要注意稳妥，避免经济出现大的波动，使国民经济又快又好地发展。

加快改革开放，发展社会主义市场经济，迫切要求经济

立法工作有一个迅速发展。今后五年，是我国从旧经济体制向新经济体制转换的关键时期。建立和健全市场经济法律体系，是培育和发展社会主义市场经济不可分割的组成部分。社会主义市场经济的发展，必须有法律来引导、规范、保障和约束。因此，本届常委会一定要抓紧时机，尽快制定一批有关市场经济的法律。

我在前几次讲话中谈到，本届常委会任期内要大体形成社会主义市场经济法律体系的框架。这个任务是相当艰巨的。从计划经济到市场经济的平稳过渡，在世界上还没有成功的先例，要靠我们自己探索；如何建立市场经济的法律体系框架，同样没有现成的模式，也要靠我们自己探索。现在，理论界和实际工作者正在讨论这个问题。

总的说，社会主义市场经济法律体系的框架，包含的内容非常广泛，需要制定的法律很多。就目前情况看，急需出台的是以下几个方面的法律：一是规范市场主体的法律。必须用法律来保障和明确市场主体的权利和义务，确保它们能够自主经营、自负盈亏、自我发展、自我约束。常委会正在抓紧制定的公司法，就是规范市场主体的一个重要法律。这次会议听取了对公司法草案意见的汇报，有关部门要抓紧工作，争取公司法尽快出台。二是调整市场主体关系、维护公平竞争的法律。市场交换关系，必须遵循自愿、公平、等价有偿、诚实信用的原则。这就需要规范市场主体的竞争行为，维护市场秩序。这次会议审议的反不正当竞争法和经济合同法修正案两个草案，是这方面重要的法律草案，应当抓紧修订。还要抓紧制定证券法、票据法、仲裁法、担保抵押法、房地产法、消费者权益保护法等法律。三是改善和加强宏观调控、促进经济协调发展方面的法律。市场有其自身的弱点和消极方面，必须改善和加强国家对市场经济的宏观调控。有些市场经济高度发达的国家，也认为他们实行的是严格宏观调控下的市场经济。我们国家处在机制转换的过程中，既需要解放思想，放手培育市场，充分发挥竞争机制的作用，也丝毫不能忽视国家对市场的宏观调控。这就需要抓紧制定预算法、银行法、对外贸易法等法律。还要制定调整产业结构、促进科技进步等方面的法律。四是建立和健全社会保障制度方面的法律。对市场竞争造成的破产、失业等，需要有相应的社会救济，减少社会震动。因此，有关社会保障方面的法律，如劳动法、保险法等都必须重视。我们任何改革措施和法律的制定，都要很好考虑到维护社会稳定。以上几个方面的立法，都是建立和完善社会主义市场经济体制所必需的。常委会秘书处正在研究制定今后五年的立法规划。对立法项目要通盘考虑，合理部署，抓紧落实。

还需要指出的是，我们是从计划经济体制向市场经济体制转轨的。过去制定的法律有的已不适应社会主义市场经济发展的要求，有必要进行认真清理，该修改的修改，该废止的废止。这样才能保证社会主义市场经济法律体系的统一性和协调性。

二、认真解决市场经济立法中
遇到的几个问题

制定社会主义市场经济的法律，必须以建设有中国特色社会主义的理论和党的基本路线为指导，以宪法为依据，大

胆探索，勇于实践，以改革的精神对待和解决立法中遇到的问题和难点。

第一，立法要同改革开放进程相适应。立法要总结改革开放的经验，把实践证明是正确的东西用法律的形式肯定下来，使改革开放的成果得以巩固。但仅仅这样做还不够。还必须充分认识法律对社会经济发展的指导作用。应当通过法律来规范和指导改革开放的发展，依靠国家的力量排除改革开放中遇到的阻力，有力地推动社会主义市场经济体制的建立。我们要深刻领会邓小平同志讲的法律有比没有好、快搞比慢搞好的精神，一些应兴应革的事情，要尽可能先制定法律后行动。要适当打破一点常规。有的法律在起草过程中，有不同意见，可在有关会议上进行讨论，及时协调解决，以利于加快立法步伐，尽量避免立法工作滞后于改革需要的状况。

第二，局部利益要服从国家整体利益。起草法律一定要从全局出发，从维护国家和人民的根本利益出发，避免不适当地强调局部的利益和权力。部门之间互相扯皮，就会贻误法律出台，阻碍统一开放市场的形成。发展市场经济，必然要打破行政权力划分的传统格局。立法，要有利于促进政府转变职能，建立适应市场经济发展的新的管理体制。

第三，立足于中国国情，大胆吸收和借鉴国外经验。立法必须从我国国情出发，但这并不排除我们吸收国外的经验。凡是国外立法中比较好的又适合我们目前情况的东西，我们都应当大胆吸收；他们走过的弯路，也值得我们借鉴。有些适合我们的法律条文，可以直接移植，在实践中充实、完善。市场经济是开放型经济、国际性经济，我国有关市场经济的一些法律，需要同国外的有关法律和国际惯例相衔接。这样做，不仅会加快我国市场经济立法步伐，还有利于我国与国际经济的发展接轨，参与国际经济竞争。

第四，地方人大立法是全国人大及其常委会立法的重要补充。全国人大及其常委会要抓紧制定市场经济的法律，但在短时期内把有关法律都搞出来，是做不到的。地方人大及其常委会也要抓紧制定有关市场经济方面的地方性法规。特别是一些改革开放搞得比较早的地方，积累的经验比较多，应当先行一步，成为经济立法工作的试验区，为制定法律提供经验。另外，我国地域广阔，各地发展不平衡，法律不可能把各种情况都规定进去。地方可以从本地实际出发，制定实施细则。地方性法规不能同宪法、法律和行政法规相抵触，这是一条重要原则。但考虑到有的地方的改革需要先行试点，取得经验，如果起草地方性法规碰到与法律不协调的情况，可以主动提出来商议，通过法律程序合理解决。

第五，更好地发挥专家在立法工作中的作用。邓小平同志早就说过，要多找一些各方面的专家参加立法工作。这个意见很重要。今后，无论哪个部门起草法律，都要吸收有关方面的专家参加起草工作。全国人大专门委员会和常委会工作机构可以更多地牵头组织专家、学者起草法律，也可以委托专家、学者起草。研究法律草案时，要邀请有关方面的专家同实际工作者一起讨论。这样，既可以把各方面的意见集中起来，做到集思广益，加快立法步伐；又可以通过互相切磋，共同提高，有利于立法、司法和法制宣传教育等各方面干部队伍的建设。

第六，在加快立法步伐的同时，注重提高立法质量。制定法律，要作深入的法理研究和反复论证；拟定条文，要尽可能明确、具体，便于操作。还要注意法律之间的衔接和配套。制定了法律，有的要抓紧制定实施细则，有的需做好法律解释，同时加强法律实施情况的检查监督，使法律起到有效地保障和促进社会主义市场经济发展的作用。

制定有关社会主义市场经济方面的法律，对我们是个新的课题。我们过去所熟悉的东西有的不适用了，需要重新学习和认识的东西越来越多。我们只有进一步解放思想，在实践中不断学习，不断研究新情况、新问题，才能提出促进改革开放和现代化建设的措施和办法。我们常委会全体组成人员，必须始终把立法工作放在最重要的位置，作为第一位的任务，扎扎实实地把市场经济立法搞得更快一点，更好一点，不辜负人民的重托。

各位副委员长、各位委员，我们的会议就要结束了。我这次讲话只着重讲了经济立法问题。人大面临的任务还很多，既有立法的任务，又要建立和完善监督机制，还要开展议会外交等。全国人民对人大和人大常委会寄予厚望。我们要加强人大及其常委会各方面的工作，兢兢业业地把各项任务尽可能地完成好。

开发浦东，带动浦西，
建设新上海*

（一九九三年九月二十三日——二十八日）

　　上海在浦东开发的同时，要带动浦西的改造，把一系列改造带动起来，建设一个新的上海。这里的关键是抓住九十年代的有利时机，不能拖到下个世纪去。九十年代末，上海浦东要基本形成格局，使之在沿海地区像一颗明珠一样，辐射全国各地，至少辐射长江三角洲和长江流域。浦东的政策不是中央哪个个人定的，是党中央、国务院集体决定的，都有文件的。上海市委、市政府也是很坚决的。

　　现在，浦东初期工作做得比较好，开发建设速度也比较快。浦东开发起点就是要高一点，上海也有条件做到高起点。

　　上海已经有了很大的发展，但还不够，要有大市场经济的观念，把大上海建设起来。

　　昨天去宝钢前，我去看了一下证券交易所。按我的想法，这个地方还是比较正常健康的。但还只是刚刚开始，上海这么大，证券交易所应像样一点，现在恐怕还有相当距离，软件、硬件都要跟上。你们的潜力还相当大。上海继香

---

* 这是乔石同志在上海市考察工作期间讲话的一部分。

港之后也要成为国际金融中心之一。要成为国际金融的中心，现在还有很大差距。历史上，上海曾是金融中心，而且是国际金融中心。我知道，好多银行都在此有分行，南京路上都有办事处。后来没有了，那反正是历史。现在这些银行又慢慢进来。没有这些银行，对国家的整个建设不利。经济上，我们也需要世界银行、联合国开发计划署等国际组织给予支持。我问过依林[1]同志，他说世界银行给我国的贷款是非常划得来的，一是长期，一是低息，到还账时已经贬值很多了。同时我们也要引进各国资金，引进管理经验和科学技术。

　　总之，希望上海的同志本着解放思想、实事求是的精神，抓住机遇，勇于探索，加快发展，努力建设社会主义新上海。

　　　　　注　　释

　　〔1〕依林，即姚依林（一九一七——一九九四），安徽贵池人。中共十一届三中全会后曾任中共中央政治局常委、国务院副总理。

加强专门委员会建设，
提高人大工作水平和成效 *

（一九九三年十一月三日）

　　我们这次座谈会开了两个半天，这是换届以来召开的第二次专门委员会负责人座谈会，着重讨论了如何加强专门委员会工作的问题。大家畅所欲言，介绍了情况，反映了问题，提出了一些很好的意见和建议。这对我们今后加强专门委员会的建设，改进人大工作，很有帮助。会议开得是好的。

　　换届后的六个多月，各专门委员会根据八届全国人大一次会议精神和常委会的要求，积极主动地开展工作，保证了常委会会议各项议程比较顺利地进行，提高了工作效率和水平。在立法方面，对常委会交付的十七个法律草案进行了审议，提出了审议报告和意见。各专门委员会对今后几年的立法工作制定了初步规划，作了大体的安排，有的已经开始组织起草或牵头起草一些法律。对有关部门起草法律的工作，进行了协调和督促。有的专门委员会还对社会主义市场经济法律体系框架进行了研究，有了一个初步意见。在监督方面，重点开展了对法律实施情况的检查监督，先后派出二十

---

　　* 这是乔石同志在八届全国人大专门委员会负责人座谈会上的讲话。

多个执法检查组，对八个法律的实施情况进行检查，有的已经写出了报告，向常委会作了汇报。一些专门委员会听取了国务院有关部门和法院、检察院的工作汇报，督促他们改进工作。每次常委会会议听取和审议国务院及其部门、法院、检察院的汇报，这也是监督的一种形式，对他们改进工作有帮助。专门委员会还承担了常委会交付的一批地方性法规的审查任务。在外事方面，各专门委员会积极参加常委会的外事活动，加强了同外国议会的交往，有重点地做了外国议员和有关人士的工作，增强了联系，加深了了解，扩大了影响，取得了较好的效果。实践证明，光有政府之间的外交还不够，常委会和专门委员会采取各种方式，广泛地开展同外国议会的交往，很有必要。中国非常需要被世界了解，中国也非常需要了解世界。此外，专门委员会还在开展调查研究、加强同地方人大联系等方面，做了大量工作。在半年多时间里，大家做了这么多工作，确实付出了很大的努力，取得了显著成绩，应当充分肯定。当然，这一届的工作还刚刚开始，虽然有改进，有起色，但不要把成绩估计过高，我们的工作也还有不足之处，需要在实践中努力探索，不断改进。现在，我讲几点意见。

一、专门委员会工作十分重要

专门委员会是全国人大的组成部分，是全国人民代表大会的常设工作机构。在代表大会闭会期间，各专门委员会受常委会的领导。宪法规定，各专门委员会的主要任务是在全国人大及其常委会领导下，研究、审议和拟订有关议案。全国人大组织法规定了专门委员会的五项工作，就是审议议案、提出议案、审查规范性文件、审议质询案和进行调查研究并提出建议。这表明，专门委员会的责任是重大的，工作任务是繁重的。

专门委员会工作有两个基本特点：一是经常性，二是专门性。人大及其常委会大量的经常性工作要由专门委员会来承担。全国人民代表大会一般情况下每年只举行一次会议，常委会会议一般每两个月举行一次。闭会期间，专门委员会按照代表大会和常委会的统一安排，分别研究、审议和拟订议案，听取有关主管部门的工作汇报，组织专题调查、视察，开展外事活动等，履行宪法和法律规定的职权。同时，专门委员会是按照专业分工原则组建的，其组成人员大都具有比较丰富的领导经验和某方面的实际工作经验，还有一批专家、学者，可以说人才济济。这有利于分门别类地研究和审议问题。特别是立法涉及面广，有些法律的专业性较强，专门委员会对有关问题比较熟悉，经过同志们集思广益，可以使法律的规定更周到些，更切实可行。由此可见，专门委员会的工作对于全国人大及其常委会行使宪法赋予的立法、监督等各项职权，对于提高我们的工作水平和工作成效，是很重要的。

二、扎扎实实做好各项工作

八届全国人大一次会议明确了本届人大及其常委会的基本工作任务和目标，概括地说，就是要坚持以邓小平同志建设有中国特色社会主义理论和党的基本路线为指导，把加强社会主义民主和法制建设作为根本任务，推进社会主义市场经济体制的建立和逐步完善。本届常委会第二次会议通过了常委会工作要点，使这一任务更加具体化了。从现在起到明年三月人代会前，我们要着重抓好以下几件事：一是加快立法，特别是加快经济立法，按照今明两年立法计划的要求，常委会还需要审议通过一批法律，同时要提出社会主义市场经济法律体系框架的设想，研究制定五年的立法规划。二是搞好执法检查和工作监督，督促有关部门依法办事、改进工作。我非常赞成加强监督工作。经验证明，一个部门，一个单位，任何一个人，失去监督都不行，不利于改进工作。问题是如何使监督工作更有效些。有的同志提出，监督法早点搞出来，我赞成。但要等时机成熟，要根据中国的实际情况搞监督。三是积极开展同外国议会和国际组织的交往，进一步扩大影响。四是加强机关建设，研究制定全国人大机关机构改革方案。五是为明年三月召开的八届全国人大二次会议做好各项准备工作。从现在到明年三月还有四个月的时间，时间紧，任务重，各专门委员会要围绕上述工作任务，做好安排，扎扎实实地工作。为了完成这些繁重任务，人大工作也必须进行改革。凡是实践证明是好的做法和规定，就要坚持并不断加以完善；对已经不适应实际需要的做法和规定，要坚决进行改革，不要让它妨碍工作的开展。

立法工作是全国人大及其常委会的首要任务，也是专门委员会的首要任务。按照立法规划，有的法律要由专门委员会组织或牵头起草，这是改进立法工作、加快立法进度、更充分地发挥专门委员会在立法工作中作用的一项重要措施。要制订具体工作计划，组织好工作班子，保证起草任务如期完成。对有关部门负责起草的，要注意了解起草进度和问题，加强督促。特别是涉及社会主义市场经济法律体系框架的重要法律，要加快起草，总要有个轻重缓急。对常委会交付审议的法律草案，要认真做好审议工作，广泛听取各方面的意见，充分发挥专家、学者的作用，提高立法质量。还要总结经验，改进和完善立法程序，对起草和审议法律草案的具体程序作出规定。制定有关市场经济方面的法律，大体形成社会主义市场经济法律体系框架，是一项非常艰巨的任务，需要各专门委员会积极地、富有成效地开展工作。希望大家以改革的精神，踏实的工作作风，加强调查研究，努力探索和解决立法工作中遇到的难点和问题，保证常委会立法任务的完成。

协助常委会行使好监督职权，是专门委员会工作的又一项重要内容。开展监督工作，要注重实效，能做一件事，就要抓紧做好这件事，努力抓出成效。常委会通过的《关于加强对法律实施情况检查监督的若干规定》，明确规定了开展执法检查的重点、方式和程序。要按照《规定》的要求，督促有关主管部门行动起来，切实改进执法工作。要贯彻党中央关于开展反腐败斗争的精神，加强廉政监督，促进反腐倡廉。这个斗争是长期的，必须常抓不懈，不能放松。

积极开展同外国议会的交往，是常委会工作的一个重要方面。各专门委员会的外事活动，要在常委会的统一领导下，做好协调工作，加强计划性，提高实效，进一步增进与更多国家的联系和了解，为我国的改革开放和社会主义现代化建设创造良好的国际环境。

三、搞好思想建设和组织制度建设

加强专门委员会的思想建设，最重要的是用邓小平同志建设有中国特色社会主义理论武装头脑，指导工作。《邓小平文选》第三卷最近正式出版发行了。我们要认真学习邓小平同志著作，坚持改革开放，认真履行宪法赋予专门委员会的职责，做好各项工作。今后总的方向是，按照邓小平同志建设有中国特色社会主义理论，把改革开放的事业搞得更快更好，走出一条深化改革、具有中国特色社会主义的道路。只有这条路才行，没有别的路可走。人大当然也是走这条路。

搞好组织建设是专门委员会充分发挥作用的重要条件。专门委员会承担着代表大会及其常委会大量的经常性工作，这首先要求我们各专门委员会的组成人员要把主要精力放到人大工作上来。专门委员会研究、审议和拟订议案，主要采取会议的形式，集体讨论，集体决定。希望专门委员会的成员把承担的其他工作和社会活动安排好，服从专门委员会工作，保证参加专门委员会会议。现在，有的专门委员会反映，开会常常不到半数，许多该讨论的问题讨论不起来，该决定的问题决定不了，影响工作的开展。这种状况必须改变。大家一定要处理好人大工作与其他工作和社会活动的关系，要把人大工作摆在优先的位置上。不是不允许做其他工作，而是要安排好。如果有的专门委员会成员经过安排确实没有时间参加专门委员会工作，在不得已的情况下可以考虑作点调整。当然，有的同志刚到人大来，可能还有些不适应，还要有一个过程。人大工作有它自身的特点和规律，要在工作习惯和工作方式上来一个转变，尽快到职到位，兢兢业业，做好工作。

要继续加强专门委员会的工作制度建设。目前，专门委员会都根据本委员会的实际情况，制定了工作规则或议事规则等项制度，对本委员会组成人员的职责、会议制度、工作程序等作了规定。应当进一步总结经验，继续完善，使工作更加规范。

专门委员会行使职权，离不开办事机构的有效工作。这些年来，专门委员会的办事机构有一定的加强，但还不能完全适应工作的需要。现在，我们正在研究制定机关机构改革的方案。在机构设置和人员编制上，要坚持实事求是，该加强的加强，该精简的精简，该理顺的理顺，注意提高干部素质。干部队伍，重在培养提高。我们各级领导要关心干部、爱护干部，要为他们的成长和发展创造良好条件。要加强干部队伍的思想作风建设，实行严格考核和工作责任制。对干部除了正面教育外，有缺点该批评还要批评，不批评不是好现象，特别是党内。要做好机关干部的培训工作，不断提高干部队伍的政治和业务水平。要通过多方面的努力，培养一支用邓小平同志建设有中国特色社会主义理论武装的，熟悉宪法和法律的，密切联系群众、作风扎实的，廉洁奉公、富有献身精神的人大干部队伍。

四、加强协调和组织工作

全国人大机关是一个统一的整体。各专门委员会、办公厅、法工委要在常委会领导下，分工负责，协调一致地工作。委员长会议负责处理常委会的重要日常工作，要加强对各部门工作的指导。秘书处是负责处理常委会日常事务工作的办事机构，要掌握各专门委员会、办公厅和法工委的工作进展情况，加强统一协调；要听取各部门的工作汇报，研究问题，提出解决问题的意见和建议；要加强对常委会和委员长会议决定事项的督促检查。各部门也要经常主动地反映情况，提出建议。各部门之间要加强联系和沟通，密切配合，各司其职，齐心协力地工作。秘书长要加强这方面工作的组织和协调。要通过这次机构改革，进一步理顺各部门之间的关系，调动各方面的积极性。还要改进和加强机关的后勤工作。实事求是地讲，办公厅是出了力的。后勤管理部门要尽可能地为各部门提供必要的工作条件，为改善机关职工的生活条件多想办法，多做工作。

当前，我们国家正在集中力量，进行社会主义现代化建设。我们要建设一个现代化的、民主和法制健全的国家，人大必须认真行使宪法和法律赋予的职权，为加强社会主义民主和法制建设，为实现党的十四大和八届全国人大一次会议确定的宏伟目标努力工作。

抓住机遇，加快发展，解决前进中遇到的问题*

（一九九三年十一月二十一日——二十七日）

现在的国际形势对我们加快经济发展很有利。最近几年我国周边环境有了相当大的改善。我国与东南亚国家经济合作交流日益扩大。今年七八月份我去东盟五国访问，各国都非常热情，都有与我国发展经贸合作关系的愿望。我们与独联体和东欧各国，在国家关系上处理得很好。西方对我"制裁"虽至今没有宣布解除，但多在采取实际行动改善关系，包括美国。国内形势对发展经济也十分有利。改革开放十五年来，邓小平同志建设有中国特色社会主义的理论越来越深入人心。今年以来，党中央先后作出了加强农业和农村工作、加强宏观调控、反对腐败和加紧建立社会主义市场经济体制的重大决策和具体部署，特别是在全党和全国开展努力学习《邓小平文选》第三卷的活动，意义重大而深远。可以说我们处在近代史上一百五十多年来最好最难得的时期，一定要珍惜这一历史性机遇，抓紧时间，集中精力把经济建设搞上去。

当然，抓住机遇，加快发展，也要保持清醒的头脑，正

---

* 这是乔石同志在福建省考察工作期间讲话的一部分。

视前进中存在的问题，并采取措施加以解决。去年下半年党中央提出防止经济过热，今年六月份作出加强宏观调控的决策，就是针对经济发展中存在的问题和困难的。如果不及时采取宏观调控措施，就有可能出现一九八八年下半年那样的情况，而且会比那时要严重得多，那就是邓小平同志说的大起大落，就要造成大的损失。经过这几个月的努力，现在可以说，我国宏观调控已取得积极成效，基本上防止了大起大落，目前经济发展还是保持比较好的势头。对此，国际上反映也是好的。

　　加快发展，解决前进中存在的问题，根本出路在于深化改革，加大改革力度。建立公务员制度和工资改革方案，今年出台。税收体制、财政体制改革，是明年改革的重点，涉及到方方面面利益的调整，难度很大，但要下决心改下去。当然，在改革中要注意稳妥，对地方近期的特殊情况还要适当照顾。物价改革的步伐要加快，价格"双轨制"不可能长期存在。汇率也要抓紧理顺。改革要大胆地试，试验不成功可以及时改正。总之，我们对改革方案的设计要考虑得周到些，但该下的决心就要下，不能犹豫徘徊，既要积极又要稳妥，一步一个脚印地走，争取近两三年内取得较大的突破。体制上大的问题解决了，小的问题回过头来再作调整，这就可以为加快发展创造相对宽松的环境。

　　加快发展要注意分类指导，处理好先富与后富的关系。沿海与内地相比对外开放的有利条件多些，改革开放以来发展比内地快，但也不能等到沿海非常富裕了，才来考虑内地的问题。我们是社会主义国家，在经济发展中要注意防止贫富悬殊的问题，走共同富裕的道路。沿海地区在加快发展的同时，要注意帮助内地。今年三月全国人大会议期间，我到青海代表团参加讨论时谈到，内地经济困难比较多，一定要加强对贫困地区的开发，中央的扶贫政策是否应向中西部倾斜，沿海地区的扶贫问题可以考虑由有关省市自行解决。这点现在已经解决。

现在，沿海地区乡镇企业发展很快，小城镇建设要相应跟上。在发展乡镇企业的同时，积极引导搞好小城镇建设，这有利于充分利用农村剩余劳动力，合理有效地利用公共设施，减轻大城市的压力，为将来逐步缩小城乡差别创造条件。要控制大城市发展规模，中等城市要适当发展，但也不宜搞大和搞得过多，小城镇要大力发展，逐步使小城镇成为农村政治、经济、文化、服务等各方面发展的中心，努力建设有中国特色的社会主义新农村。

在经济发展中，还要注意两个问题：一是劳动力价格问题。要增加对外商投资的吸引力，就必须发挥劳动力相对低廉的优势。现在沿海个别地方劳动工资有上升过快的现象。工资搞得太高，会削弱我们发展外向型经济的竞争能力。二是社会保障问题。社会保障不能简单地照搬西方模式。我国经济不发达，除了继续发展社会保障，还要发挥我们家庭的传统优势，通过家庭保障，减轻社会的压力。要大力提倡、发展城市职工商品房和农村个人自建住宅。这方面除严格执行规划外不要人为地过多限制。这样，可缓解城乡住房紧张问题，提高人民生活质量。

在实际工作中把坚持四项基本原则同经济建设、改革开放完全一致起来*

（一九九三年十一月二十一日——二十七日）

十五年来我们国民经济和社会发展之所以取得巨大成功，靠的就是以邓小平同志建设有中国特色社会主义理论为指导，坚决遵循"一个中心、两个基本点"的党的基本路线。我们要善于把坚持四项基本原则同经济建设、改革开放在实际工作中完全一致起来。要搞好改革开放和现代化建设，必须坚持四项基本原则。也只有深化改革，加速建设，才能真正坚持四项基本原则，这是完全一致的。只有这样全面正确地理解，才能解决实际工作中往往遇到的"两张皮"的问题。在新的历史时期，对坚持四项基本原则，不能孤立地、静止地理解。

坚持共产党的领导，经过实践证明是唯一正确的选择。不要共产党的领导，行吗？谁能带领十多亿人民从政治解放到经济解放并建成有中国特色的社会主义？在目前新的形势下，要坚持党的领导。如果不改善党的领导，行吗？也是不

---

* 这是乔石同志在福建省考察工作期间讲话的一部分。

行的。只有不断改善党的领导，才能坚持和加强党的领导。当然，"改善"是一个很复杂的问题，需要我们探索。这些年来我们探索如何改善党的领导，提高执政水平，有不少好的经验和做法。加强党的领导，不断巩固执政党的地位，必须加强党的建设，密切党同人民群众的联系。对党政机关出现的腐败现象，必须坚决反对；对腐败分子，必须按照党纪国法严肃惩处，不能因为过去做过工作，有过成绩，就宽容他。在每一个历史转折点，每个关键时期，总有些人蜕化变质，落伍了，这不足为奇。但执政党不能降低对自己的要求，一定要保持自身的纯洁性。

坚持马列主义、毛泽东思想，归根到底就是要坚持马克思主义的基本原理。恩格斯说过，我们发现的是一种方法，而不是穷尽了真理。马克思主义从来就是发展的，创造性的，从来就要求理论联系实际，要求结合实际来运用和发展理论。早在马克思和恩格斯发表《共产党宣言》的时候就强调了这个思想。后来马克思和恩格斯在一八七二年这个《宣言》的德文版序言中再次强调说：《宣言》中所阐述的一般基本原理是完全正确的，而"这些原理的实际运用，正如《宣言》中所说的，随时随地都要以当时的历史条件为转移"[1]，因不同的国家而不同。马克思、恩格斯在这个序言中还十分清楚地谈到了"过时"的问题。当时，《共产党宣言》才发表二十四年时间。而他们在这个德文版序言中已经明确地说，由于有了一些革命实践的经验，《共产党宣言》中所提出的提纲，"现在有些地方已经过时了"；有些原则，就其实际运用来说，也因"政治形势已经完全改变"而"过时"了。由此可见，马克思主义的奠基人向来就是主张创造性地、实事求是地、因时因地制宜地来运用马克思主义的。我们中国共产党人最重要的基本经验、最突出的优良传统，就是实事求是，就是马克思主义基本原理与中国革命和建设的具体实践相结合。我们党第一代领导人毛泽东同志一生坚持的基本原则就是这一条。现在，邓小平同志正是在我国社会主义现代化建设的关键时期实现这种结合的典范。我们学习《邓小平文选》第三卷，就要立足于当前我国的实际，创造性地来运用马克思主义，更新观念，摆脱束缚，换换脑筋，实现思想上的再一次大解放，从而大大解放生产力，推进有中国特色社会主义事业的新发展。

坚持人民民主专政，包括在广泛民主的基础上集中正确的东西，再坚持下去。搞好民主与法制建设，就是体现了人民民主专政。毛泽东同志在延安整风运动时期，坚持走群众路线。老百姓反映赋税较重，李鼎铭[2]先生提出"精兵简政"，毛泽东同志集中了这些意见，提出发展生产、改进工作，深受老百姓的拥护。毛泽东同志为我们树立了榜样。在发展社会主义市场经济条件下，如何加强民主与法制建设，更好地坚持人民民主专政，有许多方面需要进一步探索和完善。

坚持走社会主义道路，就是要建设有中国特色的社会主义。在中国，除了走有中国特色的社会主义道路，还有什么道路可走呢？没有。十五年的实践证明，这是唯一正确的道路，是唯一能带领中国人民实现现代化的道路。建设有中国特色的社会主义，不仅是中国人自己的事，而且是全世界关心的事。中国如果搞不好，社会主义的希望还从何谈起呢？中国对世界影响很大，中国革命是世界革命的一部分。因此，我们一定要把有中国特色的社会主义搞好。建设有中国特色的社会主义，没有现成的模式，唯一办法是在中国这块土地上依靠党、依靠人民的实践来完成。

注　　释

〔1〕见马克思、恩格斯《〈共产党宣言〉1872 年德文版序言》（《马克思恩格斯选集》第 1 卷，人民出版社 2012 年版，第 376 页）。

〔2〕李鼎铭（一八八一——一九四七），陕西米脂人。开明绅士。他在一九四一年十一月陕甘宁边区第二届参议会上提出"精兵简政"的提案，并在这次会议上当选为陕甘宁边区政府副主席。

为《中国法学》杂志题词

（一九九四年三月）

　　加强法学研究，为建立社会主义市场经济法律体系服务。

在首都各界纪念人民代表大会
成立四十周年大会上的讲话

（一九九四年九月十五日）

同志们，朋友们：

今天，我们在这里隆重集会，纪念人民代表大会成立四十周年。举行这一纪念活动，是为了在邓小平同志建设有中国特色社会主义理论和党的基本路线指引下，遵循宪法的规定，进一步坚持和完善人民代表大会制度，更好地发挥国家权力机关的作用，以推进社会主义民主和法制建设，保障和促进改革开放和现代化建设的顺利进行。

一、人民代表大会制度是适合
我国国情的根本政治制度

一九四九年中华人民共和国的诞生，开辟了我国历史上从未有过的人民当家作主的新纪元。代行全国人民代表大会职权的中国人民政治协商会议第一届全体会议通过的《中国人民政治协商会议共同纲领》，确定了我国的政权制度是人民代表大会制度。新中国成立初期，我们在恢复国民经济的同时，进行了一系列的政治和社会改革，提高了人民的组织程度和觉悟程度，为实行人民代表大会制度准备了条件。随着国家进入大规模经济建设的新时期，为了进一步巩固人民民主，充分发挥人民群众参加国家建设的积极性，召开各级人民代表大会就提到了重要日程。一九五三年下半年到一九五四年上半年，在全国范围进行了第一次空前规模的普选。在普选的基础上，由下而上逐级召开了地方各级人民代表大会会议。一九五四年九月十五日，第一届全国人民代表大会第一次会议庄严开幕。这次会议制定的我国第一部社会主义类型的宪法，对人民代表大会制度作出了比较系统的规定，确立全国人民代表大会为最高国家权力机关，它的常设机关是全国人大常委会，国务院是最高国家权力机关的执行机关，是最高国家行政机关。按照宪法规定，由全国人民代表大会产生了中华人民共和国主席和全国人大常委会、国务院、最高人民法院、最高人民检察院等国家机关。至此，我国以人民代表大会为基础的政权制度全面确立，国家权力开始由人民选举产生的人民代表大会统一行使。这是加强我国人民政权建设的重大步骤，是社会主义民主和法制建设的一个重要里程碑。

　　一个国家实行什么样的政治制度，是由这个国家的国情决定的，是一定社会历史发展的产物，有着深刻的政治、经济和文化根源。旧中国是一个半殖民地半封建的社会。一百多年来，各个阶级、各种社会势力围绕建立什么样的国家政治制度进行了激烈斗争。历史充分表明，在中国，无论是资产阶级君主立宪制，还是资产阶级共和制，始终是一种幻想，都行不通。代表帝国主义、封建主义、官僚资本主义利益的伪宪制，更为人民深恶痛绝。肩负历史重任的中国共产

党，带领各族人民，团结一切爱国民主力量，经过艰苦卓绝
的斗争，取得了新民主主义革命的胜利；与此同时，为建立
新型的人民政权进行了不懈的探索和实践。土地革命战争时
期的工农兵苏维埃，抗日战争时期的参议会，解放战争时期
的人民代表会议，都是党领导人民创造的新的政权组织形
式，它为新中国成立后实行人民代表大会制度积累了丰富的
经验。以毛泽东同志为代表的中国共产党人，把马克思主义
国家学说同中国实际相结合，正确分析了中国社会和中国革
命的性质，指出在中国这样的半殖民地半封建社会，取得新
民主主义革命胜利后建立的政权，只能是工人阶级领导的、
以工农联盟为基础的人民民主专政。这一政权性质，决定了
政权组织形式既根本不同于资本主义国家的议会制，也不同
于俄国十月革命后建立的苏维埃制度，只能是民主集中制的
人民代表大会制度。实践充分证明，人民代表大会制度是植
根于中国大地的、具有中国特点的政权组织形式。新中国成
立之后实行这一制度，是历史的选择，人民的意愿。

　　我国人民代表大会制度的本质是人民当家作主。宪法规
定，中华人民共和国的一切权力属于人民。人民行使国家权
力的机关是全国人民代表大会和地方各级人民代表大会。各
级人民代表大会都由民主选举产生，对人民负责，受人民监
督；国家行政机关、审判机关、检察机关都由人民代表大会
产生，对它负责，受它监督；中央和地方的国家机构职权的
划分，遵循在中央的统一领导下，充分发挥地方主动性、积
极性的原则。按照宪法规定，人民代表大会统一行使国家权
力，在这个前提下，明确划分国家的行政权、审判权、检察
权和武装力量的领导权，使国家权力机关和行政、审判、检

察等机关各司其职，协调一致地工作。国家权力机关集中和代表人民的意志和利益，制定法律和决定国家的重大问题；由国家行政、审判、检察等机关负责贯彻执行，并接受国家权力机关的监督。

这样，就能够保证国家权力掌握在人民手中，便利人民参加对国家的管理，充分发挥广大人民群众建设社会主义的积极性和创造性，有利于国家机构合理、高效运转。正如邓小平同志指出的："我们实行的就是全国人民代表大会一院制，这最符合中国实际。如果政策正确，方向正确，这种体制益处很大，很有助于国家的兴旺发达，避免很多牵扯。"[1] 所以，人民代表大会制度是最适合我国国情的根本政治制度，中国人民就是要用这样的政治制度来保证国家沿着社会主义道路前进。

二、新时期人民代表大会制度建设的重大发展

人民代表大会走过了四十年的历程，尽管它在"文化大革命"时期遭受过严重破坏，但仍显示了强大的生命力。党的十一届三中全会总结了新中国成立以来的历史经验，特别是"文化大革命"的沉痛教训，明确提出把党和国家的工作着重点转移到经济建设上来，我国从此进入了改革开放和现代化建设的新的历史时期，形成和保持了安定团结的政治局面，社会主义民主得到了恢复和发展，各族人民和各民主党派积极参与国家政治生活，人民代表大会制度建设和人大工作也进入了一个新的发展阶段。在新的历史时期，党和国家

非常重视发展社会主义民主，健全社会主义法制，坚持和完善人民代表大会制度。邓小平同志指出："没有民主就没有社会主义，就没有社会主义的现代化。"[2] "为了保障人民民主，必须加强法制。必须使民主制度化、法律化，使这种制度和法律不因领导人的改变而改变，不因领导人的看法和注意力的改变而改变。"[3] 这是新时期社会主义建设的一个极为重要的指导思想。邓小平同志还强调，在整个改革开放和现代化建设进程中，都要始终坚持一手抓建设，一手抓法制，两手都要硬的方针。这就把加强法制建设提到了战略性全局的高度。建设社会主义民主政治，使民主制度化、法律化的一个十分重要的方面，就是坚持和完善人民代表大会制度。党的十一届六中全会通过的《中国共产党中央委员会关于建国以来党的若干历史问题的决议》指出，"逐步建设高度民主的社会主义政治制度，是社会主义革命的根本任务之一。建国以来没有重视这一任务，成了'文化大革命'得以发生的一个重要条件，这是一个沉痛教训。必须根据民主集中制的原则加强各级国家机关的建设，使各级人民代表大会及其常设机构成为有权威的人民权力机关"[4]。新时期的人民代表大会制度建设，就是按照上述指导思想进行的。

一九八二年宪法以及在此前后制定和修改的选举法、组织法等法律，按照党的发展社会主义民主、健全社会主义法制的基本方针，从我国实际情况和需要出发，对健全人民代表大会制度作出了一系列新的重要规定。主要是：第一，改进和完善选举制度。选举权和被选举权是人民行使国家权力的重要标志。为了保障人民自由地行使选举权利，选举法规定，实行自下而上、自上而下、充分民主地提出代表候选人的办法，政党、人民团体和选民或代表联名都可以依法提出代表候选人；把等额选举改为差额选举；把直接选举人民代表大会代表的范围扩大到县一级。第二，扩大全国人大常委会的职权和加强它的组织。我国地广人多，全国人大代表的人数不宜太少，但人数多了又不便于进行经常性工作。全国人大常委会作为全国人大的常设机关，其组成人员少，便于经常开会，进行繁重的立法及其他工作。所以，适当扩大全国人大常委会的职权，是加强人民代表大会制度建设的有效措施。宪法规定，全国人大和它的常委会共同行使国家立法权，除基本法律由全国人大制定外，其他法律都可以由全国人大常委会制定。同时规定，人大常委会组成人员不得担任国家行政、审判和检察机关的职务。还规定增设一些专门委员会，在全国人大和它的常委会领导下，研究、审议和拟定有关议案。第三，为了加强地方政权建设，规定县级以上地方各级人大设立常委会。这是我国政权建设的一项重要改革，它有效地加强了地方国家权力机关的工作，特别是加强了对同级人民政府、法院、检察院的监督，有利于人民行使管理国家的权力。第四，按照发挥中央和地方两个积极性的原则，规定省、自治区、直辖市人大及其常委会，根据本行政区域的具体情况和实际需要，在不同宪法、法律、行政法规相抵触的前提下，可以制定地方性法规；省、自治区的人民政府所在地的市和经国务院批准的较大的市的人大及其常委会，可以制定地方性法规，报省级人大常委会批准后施行。这有利于各地因时因地制宜，发挥主动性、积极性，加快整个国家的建设。第五，改变农村人民公社政社合一的体制，设立乡政权。这有利于加强基层政权建设，扩大其民主基础，更好地发挥它的作用。以上这些规定，对加强各级国家权力机关的工作和建设，健全国家体制，坚持和完善人民代表大会制度，有重要的现实意义和深远的历史意义。

改革开放十六年来，各级人大及其常委会，在党的领导下，认真履行宪法和法律赋予的职责，积极探索，勇于实践，各项工作取得了很大进展。立法工作成就显著。全国人民代表大会一九八二年制定了现行宪法，随后，适应国家政治、经济和社会发展的要求，于一九八八年和一九九三年通过了两个宪法修正案；全国人大及其常委会制定了一百七十五个法律，通过了七十七个有关法律问题的决定；地方人大及其常委会制定了三千多个地方性法规；与此同时，国务院制定了七百多个行政法规。现在，我国有了一部好宪法，有了刑事、民事和国家机构等方面的基本法律，还制定了香港特别行政区基本法和澳门特别行政区基本法，制定了一大批经济、科技、教育、行政、国防、民族、环保等方面的法律、法规，在国家政治生活、经济生活、社会生活等方面发挥着重要作用。各级人大及其常委会代表和集中人民的利益和意志，审议和决定了全国的和地方的一些重大事项，包括国民经济和社会发展的"六五""七五""八五"三个五年计划，关于兴建长江三峡工程的决议等，促进了国家决策的民主化、科学化。各级人大及其常委会围绕改革开放和现代化建设中的重大问题和人民群众关心的热点问题，逐步加强了对宪法、法律实施的监督和对行政、审判、检察机关的工作监督，保障了宪法和法律、法规的贯彻实施，推动了党和国家的路线、方针、政策的贯彻执行。还按照德才兼备原则和干部队伍"四化"方针，依法选举或任命了国家机关组成人员。人大常委会指导了三次县级以上各级人大代表的间接选举，四次县乡人大代表的直接选举，保证了换届选举工作的顺利进行。全国人大及其常委会还积极开展了与外国议会的交往，增进了与外国议会和人民之间的了解和友谊，促进了国家关系的发展。总之，人大及其常委会在党的领导下努力工作，推动了社会主义民主和法制建设，为促进改革开放和现代化建设，维护社会稳定，作出了积极贡献，赢得了人民群众的信赖和拥护。

我国实行人民代表大会制度四十年特别是近十六年的实践充分证明：人民代表大会制度同国家和人民的命运息息相关。能不能坚持和完善人民代表大会制度，切实发挥它的作用，直接关系到国家的政治生活是否正常，决策是否正确，社会主义事业能否顺利发展，国家能否长治久安。因此，我们在任何时候，在任何情况下，都要毫不动摇地坚持和完善人民代表大会制度，发挥这一制度的优势和功效。人民代表大会制度的建立和健全，都是在党的领导下进行的。只有坚持和改善党的领导，才能充分发挥人民代表大会制度的作用，而人民代表大会制度的加强和完善，可以更好地实现党对国家事务的领导。因此，完善党和国家的领导制度，加强和改善党对人大工作的领导，是坚持和完善人民代表大会制度的关键。各级人大及其常委会要紧紧围绕经济建设这个中心，认真履行宪法和法律赋予的职责，始终不渝地把加强社会主义民主和法制建设作为最重要的任务，保证人民当家作主，促进改革开放和现代化建设事业的发展。这是社会主义发展的必然要求，也是人民群众的共同愿望。

三、进一步坚持和完善人民代表大会制度，更好地发挥国家权力机关的作用

以邓小平同志一九九二年初视察南方重要谈话和党的十四大为标志，我国改革开放和现代化建设事业进入了一个新的发展阶段。当前，国际国内形势为我们的改革和发展提供了不可多得的有利时机。我们要抓住机遇，深化改革，扩大开放，促进发展，保持稳定，力争在本世纪末初步建立起社会主义市场经济体制，实现国民经济和社会发展第二步战略目标。根据国家总的形势和任务的要求，必须继续加强社会主义民主和法制建设，进一步坚持和完善人民代表大会制度，更好地发挥国家权力机关的作用。

第一，积极推进政治体制改革，努力建设有中国特色的社会主义民主政治。

同经济体制改革和经济发展相适应，必须按照民主化和法制化紧密结合的要求，积极推进政治体制改革，努力建设有中国特色的社会主义民主政治。人民是我们国家和社会的主人，也是社会主义事业的主人。改革和建设是人民群众自己的事业，没有广大人民群众的自觉参加、热情支持和共同努力，就不可能取得成功。人民民主是社会主义的本质要求和内在属性。只有发展社会主义民主，调动广大人民群众的积极性，才能实现社会主义现代化。发展社会主义市场经济的过程，同样应当是建设社会主义民主政治的过程，要使两者相互配合，协调发展。这样才能更好地发展生产力，发挥社会主义的优越性。建设社会主义民主政治，必须从我国实

际出发，沿着社会主义方向和轨道有领导有秩序地进行。我们可以借鉴资本主义国家的某些有益的东西，但绝不能照搬西方的那一套政治模式。必须划清社会主义民主和资本主义民主的界限，划清社会主义民主同极端民主化、无政府主义的界限，树立正确的民主观。民主政治建设必须服从和服务于改革、发展和稳定的大局。

　　建设社会主义民主政治，最重要的是坚持和完善人民代表大会制度。我们的人民代表大会制度是个好制度，但由于我国处于社会主义初级阶段，受社会政治、经济、文化等条件的制约，在一些具体的民主制度、民主程序和工作方式上还存在着缺陷。要按照宪法规定，加强国家权力机关建设，使人大及其常委会成为有权威的国家权力机关，成为能够担负起宪法赋予的各项职责的工作机关，成为联系群众、反映民意、解决矛盾的为人民所充分信赖的代表机关。这是全党和全国人民的共同任务。我们广大干部，特别是各级领导干部，要增强民主和法制观念，提高对人民代表大会制度的认识，把思想统一到宪法上来，切实按照宪法办事，自觉地维护国家的这一根本政治制度。各级人大及其常委会要认真行使宪法规定的各项职权，保障宪法和法律的贯彻实施，保证党的十四大和八届全国人大提出的各项任务的完成，积极推进社会主义市场经济体制的建立和完善。人大及其常委会的一切工作，都要以国家和人民的根本利益为出发点，以有利于发展社会主义社会的生产力、有利于增强社会主义国家的综合国力、有利于提高人民的生活水平为检验标准，进一步解放思想，实事求是，切实发挥国家权力机关的作用。

　　第二，高度重视社会主义法制建设，努力做到有法可依、有法必依、执法必严、违法必究。

　　发展社会主义市场经济，对法制建设提出了新的更高的要求。社会主义市场经济体制的建立和完善，必须有完备的法制来引导、规范和保障。党的十四届三中全会通过的《中共中央关于建立社会主义市场经济体制若干问题的决定》，勾画了社会主义市场经济体制的蓝图，同时也明确了法制建设的目标。实现这个目标，首先要加快立法进程，抓紧制定有关市场经济方面的法律。八届全国人大常委会提出，要在本届任期内大体形成社会主义市场经济法律体系的框架。为此制定了五年立法规划，其中规范市场主体、维护市场秩序、加强宏观调控、完善社会保障等方面的立法项目，是立法工作的重点。同时，也安排了加强社会主义民主政治建设、健全国家机构组织制度、惩治犯罪活动、维护社会治安、促进教育科学文化事业发展、保护环境资源和加强国防建设等方面的一些立法项目。还要对过去制定的已不适应现实情况的一些法律规定，适时进行修改。我们面临的立法任务是繁重的，这需要全国人大及其常委会和各有关单位齐心协力，通力合作，以保证立法任务的顺利完成。享有制定地方性法规权力的人大及其常委会，应当根据本行政区域的实际情况和改革、建设的需要，抓紧制定地方性法规，作为社会主义市场经济法律体系的补充。我们要进一步解放思想，开阔视野，更新观念，以改革的精神对待和解决立法中遇到的问题和难点。要对社会主义市场经济法律体系进行深入研究，力求制定的法律符合社会主义市场经济的特点和规律，体现公平、公正、公开、效率的原则，以利于进一步解放和发展生产力。制定法律要从人民和国家的根本利益着眼，不能只从部门和地方利益出发，不适当地强化本部门、本地区的权力。立法要立足于我国国情，大胆吸收和借鉴世界各国有益的立法成果和经验，并注意与国际通行的规则和惯例的必要衔接。在立法过程中，要广泛听取各方面的意见，注意吸收专家和学者参加立法工作，实行实际工作者和专家学者相结合。现在，我国的立法步伐明显加快，公司法、反不正当竞争法、预算法、对外贸易法、城市房地产管理法、劳动法等一批有关市场经济方面的法律相继出台，市场经济法制化的局面正在开始形成。

法律制定后，必须坚决贯彻执行。严格执法，是加强法制建设的关键一环。必须大力加强和改善行政执法和司法工作，加强执法队伍建设，提高人员素质和执法水平。各级人大常委会要把对法律实施的监督放在重要位置，有计划、有重点地开展执法检查，努力提高执法检查的效果，坚决纠正人民群众反映强烈的那些有法不依、执法不严、违法不究的现象，保障和推动社会主义现代化建设事业沿着法制轨道健康发展。法制建设的根本是教育人。要把法律知识的宣传和法制教育作为一项经常性的重要工作。要充分发挥电视、广播、报刊等新闻媒介的作用，形成持久、有力的法律宣传声势，并对违法现象和违法行为进行批评教育。要继续深入开展法制教育，大力普及宪法、法律特别是有关社会主义市场经济方面的法律知识，使广大群众知法守法，学会运用法律武器同违反法律的行为进行斗争，维护自己的合法权益。要按照依法治国的要求，做到依法管理、依法办一切事业。各级国家工作人员，特别是领导干部，要带头学习、掌握法律基本知识，增强法制观念，提高依法决策、依法行政、依法办事的自觉性。要在全社会树立宪法和法律的权威，任何组织或者个人都不允许有超越宪法和法律的特权，一切违反宪法和法律的行为必须予以追究。

第三，健全监督机制，促进各项改革措施的落实。

在我国政治、经济和社会生活中，有各种形式的监督。有党组织的纪律检查监督，有国家权力机关的监督，有政府的行政监督，有检察机关的法律监督，有政协和民主党派、人民团体的民主监督，还有新闻舆论监督，等等。为了保障改革开放和现代化建设的顺利进行，保障人民的民主权利不受侵犯，各种监督都需要进一步加强，形成强有力的监督体系。人大及其常委会的监督，是国家监督中最具权威的有法律效力的监督。它是人民行使管理国家权力的重要体现，有利于健全决策体系，减少失误，有利于防止和消除腐败，有利于国家机构的高效、合理运转。在改革开放的新形势下，更需要发挥国家权力机关的监督作用。

各级人大及其常委会要在党的领导下，加强对政府、法院、检察院的工作监督。这种监督，有利于这些机关严格地按宪法和法律办事，同时也是对它们工作的一种不可缺少的帮助和支持。要继续坚持听取和审议行政、审判、检察机关工作报告的制度，监督各项改革措施的落实，督促他们把各项工作做得更好。要逐步改进和加强对国家计划和预算的监督，认真做好审查和批准国民经济和社会发展计划、财政预算的工作，并严格监督其执行。加强廉政建设、惩治腐败，是关系改革事业成败、关系国家命运的大事。要运用法律的力量，坚决禁止和严格防范以权谋私、搞权钱交易。要加强对人大及其常委会选举和任命的工作人员的廉政监督。如发现有贪污、受贿等腐败行为，该罢免的罢免，该撤职的撤职，触犯刑律的由司法机关依法追究刑事责任。要支持、督促法院、检察院严格执法，抓紧查处大案要案，坚决惩处腐败分子。

第四，进一步密切各级人大同人民群众的联系，加强国家权力机关的组织制度建设。

人民的根本利益和共同意志，是一切国家机关工作的出发点。人大及其常委会应当进一步密切同人民群众的联系，更好地代表人民，并接受人民的监督。只有充分反映人民群众的意见和要求，集中人民群众的智慧，才能真正代表人民的意志和利益，依法行使好各项职权，使制定的法律和作出的决定符合实际、切实可行，使选举、任命的国家工作人员符合人民的心愿。各级人大代表、人大常委会组成人员，要同原选举单位和人民群众保持密切联系，全心全意为人民服务；要深入实际，调查研究，体察民情，随时注意了解经济建设和改革开放中出现的新情况、新问题，积极主动地提出改进工作的意见和建议；对涉及人民群众切身利益的改革措施，要多做宣传解释工作，善于引导广大群众理解和支持改革。全国各级人大代表有三百六十万人，这是一支很重要的力量。要充分发挥他们联系人民群众的桥梁和纽带作用。各级人大常委会和政府要加强同代表的联系，经常倾听代表的意见和批评，不断改进自己的工作。同时，要为代表履行代表职责提供方便和条件。

适应新时期繁重工作任务的需要，各级人大及其常委会要加强组织建设和制度建设。要进一步提高人大常委会组成人员的专职化和年轻化程度。要不断加强人大专门委员会的建设。人大及其常委会工作的特点是集体行使职权，集体决定问题。必须坚持民主集中制原则，充分发扬民主，严格按照法律程序办事。在审议决定问题时，要做到畅所欲言，各抒己见，反映真实情况；经过充分讨论，集思广益，在民主的基础上集中正确的意见，进一步提高议事效率和水平。人大机构要根据工作需要，按照精简、统一、效能的原则设立。人大工作必须加强，不能削弱。

第五，加强和改善党的领导，是坚持和完善人民代表大会制度的根本保证。

我们党领导中国人民经过长期浴血奋斗，争得了人民民主，创建了人民代表大会制度；党又领导人民，发展社会主义民主，健全社会主义法制，坚持和完善人民代表大会制度。没有共产党的领导，就不可能改变中国人民几千年来受奴役、受压迫的地位，不可能建立人民民主专政的政权，使人民成为国家的主人。没有共产党的领导，就不可能取得社会主义建设事业几十年的巨大成就，也就不可能实现社会主义现代化。中国共产党的领导地位和作用是在长期革命斗争中形成的，是我国宪法确认的，是由党的先进性以及它与人民群众的密切联系所决定的，任何其他政治力量都无法代替它。正如邓小平同志说的："在中国这样的大国，要把几亿人口的思想和力量统一起来建设社会主义，没有一个由具有高度觉悟性、纪律性和自我牺牲精神的党员组成的能够真正代表和团结人民群众的党，没有这样一个党的统一领导，是不可能设想的，那就只会四分五裂，一事无成。这是全国各族人民在长期的奋斗实践中深刻认识到的真理。"[5] 因此，坚持和完善人民代表大会制度，必须依靠党的领导。

我们党是执政的党，党的执政地位是通过党对国家政权机关的领导来实现的。各级政权机关，包括人大、政府、法院和检察院都必须接受党的领导，坚决贯彻党的路线、方针、政策。当然，党同国家政权机关的性质不同，职能不同，组织方式和工作方式也不同。党的领导主要是政治、思想和组织的领导。党对国家事务的领导，主要是政治原则、政治方向、重大决策的领导和向国家政权机关推荐重要干部。党组织关于国家事务的重大决策，凡是应当由人大或人大常委会决定的事项，都要提交人大或人大常委会经过法定程序变成国家意志。各级党组织要尊重宪法和法律规定的人大及其常委会的地位，支持人大及其常委会依法行使职权，重视发挥它的作用。各级党组织和全体党员都要遵守党章关于党必须在宪法和法律的范围内活动的原则，以及宪法关于"任何组织或者个人都不得有超越宪法和法律的特权"的规定，一切活动都不得同宪法和法律相抵触。我们党领导人民制定了宪法和法律，也要领导人民执行宪法和法律。宪法和法律是党的主张和人民意志的统一，执行宪法和法律就是遵从人民的意志，维护党的领导。

同志们，朋友们！我们国家正处在一个重要的历史发展时期。我们面临的任务是伟大而艰巨的。在新的形势下，我们要紧密地团结在以江泽民同志为核心的党中央周围，坚定不移地执行党的基本路线，牢牢把握经济建设这个中心，努力发展社会主义市场经济，发展社会主义民主政治，发展社会主义精神文明，把建设有中国特色社会主义的伟大事业不断推向前进，为实现九十年代的战略任务，胜利迈向二十一世纪，为把我国建设成为富强、民主、文明的社会主义现代化国家而努力奋斗！

注　释

〔1〕见邓小平《会见香港特别行政区基本法起草委员会委员时的讲话》（《邓小平文选》第 3 卷，人民出版社 1993 年版，第 220 页）。

〔2〕见邓小平《坚持四项基本原则》（《邓小平文选》第 2 卷，人民出版社 1994 年版，第 168 页）。

〔3〕见邓小平《解放思想，实事求是，团结一致向前看》（《邓小平文选》第 2 卷，人民出版社 1994 年版，第 146 页）。

〔4〕见《中国共产党中央委员会关于建国以来党的若干历史问题的决议》（《三中全会以来重要文献选编》（下），中央文献出版社 2011 年版，第 169 页）。

〔5〕见邓小平《党和国家领导制度的改革》（《邓小平文选》第 2 卷，人民出版社 1994 年版，第 341—342 页）。

特区应继续走在全国前面[*]

（一九九四年十月八日——十三日）

　　兴办经济特区是邓小平同志确定的，他一直十分关心。实践证明，兴办经济特区的思想是正确的。十多年来，深圳、珠海特区发展很快，势头很好，为一九九七年香港回归和一九九九年澳门回归做了很好的准备，起了很好的作用，在国际上也有好的影响。特区的建设和发展，对附近地区以及整个珠江三角洲和全省的发展，有积极的影响和带动作用。特区在全国的改革开放中起到了积极探索道路的作用。与此同时，深圳、珠海特区又是广东省的一个部分，作为省的一个部分，特区的建设和发展得到了广东省的大力支持。经济特区是全国的一个部分，得到了全国人民以及各个部门多方面的支持。所以，深圳、珠海特区的发展不能孤立起来看。两个特区在发展中也存在这样那样的问题，还有不尽如人意的地方，需要在实践当中不断总结，不断改进，不断提高。关键是要及时总结经验，及时改进工作。出点问题不可怕。如果办了几个特区，出了点问题就害怕起来，那就什么事情都不用办了。今后特区在发展中还会继续碰到这样那样的问题。为什么胆子要大一点？就是说有点缺点错误不可

　　＊　这是乔石同志在广东省考察工作期间讲话的一部分。

怕，不必要大惊小怪。可以在探索、试验中总结经验教训，把事情办好。只要主流是好的，方向是正确的，发生一些枝节问题并不可怕。

经济特区的基本政策要继续坚持下去。对此，江泽民同志已经讲了"三个不变"〔1〕。我完全赞成。今后，经济特区同其他地区比较，还有没有什么不同？我认为，还是应当有点不同，还是应当有点特殊政策、灵活措施，特区也应当根据形势的需要对自己提出新的要求。特区应当继续走在全国前面，为全国的改革开放发挥试验和探路的作用。对"三个不变"政策要具体化，我主张，根据邓小平同志关于创办经济特区的指导思想，根据经济特区目前面临的实际问题，适应今后继续深化改革、扩大开放的要求，哪些政策需要变，哪些政策不能变，哪些政策还需要进一步补充、完善，理出若干条。把需要重申的政策予以重申，需要明确的政策明确起来。这最好由你们自己提出来，因为你们最了解情况。几个特区理一理，报省里汇总，再上报国务院。我相信大部分问题国务院能够解决。少数牵涉到全国人大立法等方面的问题，需要人大帮忙的，也可以报到全国人大。

注　　释

〔1〕"三个不变"，是一九九四年六月二十日江泽民同志考察广东时在深圳的讲话中提出的，即中央对发展经济特区的决心不变，中央对经济特区的基本政策不变，经济特区在全国改革开放和现代化建设中的历史地位和作用不变。

用发展的办法解决发展中的问题 *

（一九九四年十月八日——十三日）

加强宏观调控，防止经济过热

去年以来，党中央、国务院关于加强宏观调控的决策是正确的、必要的。一九九二年邓小平同志南方谈话发表后，全国各地意气风发，干劲很大，各方面发展都特别快。大家要求加快发展的积极性是无可厚非的。大家都愿意发展，这不是坏事。但从全国看，发展速度要适度，要实在，要防止经济过热，防止发生"泡沫经济"现象，出现恶性通货膨胀以至于造成大的挫折。有同志要求印制更大面额钞票，问了我两次，我都没赞成。有同志担心到一九九三年下半年，会发生比一九八八年范围更广、损失更大的恶性通货膨胀。当时国际上也有议论，认为中国有可能会出现"泡沫经济"，出现恶性通货膨胀。如果这样，邓小平同志讲的要避免出现大的波折，就不容易做到了。中央政治局常委开会议论这件事，总的看法是，对当时的经济发展速度，如果不采取措施适当控制一下，很有可能会出现大的波折。因此，决心实施力度较大的宏观调控。党中央、国务院发了六号文件[1]，

---

* 这是乔石同志在广东省考察工作期间讲话的一部分。

采取了十六条措施。这十六条措施是中央政治局常委会集体议论过的，总的来说我是赞成的。当时，整个宏观经济处于失控的状况，金融、外汇管理混乱，已经不能再拖下去了。在全国发了第六号文件后，大家还是顾全大局，接受下来，整个局势得到了控制，避免了一场大的经济挫折。最近，世界银行和国际货币基金组织评价中国经济时谈了两个观点：第一，中国经济在过去十多年的高速增长，是个世界性的奇迹；第二，中国经济有可能实现"软着陆"，避免一场大的恶性通货膨胀。日本经济学家的评价大体也是这样。我不是说第六号文件的所有措施都很完美，但这些措施相当现实，总算是解决了一些问题。否则，弄得不好，再发生一次像一九八八年那样的经济失控，被迫再来实行治理整顿，而且这一次的破坏绝对要超过那次的十倍。如果真的出现了这种情况，不仅我们国家国民经济要遭受大的挫折，而且看热闹的人，说风凉话的人，反对改革开放的人，会一起反对我们。从实践的结果看，中央关于加强宏观调控的决策是正确的，措施也是好的，必须坚决执行。目前，我国经济仍然存在一些问题，主要是基本建设战线仍太长，通货还是偏多，还需要继续实施宏观调控的某些措施。对此，希望大家能够理解。从局部的情况来看，会出现一些具体问题，遭遇到一些困难，我不否认这一点，但应当本着有什么问题就解决什么问题的态度，在发展中解决发展中碰到的新问题。

全党要振奋精神，加快改革的进程。现在，我们所处的时代，同十多年前已大不一样。在经过十多年实践之后，党的十四大决定，要搞社会主义市场经济。现在，我国整个经济体制改革，正围绕着建立社会主义市场经济体制的目标全面展开，改革的步子加快，探索的过程非常明显。今年中央出台一系列深化改革的措施，包括金融改革、汇率并轨、价格放开，等等。这些改革目标，是过去十多年来我们一直在追求解决的大问题。去年底一下子提出来，经过中央政治局常委会集体讨论通过之后，今年初付诸实施。这很不简单。这些改革实施以来，总的情况是正常的。从今年开始，财政部不能再向银行透支。汇率并轨后，人民币的币值稳中有升，但上升不大，国家外汇储备增加到三百多亿美元。税制改革虽然有点缺点，但最后还是取得了决定性的成果。这一系列改革，如果能够获得成功，我们将向建立社会主义市场经济体制迈出很有意义的一大步。所以，有些事情发展到一定程度了，就要下决心采取措施坚决去办，推进改革的进程。在改革过程中有缺点不可怕，这同我国立法的情况相似，一开始不能要求十全十美，先干起来，然后在实践中不断完善。不能像"小脚女人"走路，落在形势和群众后面，坐失良机。

对于将来的发展，只要不是口头上而是真心实意地贯彻邓小平同志的思想和路线，继续沿着邓小平同志指引的方向前进，中国是很有希望的。如果能够做到这一点，我对形势的估计是乐观的。早在一九七五年邓小平同志被第三次打倒时，有人问我：中国会不会发生内战？我当时就回答：不会，打不起来。只要大多数党员干部和绝大多数的人民群众拥护邓小平同志的路线，即使有点挫折，有点具体的问题，我们在前进过程中解决就是了，我相信不会有太了不起的问题。有一次，外国人问我：你说的意见，你们内部统一不统一呀？我说：统一呀！但中国有十二亿人口，我不敢保证所有人的思想都统一。实际上，不可能所有人的思想都一样。外国人说二十一世纪是中国的世纪，他们要说，尽管让他说好了。我们还是要争取把自己的事情办好，要有信心办好，采取观望的态度是办不好的。要努力干，走了弯路，认真总结，自己解决。中国现在的形势是很好的，以后还可能继续保持这种形势。我们中央与省这两级，头脑必须很清醒，要在实践中很好地贯彻邓小平同志的路线、方针、政策，要注意理论结合实际。如果糊里糊涂，就会出问题。"文化大革命"我们都过来了，还怕什么？邓小平同志讲，如果没有这场浩劫，就不会有今天的改革开放，也不会有今天的认识。"左"到了极点，就使全党觉醒。"两个凡是"[2]之所以错误，是因为它禁锢人们的头脑，错了的东西也不能批评。从坚持实践是检验真理的唯一标准出发，逐步摸索总结，才逐渐走出一条有中国特色的社会主义道路。

抓住有利时机，深化改革，扩大开放

目前，国际形势总的来说是好的。对于我们抓住机遇，深化改革，扩大开放很有利。一九八九年政治风波之后，西方七国对我国实行"制裁"。现在，这种"制裁"已基本被打破，除了美国还没有正式宣布取消对我国"制裁"之外，其他国家已经解除对我国的"制裁"。德国总理科尔带头打破"制裁"。最近，江泽民同志到法国访问，法国总统密特朗亲自到机场迎接。我们同美国的问题也正在逐步解决中，既有矛盾、斗争、摩擦的方面，也有朝好的方向解决问题的方面。目前，美国已经单方面取消对我国输出导弹技术的封锁，宣布无条件给予中国最惠国待遇，但人权问题还要扯皮一段时间。等到美国总统克林顿访华，美国即使不宣布取消"制裁"中国，实际上也等于已经取消。

中国现在是全世界最引人注目的巨大的潜在市场，谁都想从进入中国市场获得更多的好处。随着我国综合国力的增强，中国在世界上的地位在上升，在国际环境之中的中国改革开放的新形象越来越好。国际上甚至有人说，现在中国的综合国力已经达到或接近美国。中国国民经济的总量很大，但人均占有量比起美国仍相差很远，要赶上美国很不容易。所以，对国际上的这种议论我们不能接受。这些人散布这种观点，目的在于宣扬"中国威胁论"，说中国强大起来会成为新的超级大国，威胁远东地区的和平与安全。如果有一天，我国的人均经济占有量达到或接近美国的水平，我国的经济总量就一定会超过美国，因为我们的人口比美国多得多。中国在国际上的地位如何，我国的国际环境如何，关键在于我们国内的经济是否能健康持续地向前发展。如果国内经济出了大问题，国际环境马上就会发生重大变化。今年以来，我国的国际环境是好的，实际利用外资有较大幅度的增加，大财团、大项目增多，在广东、上海浦东等地都是这样。外商中的中小型企业和项目有所减少，这是次要的。总的来说，国际形势对于我们搞好经济建设十分有利。

注　　释

〔1〕六号文件，指中共中央、国务院一九九三年六月二十四日发出的《关于当前经济情况和加强宏观调控的意见》。《意见》提出十六条加强和改善宏观

调控的措施，主要包括实行适度从紧的财政货币政策、整顿金融秩序、控制投资规模、增加有效供给、运用进口调剂国内市场、整顿流通环节、加强价格监管等。在中共中央的正确领导下，宏观调控取得了显著成效。

〔2〕见本书《理论联系实际是进一步办好党校的关键》注〔5〕。

我国立法工作当前面临的
形势和任务 *

（一九九四年十二月十六日）

问：您在全国人大常委会的会议上和在视察外地的谈话中多次讲过，社会主义市场经济体制的建立和完善，必须有完备的法制来规范和保障。我国立法工作当前面临的形势和任务是什么？

答：从党的十四大修改党章到八届全国人大修改宪法，把我国实行社会主义市场经济这一条明确规定下来了。这是党的十一届三中全会以来改革开放和现代化建设伟大实践的继续和发展。发展社会主义市场经济，离不开法制建设。要建立适应社会主义市场经济发展的法律体系，立法的任务很重。

从计划经济到市场经济的平稳过渡，在世界上还没有成功的先例，要靠我们自己去探索；如何建立市场经济的法律体系框架，同样没有现成的模式，也要靠我们自己去探索。加快改革开放，发展社会主义市场经济，迫切要求立法工作有一个迅速的发展。今后五年，是我国从旧经济体制向新经济体制转换的关键时期。建立和健全市场经济法制体系，是

---

* 这是乔石同志答香港《中国法律》杂志记者问。

培育和发展社会主义市场经济不可分割的组成部分。社会主义市场经济的发展，必须有法律来引导、规范、保障和约束。因此，本届全国人大常委会在五年任期内一定要抓紧时机，尽快制定一批有关市场经济的法律，大体形成社会主义市场经济法律体系的框架。这是一项十分紧迫和繁重的任务。

问：社会主义市场经济法律体系的框架包含的内容非常广泛，需要制定的法律很多，您认为当前应当着重解决的问题是什么？

答：制定社会主义市场经济的法律，必须以建设有中国特色社会主义的理论和党的基本路线为指导，以宪法为依据，大胆探索，勇于实践，以改革的精神对待和解决立法中遇到的问题和难点。第一，立法要同改革开放进程相适应。要总结改革开放的经验，把实践证明是正确的东西用法律的形式肯定下来，使改革的成果得以巩固。还必须充分认识到法律对社会经济发展的指导作用，应当通过法律来规范和指导改革开放的发展，依靠国家的力量排除改革开放中遇到的阻力，有力地推动社会主义市场经济体制的建立。我们要深刻领会邓小平同志讲的法律有比没有好，快搞比慢搞好的精神，一些应兴应革的事情，要尽可能先制定法律后行动，尽量避免立法工作滞后于改革需要的状况。第二，局部利益要服从国家整体利益。起草法律一定要从全局出发，从维护国家和人民根本利益出发，避免不适当地强调局部的利益和权力。第三，立足于中国国情，大胆吸收和借鉴国外经验。要加强对我国各方面实际和现在实行的各项改革措施及法律、法规贯彻实施情况的调查研究，及时总结经验，使之不断完善。对于国外立法中比较好的又适合我们目前情况的东西，我们都应当大胆吸收。他们走过的弯路，也值得我们借鉴。有些适合我们的法律条文，可以直接移植，在实践中充实、完善。第四，地方人大立法是全国人大及其常委会立法的重要补充。全国人大及其常委会要抓紧制定市场经济的法律，但在短时期内把有关法律都搞出来是做不到的。地方人大及其常委会也要抓紧制定有关市场经济的地方性法规。特别是一些改革开放搞得比较早的地方，积累的经验比较多，应当先行一步，成为经济立法工作的试验区，为制定法律提供经验。另外，我国地域广阔，各地发展不平衡，法律不可能把各种情况都规定进去。地方可以从本地实际出发，制定实施细则。地方性法规不能同宪法、法律和行政法规相抵触，这是一条重要原则。但考虑到有的地方的改革需要先行试点，取得经验，如果起草地方性法规碰到与法律不协调的情况，可以主动提出来商议，通过法律程序妥善解决。第五，更好地发挥专家在立法工作中的作用。今后，无论哪个部门起草法律，都要吸收有关方面的专家参加起草工作。全国人大专门委员会和常委会工作机构可以更多地牵头组织专家、学者起草法律，也可以委托专家、学者起草。第六，在加快立法步伐的同时，注重提高立法质量。制定法律要做深入的法理研究和反复论证；拟定条文要尽可能明确、具体，便于操作，还要注意法律之间的衔接和配套。制定了法律，有的要抓紧制定实施细则，有的需做好法律解释，同时加强法律实施情况的检查监督，使法律起到有效地保障和促进社会主义市场经济发展的作用。

问：按照建立社会主义市场经济法律体系框架的要求，

目前急需出台哪几方面的法律？

　　答：从目前情况看，我们应当继续抓紧出台以下几个方面的法律：一是规范市场主体的法律。必须用法律来保障和明确市场主体的权利和义务。确保它们能够自主经营、自负盈亏、自我发展、自我约束。二是调整市场主体关系、维护公平竞争的法律。社会主义市场交换关系必须遵守自愿、公平、等价有偿、诚实信用的原则。这就需要规范市场主体的竞争行为，维护市场秩序。三是改善和加强宏观调控、促进经济协调发展方面的法律。市场有其自身的弱点和消极方面，必须改善和加强国家对市场经济的宏观调控。有些市场经济高度发达的国家，也认为他们实行的是严格宏观调控下的市场经济。我们国家处于机制转换过程中，既需要解放思想，放手培育市场，充分发挥竞争机制的作用，也丝毫不能忽视国家对市场的宏观调控，这就需要加紧制定、完善这方面的法律。四是建立和健全社会保障制度方面的法律。对市场经济造成的破产、失业等，需要有相应的社会保障，减少社会震动。因此，有关社会保障方面的法律都必须重视。我们任何改革措施和法律的制定，都要很好地考虑到维护社会稳定。以上几个方面的立法，都是建立和完善社会主义市场经济体制所必需的。还需要指出，我们是从计划经济体制向市场经济体制转轨的，过去制定的法律有的已不适应社会主义市场经济发展的要求，有必要进行认真清理，该修改的修改，该废止的废止。这样才能保证社会主义市场经济法律体系的统一性和协调性。同时，也要强调一下，除了经济立法之外，人大及其常委会也要抓紧其他方面重要法律的制定，如教育法等。

问：您曾经讲过全国人大常委会的工作重点是，紧紧围绕经济建设这个中心，认真行使宪法规定的各项职权，加快经济立法，健全监督机制。请您具体谈谈如何搞好监督工作。

答：全国人大常委会要切实承担起监督法律实施的职责。要制定和完善监督法律实施的具体制度和程序。要继续坚持把法律实施情况的检查监督放在同立法同等重要位置，制定执法检查计划，有重点地开展执法检查，并把听取和审议执法检查情况的汇报列入常委会会议议程。必要时，常委会可以作出决定。对检查中发现的问题，委员长会议和专门委员会要督促有关部门抓紧解决。国务院及其有关部门、最高人民法院、最高人民检察院应将解决这些问题的情况向人大常委会报告。对重大、典型的违法案件，常委会可以组织调查，必要时可以通过新闻媒介公之于众。同时要督促司法机关依照法律程序纠正错案。有需要时，常委会可以采取质询、组织特定问题调查等监督手段，但不直接处理案件。

问：反腐败、加强廉政建设问题，是您非常重视的。请您谈谈在建立社会主义市场经济体制中，如何坚持开展反腐败斗争？

答：解决腐败问题，要综合治理，既治标又治本。邓小平同志指出，还是要靠法制，搞法制靠得住些。这就是说，必须加强立法，严格执法，把惩治腐败纳入法制的轨道。近些年来，全国人大及其常委会先后制定了一系列法律，对制裁贪污、贿赂、走私以及卖淫嫖娼、贩毒吸毒等违法犯罪活动，作出了明确具体的规定，为打击经济犯罪、惩治腐败分子提供了法律依据。现在的问题是，这些法律执行得不够好。当今世界上许多国家，都把严格执法作为解决廉政问题的重要手段。我们坚决反对腐败，必须严格地遵守和执行已经制定的法律、法规，坚持在法律面前人人平等，不允许任何组织和个人有超越法律的特权。要认真研究社会主义市场经济条件下腐败现象滋生的特点和规律，进一步制定和完善有关廉政建设的法律、法规，为更有力地惩治腐败提供法律依据。必须加强立法，尤其是经济立法，促进社会主义市场经济体制的建立和完善，从根本上防范腐败现象的发生。必须进一步健全党和国家的监督机制。要把党组织的监督、国家机关的监督、政协的监督、人民群众的监督，以及舆论监督等有机地结合起来，形成一个强有力的监督体系。人大及其常委会作为国家权力机关，应当依法对行政、审判、检察机关的工作进行监督。要围绕人民群众反映强烈的消极腐败的问题，听取政府、法院、检察院的汇报，督促他们采取切实措施予以纠正。要支持和督促执法机关抓紧查处大案要案，一查到底，不能手软。要认真受理人民群众的申诉、控告和检举。对人大及其常委会选举或任命的工作人员，如发现有贪污、受贿等腐败行为，可以组织调查，该罢免的罢免，触犯刑律的要追究刑事责任。

反对腐败，必须切实重视和大力加强社会主义精神文明建设，树立良好的社会风尚。

坚持和完善人民代表大会制度 *

（一九九五年三月十八日）

这次会议充分发扬社会主义民主，始终贯彻民主集中制原则，是一次民主团结、求真务实、开拓奋进的会议，是一次统一思想、树立信心、鼓舞干劲的会议，是一次把改革开放和社会主义现代化建设事业推向前进的重要会议。会议期间，代表们从国家的整体利益和人民的根本利益出发，认真履行宪法和法律赋予的职责，畅所欲言，集思广益，群策群力，共商国是，对各方面工作提出了建议和意见。代表们的建议和意见，有些已经写进了有关的报告、决议和法律中，有些由有关方面会后进行研究。会议通过的各项决议、决定，反映了全国人民的心愿，表达了全国人民的意志。这次会议，对于进一步调动全国人民的积极性，全面完成今年的各项任务，开创改革开放和现代化建设的新局面，必将产生重要的作用。

现在，大家最关心的是怎样把这次会议通过的各项决议、决定落实好。今年是实现"八五"计划目标的最后一年，也是为进入"九五"计划时期做好准备的一年，改革和建设的任务十分艰巨。要保证完成已确定的各项任务，我们

---

* 这是乔石同志在八届全国人大三次会议上讲话的主要部分。

就必须按照邓小平建设有中国特色社会主义的理论，始终坚持党的基本路线，坚持社会主义物质文明和精神文明建设两手抓的方针，认清形势，明确责任，团结一致，加紧努力。要从实际出发，按照客观规律创造性地工作，把国家的每一项决策和工作部署真正落到实处。各级国家机关和国家工作人员都要时时想着群众，处处关心群众，事事依靠群众，以最广大人民群众的利益，作为一切工作的出发点和根本目的。要进一步转变作风，深入实际，密切联系群众，以改革的精神，切切实实地、一个一个地解决前进中出现的新问题和群众关心的热点问题。要讲真话，办实事，求实效。不要说空话，不要停留于一般号召而不解决实际问题。要自觉坚持实事求是，决不搞形式主义和虚报浮夸。各级领导和全体干部都要坚决抵制和纠正弄虚作假的坏作风。只要我们齐心协力，开拓进取，扎实工作，我们的改革和建设就一定能够取得新的成就。

惩治腐败关系到改革开放和社会主义现代化建设能否顺利进行，关系到社会的稳定和国家的生死存亡。在整个改革开放过程中都要严格防止和坚决反对腐败。一切国家工作人员，都是人民的公仆，决不是骑在人民头上的老爷，都必须全心全意为人民服务，必须公正廉洁，绝不能用人民赋予的权力谋取个人或小团体的私利。以权谋私是与共产党人和国家工作人员的根本要求背道而驰的，这种腐败现象危害极大。我们要长期坚持不懈地抓反腐败，要依靠全社会各方面力量的监督和支持。要从制度上着手，切实加强廉政建设，最根本的要靠法制，靠健全立法、严格执法和提高国家工作人员的法律意识。

　　早在新中国成立前，毛泽东同志在回答一位爱国民主人士提出的人民政权有什么办法跳出历史上兴亡的周期率的问题时说过：我们已经找到了新路，能跳出这周期率，这就是民主，让人民来监督政府，人人起来负责。我们今天在深化改革的重要时刻，重温毛泽东同志的这一精辟论述，对我们仍有深刻的教育意义。我们只有紧紧依靠人民群众，反映群众的意见和要求，实现群众的愿望，接受群众的监督，坚持正确的，改正错误的，才能使我们的人民民主专政越来越巩固，我们的国家越来越兴旺发达。在我国社会主义建设的新的历史时期，邓小平同志也指出："为了实现四个现代化，必须发扬社会主义民主和加强社会主义法制。"[1] 我们一定要继续大力加强社会主义民主法制建设，使民主制度化、法律化。人民代表大会制度，是我国的根本政治制度，是人民当家作主、管理国家的最好组织形式，我们要坚定不移地坚持和完善这一制度。今年是八届全国人大任期的第三年，是实施《八届全国人大常委会立法规划》至关重要的一年，立法任务十分繁重。要进一步加快立法步伐，提高立法质量。要继续把经济立法放在最重要的位置，确保在本届全国人大任期内大体形成我国社会主义市场经济法律体系的框架。在抓紧立法工作的同时，各级人大及其常委会要切实改进监督工作。要强化对法律实施的监督，加强对行政、审判、检察机关工作的监督，推进国家各项决策和重大部署的落实，维护法律的权威。要下大力量纠正有法不依、执法不严、违法不究，甚至以言代法、以权压法、徇私枉法的现象。要督促有关部门继续抓紧社会治安综合治理。要大力加强法制宣传教育，提高全体人民的法制观念。各级领导干部都要认真学习和掌握法律知识，提高依法管理国家和社会事务的自觉性和能力。要充分发挥人大代表的作用，切实加强各级人大及其常委会的建设。

各位代表！我们的任务是光荣而艰巨的。希望各位代表回到自己的工作岗位以后，认真履行代表职责，模范地遵守宪法和法律，与群众保持最密切的联系，体察民情，反映民意，积极宣传和带头贯彻这次会议通过的各项决议，同全国各族人民一起，努力完成历史赋予我们的使命。

注　　释

〔1〕见邓小平《新时期的统一战线和人民政协的任务》（《邓小平文选》第2卷，人民出版社1994年版，第187页）。

中国坚定不移地致力于世界的
和平与发展事业 *

（一九九五年四月十八日）

　　中国同世界是联系在一起的。世界的和平与进步不能没有中国，中国的发展与繁荣也离不开世界。中国要实现自己的奋斗目标，必须要有一个和平的国际环境，必须与世界各国建立友好关系，尤其是与周边邻国建立和保持长期稳定的睦邻友好关系。为此，中国始终不渝地执行独立自主的和平外交政策。这一政策既符合中国人民的利益，也符合本地区各国人民的利益。中华民族是爱好和平的民族，中国的发展意味着和平力量的增长。即使中国将来富裕起来了，国力增强了，仍将坚定不移地在和平共处五项原则基础上与其他国家友好相处，坚定不移地致力于世界的和平与发展事业。

　　中韩建交两年多来，两国关系在各个领域都取得了令人瞩目的发展。中韩贸易已连续几年大幅度增长，一九九四年达到一百一十七亿两千万美元。中国已是韩国的第三大贸易国，韩国则为中国的第六大贸易伙伴。当前两国经济发展的势头都很好，双方进一步加强经贸合作具有广阔前景。世界

———————

　　* 这是乔石同志访问韩国期间在韩国全国经济人联合会举行的欢迎晚宴上讲话的一部分。

经济的发展，亚洲特别是东亚经济的持续增长为我们提供了良好的环境。中方愿意本着"平等互利、优势互补、真诚合作、共同发展"的原则，与韩方共同努力，不断把两国经贸合作推向前进。在两国政府的鼓励下，中韩产业合作已经有了良好开端。这是一种取长补短、利害与共的合作方式，也是经济情况不同的国家间加强互利合作的有益尝试。我希望通过双方有关企业的扎实努力，使这一合作结出丰硕的果实，从而为两国的经济繁荣与长远发展作出贡献。

中国同朝鲜半岛山水相连，隔海相望。作为近邻，维护这一地区的和平与稳定，始终是中国处理朝鲜半岛事务的基本原则。半岛南北分裂的局面是历史的不幸，人民经受了半个世纪分裂的痛苦，渴望早日实现统一。我们支持半岛南北双方为缓和紧张局势而提出的一切积极主张和建议；希望双方能够坚持不懈地努力，通过耐心诚恳的对话和协商解决存在的问题；愿意看到双方捐弃前嫌，增加信任，最终实现自主和平统一。

今年是世界反法西斯战争胜利五十周年，也是中国抗日战争胜利和朝鲜半岛从殖民统治下获得解放五十周年。人类社会曾在五十年前遭受过法西斯势力的浩劫，中国人民和朝鲜半岛南北人民都是受害者。值此重要年份，各国人民都在回顾思考二十世纪人类社会的历史变迁，从中汲取有益的教训。我们应当警惕美化侵略、歪曲历史的言行，共同努力防止历史悲剧重演。中国人民愿与包括韩国在内的世界各国人民携起手来，共同把一个和平、平等、稳定、繁荣的世界带进二十一世纪。

加强检查监督，
切实保证法律的有效实施*

（一九九五年五月十日）

改革开放以来，我国立法步伐明显加快，制定了许多法律，如何保证这些法律的有效实施，是我国法制建设面临的重要课题。立法不是最终目的，制定法律的目的就是为了实行。法律只有在现实生活中得到切实实施，才能规范社会成员的行为，防止国家机关工作人员滥用权力，维护国家政治、经济和社会生活的秩序，保障公民的合法权益。邓小平同志早就强调，我们要在全国坚决实行这样一些原则：有法必依，执法必严，违法必究，在法律面前人人平等。从现在的状况看，这方面还有相当的距离。当前突出的问题是，不少法律没有得到切实的贯彻实施，有法不依、执法不严、违法不究的现象在一些地方和部门还相当普遍，以言代法、以权压法、徇私枉法等恶劣行为也屡有发生。这种状况损害了法律的尊严，败坏了国家的声誉，给改革开放和现代化建设带来了危害。对此我们必须高度重视，采取切实措施加以解决。

人大及其常委会作为国家权力机关，不仅要做好立法工

---

* 这是乔石同志在八届全国人大常委会第十三次会议上讲话的一部分。

作，而且要加强监督工作，重点是做好对法律实施的检查监督。常委会、各专门委员会都要把监督法律的实施作为一项经常性工作摆在重要位置。常委会和各专门委员会的办事机构要加强调查研究，及时了解法律实施中的新情况、新问题，为法律监督做好服务工作。执法检查要在加大力度、增强实效上下功夫。各级人大常委会的领导要重视和抓紧执法检查，组织精干的班子，深入群众，听取意见。执法检查要围绕改革开放和现代化建设中的重大问题以及人民群众关心的热点问题，每年有计划有重点地进行。对检查中发现的问题，要督促有关部门认真解决，并将处理的结果和改进执法的情况向常委会作出汇报。在做好监督法律实施的同时，要逐步改进和加强对政府、法院、检察院工作的监督。近几年来，许多地方人大及其常委会创造了一些好的经验和做法。如组织代表评议政府、法院、检察院的工作，对国家权力机关选举、任命的工作人员开展评议，督促行政执法机关和司法机关实行执法责任制等，都取得了较好的效果。要不断总结经验，在实践中进一步完善，使监督工作逐步走向规范化、制度化。

切实保证法律的有效实施，需要全党、全社会的共同努力。要按照党的十四届三中全会通过的《中共中央关于建立社会主义市场经济体制若干问题的决定》的要求，在加快立法的同时，改革、完善司法制度和行政执法机制，提高司法和行政执法水平；建立健全执法监督机制和法律服务机构，深入开展法制教育，提高全社会的法律意识和法制观念。各级领导干部要带头学法、懂法、守法，严格依法办事。要坚持不懈地反对一切腐败现象。我们全国人大常委会组成人员要严格遵守宪法和法律，自觉执行全国人大常委会组成人员守则，恪尽职守，廉洁自律。各级人大代表都要按照宪法的要求，模范地遵守宪法和法律。要在全体人民中进行法制教育，在全社会逐步形成守法光荣、违法可耻、依法办事的新风尚，推动社会主义市场经济体制的建立和完善，保障我国改革开放和现代化建设事业的健康发展。

搞好国有企业的出路
在于深化改革[*]

（一九九五年七月二十四日、三十日）

一

　　搞好国有企业，出路在于深化改革。今年春节前，我在上海召集来自五个系统的国有大中型企业负责人开了座谈会。通过座谈，我感到国有大中型企业还是很有希望的，通过改革是大有出路的。他们的主要经验是对困难企业不是简单地宣布破产，破产是真正不得已的，极少数的。基本上是找到一两个优势比较大的龙头企业搞兼并。这样做之后，情况相当不错。在座谈会上，大家只提了一个要求让我反映，就是被兼并企业所欠银行的贷款，本金他们还，利息应该停止计算。这是合理的，我回到北京反映了他们这个要求。现在已经定了，凡是合并的企业，本金由兼并的企业还，利息计算到合并时停止。这种兼并的办法比破产简单可行，破产太复杂了，要处理的问题比较多。当然，非破产不可的，也

---

　　*　这是乔石同志两次讲话的节录，分别节自一九九五年七月二十四日在黑龙江省考察工作时的讲话和一九九五年七月三十日在吉林省考察工作时的讲话。

只能破产，尽可能把相关问题解决得好一点。你们黑龙江军工企业不少。我在北京刚讲过，军工企业留一支精干、能够配套的技术力量，抓住我们必需的、有能力做的重点项目，集中力量坚持干，摊子不必大，其他的全部可以放开搞活，面向市场，转型转产。这样对军工企业和民用企业都有好处。各地情况不同，你们可以按照发展社会主义市场经济总的要求，采取适合自己实际的具体形式进行企业改革。

企业改革，要有紧迫感，决心要大，要敢于冒一点风险。国有企业改革耽误不起了，不能等哪一天万事俱备了，再来改革，这样不行。有的国有企业已经拖不下去了，再拖五年、十年，就完全报废了，变成一堆废铁了。我这次参观的个别厂子，某些设备就很陈旧了。总而言之，要抓紧，胆子也要大一点，不能说一点风险都不担。如果搞错了，就及时改。没有点勇气，国有企业搞不好。不是说国有企业资产在流失吗？老实说，有些企业现在日子都过不下去了，不改革，越拖资产越流失。因为工资总要付，付不出要打欠条，奖金也得给，这样就越搞越穷。因此，国有企业的改革一定要抓紧，要在调查研究和做好必要准备的基础上积极进行。

企业的技术改造要放在重要的位置上，要抓紧，要下大功夫。技术改造当然需要投入，要舍得在这方面花一些钱。不能老是其他方面满足了以后，剩下来一点钱才用于技术改造，剩不下来干脆就不搞技术改造。如果这样下去，没有新技术、新工艺，没有适合市场需要的新产品，企业早晚要被淘汰。在技术改造上有一点成绩的企业，也不能满足。比如哈尔滨锅炉有限责任公司，据介绍，主要产品的设计制造技术和关键工序的装备水平已接近或达到当代国际水平。我希望他们能在现有基础上继续抓下去，不断进步。他们准备把境外发行股票募集到的资金用于加速技术改造，我是很赞成的。这样企业生命力才能越来越强，才能在激烈的竞争中站住脚。另外，要把产品质量搞上去，争取更多的国内订货，也要到国际市场上争取部分订货。要继续努力，不能满足于现状，应该有雄心壮志，向国际一流企业迈进。企业改造没有止境，要向更高目标攀登。据我所知，大连造船厂、上海江南造船厂，订货已够干两年了，大多是国外订货。但有个缺陷，就是船壳、龙骨我们可以设计生产，但里边的机器设备，订户对我们的产品信不过，指定要别的国家的。如果这些机器设备我们能过关，有名牌，那就更好了。

总之，国有企业，尤其是国有大中型企业是我们国家的经济命脉，必须搞好；也是有出路、有希望的，是可以搞好的。关键在于真正实现政企分开，使企业真正面向市场，挖掘内在潜力，不断深化改革，抓紧技术改造，努力提高效益。国有企业问题，我今天就简单谈这么一些基本看法。

二

国有企业是有出路、有希望的，是可以搞好的。根本出路在于深化改革，真正实现政企分开，使企业面向市场，搞活机制，挖掘潜力，抓紧技术改造，努力提高效益。

企业改革，要抓紧进行，要有紧迫感，决心要大，不要怕冒一点风险，哪有改革而一点风险也不担的？这个话，我在去年十一月就讲了。国有企业实在耽误不起了，不能等到哪一天万事俱备了再来改革。不能让国有企业的包袱越背越大，一直背到二十一世纪，将来怎么解决？拖下去，问题越积越多，就越来越不好解决。有人担心，在深化企业改革过程中国有资产会流失，保不住。实际上，凡是缺乏活力的国有企业，国有资产已经天天地、月月地在流失。不改革，越拖资产越流失。出路就在于改革。要大胆探索，勇于实践。通过实践，归根到底问题是可以解决的。我们提出建立现代企业制度，这个制度不会从天上掉下来，也不能从哪一个国家拿那么一部分来，一套就能套上，只有从人民群众的实践中逐渐总结出一套适合我国情况的办法。我们国家大，企业多，情况各不相同，面临的问题也有差别，各地可以在吸收国内外有用经验的同时，按照发展社会主义市场经济总的要求，从具体情况出发，采用适合自己实际的具体形式进行企业改革，建立现代企业制度。总而言之，要通过实践探索究竟怎样搞好，逐步充实它的内容，否则建立现代企业制度也会变成一句空话。我主张，在抓紧试点的同时，对实践证明方向对、效果好的经验，就要积极推广。通过兼并、联合，搞企业集团，比破产简单可行。当然，非破产不可的，也只能破产，要尽可能把相关问题解决得好一些。企业改革方面，你们有你们的探索，比如刚才德江[1]同志提到的产权出售、债权变股权、破产重组等，可以继续抓紧试验，进一步总结，适合你们情况的好经验就及时加以推广。

　　企业的技术改造要放在重要的位置上抓紧抓好，老工业基地尤其要下大功夫。技术改造当然需要投入，要舍得在这方面花一些钱。不能老是其他方面满足了以后，剩下来一点才用于技术改造，剩不下来干脆就不搞技术改造。如果这样下去，技术、工艺设备严重老化，生产不出适合市场需要的产品，企业早晚要被淘汰。在技术改造上有一点成绩的企业，也不能满足。比如我在哈尔滨看过的轻合金厂和锅炉厂有限责任公司，据介绍，主要产品的设计制造技术和关键工序的装备水平已接近或达到当代国际水平。我表示希望他们能在现有基础上继续抓下去，不断进步。他们准备把境外发行股票募集到的资金用于加速技术改造，我是很赞成的。企业哪一部分技术、设备最需要改造和更新，就把资金投向那里。你们这里的一汽，引进了新的技术和设备，开发了新的产品，面貌发生了很大变化，实际上形成了我国第一个汽车城，但也不要满足。要再接再厉，不断抓下去，不断向新水平迈进，这样才能为发展我国的汽车工业作出更大的贡献。只有不断地抓技术改造，企业的生命力才能越来越强，才能在激烈的竞争中站住脚。另外，要把产品质量搞上去，争取更多的国内订货，也要到国际市场上争取部分订货。条件好的企业，不要满足于在国内居于前列，要继续努力，应该有雄心壮志向国际一流企业迈进。企业改造没有止境，要向更高目标攀登。据我所知，大连造船厂、上海江南造船厂，订货已够干两年了，大多是国外订货。但有个缺陷，就是船壳、龙骨我们可以设计生产，但里边的机械设备、仪器仪表，如导航、声呐等，订户对我们的产品信不过，指定要别的国家的。如果这些机器设备我们能过关，甚至有名牌，那就更好了。

　　我赞成军工企业改革总的方向是军民结合。军工企业保留一支比较精干、能够配套和技术水平比较高的队伍，确定重点领域、重点项目，摊子不必太大，像五六十年代搞"两

弹一星"那样,国家重点保证,该投资的投资,该扶持的扶
持。除此之外,其他的全部面向市场,放开搞活,转型转
产,要往这个方向努力。在前不久中央讨论"九五"计划
时,我就提了这方面的意见。在当前和未来相当长一个时
期,战争还不能完全避免,我们的武器要有一定的水平。比
如,导弹就要提高准确性,逐步走向小型化。总之,军工企
业要保留,但不要搞得那么大,要精干、管用;同时把军民
结合和军转民努力搞好。这样,对军工企业和民用企业都有
好处。

注　　释

〔1〕德江,即张德江,一九四六年生,辽宁台安人。当时任中共吉林省委
书记。

沿海与内地要相互促进、
相得益彰 *

（一九九五年七月二十四日）

沿海地区和内地差距悬殊的问题，我们是要逐步解决的。国家的"九五"计划考虑到了这个问题，但要大体拉平短期内做不到，一个五年计划做不到，两三个五年计划也做不到，这点大家思想上要明确。因为沿海地区与内地的差别，是由许多因素决定的，是长期的历史形成的。

我们总的原则是东、中、西部均衡发展，达到共同富裕，但这不意味着没有差别。沿海地区、中心城市，总要发展得快一点，走在前面一点。这样，对中、西部也有好处。比如上海的发展，可以影响整个长江流域；广东的发展，带动的面也很大了。当然，沿海地区的发展也离不开内地的支援。

沿海和内地要更紧密地挂起钩来，相互促进，相得益彰。山东省东西部挂钩，沿海各市在不断继续发展的同时，积极带动鲁西北、鲁西南，逐步克服差距悬殊的状况，是有成效的。你们提出要利用黑龙江的优势，通过"南联"促发展，促全方位开放，这个想法是好的。

---

* 这是乔石同志在黑龙江省考察工作时讲话的一部分。

在发展乡镇企业的基础上
搞好小城镇建设*

（一九九五年七月三十日）

乡镇企业发展起来了，对农村经济和整个工业都是有好处、有促进作用的。你们的乡镇企业这些年发展还是比较快的，但目前乡镇企业产值在国民生产总值中的比重还不是很大。你们有你们的情况，国有大中型企业多，有的规模很大，不能和沿海地区简单相比，但总的说，使乡镇企业根据你们的条件有一个大的发展，是很必要也很有好处的。现在你们在一些地方，引进外资和技术，把现代化的加工与农户的养殖挂钩，像吉林德大有限公司那样，对带动农村经济的发展也很有好处。同时，粮食本身的加工，从粗加工到深加工，都大有文章可做。

在发展乡镇企业的基础上，要重视搞好小城镇建设。当然不是要一窝蜂地上，而是要逐步地发展。对大城市的发展要适当控制，像上海这样的大城市一千三百万人口，加上流动人口差不多达到一千六百万左右，北京也差不多，这样的城市多了，负担太重。三百万人口左右的中等城市也够大的了，发展多了，也承受不了，对中等城市的发展也要有适当

———————
* 这是乔石同志在吉林省考察工作时讲话的一部分。

的控制。小城镇星罗棋布地发展起来，对于加强工业、农业之间的联系，缩小工农、城乡差别都有好处。农村的剩余劳动力，也可以通过小城镇建设、发展各种加工业和第三产业来加以利用。同时，修水利、修公路等也可以利用一部分。

中越两国根本上的利害关系
是一致的 *

（一九九五年十一月二十八日）

欢迎越南共产党杜梅总书记再次来中国访问，您每次访华都对中越两党、两国关系的发展起到推动作用。我听说您同江泽民主席谈得很好。我相信，您这次访问会取得圆满成功。

我们看到越南在过去的几年中实行了革新开放，而且取得的成绩是显著的。当然在前进的道路中总会有这样那样的困难，但总的情况是好的。我们对两国关系实现正常化，最近几年两党比较频繁的来往都感到非常高兴。我们赞赏并感谢越南同志始终坚持一个中国的立场，这对中国是重要的支持。

我个人认为，两国历史上遗留下来的海上和陆上的问题应该解决。既然两国都坚持民族独立，坚持社会主义立场，因此根本上的利害关系是一致的。如果双方能坚持不懈地用和平谈判的方式解决，我想问题是可以解决的。我最近访问了印度，我同印度领导人也谈了这个问题。我说，中印两国过去有很多共同的地方，后来发生了一些问题。现在中印共

---

* 这是乔石同志在会见越南共产党中央总书记杜梅时谈话的主要部分。

同的愿望是要把两国关系搞得更好，两国间有什么问题都可以通过和平谈判的方法争取得到和平解决。如果有些问题一时解决不了，那双方就应耐心一点，过一段时间会寻找出比较妥善的解决办法。他们也同意我的意见。特别是拉奥[1]总理。印度一些地方干部表示，中印过去有一段关系发展相当好的时期，希望恢复那种关系。我说，我们首先要恢复两国的友好关系，同时在这个基础上面向二十一世纪。中印两国人口有二十一亿，面向二十一世纪可以做很多事情，两国关系也可以发展得更好。拉奥是想把中印关系搞得更好。我们欢迎印度这样发展，希望同印度发展关系。我们同印度尚且如此，就不用说我们对中越关系的态度了。

　　中越两国都有发展潜力。据我所知，越南过去几年发展较快。首先表现在农业方面。过去由于打仗，越南老百姓的吃饭问题很紧张，你们从农业开始实行革新后，几年时间情况发生了变化。当然工业情况可能不同，但农业是基础。如果把农业搞好了，工业的发展是比较有把握的。同时我们要努力创造一个有利于本国建设的和平国际环境，并且国内要坚决维护社会稳定。有了这两个基本条件，经济发展是很有希望的。因为共产党人的组织能力还是有的，只要党内认识一致了，动员组织起来，力量还是很强大的。我们本来对今年的农业生产是很担心的，因为自然灾害较多。但从现在看来，农业生产还是相当不错的。

　　我们有责任也有条件把本国的社会主义事业搞好。只要有信心，同时加强合作和团结，两国的社会主义事业和维护民族独立的事业一定能搞好。只要我们继承毛泽东主席和胡志明主席开创的传统友谊，没有什么解决不了的问题。

注　　释

〔1〕拉奥，即纳拉辛哈·拉奥（一九二一——二〇〇四），当时任印度总理。

不断总结经验，
提高立法工作水平*

（一九九五年十二月十九日）

今天，把大家请来，开个立法工作座谈会，很有必要，也很适时。会议开始时，曹志[1]同志介绍了八届全国人大一次会议以来立法工作的情况和今后两年多时间立法工作的任务。大家围绕进一步加快立法步伐和提高立法质量，交流了情况和经验，对今后如何更好地完成立法规划，提出了许多好的意见和建议，这个会开得是好的。下面我讲几点意见。

一、加强立法是党和国家
提出的一项紧迫任务

改革开放以来，我国立法工作成绩显著。党的十四大确定我国经济体制改革的目标是建立社会主义市场经济体制。根据这个目标，八届全国人大常委会提出，要在本届任期内大体形成社会主义市场经济法律体系框架，并制定了五年立

---

* 这是乔石同志在八届全国人大常委会召开的第二次立法工作座谈会上的讲话。

法规划。两年多来，在大家的共同努力下，立法步伐明显加快，制定了一批有关市场经济的法律和其他方面的法律，取得了重大进展。同时也要看到，现实生活中一些急需的重要法律还没有制定出来，现有法律中某些已不适合实际的规定需要抓紧作出修改，立法的质量也有待进一步提高，我们面临的立法任务仍然是艰巨和繁重的。

党的十四届五中全会通过的《中共中央关于制定国民经济和社会发展"九五"计划和二〇一〇年远景目标的建议》，提出了今后十五年我国经济和社会发展的奋斗目标和指导方针。《建议》强调，要加强社会主义民主和法制建设，加强立法、司法、执法、普法工作，特别是要加快经济立法，建立和完善适应社会主义市场经济体制的法律体系，进一步推进经济管理体制和运行机制的规范化、法制化。这对我国立法工作提出了很高的要求。我们必须在邓小平同志建设有中国特色社会主义理论和党的基本路线指导下，进一步加强立法工作，继续把经济立法放在重要位置，抓紧制定和完善规范市场主体和市场行为、维护市场秩序、改善和加强宏观调控、建立和健全社会保障制度、促进对外开放等方面的法律，制定和完善振兴基础产业和支柱产业、规范政府行为、保护环境资源、保护知识产权等方面的法律。同时还要制定教育、科学、文化、卫生、体育事业方面的法律，制定民主政治建设和健全国家机构组织制度方面的法律，制定反腐倡廉、惩治犯罪、维护社会治安以及国防建设方面的法律，用法律引导、推进和保障改革开放和社会主义现代化建设的顺利进行。

二、不断总结经验，提高立法工作水平

这些年来，我们在立法工作中积累了一些行之有效的好的经验和做法。应当适应新的形势，认真总结和推广这些经验，并随着实践的发展探索和创造新的经验，从而不断加强和改进立法工作，加快立法步伐，提高立法质量。这里，我想强调以下几点：

第一，制定法律必须以宪法为依据。宪法作为国家根本大法，是我们制定法律、法规的基础和准则。宪法规定："一切法律、行政法规和地方性法规都不得同宪法相抵触。"[2]这是立法工作必须遵循的根本原则。多年来，全国人大常委会坚持这一根本原则，较好地解决了某些法律草案中同宪法规定不一致的问题。今后在起草和审议法律草案时都要坚持这样做。宪法规定，"国家实行社会主义市场经济"，"国家加强经济立法，完善宏观调控"，"国家依法禁止任何组织或者个人扰乱社会经济秩序"。[3]这都是做好经济立法工作的重要指导思想。我们制定的法律必须符合发展社会主义市场经济的规律和特点，适应建立和完善社会主义市场经济体制的需要，能够促进经济体制从传统的计划经济体制向社会主义市场经济体制转变，促进经济增长方式从粗放型向集约型转变，从而为我国"九五"计划和二〇一〇年远景目标的实现提供可靠的法律保障。宪法对保障公民的基本权利和自由作出了一系列规定。制定法律时，必须依照宪法正确处理权利与义务的关系，正确处理人民群众依法行使权利和国家机关依法管理的关系，以保障人民依法享有的各项权利和自

由，调动广大人民群众建设社会主义的积极性。宪法还对国家机关及其工作人员的职责权限作了明确规定。所有国家机关及其工作人员都必须按照宪法的规定，在各自的职权范围内工作。制定有关法律时，必须根据宪法，对国家权力机关和行政、审判、检察机关及其工作人员的行为作出规范，防止任何国家机关和工作人员超越或滥用职权。总之，只有以宪法为依据，从我国的实际出发，注意借鉴国外的有益经验，才能使制定的法律符合我国社会发展的规律，符合改革开放和现代化建设的需要。

第二，立法工作要与改革和发展的实际紧密结合。建立社会主义市场经济体制是一项根本性的变革。我们已经取得了显著的成绩，同时在前进中也遇到一些问题和困难。邓小平同志说"改革是中国的第二次革命"[4]，不可能没有难度。改革中的难点，也是立法中的难点。我们要进一步解放思想，更新观念，开阔视野，大胆探索，勇于创新，以改革的精神解决立法中遇到的难点和问题。要善于把实践证明是正确的做法，用法律形式肯定下来，巩固改革开放的成果。对于一些应兴应革的事情，应当积极总结实践中的经验和做法，借鉴国外的经验，尽可能作出规范，而且规范要尽可能明确具体，便于操作，从而更好地用法律引导和推动改革与发展。当然，改革和发展中的问题，解决起来需要一个过程，法律也只能在实践中逐步完善。通过我们坚持不懈的努力，适应社会主义市场经济体制的法律体系将建立起来并逐步走向完善。

第三，立法要从全局出发，从人民的根本利益出发。全国经济是一个有机的整体。法律要维护全国市场的统一，促进国民经济有序运行和协调发展。立法要正确处理中央和地方之间、部门之间的关系，合理划分和明确规范中央和地方以及部门的管理权限，防止不适当地照顾和迁就地区和部门的局部利益和权力。在制定法律时，要充分考虑地方合理的利益和要求；在制定地方性法规时，各地方要自觉地服从大局，正确运用国家赋予的权力，调节好本地区的经济活动。要按照发展市场经济的要求，规范政府部门的职权，促进政府职能的转变，保障公民、法人和其他组织的合法权益。还要注意法律之间、法律和法规之间的衔接配套，加强地方性法规的备案审查工作，保证法制的统一。

第四，立法工作要走群众路线，按民主集中制原则办事。法律是人民意志的体现，是一切国家机关、公民和法人必须遵守的行为规范。立法要十分严肃、慎重。整个立法过程，从法律的起草到审议通过，都要走群众路线，充分发扬民主，按程序办事。要加强调查研究，倾听各方面的意见，包括各地各部门的意见，注意听取专家、学者和实际工作者的意见。有的重要法律草案可以在报刊上公布，并组织讨论，广泛听取人民群众的意见。有不同意见不要紧，可以经过充分讨论，反复比较，慎重考虑，集思广益，在民主的基础上集中正确的意见。对有争议的问题，要组织专家和实际工作者进行科学论证，提出可供选择的方案，然后作出决断。

三、加强领导，狠抓落实，保证五年立法规划的完成

两年多的实践表明，八届全国人大常委会制定的五年立

法规划是符合实际的，同党的十四届三中全会、五中全会提出的建立社会主义市场经济体制的要求是一致的。当然，根据实际情况，对这个立法规划作个别调整也是必要的。实现这个规划，需要各部门、各方面密切配合，共同努力。要严格实行法律起草工作的责任制度。承担法律起草任务的有关部门和单位，要把落实立法规划作为一件大事来抓，切实加强领导，集中力量，在保证质量的前提下如期完成任务。全国人大各专门委员会除保证完成自己所承担的法律起草任务外，还要加强同有关起草单位的联系，了解情况，督促起草工作的进行。全国人大常委会要加强对法律起草工作的指导和协调，帮助解决起草过程中遇到的困难和问题。享有制定地方性法规权力的人大及其常委会，要从本地实际出发，根据改革和建设的需要，抓紧制定地方性法规，并要注重提高地方性法规的质量。

最后，讲一下如何保证法律的有效实施问题。现在制定的法律不断增多，但有些法律的实施状况不够好。造成这个问题的原因是多方面的，主要是：我们一些干部和群众法律意识和法制观念淡薄；在新旧体制转换过程中，执法机制还不够完善，执法人员素质有待进一步提高；对法律实施的监督也不够有力。解决这些问题，需要全党、全社会长期不懈地努力。当前，需要继续深入开展法制宣传教育，下大力气提高广大干部和群众，特别是各级领导干部的法制观念和依法办事的能力。要按照发展社会主义市场经济的要求，改革、完善司法制度和行政执法机制，加强执法队伍建设，提高司法和行政执法水平。要按照行政诉讼法和国家赔偿法的规定，建立对执法违法的追究制度和赔偿制度。各级人大常委会要按照宪法的要求，监督和保证宪法和法律的实施。要进一步改进执法检查工作，强化力度，增强实效。还要注意总结和推广地方人大在监督工作中创造的一些好的形式和做法，不断提高监督工作的水平。

实现五年立法规划，形成我国社会主义市场经济法律体系的框架，是一项开创性的工作。我们要以高度的责任感和强烈的事业心，扎扎实实地工作，为社会主义市场经济体制的建立和完善，为建设一个富强、民主、文明的社会主义现代化国家，作出应有的贡献。

注　　释

〔1〕曹志（一九二八——二〇二〇），山东安丘人。当时任全国人大常委会秘书长。

〔2〕见《中华人民共和国宪法》（人民出版社 1993 年版，第 12 页）。

〔3〕见《中华人民共和国宪法》（人民出版社 1993 年版，第 54 页）。

〔4〕见邓小平《改革是中国的第二次革命》（《邓小平文选》第 3 卷，人民出版社 1993 年版，第 113 页）。

加强环保的立法与监督 *

（一九九五年十二月）

搞好环境与资源保护，只有在加强宣传的同时，在法律上作出一些规定，并认真监督实施，才能落到实处。

搞环境保护，对经济建设是有好处的。从长远看，就更是这样。环境保护是关系人类生存环境和生活质量、关系子孙后代千秋万代的大事。环境污染问题从一开始就要注意。有些发达国家在经济发展到一定阶段后，环境污染非常严重了，才回过头来搞治理，不仅要花很多钱，而且有的问题即使花再多的钱也很难彻底解决。一些发达国家在环境污染问题上的教训值得借鉴。我们是发展中国家，要避免走别人走过的弯路，一定要高度重视防止和治理污染，在发展过程中搞好环境保护。这样做并不影响经济发展。相反，环境搞糟了，污染严重了，反而会阻碍甚至破坏经济的发展。到那个时候再来搞治理，就晚了，事倍功半，必须从一开始就注意保护环境。

这些年来，我国经济发展很快，有些地方、有些方面忽视对环境的保护，污染越来越严重的状况令人担忧。我国的

　＊　这是乔石同志在听取八届全国人大环境与资源保护委员会负责同志汇报时的讲话。

能源构成中煤占很大比重，不注意，污染就会更严重。当然，还有其他工业污染。一些地方，乡镇企业不重视环境保护，有的乡镇企业的废水不加处理，直接排放，造成很大污染，甚至对相邻省区的危害都很大。还有一些大中型企业也不大注意。化工企业尤其要采取措施，抓紧治理。这方面也有做得好的。对一些低污染或经过治理做到基本没有污染的产业、产品，我们要尽可能予以扶持。对这个问题我比较注意，到基层去，听说有生产制冷机而不用氟利昂的工厂，我都要去看一看。比如江西景德镇、湖南长沙的一些制冷机厂，不用氟利昂做制冷剂，我都看了。如果全国各方面都重视环境保护，污染问题是可以得到解决的。

逐步适当增加对污染治理的投入不仅不会影响经济发展速度，反而会促进经济更加健康地发展。现在，存在片面强调眼前利益，怎么赚钱就怎么干的情况。认为增加环保投入会影响发展速度，这是一个错觉。我们要多进行宣传，消除这个错觉，提高全社会的环境意识。增加对污染治理的投入，由目前占国民生产总值的百分之零点七至百分之零点八，逐步增加到二〇〇〇年的百分之一点五，我是赞成的。

加强环保方面的立法，该立的法都立起来，立比不立好。环境噪声污染控制法、固体废物污染环境防治法，都要尽快立起来。增加环保投入问题，要在法律上明确规定下来。

植树造林要继续坚持下去，这并不很难。福建、广东已消灭了宜林荒山，还有其他几个省也做到了这一点。三北防护林建设是个很成功的经验，一、二期工程已经结束，三期工程要继续抓下去。我国劳动力多，充分发挥这个优势，每年坚持植树造林，效果会很大的。

关于全国人大工作的几个问题*

（一九九六年一月二十三日）

一、关于立法工作中要坚持的几项原则

这些年我们在立法工作中已经积累了一些行之有效的好的经验和做法。在今后的工作中，我们要适应新的形势，认真总结和推广这些经验，并随着实践的发展探索和创造新的经验，我们能够做到不断提高立法的质量。

我们一贯强调并将继续在立法工作中坚持以下几项原则：

第一，制定法律必须以宪法为依据。宪法作为国家根本大法，是我们制定法律、法规的基础和准则。宪法规定："一切法律、行政法规和地方性法规都不得同宪法相抵触。"[1]这是立法工作必须遵循的根本原则。在起草和审议法律草案时，只有以宪法为依据，从我国的实际出发，注意借鉴国外的有益经验，才能使制定的法律符合我国社会发展的规律，符合改革开放和现代化建设的需要。

第二，立法工作要与改革和发展的实际紧密结合。建立社会主义市场经济体制是一项根本性的变革。我们已经取得

---

* 这是乔石同志答《中华英才》总编辑问的主要部分。

了显著的成绩，同时在前进的过程中也不可能不遇到问题和困难。改革中的难点，也是立法中的难点。这就要求我们进一步解放思想，更新观念，开阔视野，大胆探索，勇于创新，以改革的精神解决立法中遇到的难点和问题。要善于把实践证明是正确的做法，用法律形式肯定下来，巩固改革开放的成果。对于一些应兴应革的事情，应当积极总结实践中的经验和做法，尽可能作出规范，更好地用法律引导、促进和保障改革与发展。

第三，立法要从全局出发，从人民的根本利益出发。全国经济是一个有机的整体。法律要维护全国市场的统一，促进国民经济有序运行和协调发展。立法要正确处理中央和地方之间、部门之间的关系，合理划分和明确中央和地方以及部门的管理权限，防止不适当地照顾和迁就地区和部门的局部利益和权力。同时还要注意法律之间、法律和法规之间的衔接配套，加强地方性法规的备案审查工作，保证法制的统一。

第四，立法工作必须走群众路线，坚持民主集中制原则。整个立法过程，从法律的起草到审议通过，都要走群众路线，充分发扬民主，广泛听取各方面的意见，认真按程序办事。有些重要法律草案可以在报刊上公布，并组织讨论，广泛听取人民群众的意见。对于有争议的问题，要组织专家和实际工作者进行科学论证。在讨论中有不同意见不要紧，可以经过充分讨论，反复比较，慎重考虑，集思广益，在民主的基础上集中正确的意见，然后作出决断。这对于提高立法质量是十分有益的。

二、关于加大人大监督力度

作为最高国家权力机关，全国人大及其常委会的权力直接来自人民，它能够对国家的一切重大问题作出决定并监督其实施，其他国家机关都必须接受它的监督，这是我国的根本制度决定的，是我国宪法明确规定的。根据宪法规定，全国人大及其常委会监督宪法和法律的实施，监督国务院、最高人民法院、最高人民检察院的工作。

如何保证宪法和法律的有效实施，是我国法制建设的重要课题，因为制定法律的最终目的就是为了有效地施行。这些年，法律实施的状况总的说是有较大改进的。各级组织对法律的重视程度、依法办事的自觉性和能力在不断提高；政法部门和行政执法部门总的说是努力严格执法的，法制宣传教育的效果也比较明显，广大干部和群众的法律意识有了较大的增强。但是当前在法律的实施方面确实还存在一些突出问题：有些法律实施得不够好，有法不依、执法不严、违法不究、以权压法、徇私枉法等现象在一些地方和部门还相当严重。这种状况损害法律的尊严，败坏国家的声誉，对改革开放和现代化建设造成危害。对此我们必须高度重视，采取切实措施加以解决。随着法制建设的加强，法律实施的情况相信会逐步得到更多的改进。

我们一再强调，要把监督法律的实施作为一项经常性工作摆在与立法同等重要的位置。执法检查要围绕改革开放和现代化建设中的重大问题和人民群众关心的热点问题，有计划有重点地进行；要加强领导，改进方式，加大力度，增强实效；要组织精干的班子，深入群众，听取意见；对检查中发现的问题，要督促国家有关机关认真加以解决，并将改进的情况向人大常委会作出报告。

在做好对法律实施的检查监督的同时，还要改进和加强对政府、法院、检察院工作的监督。代表大会和常委会会议听取和审议政府、法院、检察院的工作报告，是对这些国家机关的工作进行监督的重要形式。在正式听取和审议这些工作报告之前，在报告的起草、修改过程中，人大和有关机关就可以互通情况，交换意见。人大的专门机构把各方面的意见认真研究后，向有关机关提出建议供其参考和吸收，使正式提交审议时有一个比较好的基础；在审议过程中，继续充分发扬民主，广泛听取各方面的意见；在通过过程中，把代表或委员们普遍的意见和要求适当体现在决议中；通过之后，对执行的情况进行调查研究，对成绩充分肯定，发现问题及时督促改进。经验证明，这对支持、帮助、督促有关机关做好工作很有好处。还要加强对计划和预算执行情况的监督。计划和预算经人大批准后，就必须严格执行。如果需要作调整或变更，须报人大常委会批准。

近几年来，许多地方人大及其常委会在加强监督方面创造了一些好的经验和做法，如组织代表评议政府、法院、检察院的工作，对国家权力机关选举、任命的工作人员开展评议等，都取得了较好的效果。我们要继续探索，并不断总结经验，使监督工作逐步走向规范化、制度化。

三、关于完善人民代表大会制度

完善人民代表大会制度，是政治体制改革的一项重要内容。这项工作已经进行若干年了。

一九七九年我国制定了全国人大和地方各级人大选举法，开始了我国选举制度的改革。主要是：第一，实行自下而上、自上而下、充分民主地提候选人的办法；第二，将过去的等额选举的办法改为差额选举的办法；第三，把直接选举人民代表的范围扩大到县一级，便于人民群众对县级国家机关和国家工作人员实行有效的监督。在此之后，又对选举法进行了三次修改，进一步提高了选举的民主程度。

十七年来，我国人民代表大会制度不断得到完善和加强。通过制定和修改宪法、全国人大组织法、地方人大和政府组织法、代表法和议事规则等法律，适当扩大了全国人大常委会的职权，加强了它的组织；规定常委会组成人员不得担任国家行政机关、审判机关和检察机关的职务，实际上有相当数量的委员是专职的；增设了一些专门委员会，加强了专门委员会的工作和地方各级人大的组织建设；规定省级人大及其常委会可以制定地方性法规，省、自治区的人民政府所在地的市和经国务院批准的较大的市的人大及其常委会可以制定地方性法规，报省级人大常委会批准后施行；完善了人大及其常委会的会议制度和工作程序等。所有这些，对加强各级国家权力机关的工作和建设，健全国家体制，都有重要的现实意义和深远的历史意义。今后，我们将继续进行探索，实行改革，使人民代表大会制度不断得到加强和完善。

人民代表大会制度是我国的根本政治制度，人大工作是党和国家工作的重要组成部分，只能加强，不能削弱。这方面，我们应该遵循以下几项原则：

第一，必须依靠党的领导。各级人大都必须接受党的领导，坚决贯彻党的路线、方针、政策。当然，党组织关于国家事务的重大决策，凡是应当由人大或人大常委会决定的事项，都要提交人大或人大常委会经过法定程序变成国家意志。

第二，必须坚持民主集中制原则。民主集中制是人大及其常委会工作中必须遵循的基本原则。人大及其常委会工作的特点是集体讨论问题，集体决定问题，充分发扬民主，严格按法律程序办事。在审议决定问题时，要做到畅所欲言，各抒己见，要经过充分讨论，集思广益，在民主的基础上集中正确的意见。

第三，要密切同人民群众的联系。人民的根本利益和共同意志，是一切国家机关工作的出发点。人大及其常委会应当进一步密切同人民群众的联系，更好地代表人民，并接受人民的监督。只有充分反映人民群众的意见和要求，集中人民群众的智慧，才能真正代表人民的意志和利益，依法行使好宪法赋予的各项职权。

必须明确指出，按照我国宪法的规定，各级人大是本级国家权力机关，负担着繁重的立法、监督等任务，怎么能说人大工作是"二线工作"呢？诚然，人大代表和人大常委会组成人员中，有一部分是离开党委、政府等工作岗位后进入人大的，但是，这不是退居"二线"，而是加强人大工作的需要，因为他们熟悉情况，有丰富的领导工作经验和较强的议政能力。同时，我们事实上一直在重视人大代表和委员的年轻化问题，经过几次换届选举，总的年龄结构一届比一届有所改善。

四、关于全国人大的外事工作

人大的外事工作是我国外交不可缺少的一个重要组成部分。全国人大的外事工作，对于为国家改革开放和现代化建设创造良好的国际环境具有重要意义。

一九九五年，我应邀先后访问了日本、韩国、巴基斯坦、埃及和印度五国，同五国议会、政府领导人和朝野各界人士进行了广泛的接触。我还在北京会见了来访的二十多个国家的议会领导人。全国人大和专门委员会派了二十个代表团出访，人大常委会还派团出席了各国议会联盟会议和其他国际会议。

这一系列双边、多边交往，达到了广泛接触、加深了解、扩大共识、增进友好、促进合作的目的。人大扩大对外交往具有重要意义：首先，可以对外宣传我国的改革开放和现代化建设的巨大成就，介绍我国人民代表大会制度，阐述我国独立自主的和平外交政策；其次，我们也可以从中了解各国议会的运作机制，借鉴世界各国在立法等方面的有益经验；第三，有利于促进我国与世界各国在互利互惠的基础上开展经济、贸易、科技、文化等领域的合作，探索扩大合作的途径，以促进国内建设。总的来说，做好人大的外事工作，有利于加强我国同世界各国的友好合作关系，有利于增进我国人民同世界各国人民之间的友谊。

注　　释

〔**1**〕见《中华人民共和国宪法》（人民出版社 1993 年版，第 12 页）。

在全国人民代表大会
香港特别行政区筹备委员会
成立大会上的讲话

（一九九六年一月二十六日）

各位委员，各位同志，各位朋友：

全国人民代表大会香港特别行政区筹备委员会现在正式成立。这是香港回归祖国历史进程中的一件大事，标志着成立香港特别行政区的各项筹备工作进入具体实施阶段。我代表全国人民代表大会常务委员会向筹备委员会的全体委员表示衷心的祝贺！

香港特别行政区筹备委员会是全国人民代表大会设立的机构。根据《全国人民代表大会关于香港特别行政区第一届政府和立法会产生办法的决定》，香港特别行政区筹备委员会负责筹备成立香港特别行政区的有关事宜，规定香港特别行政区第一届政府和立法会的具体产生办法。这是一项对中华民族具有划时代意义的任务。我国对香港恢复行使主权的历史时刻日益临近，这项工作既紧迫又繁重。

筹备成立香港特别行政区，是八届全国人大及其常委会任期内的一项十分重要的工作。全国人大及其常委会将加强对筹备委员会的领导和支持。希望全体委员遵循"一国两制"的方针，以香港特别行政区基本法和全国人大及其常委会的有关决定为依据，充分体现"港人治港"和高度自治的原则，团结和依靠广大香港同胞，认真做好各项筹备工作，确保香港的平稳过渡和繁荣稳定。

我深信，有筹备委员会全体委员的共同努力，有包括香港同胞在内的全国人民的支持，有广大港人的参与，筹备委员会一定会不负全国人民的重托，圆满完成自己所肩负的光荣而又艰巨的任务，在香港回归祖国的历史上写下光辉的一页。

把加强社会主义民主法制建设作为各级人大及其常委会的根本任务 *

（一九九六年三月十七日）

这次会议通过的《中华人民共和国国民经济和社会发展"九五"计划和二〇一〇年远景目标纲要》明确规定："依法治国，建设社会主义法制国家"。这是指导今后我国现代化建设的一条十分重要的方针。依法治国，完全符合邓小平建设有中国特色社会主义的理论，是全国人民的共同愿望，是我国社会发展的客观要求，是国家稳定发展、长治久安的根本保障。在我国历史上，虽然早有"法治"的思想，但在持续几千年的封建社会中从根本上说是不可能做到的，而且那些"法治"的思想本身也带有当时政治和历史的局限性。我国人民经过长期浴血奋斗，最终在中国共产党的领导下建立了人民的国家。新中国成立初期，我们党在法制建设方面做了不少工作。但是，"种种历史原因又使我们没有能把党内民主和国家政治社会生活的民主加以制度化，法律化，或者虽然制定了法律，却没有应有的权威"[1]。"文化大革命"

---

* 这是乔石同志在八届全国人大四次会议上讲话的主要部分。

更是严重破坏法制，"无法无天"，使国家陷入混乱，经济走到崩溃的边缘。"文化大革命"结束后，我们党在邓小平同志率领下，认真总结了历史经验。党的十一届三中全会着重提出了健全社会主义民主和加强社会主义法制的任务，对保障我国社会主义现代化建设起了重要作用。我们的宪法和法律是党领导人民通过法定程序制定的，使党和人民的主张变为国家的意志，变为全社会的准则，体现了党的基本路线和方针、政策，代表了人民群众的根本利益。依法治国是加强党的领导的重要保证。我们党的各级组织和广大党员，尤其是领导干部，都要自觉遵守和维护宪法与法律，按照党章的规定，在宪法和法律的范围内活动，严格依法办事，为全社会作出表率。

在实施"九五"计划和二〇一〇年远景目标纲要的进程中，我们要进一步加强立法，严格执法。要按照市场经济的一般规则和我国的国情，全面建立起社会主义市场经济和集约型经济所必需的法律体系，以保障"两个根本性转变"[2]的实现，同时抓紧制定其他方面急需的重要法律。法律制定后，必须认真贯彻执行，切实做到有法必依、执法必严、违法必究，使法律具有极大的权威。坚决反对以言代法、以权压法，更不允许执法犯法、徇私枉法。执法者要真正做到忠实于法律和制度，忠实于人民利益，忠实于事实真相。要建立健全执法责任制和执法监督机制，严格实行对执法机关、执法人员违法的追究制度和赔偿制度。各级人大及其常委会要把加强社会主义民主法制建设作为根本任务，要把监督和保证宪法、法律的有效实施放在更加突出的地位，加大监督力度，增强监督实效。要继续深入开展法制宣传教育，增强全社会的法律意识和法制观念。

实现纲要确定的各项任务，建设有中国特色的社会主义，是全体人民的共同事业。只有充分发挥广大人民群众的积极性和创造性，才能把改革开放和现代化建设事业不断推向前进。我们各级国家机关及其工作人员要始终把人民的利益放在首位，全心全意为人民服务。要紧紧依靠人民群众，关心群众的疾苦，倾听群众的呼声和要求。我们的各级干部都是人民的公仆，绝不能做骑在人民头上的"老爷"。对那些侵犯人民利益的腐败行为，发现一件，就要处理一件，触犯刑律的必须依法惩办。各级领导干部要切实转变工作作风，发扬实事求是、艰苦奋斗的优良传统。要说真话，办实事，坚决反对弄虚作假、虚报浮夸。要提倡勤俭节约、清正廉洁，坚决反对铺张浪费、贪图安逸、追求享乐的腐朽作风。要提倡脚踏实地、埋头苦干、勤勉务实，坚决反对官僚主义、形式主义，反对说空话、不解决实际问题的恶劣作风。

注　　释

〔1〕见《中国共产党中央委员会关于建国以来党的若干历史问题的决议》（《三中全会以来重要文献选编》（下），中央文献出版社 2011 年版，第 150—151 页）。

〔2〕"两个根本性转变"，指一九九五年九月中共十四届五中全会提出的经济体制从传统的计划经济体制向社会主义市场经济体制转变，经济增长方式从粗放型向集约型转变。

长期稳定地发展中俄睦邻
友好关系 *

（一九九六年四月二日）

俄通社－塔斯社记者问：您认为在即将到来的二十一世纪中，俄中关系会是怎样？继续发展两国睦邻友好关系，您认为需要作出哪些努力？俄罗斯国家杜马内部对俄中关系存在各种不同的看法。除了俄中友谊的拥护者外，也同样有人怀疑两国友谊的绝对重要性，而主张与台湾发展更紧密的关系。您是否对此感到不安？

答：中俄两国面向二十一世纪的建设性伙伴关系，是建立在和平共处五项原则基础上的完全平等的睦邻友好、互利合作的新型国家关系，它不仅符合中俄两国和两国人民的根本利益，也有利于亚太地区以及整个世界的和平、稳定与发展。长期稳定地发展睦邻友好关系，是两国领导人和两国人民总结历史经验、从实际出发作出的正确选择，不会也不应该因某些人的某种言论而有所动摇。今后，两国不仅要继续保持高层交往与接触，而且要拓展互利合作的新领域，特别要做好中青年一代的工作。

台湾问题是关系到中国主权、统一和领土完整的原则问

---

* 这是乔石同志在莫斯科接受俄罗斯新闻媒体采访时谈话的一部分。

题。俄罗斯方面在中俄历次签署的双边政治文件中都重申了坚持一个中国的立场，承认中华人民共和国政府是代表全中国的唯一合法政府，台湾是中国领土不可分割的一部分，承诺不与台湾发展官方关系。叶利钦总统还专门就此问题发布过总统令。我们对此表示赞赏。

《今日报》记者问：当前人们普遍对台湾问题感兴趣。中国领导人将如何来实现两岸的统一？作为中国最高国家权力机关，中国全国人大将在这方面起什么作用？

答：我们在台湾问题上奉行"和平统一、一国两制"的基本方针，这符合海峡两岸中国人民的根本利益和共同愿望。坚持一个中国原则，是实现和平统一的基础和前提。我们坚决反对台湾当局某些领导人制造"两个中国""一中一台"和"台湾独立"的图谋。我们希望和平统一，但我们决不承诺放弃使用武力。台湾问题纯属中国内政，我们决不允许外国势力以任何借口和形式进行干涉。要把台湾分裂出去，是十二亿中国人民决不答应的。我们维护国家主权、统一和领土完整的立场是任何力量也动摇不了的。

早在一九七八年，五届全国人大常委会就通过了《中华人民共和国全国人民代表大会常务委员会告台湾同胞书》，呼吁海峡两岸结束军事对峙状态，尽快实现通航、通商、通邮，完成祖国统一大业。近几年，全国人大常委会还通过了台湾同胞投资保护法等一些法律。今后，中国全国人大还将继续为祖国的统一作出自己的努力。

俄罗斯公共电视台记者问：您如何评价当前俄罗斯议会和中国全国人大之间的联系？

答：中国全国人大和俄罗斯联邦会议在各自国家生活中

和构筑中俄长期稳定的睦邻友好关系方面发挥着重要作用。近来中国全国人大和俄罗斯联邦会议之间的交往逐渐增多，各对口的委员会之间的交流也较为频繁。双方都成立了友好小组并派团实现了互访。这些交往增进了中国全国人大和俄罗斯联邦会议之间的互相了解。不久前，俄罗斯新一届议会开始工作，中国全国人大愿同俄罗斯联邦会议继续保持和发展业已存在的友好合作关系，加强交流，为两国关系的发展共同作出新的努力。这次，我应俄罗斯联邦委员会主席斯特罗耶夫和俄罗斯国家杜马主席谢列兹尼奥夫的邀请，来到伟大的邻邦俄罗斯进行正式友好访问。我相信，这次访问必将成为中国全国人大和俄罗斯联邦会议密切交往的新的起点。

关于三峡工程、库区移民和环境保护问题[*]

(一九九六年六月)

一

　　三峡工程是一九九二年四月由全国人民代表大会专项审议批准的[1]，这是新中国成立以来十分罕见的。这个工程是我国迄今最大的基本建设项目，也是当今世界上最大的水利水电工程。我前年去巴西访问，参观了伊泰普水电站[2]。陪同参观的巴西人说，伊泰普是世界上最大的水电站。但当中国的三峡工程完成后，伊泰普就不是最大的了。三峡工程牵涉到的不仅是四川、湖北两省，还有其他省份，甚至全国，对我国经济发展和人民生活有重大影响，受到国内外的普遍关注。

　　全国人大及其常委会十分重视工程的建设。这次全国人大常委会部分领导同志专门抽时间考察三峡工程，就是为了更多地了解工程的进展情况，支持促进工程的建设，进一步引起全国各方面的关注并给予有力支援，切实搞好这项工程。李鹏[3]同志对这次考察也很重视，专门派了郭树言[4]

* 这是乔石同志在考察长江三峡工程期间的讲话要点。

同志来。树言同志作了全面介绍，主要的情况都谈到了。四川、湖北两省的负责同志也就有关问题介绍了情况。以前大家对工程情况也不同程度地有一点了解，这次又考察了几天，对工程建设情况，总的印象是好的。枢纽工程建设和库区移民工作进展比较顺利。当然，也遇到一些问题，有关部门和地区在积极抓紧解决，有的方面已经取得好的效果。根据工程本身的要求和国家实行社会主义市场经济的实际，在三峡工程建设中进行了一些积极的探索，这方面今后还可以继续努力。实践证明行之有效的一些办法要坚持下去，并逐步加以完善和发展。

二

三峡工程是百年大计，千年大计，是造福子孙万代的事情，工程质量一定要搞好，绝不能出问题，要能经得起未来久远年代的考验。因此，在建设过程中必须自始至终都要十分仔细，十分精心。现在开了个好头，要坚持下去，十余年的工期中都要注意这个问题。要随时进行检查监督，从原材料到施工都要严格把关，不能有丝毫马虎，不能有任何疏漏，要一步一步搞扎实，每一项工程都要达到设计要求。目前大量的还是土石方工程，设备的制造、安装等要求就更高，大头还在后面。对主要设备，无论是从国外引进的，还是国内自己制造的，都要高标准、严要求，达到国际先进水平。设备招标实行"公开、公平、公正"的原则，我很赞成，希望在实际行动中坚决做好。招标就是要铁面无私，谁的设备先进，谁的技术含量高，谁的合作态度好，就选择谁。当然，还有价格等问题。只有坚持"三公"，才能保证三峡工程的主要设备是高水平的。对外招标，还要保证能够把我们需要的先进技术引进来，真正提高我们自己的水电设备制造技术能力。从以往的经验看，把这一点落到实处不容易，要切实抓紧抓好。同时，通过三峡工程的建设，还要培养出一批人才。总之，要努力使我国的水电事业尽可能地达到国际最先进的水平。

三

　　这次考察，大家都很关注移民问题。移民确实是三峡工程的一个大问题，关系工程的进度和成败。持续十几年，移民一百多万，这在历史上也是空前的。四川移民的任务确实很重，湖北也不轻。国家有关部门和四川、湖北两省已经做了大量工作，取得了一定成绩，但任重道远。要切实看到这项工作的艰巨性，下功夫做深做细。移民工作中遇到的问题要抓紧解决，有关的政策和措施必须落到实处。比如，移民所需的资金要保证，要及时到位，否则整个工程的进展就会受影响。

　　要坚持贯彻开发性移民的方针，中央也讨论过，必须实行这个方针。从五十年代以来，我们建设水利工程，最大的遗留问题就是移民问题。我印象非常深的是三门峡，那还是在苏联帮助下建的，直到现在移民问题还有欠账。很多经验教训告诉我们，移民问题必须解决得彻底、解决得好，否则是不行的。要做到解决得好，不留后遗症，使移民搬迁后能够安居乐业，生活水平不低于原来的水平，而且能够逐步有所改善和提高，那就必须坚持开发性移民的方针。

移民安置要与库区开发、开放、发展结合起来。国家从各方面给予支持，库区也要善抓机遇。中央早已明确，上海浦东开发，要同长江三角洲以至整个长江流域的经济发展联系起来。库区可以想办法充分利用这个机遇。搞好库区建设，对口支援是一个办法。有的地方与库区合作办企业，已经取得了一些成绩，比如，上海白猫集团和四川万县[5]合作企业等，效果就比较好，其他省也有这样做的。但总的看，现在还只是开了一个头，潜力还很大。要积极引导其他地区加强同库区的合作，步子和规模都可以更大一点。库区也要多想办法，广开门路，大力引进资金，引进先进的技术和管理，积极发展同其他地区的合作。将来，库区还可能在经济上形成新的优势，也要好好加以利用。省里的同志提出希望国家对库区给予某些政策上的照顾，可以请有关部门研究一下。同时，我还想提一点，库区大多是比较贫穷和落后的地方，这同客观条件不无关系，也是长期的历史形成的。当地的同志迫切希望改变面貌，心情是可以理解的，但必须从实际出发，实事求是，量力而行。事情要一件一件办好，搞扎实，避免盲目把摊子铺得过大。通过当地干部和群众踏踏实实的艰苦努力，库区的经济和其他建设事业一定会逐步发展上去，人民的生活也会一步步得到改善，逐渐富裕起来。

移民问题，还可以多想一些办法，多开辟一些途径，采取多种多样的形式。比如，除了主要就地安置外，有关部门和地方也在探讨异地安置，可以继续调查研究，争取找到一些适当的方法。有的地区已表示愿意帮助安置一些移民，这很好。还有，现在四川、湖北外出打工的人不少。有的人连续多年较稳定地在某地打工，已经建立起一定的关系，生活也较习惯，自己愿意留下来，如果当地也需要，可以尝试采取适当的过渡形式，让他们在那里稳定下来，安家落户。这一点，国家有关部门和有关省市再做些调查，深入研究一下，可否考虑通过适当过渡，作为移民安置的一个具体办法。

四

库区环境和生态保护，也是大家非常重视的问题。对污染绝不能掉以轻心，三峡工程建设对环境和生态可能产生的影响要注意研究，早一点发现问题，早一点采取措施，切实做到工程施工与环境保护同步，移民安置、库区建设与环境保护同步。将来水库形成后，对环境和生态还会有什么进一步的影响，现在不可能完全预料到，这也是可以理解的。对已经预料到的，要尽早采取措施，以后也要予以重视，发现问题，尽可能及时加以解决。

要严格控制工业污染，对已经造成的污染，要想办法抓紧治理，不能任其下去。与此同时，要大力加强库区产业结构的调整，积极发展低污染和无污染的工业。对那些污染严重、难以治理、工艺和产品也落后的厂子，要下决心从产业结构上进行改造。实在改造不过来的，也要做出其他妥善处理。同类的厂子搬迁，有条件的尽可能合到一起规模经营，同时加强技术改造，调整产品结构，把减少和防止污染的措施也考虑进去，从而解决一部分问题。另外，沿海地区希望把一些厂子往内地搬迁，有的也可能迁到库区来，对其迁来后可能造成的污染要事先注意到，向其提出环保的要求，把有关的问题解决好。

库区新城镇的建设，在环境保护方面也要有一个新的起点，上一个新的台阶，要努力做到符合国家环保的标准。规划的时候，就要把污水处理等环保项目考虑进去，并要真正予以落实。不能把环保项目视作可有可无，可上可不上。对这一点，国家有关部门和省地市要把好关，并要严格检查监督。

库区和长江上游植被的保护，必须高度重视，切实予以加强。库区坡地改梯田的进程要加快。沿江地区一些不宜开垦的土地，尤其是坡度大的，要与有关的省或地方讲清楚，要退耕还林，多搞些防护林。这同移民也有一定关系。假如迁移时简单后靠，就容易出现盲目开垦的现象，大雨一下，水土就流失了。总的来说，长江两岸的水土流失，一定要抓紧控制。

保护长江的水质，越来越成为一项紧迫的任务了。沿岸的工业污水、生活污水都往长江里排，再加上水土流失，还有大量的垃圾，实在不能这样继续下去了。否则，怎么向子孙后代交代！将来三峡水库形成后，应当是一个大的风景旅游区，要保证能够有一池清水。如果把它搞得污七八糟，那怎么行！旅游也搞不好。

保护环境和生态，要狠抓落实。而要真正落到实处，关键在于提高各级干部、尤其是基层干部的环保意识。县这一级就很重要，至少县委书记的脑子里要印象很深刻。基层干部的自觉性增强了，才能带领群众，采取切实有效的措施，严格执行有关法律、法规。

这次考察，时间比较短，只能粗浅地了解一下三峡工程建设和移民工作的大体情况，不能说有什么深入的调查和研究，大家谈的一些看法和意见，供国务院有关部门和四川、湖北两省的同志研究工作时参考。希望各位副委员长、各专门委员会今后继续关心三峡工程的建设情况，支持国家有关部门和四川、湖北及各地千方百计把三峡工程建设好，按设计要求、按计划圆满完成。

注　　释

〔1〕一九九二年四月三日，七届全国人大五次会议通过《关于兴建长江三峡工程的决议》，完成三峡工程的立法程序。此后，三峡工程进入实施阶段。

〔2〕伊泰普水电站，位于巴拉那河流经巴西与巴拉圭两国边境河段。

〔3〕见本书《在全国高级法院院长汇报会上的讲话》注〔1〕。

〔4〕郭树言（一九三五——二〇二二），河南镇平人。当时任国务院三峡工程建设委员会副主任，兼三峡工程建设委员会办公室主任、党组书记。

〔5〕见本书《学习贯彻邓小平同志南方重要谈话首先要解放思想》注〔5〕。

中西部地区面貌要有
一个大的改变*

（一九九六年八月十九日）

一、中西部地区要把潜力和优势充分发挥出来，
加快改革开放，使经济发展得更快一些

目前的国际国内形势，总的来说，对我们集中精力加快经济发展是有利的。要紧紧抓住这个难得的历史机遇，把经济建设和各项事业搞上去；不但使沿海地区，而且使中部地区、西部地区都能够发展起来。中西部地区干部、群众改变面貌的愿望强烈，国家也很重视支持中西部地区的发展，这些地区发展潜力是大的，把优势充分发挥出来，加快改革开放的步伐，经济是可以发展得更快一些的。同时，对于中西部地区与沿海地区的差距要有一个清醒的、实事求是的认识。这些差距有很多是历史形成的，也有地理的原因、自然环境的原因等等。我们一方面要切实抓紧，采取切实可行的办法，努力逐步缩小它；另一方面，不能以为差距可以在短期内就很快消失了，不能太急。我们要真正从实际出发。中西部地区的发展有许多具体条件的限制，不是主观上想怎样

---

* 这是乔石同志在甘肃省考察工作时讲话的主要部分。

就能怎样的。克服这些限制要力戒主观主义，要以科学的态度，按照事物的客观规律，踏踏实实一步一步地走，使问题逐步得到解决。这样，通过一代、两代甚至三代人的奋斗，使面貌有一个很大的改变，同沿海的差距有一个明显的缩小。彻底改变甘肃面貌，要作长期艰苦奋斗的打算。邓小平同志说，坚持基本路线一百年不动摇。我看一百年对甘肃的经济发展来讲不算太长。如果从新中国成立开始算起，已经过了将近五十年，剩下也就五十来年了。这几十年要把甘肃的面貌有个大的改变，也是一件了不起的事情，也不容易。这次我也到定西地区看了一下，很有感想。这个地区历来是比较贫困的，经过党领导人民艰苦奋斗，这些年在改造自然条件方面取得了可喜的成就，有了相当的进步，但发展的任务还是很艰巨的。现在甘肃在省委的领导下，领导班子都比较协调、团结，人民群众积极性也比较高。今后继续踏踏实实地把各项工作做好，一定可以一步一步地把甘肃建设起来。

二、钢要用在刀刃上，筹集来的钱，要集中用在技术改造上

发展经济，比较关键的是提高质量，提高素质。该上的项目要争取上，但也不要片面追求铺新摊子，不要单纯追求数量上的扩大。我们这个国家，资源既多又不多，人均占有资源除了煤炭以外，其他都不多。石油资源不能说已经算清楚了，但看起来也不是丰富得不得了。当年说搞十来个大庆，如果要搞也搞不起来。钢也是这样。从全国来讲，现在

钢主要不是数量的问题，也不是继续铺新摊子的问题，而是提高质量、解决品种的问题。鞍钢现在明确不再追求数量了。他们强调进行技术改造，提高经济效益，这样就很好。你们是一个比较穷的省，经济的发展要实事求是地根据具体的条件量力而行。有条件上新项目当然好，上一项就要抓好一项。新项目上很多，也不大可能，不现实。已经有的项目，要用很大的精力去抓改造，抓提高，这方面的潜力是很大的。

企业的技术改造，要放到十分重要的位置。甘肃大部分大中型国有企业是五十年代或搞三线建设时期兴建的。几十年来，它们为国家的社会主义建设作出了宝贵的贡献。但这些企业都不同程度地存在着技术、设备和工艺严重老化，产品单调、落后的问题。技术改造的任务很重，很紧迫，必须抓紧时间集中力量来抓。否则再拖下去，摊子越铺越大，而技术越来越落后，产品在市场上没有竞争力，企业就无法维持下去，改革的难度也会越来越大。机械制造和原材料加工业是这样，基本建设也是这样。我曾经碰到一个例子，葛洲坝竣工以后，施工队伍留在那里。他们说要到全国各地去包工揽活，并且希望三峡工程早一点动工。现在三峡动工了，我问他们承包到多少工程，他们说数量很少，许多工程他们没有能力承包。我说你再不改造提高，将来这支队伍怎么办？你今年盼三峡，明年盼三峡，盼了十来年，盼到了，你又只能承包那么一点。三峡这么大的工程你都拿不到多少，其他工程你还能拿到多少？还比如，大连造船厂、上海江南造船厂订单都不少，因为我们的焊接技术还可以，劳动力价格又便宜。但人家指定要其他国家生产的油漆和柴油机以及导航、声呐等设备，不用我们的，而要用人家的。这样我们实际上赚钱就少了。纺织工业也是这样，比如丝绸业，蚕农的蚕茧不好卖，有的地方把桑树都砍了，原因是蚕丝太多了。蚕丝多是可以预见到的，十年前我到瑞士，我国驻瑞士大使就告诉我，国际市场上我们的蚕丝占的比重已经达到百分之九十多了。咱们国家从南到北都养蚕，生产那么多的丝都放到国际市场上，量那么大，市场消化不了只能落价。落价销售人家还说你倾销。看来要解决问题只有把两个市场都利用起来，国内市场也要开辟出来，同时要注意解决丝织品适合市场需要的问题。总的看，我们国家的机械加工业，包括造船、飞机、汽车制造业等，摊子不能再往大铺了；现有的规模，搞技术改造，也是很艰巨的。国家财力有限，铺新摊子一定要慎重。即使技术改造的资金，中央也实在拿不出很多。资金上的困难，要多途径筹集解决。比如适当地发展一点地方的金融事业，有一点自己的融资手段。发挥中央和地方的两个积极性总比只等中央给钱要更主动一点。有条件的企业也可以争取股票上市。筹集来的钱，要集中用在技术改造上，钢要用在刀刃上。尤其是一些老企业，技术改造的任务更重、更迫切，更要集中力量重点抓。技术进步是没有止境的，不进则退。在市场经济条件下，企业要增强竞争力，就必须不断进行技术改造。只有掌握了先进的技术，不断提高产品质量和档次，同时加强管理，才能经得起国内国际市场的考验。

国有企业的改革，要抓紧进行。这一点我在很多地方都强调过了，今天就不多说了。搞好国有企业，出路就在于深化改革，实现"两个根本性转变"[1]。这条道路一定要坚定不移地走下去，不要犹豫，不要害怕。我不大赞成光是念叨国有资产流失。关键是要抓紧采取改革措施。否则，你天天念叨也没用，念叨十年国有资产全都流失完了。就是得胆子大一点，思想解放一点。建立现代企业制度，要根据各地的具体情况，依靠群众，大胆探索，在实践中寻找路子和办法。各种比较有利的形式都可以尝试。实践证明基本方向正确、路子对头、效果较好的经验，就要及时总结，结合实际加以推广。要通过大胆实践，使国有企业，特别是大中型企业改革速度尽可能快一点。

三、甘肃一定要把农业的基础打好

农业必须作为整个国民经济的基础，长期坚定不移地抓下去。像甘肃这样的省份，一定要把农业的基础打好。这需要长期坚持不懈地努力。甘肃的特点是干旱缺水，很多地区的自然生态条件对农业相当不利。你们根据本地区的特点，结合实际条件摸索出了兴修水平梯田、雨水集流灌溉、地膜覆盖保墒等办法，这是很好的。通过种草种树，"反弹琵琶"，逐步改善生态环境的做法，看来也是比较符合实际、比较可行的。如果引洮工程能够搞起来，农业的基础就会更好一点。我在一九五八年来时，正是搞引洮上山的时候，但是后来搁下来了，一搁就是好几十年。现在你们的这个方案，比当时的方案要更现实一些、更合理一些。总之，要有长期打算，规划好，事情一件一件做好，搞扎实。这样逐步逐步抓下去，一定会搞好的。今年因为雨水充足，农业可以说丰收在望了，但不可能年年都风调雨顺。要立足于发生自然灾害，甚至比较严重的自然灾害。从长远看，要保证农业生产的稳步增长，必须增强抗御自然灾害的能力。

四、干部一定要以身作则，
保持艰苦朴素的作风

我们这个党，宗旨就是为人民服务，除了人民的利益外，没有自己特殊的利益。党的干部，任何时候都要保持和人民群众的血肉联系，与群众同甘共苦，丝毫也不能脱离群众。贫困地区尤其要注意。各级党的组织和党员，特别是各级领导干部要十分关心群众的疾苦，努力解决群众的困难，带领他们早日脱贫致富。干部一定要以身作则，保持艰苦朴素的生活作风，并坚决同各种腐败现象作斗争。我还想强调一点，为了人民的利益，我们必须坚持实事求是。邓小平同志最令人钦佩的，就是他一直主张坚持实事求是，对就是对，不对就是不对，对的就坚持，不对的就坚决纠正。同时，抓工作一定要实在，不能停留于文件和讲话上，形式主义决不能搞，任何事情都要抓落实，切切实实带领人民群众干实事，扎扎实实地向前进。我们这么大的一个党，历史很长，将来的道路也很长。我们必须保持和发扬党的优良传统，把我们的国家建设好。

注　　释

〔1〕见本书《把加强社会主义民主法制建设作为各级人大及其常委会的根本任务》注〔2〕。

答德国《商报》记者问*

（一九九六年九月三日）

问：中国人大是怎样通过加强立法来保障公民权利和自由的？

答：在我们国家，人民是国家和社会的主人。按照宪法规定，公民享有广泛的权利和自由。我们一贯重视通过立法来保障公民的权利和自由。早在一九七八年，邓小平同志就指出："为了保障人民民主，必须加强法制。必须使民主制度化、法律化，使这种制度和法律不因领导人的改变而改变，不因领导人的看法和注意力的改变而改变。"[1] 这十几年来，我国全国人大及其常委会，一直在努力加强这方面的工作。现在，我们已经初步形成了以宪法为核心的保障公民权利和自由的法律制度。我国的宪法，专门有"公民的基本权利和义务"一章，对公民的基本权利，包括言论、出版、集会、结社、游行、示威、宗教信仰等自由作了明确规定。为了保障公民行使选举的权利，我们曾根据实践经验几次修改选举法，完善选举制度。按照现行的选举法，不但政党、人民团体可以提出代表候选人，选民或代表联名也可以提出候选人；以前的等额选举已改为差额选举；直接选举人大代

---

* 这是乔石同志接受德国《商报》记者赖纳·纳伦多夫采访时的谈话。

表的范围扩大到了县一级。为了保障公民对国家机关侵权行为的诉讼权和依法获得国家赔偿的权利,我们制定了行政诉讼法和国家赔偿法。为了保障公民参加基层民主管理,我们制定了村民委员会组织法(试行)和城市居民委员会组织法。为了保障公民的其他基本权利,我们还制定了义务教育法、劳动法、妇女权益保障法、未成年人保护法、残疾人保障法等一系列法律。可以说,中国保障公民权利和自由的法律是比较完备的。今后,我们还将在这方面继续努力,根据人民的意愿和实际的需要不断完善法律。

问:中国人大通过了许多法律,但有些法律实施并不顺利。你们是怎样保证法律的有效实施的?

答:我们制定法律,就是为了施行。有法必依,执法必严,违法必究,这是我们坚定不移的原则。这些年,法律实施的状况总的说是有较大改进的。我国各级组织对法律的重视程度、依法办事的自觉性和能力在逐步提高;司法部门和行政执法部门总的说是努力严格执法的;法制宣传教育的效果也比较明显,干部和群众的法律意识有了比较大的增强。当然,由于历史的原因和现实的情况,中国形成完备的法制需要一个相当长的奋斗过程。当前,在法律实施方面还存在着一些问题,在一些地方和部门,不依法办事,甚至以权压法、徇私枉法等现象还是比较严重的,也包括像你所说的,一些法律实施得不够好。对这些问题,我们是非常重视的,正在采取措施着力予以解决。首先是改革、完善司法制度和行政执法机制,加强执法队伍建设,提高司法和行政执法水平。我们建立的对执法机关和执法人员违法的追究制度和赔偿制度,就是比较重要的措施。其次是加强对法律实施的监督。全国人大常委会把这项工作放在与立法同等重要的位置，每年都派出若干个检查组，开展执法检查活动，督促有关部门改进执法工作，尤其是纠正执法违法的现象。这项工作还将继续加大力度，增强实效。地方各级人大常委会也采取多种形式，监督法律的实施。各级人大常委会还设有专门的信访机关，受理公民的控告、申诉和检举，纠正有关部门执法不当的问题和各种违法的行为。再次是深入、持久地开展法制教育。我们已经完成了两个五年普法规划，今年又开始实施第三个五年普法规划。我们将进一步下大力气提高广大干部和群众，尤其是各级领导干部的法制观念和依法办事的能力。今年三月，八届全国人大四次会议通过的"九五"计划和二〇一〇年远景目标纲要，着重强调"依法治国，建设社会主义法制国家"。我们相信，在这一方针指引下，经过国家机关和人民群众共同努力，法律实施的情况将会逐步得到更多的改进，法制建设将会取得更大的成绩。

问：您同意在人大进行公开的辩论吗？

答：你提这个问题是不是想了解中国人大在召开会议时发扬民主的情况？在我们国家，各级人大及其常委会都严格依照法定程序，充分发扬民主，集体讨论问题，集体决定问题。全国人大组织法和全国人大及其常委会的议事规则，对会议程序作了具体的规定。按照会议程序，各项议案在提交表决前，都要广泛听取各方面的意见，都要经代表、委员充分讨论。在讨论中，代表、委员们畅所欲言，各抒己见，各种意见当然包括反对意见都可以发表。无论是代表大会，还是常委会会议，无论是全体会议，还是分组讨论，在审议法律议案时，不同意见的辩论是经常有的，道理越辩越明嘛。

为了保障代表能自由地表达自己的意愿，法律还规定代表在
人大各种会议上的发言和表决，不受法律追究。全国人大会
议公开举行，新闻媒体对讨论和辩论的情况都可以报道。

　　问：中国共产党是否有可能演变成为社会民主党？

　　答：中国共产党产生的社会根源和历史根源同西方的社
会民主党是完全不一样的。中国共产党是产生在灾难深重的
半殖民地半封建的旧中国土地上的。它成立后，本着马克思
主义基本原理同中国具体实际相结合的原则，带领人民经过
前仆后继、不屈不挠的斗争，建立了新中国。新中国成立
后，我们党努力探索解决中国建设社会主义的问题。尤其是
从七十年代末开始，在邓小平同志的率领下，我们党系统地
总结了历史经验，走上了建设有中国特色社会主义的道路。
实践证明，这条道路是正确的，是得到广大人民群众拥护
的。总之，中国共产党所走的道路，它的路线、方针和政
策，是党领导人民经过几十年的奋斗牺牲，在中国的土地
上，从中国革命和建设的实践中产生、发展和受到检验的，
今后还将继续坚持下去。目前我们党同世界上一些社会党、
社会民主党和他们的国际组织有联系，保持着友好交往，但
是中国的历史和现实都决定了中国共产党不可能变成社会民
主党。

　　问：在中国有中国共产党的领导，可否允许政治上的多
元化？

　　答：中国共产党的领导地位和作用是在长期的历史过程
中形成的。除共产党外，中国还有八个民主党派。我们实行
共产党领导的多党合作和政治协商制度。共产党是执政党，
各民主党派是参政党。这既不同于西方的两党制或多党制，

又不同于一党制，是有中国特色的政党制度。这个制度也是在历史发展过程中形成的。这些民主党派在民主革命中，有过同我们党共同奋斗的历史；新中国成立后，在国民经济恢复、社会主义改造和社会主义建设中，也作出了重要贡献；今天，又同我们党一起致力于建设有中国特色的社会主义。中国共产党按照"长期共存、互相监督、肝胆相照、荣辱与共"的方针，同各民主党派协商议事，支持他们参政议政，并进行民主监督，也支持民主党派和无党派人士在国家机关担任领导职务。比如在我们全国人大，就有各个民主党派的人士担任领导职务。实践证明，这一制度符合中国国情，有利于国家的稳定和发展。我们将长期坚持这一制度。

建设高度的社会主义民主，是我们的根本目标和根本任务之一。早在七十年代末，邓小平同志就指出："没有民主就没有社会主义，就没有社会主义的现代化。"[2]十几年来，我们在实行经济改革的同时，推进政治体制改革，也取得了明显的进展。今后，我们将继续奋斗下去，努力使民主制度化、法律化，从根本上保证国家政治生活的民主化。当然，我们这个国家有几千年封建社会的历史，也还有其他一些因素的影响。民主要一步一步地发展，要符合中国的情况。我们相信，只要坚持不懈地下功夫，有中国特色的社会主义民主政治，一定可以建设起来。

问：中国共产党五十、六十和七十年代的意识形态，哪些今天还起作用？中国存在后退的危险吗？您认为社会主义的前景如何？

答：中国共产党历来坚持把马克思主义基本原理同中国革命和建设的具体实践密切结合，坚持实事求是，一切从实际出发，以实践为检验真理的唯一标准。这是我们党过去和现在一条最根本的原则。无论革命战争年代，还是和平建设时期，只要我们党坚持这一根本原则，解决中国问题就比较顺利。历史上，我们党曾经走过一些弯路，遭受过一些挫折，有过失误，除了客观原因之外，归根到底都是由于脱离了中国的实际。我们有一条，就是发现错了，就实事求是地坚决纠正。

在新的历史条件下，我们党从实际出发，解放思想，积极探索，形成了邓小平建设有中国特色社会主义的理论，系统地回答了在中国这样一个经济文化比较落后的国家建设社会主义的问题。在这个理论的指导下，我们党制定了社会主义初级阶段的基本路线，简要地说，就是以经济建设为中心，坚持四项基本原则，坚持改革开放。这些年，我们国家的发展和变化举世瞩目。实践证明，邓小平建设有中国特色社会主义的理论和党的基本路线是符合中国实际的，是深入人心的。只有沿着这条道路走下去，中国才能成为一个富强、民主、文明的社会主义现代化国家。中国不会后退，因为后退是没有出路的，全党不允许，全国人民不允许。

当然，在继续前进的过程中，进一步改革开放，进行新的探索，也需要排除各种干扰。邓小平同志曾经深刻地指出，有右的东西影响我们，但根深蒂固的还是"左"的东西。中国要警惕右，但主要是防止"左"。我们必须保持清醒的头脑，这样就不会犯大错误，出现问题也容易纠正和改正。建设有中国特色社会主义的伟大事业已经取得了显著的成绩，我们坚信，这一事业的前景是美好的，一定会获得巨大成功。当然，这需要一个相当长的过程，需要好几代人的艰苦努力和顽强奋斗。在拥有世界五分之一以上人口的大国建成社会主义，这对于世界的发展和人类社会的进步，都将具有十分重要的意义。

注　释

〔1〕见邓小平《解放思想，实事求是，团结一致向前看》（《邓小平文选》第2卷，人民出版社1994年版，第146页）。

〔2〕见邓小平《坚持四项基本原则》（《邓小平文选》第2卷，人民出版社1994年版，第168页）。

在各国议会联盟第九十六届大会
开幕式上的致辞

（一九九六年九月十六日）

尊敬的议联理事会主席苏鲁尔博士，议联秘书长科尔尼永先生，联合国秘书长代表里德先生，各位议员、各位驻华使节，女士们、先生们：

今天，世界各国议会的代表团和有关国际组织的代表相聚在北京，参加各国议会联盟第九十六届大会，我们作为东道主深感荣幸。首先，请允许我代表中国全国人民代表大会及其常务委员会，并以我个人的名义，向出席本届会议的全体代表和各位来宾表示热烈欢迎，并预祝大会圆满成功。

各国议会联盟，作为各主权国家议会的代表参加的国际组织，多年来致力于加强各国议会、议员间的交流，为增进各国人民之间的友谊和合作，促进世界和平，发挥了积极的作用。这次议联北京大会，将围绕国际政治形势、世界经济发展和人类社会进步等方面的问题展开讨论。我们希望并相信这次会议能够本着相互尊重、平等相待、充分协商、求同存异的精神，进行广泛的交流和切磋，加深了解，扩大共识，为世界和平与发展作出积极贡献。

从七十年代末开始，中国进入了一个新的历史发展时期。在邓小平建设有中国特色社会主义理论的指引下，我们坚持以经济建设为中心，努力深化改革，扩大开放，解放和发展生产力，现代化建设取得了举世瞩目的成就，国家面貌发生了巨大变化；我们积极推进政治体制改革，努力建设有中国特色的社会主义民主政治，发展社会主义精神文明，也取得了显著的进步。

当前，我们正在按照我国国民经济和社会发展"九五"计划和二〇一〇年远景目标纲要的要求努力奋斗，积极推进从计划经济体制向社会主义市场经济体制的转变，推进经济增长方式从粗放型向集约型转变；同时继续本着两个文明一起抓的方针，大力推进社会各方面的改革和建设。我们的目标是，把我国建设成为富强、民主、文明的社会主义现代化国家。我们对此充满信心，中国人民完全有能力做到这一点。通过几代人的不懈努力，这个目标一定可以实现。

在这一伟大的变革过程中，中国全国人民代表大会肩负着重要的责任。人民代表大会制度是我国的根本政治制度。人大认真行使宪法赋予的各项职权，积极反映时代的要求，忠实代表人民的利益，努力体现国家的意志，对于推进我国的经济发展和社会进步，具有十分重要的意义。改革开放以来，全国人大及其常委会积极行使国家立法权，制定了三百项法律和关于法律问题的决定，初步形成了以宪法为核心的法律体系。我国宪法和法律，对保障公民的政治权利、人身权利、财产权利、劳动权利、受教育权利等基本权利，作出了广泛的规定。我国制定了民事诉讼法、刑事诉讼法、行政诉讼法和国家赔偿法等法律，对保障公民的诉讼权利和依法取得国家赔偿的权利作出了明确规定。为保护特殊利益群体的权益，制定了妇女权益保障法、未成年人保护法、老年人权益保障法、残疾人保障法等法律。中国保障公民权利的法律是比较完善的。近几年，为适应建立和完善社会主义市场经济体制的需要，我们抓紧制定了一批有关市场经济方面的法律，努力推进经济管理体制和运行机制的规范化、法制化。全国人大及其常委会在加快立法的同时，还认真行使监督职权，大力加强对宪法和法律实施的监督，逐步改进和加强对行政、审判、检察机关工作的监督。实践表明，全国人大及其常委会在我国国家生活中发挥着重要作用。我们将继续坚定不移地把加强民主法制建设作为根本任务，积极推进依法治国、建设社会主义法制国家的进程，保障我国改革开放和现代化建设的顺利进行。

朋友们！

当前我们正处于世纪之交，和平与发展仍然是两大主题。世界局势趋向缓和，同时我们也看到，维护和平，促进发展，仍需作出巨大努力。中国全国人大及其常委会将一如既往地重视开展同外国议会的交往，积极增进与外国议会和人民之间的了解和友谊，努力为人类进步事业贡献力量。我们愿竭力为这次大会的顺利进行创造良好条件，并通过这次大会，巩固与老朋友的联系，结识更多的新朋友，加强中国全国人大同世界各国议会的合作，增进中国同世界各国的友好关系，发展中国人民同世界各国人民的友谊。

最后，祝大家在我国度过一段愉快的时光。

关于中国全国人大及其
常委会的作用[*]

（一九九六年十二月十三日）

关于全国人大及其常委会在中国社会中的作用。

全国人大及其常委会在中国社会中的作用，是由宪法规定的。根据我国宪法，中华人民共和国的一切权力属于人民；人民行使国家权力的机关是全国人民代表大会和地方各级人民代表大会。宪法还规定：全国人民代表大会是最高国家权力机关。它的常设机关是全国人民代表大会常务委员会。国务院、最高人民法院、最高人民检察院等国家机关，都由全国人大产生，对它负责，受它监督。按照我国宪法，全国人大及其常委会统一行使最高国家权力。在这个前提下，明确划分国家的行政权、审判权、检察权和武装力量的领导权，使最高国家权力机关和最高国家行政机关、审判机关、检察机关等其他国家机关各司其职、协调一致地工作。

我想从下列几个方面简要谈谈全国人大及其常委会在中国社会中的作用：

第一，根据宪法规定，全国人大及其常委会行使国家立

＊ 这是乔石同志接受美国《费城问询者报》专栏作家特鲁迪·鲁宾采访时的谈话。

法权。全国人大及其常委会始终把立法工作摆在重要的位置，一九七九年以来，已经制定了三百零四件法律和有关法律问题的决定，初步形成了以宪法为核心的法律体系，国家政治生活、经济生活和社会生活的基本的主要的方面已经有法可依，社会主义民主法制建设取得了显著的成绩。我们将继续努力，进一步加强立法，保障民主，健全法制。

第二，根据宪法规定，全国人大及其常委会监督宪法和法律的实施，监督国家行政、审判、检察等机关的工作。对法律的实施情况，全国人大常委会有计划、有重点地开展检查，检查结果向常委会全体会议汇报。有关方面对此很重视，根据人大的意见努力改进执法工作。在历次全国人民代表大会会议上，国务院、最高人民法院、最高人民检察院都向大会报告工作。代表们在审议中既肯定他们的成绩，也提出中肯的意见。国务院及其有关部门、最高人民法院和最高人民检察院的负责人还要到各代表团听取意见，回答代表的询问。有关部门对代表提出的建议、批评和意见，也要认真研究，及时作出答复。在每两个月举行一次的全国人大常委会会议上，也都根据一个时期国家工作的重点和人民群众普遍关心的问题，听取和审议国务院及其有关部门、最高人民法院和最高人民检察院的工作汇报。我还想提到一点，从我们的情况出发，在代表大会和常委会会议正式听取和审议这些报告之前，在报告的起草和修改过程中，人大和有关机关便可以就一些问题交换意见，进行沟通。人大的专门机构把各方面的意见认真研究后，可以向有关机关提出建议供其参考和吸收，使这些报告正式提交审议时有一个比较好的基础。另外，会后我们还要对会议所作决定的执行情况进行调查研究。实践证明，上述这些做法对支持、帮助、督促有关机关做好工作很有好处。地方各级人大及其常委会，在行使监督权方面也已经有了一些成功的经验和好的做法。我们正在进行总结和研究，努力使监督工作逐步走向制度化、法律化。

第三，国家的一些全局性的重大事项，像国民经济和社会发展计划，国家的预算，省、自治区、直辖市的建置，特区的设立及其制度等重大问题，宪法规定要由全国人大及其常委会进行审议，作出决定。例如，举世关注的长江三峡工程的兴建，香港特别行政区和澳门特别行政区的设立，都是由全国人大审议批准和作出决定的。正在实施的国民经济和社会发展"九五"计划和二〇一〇年远景目标纲要，也是今年三月由八届全国人大四次会议审议批准的。

第四，根据宪法规定，全国人大选举国家主席、副主席；选举中央军委主席、最高人民法院院长和最高人民检察院检察长；根据国家主席的提名，决定国务院总理的人选；根据国务院总理的提名，决定国务院副总理、国务委员、各部部长的人选等。

总之，按照我国宪法的规定和我国的根本制度，全国人大在社会生活中起着十分重要的作用。

关于全国人大与中国共产党的关系。

中国共产党的领导地位和作用是在长期的历史过程中形成的。中国共产党本着马克思主义基本原理同中国具体实际相结合的原则，带领人民经过前仆后继、不屈不挠的斗争，建立了新中国。新中国成立后，我们党又努力探索解决中国建设社会主义的问题，并从七十年代末开始，在邓小平同志的率领下，走上了建设有中国特色社会主义的道路，得到全国人民的衷心拥护和坚决支持。正如邓小平同志指出的，没有党的领导，就没有现代中国的一切；没有党的领导，也就不可能实现国家的现代化。

中国共产党是中国社会主义事业的领导核心。国家机关在党的领导下工作。全国人大及其常委会在党的领导下，依法行使职权，开展工作，努力贯彻党的路线、方针、政策，全心全意为全国人民服务。党领导国家机关，但并不代替国家机关的工作。关于这一点，早在一九五六年党的八大上，邓小平同志就作过明确论述。他强调，党在国家生活和社会活动的各个方面起着领导作用，同时又指出，"这当然不是说，党可以直接去指挥国家机关的工作，或者是把各种纯粹行政性质的问题提到党内来讨论，混淆党的工作和国家机关工作所应有的界限。"[1]党的领导主要是政治、思想和组织的领导。党对国家事务的领导，主要是政治原则、政治方向、重大决策的领导和向国家机关推荐重要干部。党组织关于国家事务的重大决策，凡是应当由人大或人大常委会决定的事项，都要经人大或人大常委会通过法定程序变成国家意志。

国家权力机关通过的宪法、法律，各级党的组织和所有共产党员都必须严格遵守和执行。中国共产党章程规定：党必须在宪法和法律的范围内活动。我国宪法也规定：任何组织或者个人都不得有超越宪法和法律的特权。我们党领导人民制定宪法和法律，也领导人民实施宪法和法律。我们一直强调，宪法和法律是人民群众意志的体现，也是党的主张的体现，执行宪法和法律，就是按人民群众的意志办事，就是贯彻党的路线、方针、政策，这两者是完全一致的。我们一直强调党的组织和党员要自觉遵守法律，严格依法办事，坚决维护法律的权威，绝大多数的党组织和党员都是这样做的。

关于全国人大及其常委会今后在治理国家方面将会起到的作用。

中国的全国人民代表大会是一九五四年成立的。到六十年代前期为止，全国人大及其常委会在国家生活中曾经发挥了重要作用，审议通过或批准的法律和有关法律问题的决定就有一百三十多件。但是，在"文化大革命"中，人民代表大会制度遭到了严重破坏。

"文化大革命"结束后的一九七八年年底，中国共产党召开了十一届三中全会。这次会议在总结新中国成立以来，特别是"文化大革命"经验教训的基础上，实现了伟大的历史性转变，把工作着重点转移到了社会主义现代化建设上；同时提出，"为了保障人民民主，必须加强社会主义法制，使民主制度化、法律化，使这种制度和法律具有稳定性、连续性和极大的权威，做到有法可依，有法必依，执法必严，违法必究。"[2]会议还提出："从现在起，应当把立法工作摆到全国人民代表大会及其常务委员会的重要议程上来。"[3]从那个时候开始，人民代表大会制度不断得到加强，全国人大及其常委会的工作也不断有新的进展，在国家生活中发挥的作用越来越大。

全国人大及其常委会今后在治理国家方面将会起更大的作用。人民代表大会成立以来四十多年的实践已经充分证明，把人民代表大会制度作为中国的根本政治制度，是符合中国国情的，是受到全国各族人民拥护的。我们的目标是把我国建设成为一个富强、民主、文明的社会主义现代化国家。在这个奋斗的过程中，更好地发挥人大的作用，是中国社会发展的客观要求，也是我们努力的方向。邓小平同志曾经指出，"在政治体制改革方面有一点可以肯定，就是我们要坚持实行人民代表大会的制度"[4]。我们党的决定中也多次强调，要坚持和完善人民代表大会制度。八届全国人大四次会议通过的"九五"计划和二〇一〇年远景目标纲要，着重强调"依法治国，建设社会主义法制国家"；并强调"依据宪法，继续完善人民代表大会制度"。今后全国人大及其常委会将继续认真履行宪法、法律赋予的职责，严格按照宪法、法律办事，努力为国家的民主法制建设、为国家的现代化事业作出更大的贡献。

关于中国的经济立法和刑事立法。

中国的经济立法，首先是要保障和促进社会主义市场经济体制的建立和完善。我们在一九九三年就提出，要力争在本届人大任期内，初步形成社会主义市场经济法律体系。到目前为止，我们已经制定了公司法、劳动法、反不正当竞争法、消费者权益保护法、预算法、中国人民银行法、商业银行法、保险法、担保法、票据法、乡镇企业法等一系列规范市场主体、维护市场秩序、完善宏观调控和社会保障方面的法律。并从适应社会主义市场经济体制的要求出发，修改了经济合同法、个人所得税法、会计法等一批法律。可以说，在形成社会主义市场经济法律体系方面，我们已经取得了重大的进展。

我们在制定和修改经济方面的法律时，比较注意同国际上通行做法相衔接的问题。特别是在制定和修改外资企业法、中外合资经营企业法、中外合作经营企业法、涉外经济合同法、专利法、商标法、对外贸易法、仲裁法等一大批涉外经济法律时，我们都充分考虑到了国际惯例和国际上通行的做法。

在刑事立法方面，我们强调既要惩罚犯罪，又要保护公民权利，很重视根据实际情况制定和完善有关法律。在今年三月召开的八届全国人大四次会议上，我们审议通过了关于修改刑事诉讼法的决定，对我国的刑事诉讼制度和司法制度进行了重大改革。这一改革主要包括：完善强制措施，取消了收容审查；将律师参加刑事诉讼的时间提前，加强了对诉讼参与人合法权利的保护；取消了免予起诉制度；完善了法庭审理案件的方式；明确规定了人民检察院自侦案件的范围等。对刑事诉讼法的修改是从中国的实际出发的，同时也研究借鉴了外国一些有益的经验。这些改革对提高司法效率，保证严格公正执法，准确惩罚犯罪，特别是加强公民权利的保障，都有重要意义。目前，我国对刑法的修改工作也在进行之中。

注　　释

〔1〕见《关于修改党的章程的报告》(《邓小平文选》第1卷，人民出版社1994年版，第236页)。

〔2〕见《中国共产党第十一届中央委员会第三次全体会议公报》(《三中全会以来重要文献选编》(上)，中央文献出版社2011年版，第9页)。

〔3〕见《中国共产党第十一届中央委员会第三次全体会议公报》(《三中全会以来重要文献选编》(上)，中央文献出版社2011年版，第9页)。

〔4〕见邓小平《在接见首都戒严部队军以上干部时的讲话》(《邓小平文选》第3卷，人民出版社1993年版，第307页)。

关于正确认识中国和中美关系[*]

（一九九六年十二月二十八日）

问：有人说，中美之间的问题，主要在于中国这个新崛起的政治经济大国和美国这个在国际上起主导地位的超级大国争夺二十一世纪领导权的问题。请问您是如何看待中美关系的？

答：中国人民是爱好和平的。我国的方针始终是在和平共处五项原则的基础上同世界各国，包括美国发展友好合作关系。

改革开放以来，中国人民在建设自己国家的事业中取得了举世瞩目的成就。我们坚信，中国一定能够成为一个富强、民主、文明的社会主义现代化国家。同时我们也深知，中国是一个人口多、底子薄的发展中国家，经济发展水平还不高，各地发展也不平衡，人均国民生产总值仍然很低，农村人口约占总人口的百分之八十，其中近六千万人尚未解决温饱问题，发展的任务十分艰巨。在前进的道路上，还会遇到不少困难和挑战。中国实现现代化，还需要一个相当长的发展过程，还需要几代人的艰苦努力。

---

* 这是乔石同志接受美国《中国新闻》英文月刊社社长冯地、发行人朱永康和总编辑许锦根采访时的谈话。

中国的发展是世界和平力量的增长。我们从自身的历史遭遇和实际需要出发，无比珍惜来之不易的独立和自由，无比珍惜十分难得的和平国际环境。中国历来坚持奉行独立自主的和平外交政策。中国坚决反对任何形式的霸权主义和强权政治，自己更不谋求任何霸权，当然也不存在与任何国家争夺所谓"领导权"的问题。早在二十二年前，邓小平同志就在联合国大会第六届特别会议上庄严宣告：中国永远不做超级大国。我们国家现在没有对其他国家构成威胁，将来发展起来，综合国力增强了，也不会对其他国家构成威胁。事实上，中国的稳定和发展，是世界和平、稳定与发展的一个不可缺少的重要因素。中国将永远同世界各国友好相处，坚定不移地致力于世界的和平与发展事业。

保持和发展良好的中美关系，对我们两国、对世界都有好处。中国是最大的发展中国家，发展前景广阔，市场潜力巨大。美国是世界上最大的发达国家，两国之间有着广泛而重要的共同利益。邓小平同志曾经说：中美关系有一个好的基础，就是两国在发展经济、维护经济利益方面有相互帮助的作用。加强两国在经贸、科技等各个领域的双边合作，符合两国的根本利益，也是两国人民的共同愿望。我接触过一些美国工商界和其他各界的人士，他们非常希望中美加深了解，加强合作。中美是世界上有重要影响的国家，又都是联合国安理会常任理事国。两国在维护世界和平与稳定、促进世界经济发展与繁荣方面都负有重要责任，有必要加强双方在国际事务中的合作。我们希望从两国的根本利益出发，从整个人类合作和世界历史进步的要求出发，发展健康良好、长期稳定的中美关系，共同努力为开创和平、稳定、繁荣和美好的二十一世纪作出贡献。

发展中美关系，关键是要严格遵守中美三个联合公报。这样做了，中美关系就比较顺利，否则就出问题。这一点，实践已反复证明。近几年，中美关系总的趋势是向前发展的，但也经历了一些波折，波折的原因也在这里。最近一个时期，在双方的共同努力下，两国关系有所改善，双方接触和协商增多，高层开始互访，这是一个好的开端。只要真正站在战略的高度，恪守中美三个联合公报的原则，中美之间发展建设性的合作关系是可以做到的。

问：海外舆论对台湾问题一直非常关注。关于台湾问题，您有什么话要向本刊读者说？

答：实现台湾和祖国大陆的统一，是海内外中国人的共同愿望，它关系到中华民族的根本利益，在这个问题上，我们的立场是毫不含糊的。正如邓小平同志指出的，主权问题没有回旋余地。当然，两岸分离了近五十年，统一不可能一蹴而就，需要一定时间，我们是有足够耐心的，但重要的是必须朝统一的方向走。去年下半年以来我们所进行的反分裂、反"台独"斗争，目的是要向岛内的分裂和"台独"势力、向国际社会表明，我们有决心、有能力维护国家的主权和领土完整，绝不允许把台湾从中国分裂出去。我们解决台湾问题的基本方针是"和平统一、一国两制"，再没有比"一国两制"的办法更合理的了。去年春节前夕，江泽民主席也就此发表了重要讲话。我们历来主张两岸在一个中国的原则下，通过谈判和协商解决彼此的分歧，为祖国统一创造条件。当然，台湾当局必须停止在国际上制造"两个中国"

"一中一台"的活动，因为这违背一个中国的原则，破坏和平统一的基础。

台湾是中国的领土，解决台湾问题是中国的内政，用什么方式解决台湾问题，同样是中国的内政。由于有美国的介入，台湾问题成为中美关系中的一个敏感问题。希望美国政府严格遵守中美三个联合公报的原则，不要使台湾问题阻碍中美关系的健康发展，这不仅对中国有利，也符合美国的根本利益。美国政府一再表示继续奉行一个中国的政策，不支持台湾加入联合国，不支持"台湾独立"。我们希望美国政府的这一态度能够长期坚持下去，真正从中美关系的大局和本地区的和平与稳定着眼，切实谨慎、妥善地对待台湾问题。

问：西方一些读者对三权分立制度比较熟悉，对中国的人民代表大会制度了解不多，请您谈谈中国的人大制度。

答：人民代表大会制度是中国的根本政治制度。我们实行人民代表大会制度，而不实行其他制度，是由我国的国情决定的。如果追溯一下历史，在新民主主义革命时期和新中国成立初期，我们在建立新型的人民政权组织形式上进行了探索和实践，为实行人民代表大会制度积累了经验。一九五四年，召开了第一届全国人民代表大会第一次会议，通过了我国第一部宪法。这部宪法对人民代表大会制度作了明确规定。四十多年过去了，我国政治、经济形势发生了巨大变化，宪法也经过几次修改，但这一制度的基本原则和内容没有改变。我国实行人民代表大会制度是人民的选择，是历史的必然，这一制度已深深地植根于中国这块土壤之中。

人民代表大会制度主要包括：

（一）在我国，国家和社会的主人是人民。宪法规定："中华人民共和国的一切权力属于人民。"[1] 这也是我国国家制度的核心内容和基本准则。

（二）人民掌握国家权力的组织形式和制度，就是人民代表大会制度。宪法规定："人民行使国家权力的机关是全国人民代表大会和地方各级人民代表大会。""全国人民代表大会和地方各级人民代表大会都由民主选举产生，对人民负责，受人民监督。"[2] 我们的法律规定，选民和选举单位有权随时撤换或罢免自己选出的代表。宪法、法律的这些规定，都是为了保证各级人民代表大会能够真正按照人民的利益和意志办事。

（三）国家的权力机关是各级人民代表大会。其中，全国人民代表大会是最高国家权力机关，它的常设机关是全国人大常委会；地方各级人民代表大会是地方各级国家权力机关，县以上的地方各级人大设立常委会。国家行政机关、审判机关、检察机关都由人民代表大会产生，对它负责，受它监督。国家机构这样设置，是为了保证人民代表大会能够统一行使国家权力，在这个前提下，明确划分国家的行政权、审判权、检察权和武装力量领导权。也就是说，法律的制定和重大问题的决策等，都必须由国家权力机关，即全国人大和地方各级人大充分讨论，民主决定；它们的贯彻实施，由国家行政、审判、检察等机关按其职责去进行。

（四）充分发扬民主，实行民主集中制，是国家权力机关基本的组织原则和工作原则。各级人大及其常委会行使职权时，每位人大代表或常委会组成人员都是平等的，他们对审议的议题都可以充分发表意见；通过法律、决议、决定，必须根据少数服从多数的原则，由各级人大代表或各级人大常委会的组成人员用投票、表决等方式来决定，不能由一个人或少数人决定。集体行使职权是各级人大及其常委会的一项重要原则。

（五）明确划分中央和地方国家权力机关的职责，发挥中央和地方两个积极性。宪法规定，全国人大及其常委会审议决定全国性的重大事项；通过的法律和作出的决议、决定，对全国具有普遍的约束力。地方各级人大及其常委会要保证宪法、法律在本行政区域内遵守和执行，审议决定本地方的重大事项。

（六）在国家统一的前提下，实行民族区域自治。按照宪法的规定，我国是统一的多民族国家，各少数民族聚居的地方实行区域自治。各民族区域自治地方在中央的统一领导下，行使宪法和有关法律赋予的自治权，包括可以在国家计划的指导下自主安排和管理地方性的经济建设和教育、科学、文化、卫生、体育事业，可以根据本地方实际情况贯彻执行国家的法律、政策，等等。

以上是我国人民代表大会制度的主要内容。这个制度已经实行了四十多年，证明是适合我国国情的。今后我们还要继续坚持和完善这个制度。

问：改革开放以来，中国颁布了很多法律。这些法律执行情况如何？如果政府违反了法律，人大如何去纠正？

答：改革开放以来，全国人大及其常委会制定了三百多件法律和有关法律问题的决定，地方人大制定了五千多件地方性法规，国家政治生活、经济生活和社会生活的基本的主要的方面已经有法可依；人民群众的法制观念和法律意识有了明显提高；法律的实施情况，总的也是好的。但是，在一些部门、一些地方，确实存在着有法不依、执法不严、违法不究的现象，有的甚至执法违法、以言代法、以权压法。对这些问题，我们正在采取措施努力加以解决。

监督宪法、法律的实施，是全国人大及其常委会的一项重要职责。我们对此一直非常重视，强调要把对法律制定以后执行情况的检查监督，放在与立法工作同等重要的位置。一九九三年八届全国人大常委会一组成，我们就制定了关于加强对法律执行情况检查监督的若干规定。根据这个规定，全国人大常委会每年都要组织若干个检查组，对一些法律的执行情况进行检查监督。每次执法检查后，全国人大常委会都要听取和审议执法检查组的报告，并将提出的意见和建议通报有关机关，督促有关机关解决检查中发现的问题，有关机关要将处理结果向全国人大常委会报告。从一九九四年到一九九六年，全国人大常委会共组织了四十六个执法检查组对十三部法律的实施情况进行了五十一次检查，社会反响和实际效果都比较好。

我们还十分重视通过立法和建立相关制度，监督行政、司法机关严格执法。几年来，先后制定了行政诉讼法、国家赔偿法、行政处罚法，并修改了刑事诉讼法。这些法律在规范行政、司法机关行为，督促其依法行政、依法办案、保障公民合法权益等方面，都发挥了十分重要的作用。今年八届全国人大四次会议审议批准的我国国民经济和社会发展"九五"计划和二〇一〇年远景目标纲要中，也强调要建立对执法违法的追究制度和赔偿制度，这也对行政机关严格依法办事起到了有力的促进作用。

宪法对实施法律监督、保证国家法制的统一，有许多规定。国务院必须根据宪法和法律，制定行政法规；全国人大常委会有权撤销国务院制定的同宪法、法律相抵触的行政法规。地方人大及其常委会制定的地方性法规不得同宪法、法律和行政法规相抵触，并且要向全国人大常委会备案；全国人大常委会也有权撤销地方人大制定的同宪法、法律、行政法规相抵触的地方性法规，等等。

此外，根据我国宪法规定，公民有对任何国家机关和国家工作人员提出批评和建议的权利，以及对其违法失职行为提出申诉、控告或检举的权利。办理群众来信、接待群众来访，向有关机关反映人民群众的呼声和意见，督促其纠正违法行为，这也是我们监督行政机关、司法机关严格执法的一个重要途径。

问：中国县、乡两级人大代表和村民委员会已经实行直接选举，今后是否会逐步扩大直接选举范围？

答：一九七九年我们制定了选举法和地方各级人大及地方各级人民政府组织法，一九八二年、一九八六年和一九九五年又先后三次对这两个法律进行了修改，对我国的选举制度作了重大改革。主要包括：第一，把直接选举人大代表的范围从乡一级扩大到县一级。第二，实行由下而上、由上而下、充分民主地提候选人的办法。选民或者人大代表十人以上联名，就可以提出代表候选人；人大代表十人以上联名，就可以提出同级人大常委会和同级人民政府、人民法院、人民检察院有关组成人员的候选人。第三，将候选人和应选人的等额选举，改为候选人名额一般应多于应选人名额的差额选举办法。我国选举制度这三个方面的重大改革，扩大了人民民主，有利于人民群众更好地行使当家作主的权利。去年以来，全国的乡镇人大开始了换届选举，据我们了解，人民群众参选的积极性很高，参选率普遍达到百分之九十以上，多数乡镇人大代表的候选人人选，是由选民依法联名提出的。

我们于一九八七年还制定了村民委员会组织法（试行）。村民委员会不是一级政权组织，而是村民自我管理、自我教育、自我服务的基层群众性自治组织，由村民直接选举产生。我们作这样的规定，也是为了让人民群众自己管理自己的事情，使人民民主得到进一步发展。

由于我国地域辽阔，人口众多，经济、文化发展水平还不高，因此，目前把直接选举的范围规定在县、乡两级是符合我国实际情况的。随着经济、文化的发展和人民生活水平的提高，我国的民主政治建设也会不断向前发展，选举制度也会进一步得到完善。

过去几十年，尤其是改革开放以来，我国的社会主义民主法制建设取得了显著成绩。今年三月八届全国人大四次会议审议批准的我国国民经济和社会发展"九五"计划和二〇一〇年远景目标纲要着重强调："依法治国，建设社会主义法制国家。"今后，我们将继续抓紧健全法制。当然，我们这个国家有几千年封建社会的历史，还有社会、经济发展的实际状况和其他一些因素的影响，全面建立起完备的法制，需要相当长的奋斗过程。我们相信，只要坚持不懈地努力，这个目标一定可以实现。

注　　释

〔1〕见《中华人民共和国宪法》（人民出版社 1993 年版，第 11 页）。
〔2〕见《中华人民共和国宪法》（人民出版社 1993 年版，第 11 页）。

关于中国共产党同民主党派
关系的十六字方针 *

（一九九七年二月二十八日）

共产党跟民主党派的关系，我们党说过十六个字："长期共存、互相监督、肝胆相照、荣辱与共"。

"长期共存"是多长时间？我认为，无论是从我们国家的历史来讲，还是从目前状况以及今后发展来讲，恐怕我们党有多长时间，各个民主党派跟中国共产党的合作也会有多长时间。民主党派跟中国共产党的合作，在一九四九年以前已经有相当长的时间了。从毛主席宣布中华人民共和国成立那一天起到现在，也已经快五十年了。所以说共产党与民主党派的合作会是很长时间的。

"互相监督"很重要，包括民主党派对共产党的监督和共产党对民主党派的监督。其中更重要的是要更好地发挥民主党派对共产党的兄弟般的监督、帮助作用。当然，要发挥这个作用，首先要共产党自己欢迎监督。共产党是全国最大的政党，而且处在执政的地位、领导的地位。如果处于领导地位而不太欢迎、不太希望、不太重视其他民主党派的监

---

* 这是乔石同志在全国政协八届五次会议民主党派联组讨论会上谈话的一部分。

督，那么，这个监督就难搞了。所以，关键是我们共产党要有欢迎监督的态度。这种欢迎监督不是表面上的，而是很真诚地接受批评、帮助和监督，这样才能搞好中国共产党跟各民主党派之间的关系。

至于"肝胆相照、荣辱与共"，那就要求更高了。真正"肝胆相照、荣辱与共"，是非常好的，也是非常不容易的。关键也在于中国共产党的同志特别是领导同志，对于民主党派要以诚相待。如果真正做到以诚相待，不是应酬一番，"肝胆相照、荣辱与共"就有基础了。比如同志之间谈心，要谈心就得以诚相待，否则就很难。同志之间是这样，政党之间也是这样。只要我们共产党能够很诚恳地对待各民主党派、无党派民主人士、群众团体，多党合作的局面就可以搞得比较好，整个政治协商的空气就会搞得比较浓。

我们诚心诚意地希望和平解决台湾问题 *

（一九九七年二月二十八日）

  关于台湾问题。大家都知道，台湾老百姓是愿意统一的。台湾国民党当局长期渲染说共产党是"洪水猛兽"，还说我们要把台湾现在的财富分出来给大陆，这当然纯粹是捏造。如果说整个大陆十二亿多人口要依靠台湾两千多万人口的财产来致富，那简直是笑话。中国要发展，还得靠我们在大陆上充分发挥各族人民、各个方面包括各政党的积极性，用各种办法逐步实现现代化，使国家富强起来。邓小平同志一个伟大的贡献，就是在他领导下把"文化大革命"后期中国的状况从根本上扭转过来，创造性地带领我们国家走上了建设有中国特色社会主义的道路，真正走上了繁荣富强的道路。这是很了不起的。邓小平同志很有创造性，很有政治勇气，敢于做前人没有做过的事情。比如他提出实行改革开放，而且不怕在这方面出现一些新的问题。中国实行改革开放的十八年，取得了这么大的成就；我们继续沿着邓小平同志开辟的这条道路奋斗下去，再过十年二十年以至更长的时

---

  * 这是乔石同志在全国政协八届五次会议民主党派联组讨论会上谈话的一部分。

间，中国的情况还会有更大变化。最近几年，我每年都到上海去一次，了解一下国有企业改革的状况。上海的建设和改造速度比较快，很可能是世界上独一无二的。一个特大型城市，在短期内取得这么大的进步，而且成为带动全国发展的一个"龙头"，这是很不简单的。有这样的改革、这样的发展速度，大陆人民的生活水平还赶不上台湾？我们将来还要赶上世界发达国家的水平。

对台湾问题，总的来讲我们还是希望和平解决，实现"和平统一、一国两制"，统一后仍然保持它现在的社会制度。台湾当局没有什么理由不相信我们"一国两制"的承诺，因为很快香港就要实行了，接着澳门也要实行。至于说到打仗的问题，我们当然希望不打。去年为了反对李登辉[1]搞"台独"，我们进行了军事演习。这次演习引起美国极大的重视，对"台独"势力是个打击。现在中美增加了接触，这次美国国务卿奥尔布赖特来，感到比较满意，谈得也是平心静气的。对台湾问题，我们诚心诚意地希望能够和平解决。最近我见了葡萄牙总统桑帕约，我跟他讲，估计澳门问题好办一点，他也这样看。我说具体问题是会有的，但是经过中葡双方共同商量是可以得到解决的。我们的建设在不断发展，加上有香港和澳门回归的例子，台湾虽然隔着一个海峡，但统一是人心所向，再通过我们各个方面多层次长期地努力，我相信有可能争取实现"和平统一、一国两制"。当然这有大量的工作要做，要花时间，我们是有足够耐心的。

对实行"一国两制"，台湾当局很害怕，特别是李登辉很害怕。他连"三通"[2]都害怕，不愿意"三通"，怕"通"

多了，他控制不住，所以还在阻挡"三通"。其实所谓不直接"三通"，就是要经过香港这个中间环节。现在香港很快就要回归祖国了，只要我们坚定地实行"一国两制"的方针，掌握好政策，切实保持香港的繁荣稳定，对台湾的影响就会相当大。经济上我们也不需要向台湾要什么东西，我们自己可以发展起来。对解决台湾问题，我们不承诺放弃使用武力，因为这关系到国家的主权，关系到国家的统一。我们既然没有承诺放弃武力，当然就得有所准备，毫无准备不行。

注　释

〔1〕李登辉（一九二三——二〇二〇），台湾台北县（今新北市）人，祖籍福建永定。一九八八年至二〇〇〇年任中国国民党主席、台湾地区领导人。他背离一个中国原则，进行制造"两个中国""一中一台"的分裂祖国的活动，支持纵容"台独"分裂势力，一九九九年七月公然抛出将台湾海峡两岸关系歪曲为"国家与国家，至少是特殊的国与国的关系"的"两国论"分裂主张。二〇〇〇年下台后，继续鼓吹"台湾建国"，大肆进行"台独"分裂活动，成为极端"台独"分裂势力的总代表。二〇〇一年，被中国国民党开除党籍。

〔2〕"三通"，指台湾海峡两岸之间通航、通邮、通商。一九七九年一月一日，全国人大常委会发表《告台湾同胞书》，首次提出双方通航、通邮和发展贸易、互通有无的主张，后称之为"三通"。经过长期不懈努力，到二〇〇九年两岸基本实现双方全面、直接、双向"三通"。

加强社会主义民主法制建设
关键在于依法治国*

（一九九七年三月十四日）

　　邓小平同志关于民主法制建设的思想，是建设有中国特色社会主义理论一个十分重要的部分。邓小平同志强调，坚持发展民主和法制是我们党长时期的坚定不移的目标和基本方针。他指出，没有民主就没有社会主义，就没有社会主义的现代化。民主化和现代化一样，也要一步一步地前进。社会主义愈发展，民主也愈发展。他强调，为了保障人民民主，必须加强法制。必须使民主制度化、法律化。他认为，制度方面的问题更重要，更带有根本性、全局性、稳定性和长期性。要制定一系列的法律、法令和条例，从制度上保证党和国家政治生活的民主化、经济管理的民主化、整个社会生活的民主化，用完备的法制保障整个社会有秩序地前进。邓小平同志的这些思想是非常深刻的，是极其重要的。我们一定要精心学习、深刻领会，更要毫不含糊地贯彻落实，真正变为实际行动，以改革的精神把社会主义民主法制建设推向一个新的阶段。

　　加强社会主义民主法制建设，关键在于坚决依照宪法和

---

* 这是乔石同志在八届全国人大五次会议上讲话的主要部分。

法律的规定办事，就是要依法治国。宪法规定，我国的一切权力属于人民。我们必须十分注意尊重和保障人民的政治权利，充分调动人民群众的积极性和主动性，努力为人民群众依法参与民主选举、民主管理、民主监督和民主决策创造条件，提供服务。人民群众越是关心国家大事，越是对我们的各项工作提出意见和建议，就越有利于我们国家的兴旺发达。宪法规定，人民行使国家权力的机关是全国人民代表大会和地方各级人民代表大会。我们必须在党的领导下坚持和完善这一根本政治制度。要坚决依法维护人大代表的权利，充分发挥人民代表大会及其常委会的作用，积极开辟人民群众管理国家事务和各项事业的途径与形式。我们党历来强调，任何组织、任何个人都没有超越宪法和法律的特权。所有的国家机关都必须严格依法行使权力。领导干部尤其要熟悉宪法，掌握履行职责所必需的法律知识，自觉依照法律规定和法定程序办事。在作出决定时，必须考虑是不是符合有关的法律规定。我们的有些工作习惯和工作方法，如果不符合宪法和法律，就一定要坚决地改过来。我们一定要在全社会树立起崇尚宪法、尊重法律、维护法制的风尚。

　　各级人大及其常委会，都要把加强社会主义民主法制建设，依法治国，建设社会主义法制国家，作为自己的根本任务。四年来，八届全国人大及其常委会努力加强立法工作，制定了一大批法律和有关法律问题的决定，立法规划实施的状况是好的。今年立法的任务仍很繁重，要继续加快步伐，提高质量，努力完成五年立法规划，建立起社会主义市场经济法律体系的框架。以后随着改革开放和现代化建设的发展，还需要继续抓紧制定和完善有关社会主义市场经济方面

的法律，推进社会主义民主政治建设的法律以及其他方面的
法律。经过若干年的努力，我们一定能够建立起比较完善的
有中国特色的社会主义法律体系。

立法的目的是为了执行。我们一定要按照邓小平同志早
在八十年代初就提出的原则，坚决做到有法必依，执法必
严，违法必究。要采取有力措施坚决纠正广大人民群众深恶
痛绝的执法犯法、以言代法、以权压法、贪赃枉法的现象。
这次会议上，代表们普遍要求加强监督工作，有的意见还很
强烈。人大的执法检查监督要在已有基础上，加大力度，增
强实效，长期坚持不懈地做下去。要加强对政府、法院、检
察院工作的监督，对人大及其常委会选举或任命的所有国家
工作人员的监督。地方人大在这方面作了一些很有益的探
索。对监督工作实践中创造的新做法和新经验，要认真加以
总结。要把人大监督和人民群众的监督、舆论的监督以及其
他各方面的监督结合起来。全国人大常委会正在根据宪法的
规定起草监督法，这项工作十分重要，要切实抓紧。要努力
实现监督工作的制度化、法律化。

关于中国的发展与世界*

（一九九七年五月二十三日）

问：有一种观点认为：中国经济发展了不会对世界构成威胁，只有贫穷时才会构成威胁。对此，您如何看？下世纪前五十年，中国在世界地缘政治中所起的作用将是怎样的？

答：中国人民爱好和珍惜和平。在和平共处五项原则的基础上发展同世界各国的友好合作关系，是我国一贯的方针。虽然历史上我国曾由于贫穷和落后屡遭列强侵侮，但无论是很贫穷、很困难的时候，还是日子好过一点的时候，我们都不会威胁别人。对内我们努力办好自己的事情，对外我们努力同一切国家和平共处。我们的目标是把中国建设成为一个富强、民主、文明的社会主义现代化国家。

改革开放以来，我国经济发展比较快，人民生活明显改善，国家面貌变化很大，但我国人口多，底子薄，发展不平衡，仍然是一个发展中国家，实现现代化还需要几代人的艰苦奋斗。按照我们的发展战略，在下世纪中叶我国将基本实现现代化，赶上中等发达国家的水平。我国的发展需要一个长期稳定的和平国际环境，特别是良好的周边环境。当前，

＊　这是乔石同志接受美国《世界观点》主编内森·加德尔斯采访时的谈话。

我们与周边国家、与世界各国的关系是好的；我们将同各国保持长期稳定的友好合作和睦邻友好关系，共同维护本地区和世界的和平与稳定。中国历来主张国家不分大小一律平等，反对任何形式的霸权主义、强权政治和侵略扩张。中国永远不做超级大国。中国永远是维护亚洲和世界和平、促进人类共同发展的力量。过去，中国为维护世界和平做了大量工作，现在仍在继续努力。将来中国发展起来，综合国力有了增强，将为世界和平与稳定作出更多贡献。

问：中国到二〇五〇年会变成什么样？中国会像日本在二战后的三十年间的发展那样快吗？

答：我国早已确定了现代化建设"三步走"的战略，这就是：第一步，从一九八〇年到一九九〇年，国民生产总值翻一番，人民生活实现温饱，这一步在一九八八年就提前实现了；第二步，从一九九一年到本世纪末，国民生产总值比一九八〇年翻两番，人民生活达到小康水平，其中翻两番的目标已经在一九九五年提前实现；第三步，到下个世纪中叶，人均国民生产总值达到中等发达国家水平，人民生活比较富裕，基本实现现代化。

在发展速度上，我们是从本国的实际出发的。改革开放以来，我国经济持续快速增长。一九七九年以来，年均增长百分之九多一些；"九五"期间，我们按年均增长百分之八的速度把握宏观调控的力度；下个世纪头十年准备按年均增长百分之七左右的速度来掌握。在保持一定经济增长速度的同时，我们十分重视经济增长的质量，强调通过国家宏观调控，避免因发展速度太快而造成有些国家曾经出现过的泡沫经济现象。另一方面，我国经济发展速度虽然较快，但经济总规模还不大，人均水平还很低。预计到本世纪末，按目前的价格和汇率计算，人均国民生产总值大约八百美元，到二〇一〇年人均国民生产总值也才约一千五百美元，仍属于发展中国家。

问：目前，在国际关系方面有两种观点：一种观点认为，由于国家间经济联系日趋紧密，冲突所造成的损失和合作所获得的利益将比以往大得多；另一种观点则认为，一个国家与另一个国家的利益是冲突的，应把重点放在国家间的竞争上。您认为如何？

答：世界正在发生重大而深刻的变化。随着科学技术的飞速发展和世界经济全球化、区域化趋势的不断加强，国与国之间的联系日益紧密，经济上的相互依存越发明显，需要国际上相互配合和密切合作才能解决的全球性问题越来越突出。当然，国与国之间有竞争是正常的，有时也难免会有一些矛盾或争端，只要有关各方不只考虑自己的利益，也尊重对方的利益和考虑世界各国共同的、长远的利益，总是可以通过平等协商，找到公正合理、切实可行的解决办法的。我们认为，对于国与国之间的分歧，应该通过对话解决，而不是对抗。不同的国家在社会制度、价值观念、经济发展水平、历史文化传统等方面可能存在差异，但又都处在同一世界之中，人类的命运休戚与共。各国可以而且应该一致努力，共同对付人类生存和发展所面临的挑战，共同缔造一个更加美好的世界。

问：有学者认为，冷战已被"文明的冲突"取代，在最深层次上，西方和中国对世界的看法是不同的、冲突的。您以为如何？还有一种观点认为，第三世界对美国在世界政治、文化中的霸权主义日益不满，并会越来越多地起来进行抵制。您是否同意这种观点？

答：每个国家、每个民族都有自己的文化传统和价值观念等，这是历史形成的，是客观存在；不同的国家对世界的看法有不同，也是完全正常的。我们觉得，文化传统、价值观念的不同，经济发展程度和模式的差异，对世界看法的分歧，都不应当成为国家间矛盾和冲突的根据。在处理国与国之间关系时，我们历来主张遵循和平共处五项原则，在这个基础上，求同存异，加强合作，共同为世界的和平、人类的进步和文明的发展作出贡献。如果企图把自己的意志和价值观念强加给别人，或者按照某种"文明"模式统一天下，肯定是行不通的。

冷战结束以后，世界多极化趋势加速发展，各国的独立自主意识增强，要求在相互尊重主权和领土完整、互不侵犯、互不干涉内政、平等互利、和平共处等原则基础上建立公平、合理的新型国际关系的呼声会越来越高，无论哪个国家搞霸权主义和强权政治，都会遭到越来越广泛的抵制和反对。

中国是世界上最大的发展中国家，美国是世界上最大的发达国家，两国都是联合国安理会常任理事国，在维护世界和平与稳定方面都负有重要责任。保持和发展良好的中美关系，包括加强双方在国际事务中的合作，对我们两国、对世界都有好处。我们希望从两国的根本利益出发，从整个人类合作和世界历史进步的要求出发，发展健康良好、长期稳定的中美关系，共同为开创和平、稳定、繁荣和美好的二十一世纪作出贡献。最近一个时期，在双方的共同努力下，两国关系得到改善，发展势头良好。实践证明，只要坚持和平共处五项原则，恪守中美三个联合公报，中美之间的友好合作关系是可以不断向前发展的。

问：是盎格鲁—撒克逊式的自由资本主义有前途，还是中国和古巴实行的社会主义经济体制更合适？

答：从近代以来世界历史发展和当前世界经济状况看，不可能有一种经济体制适合所有国家的情况。各国只有从自己的实际出发，探索采取适合自身经济发展的体制，才是最佳选择。

我们共和国自建立以来，始终在探索适合中国情况的发展道路。经过几十年的实践，从本世纪七十年代末开始，我国实行改革开放，走出了一条适合自己情况的路子，这就是发展社会主义市场经济。邓小平同志早在一九七九年就明确讲到社会主义的市场经济。在会见美国客人吉布尼和加拿大客人林达光时，他指出，说市场经济只存在于资本主义社会，只有资本主义的市场经济，这肯定是不正确的。市场经济在封建社会时期就有了萌芽，社会主义也可以搞市场经济。以后他还曾多次谈到这个问题。一九九二年视察南方发表重要谈话时，他进一步强调："计划多一点还是市场多一点，不是社会主义与资本主义的本质区别。计划经济不等于社会主义，资本主义也有计划；市场经济不等于资本主义，社会主义也有市场。"[1] 同年，我们党的十四大明确宣布，把建立社会主义市场经济体制作为经济体制改革的目标。一九九三年，八届全国人大一次会议通过宪法修正案，规定"国家实行社会主义市场经济"。我们从本国的实际出发发展社会主义市场经济，同时也重视吸收和借鉴人类社会创造的一切文明成果，吸收和借鉴当今世界各国包括资本主义发达国家的一切反映现代社会化生产规律的先进经营方式、管理方法。改革开放以来，我国经济繁荣，社会进步，人民生活水平不断提高。实践证明，社会主义市场经济体制是适合我国国情的。

问：西方有些人认为，中国政府对香港恢复行使主权后，会过多地干预香港事务；另一些人则认为，这些舆论只是人为地制造出来的。那么，二〇〇〇年以后的香港究竟会是什么样呢？

答：从我国的实际情况出发，用"一个国家，两种制度"的办法解决祖国统一问题，是邓小平同志的一个伟大创造。这为香港等问题的解决奠定了基础。一九八四年中英两国政府就香港问题签署了联合声明，一九九〇年我国七届全国人大三次会议通过了香港特别行政区基本法。基本法从起草到通过用了将近五年时间，其间广泛征求了港人的意见。基本法贯彻了"一国两制"的构想，明确规定：香港特别行政区不实行社会主义制度和政策，保持原有的资本主义制度和生活方式不变。香港特别行政区实行高度自治，享有行政管理权、立法权、独立的司法权和终审权。香港回归后，我们将严格按基本法办事，中央人民政府决不会干预香港特别行政区自治范围内的事务。二〇〇〇年以后的香港将会继续保持繁荣和稳定，香港的未来会更加美好。

问：中国将如何解决人口增长和大城市的资源紧张（例如南水北调）问题，并改变以煤为主要能源所造成的全球变暖的状况？你们如何看待自己在全球环境保护方面负有的责任？

答：我国人口压力大，人均资源占有量比较低。我们坚持把计划生育作为基本国策，十分重视资源的合理开发和利用。为此，全国人大常委会已经制定了一系列有关的法律，八届全国人大四次会议审议通过的"九五"计划和二○一○年远景目标纲要也作了规定。我们还要建设一些大的工程，以缓解大城市资源紧张的问题，包括在下世纪的头十年着手建设跨流域的南水北调工程。

全球变暖，不只是燃烧煤造成的。至于因燃煤引起的一些环境问题，我们一直在努力解决。我们重视开展煤的液化、气化等科研和开发工作，重视坑口电站的建设，同时还十分重视开发利用其他的清洁能源。

中国把环境保护作为一项基本国策，认真实施可持续发展战略。这方面，中国全国人大及其常委会制定了一系列法律，如环境保护法、海洋环境保护法、大气污染防治法、水污染防治法、固体废物污染环境防治法、环境噪声污染防治法等，基本形成了保护环境的法律体系，并经常对这些法律的实施情况进行检查监督。我国重视支持低污染或无污染的产业，加大了国土绿化、生态环境保护和环境污染治理的力度。比如，我国建立了三北防护林带等规模宏大的防护林工程，关闭了一大批对环境造成严重污染的工厂，仅淮河流域的小造纸厂就关闭了一千多家，等等。中国积极参与国际环境事务，推进环境保护领域的国际合作，认真履行在环境保护方面所承担的国际义务，做了大量工作。

保护环境是全人类的共同任务，在这方面，发达国家在资金、技术等方面应当向发展中国家提供帮助和支持。

问：中国会出现介于西方式民主和"文化大革命"式

民主之间的民主吗？有中国特色的社会主义民主法制的含义是什么？

答："文化大革命"不是民主，而是给我们国家和人民带来严重灾难的内乱。"文化大革命"的发生并持续十年，一个十分重要的原因就是过去重视民主法制建设不够。正是基于这一沉痛教训，我们党在七十年代末就强调：要发展社会主义民主，健全社会主义法制；要使民主制度化、法律化，使这种制度和法律具有稳定性、连续性和极大的权威性。邓小平同志就此作出过系统的论述。他关于民主法制建设的思想是建设有中国特色社会主义理论的重要组成部分。

社会主义民主的核心是人民当家作主。我国宪法规定，我国的一切权力属于人民，人民行使国家权力的机关是全国人民代表大会和地方各级人民代表大会。为了保证人民掌握国家权力，真正成为国家的主人，就一定要坚持和完善人民代表大会制度。为此，必须加强全国人大及其常委会的工作，必须充分发挥地方各级人大及其常委会的作用，必须坚决依法维护人大代表的权利。同时，在基层要加强群众性自治组织的建设，让人民群众自己管理自己的事情。改革开放以来，我们改革选举制度，适当扩大全国人大常委会的职权，实行农村村民和城市居民自治，都是为了扩大人民民主。

为了保障人民民主，保障整个社会有秩序地前进，改革开放以来我们高度重视法制建设，制定了一大批法律，现在我国社会生活的主要方面已基本有法可依。同时，我们还加强了对法律实施情况的监督，督促行政、司法机关严格依法办事，纠正违法行为，改进执法工作。

由于我国封建社会的历史比较长，以及还存在其他一些方面的原因，社会主义民主法制建设是一个长期的历史过程。我们将坚持从中国的实际情况出发，继续积极推进有中国特色社会主义民主法制建设的进程。

问：中国批评西方只注重中国的人权却不懂中国的现实。您认为西方媒体应当怎样报道中国的现状？

答：我们希望新闻媒体客观公正地报道中国的现状，在人权问题上也是一样。中国十分重视保护公民的权利，除宪法对公民的基本权利作了全面规定外，还制定了一系列有关的法律，如选举法、劳动法、工会法、消费者权益保护法、教育法、科技进步法等。为保障特殊群体的权利，我们制定了妇女权益保障法、未成年人保护法、残疾人保障法、归侨侨眷权益保护法、老年人权益保障法等。为保障少数民族的平等权利，我们制定了民族区域自治法。为保护公民的合法权益不受行政、司法机关的违法侵害，我们制定了行政诉讼法和国家赔偿法。即使对于受到司法追究的人和服刑罪犯，我们也注重刑事诉讼和监狱管理中的人权保护，这在刑事诉讼法和监狱法等法律中均有体现。今年三月，八届全国人大五次会议又系统修订了刑法，更好地贯彻了罪刑法定、罪刑相当和法律面前人人平等的原则，也进一步完善了保护人权方面的有关规定。至于国家与国家之间在人权问题上有不同看法，我们主张进行对话，不赞成搞对抗，不能利用人权问题干涉别国内政。

注　释

〔1〕见邓小平《在武昌、深圳、珠海、上海等地的谈话要点》(《邓小平文选》第 3 卷，人民出版社 1993 年版，第 373 页)。

环境与资源保护工作
必须纳入法制轨道[*]

（一九九七年六月十八日）

环境与资源保护工作，直接关系到我国经济增长和社会进步的全局，关系到全民族的根本利益，关系到子孙后代的生存和发展，是一项意义十分重大的工作。邓小平同志是十分重视环境与资源保护工作的。他多次指出，人口多、底子薄、耕地少是我国的基本国情。他强调环境保护工作很重要，号召全国人民植树造林，绿化祖国，造福后代，并率先垂范，身体力行，八十五岁高龄仍然亲自参加义务植树活动。我们一定要认真学习、深刻领会邓小平同志的有关论述，更加自觉地贯彻执行环境保护基本国策，全面实施可持续发展战略，把我国的环境与资源保护工作推上一个新台阶。

我们一定要在努力发展经济的同时，十分重视保护环境，决不能走某些国家"先污染、后治理"的老路，不能为了眼前的利益损害未来的发展。改革开放以来，我国的环境保护工作取得了比较大的进展，增加了投入，加快了法制建

---

* 这是乔石同志在八届全国人大环境与资源保护工作座谈会上讲话的主要部分。

设，加大了治理力度，有些地区的环境状况有了明显改善。但总的来看，我国的生态环境问题还相当突出，环境质量还在继续恶化，环境保护的任务仍然十分艰巨。因此，必须把环境保护工作作为根本大计来抓，一年接一年，一代接一代地抓下去。要切实坚持经济建设、城乡建设与环境建设同步规划、同步实施、同步发展的方针。要千方百计地增加环保投入。要真正做到有污先防，有污必治，治污必清，排污必究，力争到本世纪末控制住环境污染和生态破坏加剧的趋势，为实现环境保护的奋斗目标打下良好的基础。

我们必须十分珍惜资源。没有资源的永续利用，就没有经济的可持续发展。从总体上看，我国的资源并不宽裕，而且随着人口的增加、经济的发展，对资源的需求会越来越大，资源供需矛盾也会更加突出。对此，必须要有清醒的认识，不可盲目乐观，不可大手大脚。要坚持开发与节约并举、利用与保护并重的方针，在生产、建设和消费等各个领域，都必须精打细算，厉行节约。要依法保护和合理开发海洋、草原、矿产和生物等自然资源，特别要保护好事关国计民生的土地、水、森林等重要资源。对非法采矿、乱占耕地、滥伐森林、污染水源等各种破坏和浪费资源的现象，必须采取有效措施坚决予以禁止。

环境与资源保护工作必须纳入法制轨道。各级人大及其常委会，都要把加快环境与资源保护的法制建设作为一项重要任务，坚持不懈地抓紧抓好。八届全国人大设立了环境与资源保护委员会，几年来，在环境与资源保护的立法、执法检查和舆论监督等方面，做了大量的开创性的工作，取得了明显成效。八届全国人大常委会制定和完善了六部保护环境与资源方面的法律，连同原有的法律共计十五部。有立法权的地方人大及其常委会也从本地实际出发，制定了一批地方性法规。应当说，我国已初步形成了控制环境污染与保护资源的法律体系框架。今后这方面的立法要继续加快步伐，提高质量，逐步建立起与社会主义市场经济相适应的保护环境与资源的法律体系。

各级人大及其常委会要切实加强环境与资源保护的执法监督。要定期听取和审议政府有关环境与资源保护的工作报告，继续抓好对环境与资源保护方面法律实施情况的检查监督。要在这几年开展执法检查的基础上，进一步完善机制，加大力度，增强实效。各级人大开展的环保世纪行活动，是一种很好的舆论监督方式，要认真总结经验，不断加以完善。要把人大监督和群众监督、舆论监督结合起来，切实提高监督工作的水平。

环保工作做得好不好，关键在领导。领导重视要重在行动，重在实效。每年都要力争在环境与资源保护方面带领人民群众办几件作用大、影响好的实事，解决几个热点、难点问题。各级干部特别是领导干部要增强环境与资源保护方面的法律意识，自觉依照法律办事，坚决杜绝以言代法、以权压法、执法犯法的行为，切实做到依法行政和公正司法。

保护环境，节约资源，人人有责。要把亿万群众的积极性调动起来，在全社会形成一个保护环境、节约资源的良好风气，全面实现经济和社会的可持续发展。

认真实施基本法，确保香港
长期繁荣稳定[*]

（一九九七年七月一日）

今天，我国政府已经对香港恢复行使主权，香港重新回到了祖国的怀抱。这是一件举世瞩目的大事，是中华民族振兴史上的一件盛事，是祖国统一进程中一个重要的里程碑。在这举国同庆的日子，我们谨对香港特别行政区的成立表示热烈的庆贺。

从今天起，香港特别行政区基本法开始实施。基本法贯彻了邓小平同志"一国两制"的伟大构想和"港人治港"、高度自治的方针，是香港长期繁荣和稳定的根本保障。全国人大及其常委会将为不折不扣地实施香港基本法作出应有的努力，将坚定不移地支持香港特别行政区行政机关、立法机关、司法机关依照基本法行使各项职权，支持逐步完善适合香港实际情况的民主制度，支持依法保障广大香港同胞享有的各种权利和自由，支持香港各项建设事业的发展。我们相信，只要坚定不移地贯彻执行基本法，通过广大人民群众的努力奋斗，香港的未来一定会更加美好，更加辉煌；香港的

　＊　这是乔石同志在八届全国人大常委会第二十六次会议上成立香港特别行政区基本法委员会时的讲话。

长期繁荣稳定，将对我国的现代化事业发挥重要的作用，也将对祖国的完全统一产生巨大的影响。

根据七届全国人大三次会议的决定，在香港基本法实施时，设立全国人大常委会香港特别行政区基本法委员会，作为常委会下设的工作委员会，其任务是：就有关香港基本法第十七条、第十八条、第一百五十八条、第一百五十九条实施中的问题进行研究，并向全国人大常委会提供意见。这个委员会的组成人员已经全国人大常委会任命。希望香港基本法委员会认真履行自己的职责，为香港基本法的实施，为香港的繁荣和稳定，努力作出贡献。

现在，我宣布：全国人大常委会香港特别行政区基本法委员会正式成立！

认真学习贯彻党的十五大精神，把建设有中国特色社会主义事业推向前进[*]

（一九九七年十月二十七日）

中国共产党第十五次全国代表大会，是在世纪之交召开的具有重要历史意义的会议，将对我国的发展产生深远的影响。这次会议的主题是，高举邓小平理论伟大旗帜，把建设有中国特色社会主义的事业全面推向二十一世纪。江泽民同志代表党的第十四届中央委员会向大会作的报告，总结了党的十一届三中全会以来，特别是党的十四大以来的实践经验，集中了全党的智慧，对我国改革开放和社会主义现代化建设跨世纪的发展作出了全面部署，是我们党带领全国各族人民迈向新世纪的行动纲领。大会通过的党章修正案，把邓小平理论确立为我们党的指导思想，这是时代的要求，人民的愿望，这对于保证我们党领导人民坚定地走有中国特色社会主义道路，把我国建设成为富强、民主、文明的社会主义现代化国家，具有重大而深远的意义。当前的国际环境和国内形势对我们的事业是相当有利的。我们要认真学习、努力

＊　这是乔石同志在八届全国人大常委会第二十八次会议上的讲话。

贯彻党的十五大精神，紧紧抓住历史机遇，在邓小平理论的指引下，解放思想，开拓奋进，扎实工作，进一步深化改革，扩大开放，加快发展，把建设有中国特色社会主义事业推向前进。要按照党的十五大的要求，继续推进政治体制改革，进一步扩大社会主义民主，健全社会主义法制，积极推进依法治国、建设社会主义法治国家的进程。

希望各级人大及其常委会结合各地实际，学习、贯彻好党的十五大文件，用党的十五大精神指导人大工作，努力把人大工作做得更好。我们要在邓小平理论指引下，在以江泽民同志为核心的党中央领导下，同心同德，艰苦奋斗，满怀信心，把建设有中国特色社会主义事业全面推向二十一世纪。

现在就开始认真思考信息
社会的问题 *

（一九九八年一月十日）

　　我们现在搞的，全部是从计划经济向社会主义市场经济的过渡。同时，在国际上我们又面临从工业社会向信息社会的过渡。我注意到，这个问题过去谈论的人不多，最近几个月才比较多一点。我到上海后，看到上海报刊讲得更多一些。有些未来学家认为，发展中国家如果搞得好的话，可以超越一些具体的发展阶段。我也想过，中国能不能稍微超越一点、快一点。如果能超越，对全国十二亿人民来说好处是说不完的。如果不能超越，我们也不能做力所不能及的事。这个问题，我建议大家再研究一下。美国总统克林顿提出了信息高速公路，引起了大家的注意，实际上美国现在已经进入信息高速公路社会了，虽然不能说已经全进入了，但是面已经相当宽了。武汉现在搞了一个信息港，我曾去看了一个光缆项目。到上海后，我也看了一个光缆项目。不发展光缆通讯是不行的，不然信息社会怎么建？ 国家那么大，每天的信息量非常非常多。据说，人们在美国有时候两三个人可以通过 Internet 聊天、开中药药方，或者打扑克、搓麻将，但

---

　　* 这是乔石同志在上海推进企业改革座谈会上讲话的一部分。

是所花费的钱与打电话差不多，有的更便宜。我印象最深的一件事是《大英百科全书》原来是由英国出版的，出版费用很贵，后来英国人维持不下去了，将书的出版权卖给了美国人，美国人就将其内容输入了网络，现在要查书中的内容钱都不收，而且速度很快。要办成这些事，没有基础设施是做不到的。在全国范围内搞光缆通讯，只有彻底打破地方、部门的界限才行。当然在全国范围内实施也得有规划。上海可以先试。上海的任务是双重的，一方面要抓紧时间将工业社会许多先进的东西很快地建立起来；另一方面要积极准备进入信息社会。要做到这些，也是困难重重。因此，确实要打破地方、部门的利益界限，从全国的总体利益来考虑。我们现在经常讲战略方向，什么是战略方向？我想来想去，就是要在加速建设工业社会的同时，准备进入信息社会，这样中国才能缩短一定的发展时间。缩短，我认为是做得到的。

从战略眼光看，在整个工业改革中要怎么吸收工业社会的所有优点，不一定都是最好的，不可能一个市样样搞得世界第一，但是要使最主要的几个部门能做到名列于先进行列。同时，现在就开始认真思考信息社会的问题，为使中国进入信息社会的步子走得快一点而奋斗。这个问题说大也是太大，光靠你们一个市也做不到。但我们活着，就是希望把中国建设成为现代化国家。今天我提出这个问题，就是希望把以信息社会为代表的所有下一个阶段的事情搞起来。搞起来了，上海才能真正建设好。这对于当年我提出开发浦东的同时改造浦西来说，任务是在加码。当然，我这个人幻想多一些。但是，有时候没有异想天开也不好，老是顾眼前搞了多少也是不行的，人有时候要往后看看、往前看看，但往前看是主要的，因为从全国的发展情况来讲，中国还是很落后的。如果我们真的能够超越一些具体的发展阶段（不是说整个阶段都超越），就可以早一点进入信息社会。这也是北戴河会议讨论最后通过党的十五大文件时我要求加上的内容。后来，温家宝[1]同志在文件中加了两句关于信息社会的话。我们总得要有前瞻性，不能光满足于现实。我们对信息时代要有新的看法，思想首先要跟得上，然后才能带动行动，使行动更加自觉、更加积极一些，你们结合学习党的十五大报告，把这个问题再思考思考。

注　　释

〔1〕温家宝，一九四二年生，天津市人。当时任中共中央政治局委员、中共中央书记处书记。

要长时期地毫不动摇地实行
"一国两制"的方针 *

（一九九八年二月十一日）

　　春节刚过，今天又是我国人民的传统佳节——元宵节。在这喜庆团圆的节日里，能够有机会同港区八届、九届全国人大代表欢聚一堂，我感到格外亲切和十分高兴。请允许我代表全国人大常委会，并以我和我夫人的名义，向各位致以节日的问候，祝大家身体健康、家庭幸福、事业发达！

　　三月五日，九届全国人大一次会议将在北京举行。届时，八届全国人大代表将完成历史使命，九届全国人大代表将开始履行职责。在这里，我代表全国人大常委会，向在过去五年任期内为履行代表职责付出辛勤劳动和作出可贵贡献的港区八届全国人大代表，表示衷心的感谢和崇高的敬意！对新当选的港区九届全国人大代表，表示热烈的祝贺！

　　香港顺利回归祖国并且保持繁荣稳定，是邓小平同志提出的"一国两制"、"港人治港"、高度自治的方针得到贯彻执行的结果，是特区政府卓有成效的工作和六百多万香港同胞共同努力的结果。今后，我们仍将长时期地、毫不动摇地

---

　　* 这是乔石同志在香港会见香港地区第八届、第九届全国人大代表时的讲话。

实行"一国两制"的方针。邓小平同志强调指出，香港在一九九七年回归祖国以后保持五十年政策不变，包括人大通过的基本法，至少要管五十年，五十年以后更没有变的必要。香港的地位不变，对香港的政策不变，对澳门的政策也不变，对台湾的政策按照"一国两制"方针解决统一问题后五十年也不变。这些话，是我们工作必须始终不渝地坚决遵循的原则，也是我们继续努力的方向。只要我们坚定不移地这样奋斗下去，就一定能够保持香港的繁荣，促进香港的发展，也一定能够最终完成祖国统一大业。

香港问题的顺利解决，是同我们国家改革开放和现代化建设的巨大成就紧密联系的；香港保持长期繁荣稳定，也将同祖国的发展息息相关。在我们国家，改革开放是历史的潮流、时代的要求，经过二十年的实践已经深入人心。中国只有走建设有中国特色社会主义的道路，始终以经济建设为中心，一心一意搞建设，才能兴盛起来，才能实现现代化。这是全国人民的共同认识和坚定信念。人类即将进入二十一世纪，国际环境和国内形势对我国的建设事业相当有利，我们将紧紧抓住历史机遇，继续坚定不移地深化改革，扩大开放，努力实现跨世纪发展的宏伟目标。衷心希望各位代表和广大香港同胞继续关心支持国家的改革开放和现代化建设，同全国人民一道为振兴中华贡献力量。

依法治国，是我们坚定不移的基本方针。我们要努力加强法制建设，用完备的法制保障整个社会有秩序地前进。必须树立和维护宪法与法律的权威和尊严，在香港问题上，尤其要不折不扣地认真按基本法办事。在法律面前人人平等。任何人、任何组织都没有超越法律的特权，任何不符合法律的习惯和做法都必须坚决纠正，任何违反法律的行为都必须坚决追究。必须继续推进政治体制改革，从中国实际情况出发，脚踏实地地、坚决地发展社会主义民主，完善社会主义法制。必须使民主制度化、法律化，使这种制度和法律不因领导人的改变而改变，不因领导人看法和注意力的改变而改变。这是整个国家，包括香港长治久安、稳定发展的重要保障。在民主和法制建设方面，我们已经取得显著的进步，同时还有更多的任务有待我们去完成，其中有些还是很艰巨的。但只要我们坚持不懈地努力，一定能够把我国建设成为一个社会主义法治国家。

在中国，发展民主首要的是切实坚持、不断巩固和加强人民代表大会制度。人民代表大会制度是我国的根本政治制度。宪法规定，国家的一切权力属于人民；人民行使国家权力的机关是人民代表大会；人民代表大会由民主选举产生，对人民负责，受人民监督；国家行政、审判、检察等机关由人民代表大会产生，对它负责，受它监督。人民代表大会制度的核心是人民当家作主。四十多年的实践证明，这个制度是符合中国国情的，是得到人民拥护的。我们一定要依照宪法和法律，尊重和保障人民的政治权利，努力为人民群众参与民主选举、民主管理、民主监督和民主决策创造条件，开辟途径；坚决维护人大代表的权利，十分尊重国家权力机关的权威，充分发挥人民代表大会及其常委会的作用，加强国家权力机关对其他国家机关的监督。

全国人大代表是最高国家权力机关的组成人员，肩负着国家立法、监督等神圣而光荣的使命，责任是很重大的。当然，按照"一国两制"的方针，港区全国人大代表不干预香港特别行政区政府的工作，不干预香港特别行政区自治范围内的事务。港区八届全国人大代表不负人民的重托，依法认真履行职责，为香港的顺利回归和保持繁荣稳定、为国家的改革开放和现代化建设，作出了重要的贡献。对于你们的工作，国家和人民是不会忘记的。我们相信，新当选的港区九届全国人大代表，一定会根据中华人民共和国宪法和法律，依照全国人大议事规则等法律规定认真履行代表职责，为祖国的富强昌盛、为香港的稳定和发展，作出自己的努力。全国人大常委会将为大家履行代表职责创造条件，提供服务。

图书在版编目(CIP)数据

乔石文集 / 乔石著. -- 北京 ： 人民出版社，2025.1.
ISBN 978 - 7 - 01 - 027081 - 4

Ⅰ. D2 - 0

中国国家版本馆 CIP 数据核字第 2025PM5026 号

乔 石 文 集

QIAO SHI WENJI

人 民 出 版 社 出版发行

（100706　北京市东城区隆福寺街 99 号）

北京新华印刷有限公司印刷　新华书店经销

2025 年 1 月第 1 版　2025 年 1 月北京第 1 次印刷
开本：680 毫米×960 毫米 1/16　印张：37
字数：412 千字

ISBN 978 - 7 - 01 - 027081 - 4　定价：75.00 元

邮购地址 100706　北京市东城区隆福寺街 99 号
人民东方图书销售中心　电话 (010)65250042　65289539

版权所有·侵权必究
凡购买本社图书，如有印制质量问题，我社负责调换。
服务电话：(010)65250042